지은이

이재환 이화여자대학교 철학과 교수

박정순 전 연세대학교 미래캠퍼스 철학과 교수

이재영 조선대학교 철학과 명예교수

정원규 서울대학교 사회교육과 교수

이은진 과천문원중학교 도덕 교사

양선이 한국외국어대학교 미네르바교양대학 교

안윤기 장로회신학대학교 교양학/철학 교수

권정인 캘리포니아주립대학 철학과 겸임교수

백승환 강릉원주대학교 철학과 조교수

이혜진 서울대학교 미학과 강사

김양현 전남대학교 철학과 교수

이현우 서울대학교 철학과 강사

이행남 서울대학교 철학과 교수

이진우 포스텍 명예교수

강성률 광주교육대학교 명예교수

손철성 경북대학교 윤리교육과 교수

박찬국 서울대학교 철학과 교수

김주휘 한국교원대학교 윤리교육과 교수

백승영 홍익대학교 미학대학원 초빙교수

『철학과 현실, 현실과 철학』 기획편집위원

백종현(대표), 강상진, 김도식, 김양현, 양일모, 이종환, 이진우, 정원섭, 조은수, 허우성, 백두환(간사)

(주)북이십일 경계를 허무는 콘텐츠 리더

21세기북스 채널에서 도서 정보와 다양한 영상자료, 이벤트를 만나세요!
페이스북 facebook.com/jiinpill21   **포스트** post.naver.com/21c_editors
인스타그램 instagram.com/jiinpill21   **홈페이지** www.book21.com
유튜브 youtube.com/book21pub

당신의 일상을 빛내줄 탐나는 탐구 생활 〈탐탐〉
21세기북스 채널에서 취미생활자들을 위한 유익한 정보를 만나보세요!

인간 문명의
진보와 혼란

일러두기

• 이 책에 등장하는 고유명사의 표기는 국립국어원 외국어 표기법을 원칙으로 하되 저자의
  요청이 있는 경우 원어의 발음으로 표기했다.
• 따옴표 등 약물의 사용은 가독성을 높이는 방향으로 표기법을 통일했다.

인간 문명의
진보와 혼란

서양 근대 철학과
감성과 이성의 경합

이재환 이혜진 백승영
박정순 김양현 지음
이재영 이현우
정원규 이행남 백종현
이은진 이진우 엮음
양선이 강성률
안윤기 손철성
권정인 박찬국
백승환 김주휘

21세기북스

석양의 강 언덕에 앉아 흐르는 강물을 물끄러미 바라보면서 상념에 젖는다. '나는 어디서 와서 어디로 가고 있는가?', '태어나서[生] 살다가 늙고[老], 병들어[病] 마침내 죽는 것[死]이 생애 전부인가?', '누구는 만물이 물이라 하니, 나 또한 물에서 나서 물로 돌아가는가? 아니면, 흔히 말하듯 흙에서 나서 흙으로 돌아가는가? 아니면, 깨달았다는 내 친구가 말하듯, 빛에서 일어나서 한 줄기 빛으로 지나가는가?'

사소한 일상에서 시작된 상념이 깊어져 사변으로 발전하면 철학이 된다. 숱한 철학적 논변들의 발단은 철학자의 생활 환경과 현실 체험이다. 이 책『철학과 현실, 현실과 철학』은 한 철학자 또는 한 철학 학파의 어떤 사상이 그 철학자의 어떤 생활 세계, 어떤 현실 인식에서 발생했는지를 이야기하는 글 모음이다. 이 책의 공저자들은 단지 '현실'에 관한 철학 이야기뿐만이 아니고, '이상'에 관한 철학이라도 그것의 발단은 철학자의 현실 기반임을 이야기하고 있다.

이 이야기 글 모음에는 한국 철학계 동료 74인이 동참하고 있는데, 공저자 대부분이 전문 논문을 작성하는 일이 습성화한 전문 학자이다 보니, 어떤 글 꼭지는 논문식으로 서술되기도 했다. 그렇지만 공저자 일동은 가능한 한 다루고 있는 철학자, 철학 주제를 일상에서처럼 이야기해보고자 하였다. 또 어떤 글 조각은 이 책을 위해 처음으로 쓴 것이라기보다는 필자의 옛 글을 이 책의 발간 취지에 맞춰 고쳐 쓴 것이다.

공저자 74인이 서로 의논한 바 없이 각자 자기 방식으로 써낸 철학 이야기들임에도, 그 이야기들에는 일정한 맥락이 있어 이를 네 권에 나누어 담고, 각각에 다음과 같이 표제를 붙였다. 제1권 인간의 자각과 개명(開明), 제2권 인간 문명의 진보와 혼란, 제3권 인간 교화의 길, 제4권 현대 문명의 향도(嚮導).

우리 공저자 일동이 함께 뜻을 모아 이런 책을 펴내는 바는 줄곧 '철학과 현실'을 주제로 활동해오신 현우(玄愚) 이명현(李明賢, 1939~) 교수님의 85세수(八十伍歲壽)를 기리기 위한 것이다. 우리는 이 책으로 이명현 교수님이 오늘날의 한국 철학계를 형성하는 데, 특히 한국 철학계의 국제적 위상을 높이는 데 기여한 빛나는 공적을 후학들이 오래오래 기억하고, 우리 학계를 더욱더 발전시키고자 다짐하는 계기를 마련하려 하였다.

이명현 교수님의 일생을 되돌아보는 것은, 한국 현대사 85년을 되돌아보는 일이나 다를 바 없다. 이 교수님은 공식 기록에는 1942년 6월 16일생으로 되어 있으나, 실제로는 1939년 8월 1일 평안북도 신의주에서 아홉 형제 중 일곱째로 탄생하였다. 고향에서 8년을 살고 부친 별세 후에 1947년 모친과 함께 이남으로 피난하여 1949년 제주도에 정착, 열 살이 되어서야 초등학교에 2학년으로 입학했는데, 당시에 동급생들이 대개 1942년생이어서 그에 맞춰 1942년생으로 비로소 호적 정리를 했다고 한다. 그렇게 입학한 초등학교는 제대로 졸업했지만, 가정 형편상 중고등학교 정규교육 과정을 이수하지 못하고 검정고시를 거쳐 1960년에 서울대학교 철학과에 입학하였다. 이후로는 당시의 인재들이 보통 선택할 수밖에 없었던 '학자 되는 길'을 걸었다. 장학금을 얻어 미국 대학(Brown Univ.)에 유학하고, 1973년에 귀국하여 한국외국어대학교에서 교수 활동을 시작하였다. 1977년에 서울대학교 철학과 교수로 전임하여, 2007년에 정년 퇴임하였다.

이명현 교수님은 그사이 1980년 신군부 치하에서 4년여 강제 퇴직을 당하기도 했고, 복직 후 1994~1996년 간에는 대통령 자문 교육개혁위원회 상임위원을 맡아 이른바 '5·31 교육개혁안'(1995)을 마련, 현행 교육 3법(교육기본법, 초·중등교육법, 고등교육법)의 제정을 주도하였다. 그리고 그는 그 후속으로 짧은 기간(1997. 8.~1998. 3.)이지만 교육부 장관직을 맡아 교육 3법에 부수하는 제도 정비 작업을 수행하였다. 그리고 이와 관련해 이 교수님은 자신이 철학하는 취지와 사회 혁신, 특히 교육 개혁의 필요성과 방향을 두 권의 웅혼한 저술, 곧 『신문법 서설』(철학과현실사, 1997)과 『교육혁명』(철학과현실사, 2019)을 통해 밝혔다.

1945년 이후에야 한국의 철학계는 비로소 현대 한국어로 철학하기를 시작했는데, 일제강점기의 여파로 초기 1950~1970년대는 독일 철학적 주제들이, 이어지는 1980~1990년대는 사회철학이 학계의 주류를 이루었다. 이러한 환경에서 이명현 교수님은 이른바 영미 철학의 분위기를 일으킨 선도자였다. 학사 논문 「Tractatus의 중심 사상」(서울대학교, 1966), 석사 논문 「Wittgenstein에 있어서 언어의 의미 문제 — 후기철학을 중심으로」(서울대학교, 1968), 박사 논문 "The later Wittgenstein's Reflection on Meaning and Forms of Life"(Brown Univ., 1974)을 통해 이 교수님은 비트겐슈타인을 천착하였고, 이로써 한국 철학계에 새로운 학풍을 조성하였다. 이때 김준섭(서울대), 이한조(서강대), 이초식(서울교대, 고려대) 교수님 등 몇 분으로 겨우 구색을 갖추고 있던 영미 철학 분야가 이 교수님을 비롯해 김여수(성균관대, 서울대), 소흥렬(계명대, 이화여대), 엄정식(서강대), 정대현(이화여대) 교수님 등이 등장함으로써 차츰 한국 철학계의 큰 줄기로 발전하여, 2000년 이후는 학계의 대세가 되었는데, 그러한 학계의 형성에 이명현 교수님은 초석을 놓았다.

'한국 철학계'라는 학계의 형성에는 탁월한 연구와 교육뿐만 아니라, 이를 위한 기관 설립과 학자들의 교류의 장을 확대하는 일이 긴요한데, 이명현 교수님은 '서울대학교 철학사상연구소'(1989)와 '사단법인 한국철학회'(1996)의 기틀을 잡았고, 한국철학회가 주최한 두 차례의 세계적 학술대회였던 '한 민족 철학자 대회'(서울대, 1991)와 '제22차 세계 철학 대회(World Congress of Philosophy)'(서울대, 2008)를 주관하였다. 이와 같은 물적·가시적 업적을 넘어 이명현 교수님의 최고 미덕은 일에 대한 거시적인 안목과 통찰력, 미래 지향적 사고, 업무 처리에서의 공명정대함과 주변 인사들의 허물은 덮고 장점을 높이 사서 저마다의 역량을 널리 펼 수 있도록 눈에 띄지 않게 배려하는 품성이다. 오늘날 한국 철학계라는 '학계'는 그의 이러한 미덕에서 많은 자양분을 얻었다.

여기에 더해 이명현 교수님은 이 책의 표제가 그에서 비롯한 계간지

《철학과 현실》(철학문화연구소)의 창간 시기부터 편집인(1989~1997)으로, 나중에는 발행인(2009~현재)으로 활동하면서 철학과 현실의 접목에 진력하고 있다.

우리 공저자 일동은 각자 관심 있는 철학자(철학 학파)의 철학 이야기를 여기에 펼쳐내면서 이명현 교수님의 높은 학덕에 경의를 표하고, 그 노고에 깊은 감사를 표하는 바이다.

『철학과 현실, 현실과 철학 2 : 인간 문명의 진보와 혼란』은 19편의 철학 이야기를 3부로 나누어 담고 있다.

여덟 편으로 구성된 '제1부 감성과 이성의 조화'는 인간의 인간임의 두 요소로서 끊임없는 갈등 속에서도 늘 조화를 찾는 감성과 이성이 인간을 성장시켜나가는 모습을, 그리고 다섯 편으로 이루어진 '제2부 계몽과 합리성'은 이상주의의 철학 정신을 이야기한다.

데카르트, 홉스, 로크, 루소, 흄, 바움가르텐, 칸트, 헤겔이 추구했던 인간의 진정한 모습과 합리적 사회를 보자면, 문화권이 저마다 특성이 있고, 그래서 서로 다르다 하지만, 그 차이가 제아무리 크다 해도 인류로서의 인간이 갖는 공통점이 훨씬 크고 많다는 사실을 깨닫게 된다. 이른바 '근대성'을 대표하는 이 사상가들의 이야기는 '현대'에도, 그리고 아마도 '미래'에도 상당 부분 타당할 것이다.

'제3부 인간의 자기 인식과 생의 의지'를 이루는 마키아벨리, 마르크스, 쇼펜하우어, 니체 등의 철학 이야기는 늘 합리성을 추구해 보이는 듯한 인간 활동의 또 하나의 동력이 생의 의지임을 웅변한다. 이는 욕망과 절제, 작용과 반작용이 인간과 자연의 변함없는 운동 원리임을 새삼 환기한다.

이렇듯 다양한 철학 이야기를 한 권의 책으로 묶어내는 데는 많은 시간과 비용이 들어가는데, 이러한 책의 발간 기획 취지에 선뜻 응하여 공저자들이 독자들을 만날 수 있게 호의를 베풀어준 북이십일 출판사 김영곤 대표님과 결코 쉽지 않았던 교열과 교정 작업을 인내와 포용으로 맡아 해준 편집 담당자님께 깊은 사의를 표한다.

　　이명현 교수님과 함께 공저자 일동은 이렇게 책을 엮어냄으로써 철학도들끼리 주고받던 철학 이야기를 일반교양인 독자들과도 나누게 될 수 있기를 소망한다. 그리고 마침내는 한국의 교양인들 사이에서 철학 이야기꽃이 만발하기를 소망한다.

2024년 7월
『철학과 현실, 현실과 철학』 기획편집위원회를 대표해서
백종현

차례

책을 펴내면서   4

1부 감성과 이성의 조화

현실에 대처하는 우리의 자세: 데카르트의 실천학 – 이재환   15

홉스의 사회계약론적 윤리학의 명암 – 박정순   41

로크와 스틸링플릿의 논쟁: 지식과 신앙의 경계 – 이재영   70

공화주의적 자유론의 루소적 전망 – 정원규   99

흄의 철학적 현실 인식과 경험주의적 인간학 – 이은진   133

흄이 바라본 철학과 현실 그리고 현실과 철학:

자연주의, 정념 그리고 도덕 – 양선이   157

바움가르텐 미학과 경건주의 – 안윤기   183

숭고함의 실천적 의미: 미적 관조와 현실 참여의 통합 – 권정인   206

2부 계몽과 합리성

비판기 칸트의 사유와 철학의 현실성 – 백승환   249

칸트의 계몽과 철학 – 이혜진   267

칸트와 좋은 죽음의 문제 – 김양현   284

도덕은 어째서 부득불 종교에 이르는가:

칸트의 대중 설교와 프로이센의 검열 – 이현우   313

헤겔의 철학에서 자유로운 주체의 개념 – 이행남   343

3부 인간의 자기 인식과 생의 의지

마키아벨리는 왜 권력의 철학자가 되었는가? – 이진우   379

유물론과 쾌락주의 – 강성률   403

마르크스, 자본주의를 분석하고 비판하다 – 손철성   433

쇼펜하우어의 인생론:

인생은 고통과 권태 사이에서 오가는 시계추다 – 박찬국   459

문화 전사 니체: 『비극의 탄생』에서 초인까지 – 김주휘   481

니체의 실존적 고뇌가 낳은 산물, 의지 철학 – 백승영   513

참고문헌   534

1부

감성과 이성의 조화

현실에 대처하는 우리의 자세:
데카르트의 실천학

이재환(이화여자대학교 철학과 교수)

1. 실천학으로서 철학

"나는 생각한다, 고로 존재한다"라는 말로 유명한 '근대 철학의 아버지' 데카르트(Descartes)의 이미지를 떠올리면, '현실'과 상관없이 "겨울용 난로로 덥혀진 방에 갇힌 채 고생스럽게 형이상학적 성찰 또는 수학적이고 물리학적 문제를 푸는 데 자신을 헌신한 사유자"[1]와 같은 이미지가 떠오른다. 현실과 유리된 채 고독하게 '성찰'하는 데카르트에 대한 이러한 '차가운 이미지'―물론 데카르트뿐 아니라 사람들이 철학자에 대해 가지는 일반적인 이미지일 것이다―는 데카르트가 '명석하고 판명한' 지식을 요구하는 엄밀한 합리주의자라는 생각에서 기인한다고 볼 수 있다.

사실 오랫동안 데카르트 연구자들의 주된 관심 저작이었던 『방법서

---

1   Rodis-Lewis, G., *La morale de Descartes*(Paris: PUF, 1998), 10쪽.

설』과 『성찰』에서 데카르트는 명석하고 판명한 지각에 기반한 형이상학적 확실성을 강조하였다. 심지어 명석하고 판명하지 않은 지각에 대해서는 아무런 판단도 하지 말라고 말한다. 만약 확실하지 않은 것들에 대해 판단을 중지해야 한다면, 삶에서 끊임없이 무언가 결정해야 하는 우리는 어떻게 현실의 삶을 살아갈 수 있을까. 이런 이유로 데카르트는 이론적이고 사변적인 성찰에만 몰두한 채 현실의 삶에 대한 철학적 성찰에는 무관심하다는 선입견을 남겼을 것이다. 그런데 정말 데카르트를 포함해서 철학자들은 현실의 삶과 무관한 이론적 성찰에만 몰두한 채 '뜬구름 잡는' 이야기만 하고 있는 것인가.

하지만 데카르트는 누구보다도 우리가 살고 있는 현실 문제를 고민했던 철학자 중 한 사람이었다. 실제로 데카르트는 철학자로서 발을 내딛기 시작할 때부터 철학의 의의는 현실의 삶에 실질적인 도움을 주는 것이라는 사실을 분명히 했다. 1628년에 쓴 『정신지도를 위한 규칙』의 '제1 규칙'에서 데카르트는 자신의 철학의 포부를 다음과 같이 밝힌다.

"우리가 유념할 것은, 이성의 자연적인 빛을 증대시키는 일이다. 이것도 이런저런 학적인 난제를 풀기 위해서가 아니라, 각각의 삶의 상황에서 무엇을 선택해야 할지를 지성이 의지에게 보여 주기 위함이다."(AT X 361)[2]

여기서 데카르트는 자기 공부의 목적이 이론적인 문제를 풀기 위해서가 아니라 "삶의 상황에서 무엇을 선택해야 할지를" 찾는 것이라고 말한다.

---

2   데카르트 저술의 인용은 관례에 따라 아담(Adam)과 테너리(Tannery) 편집본의 권수와 쪽수를 본문 중에 인용. Charles Adam and Paul Tannery ed., *Oeuvres de Descartes* 12 vols. (Paris: CNRS and Vrin, 1964-1976).

즉 자신의 '정신 지도를 위한 규칙들'의 최종 목적은 이러한 실천적 목적을 위해서 사용되어야 한다고 생각한다. 그래서 데카르트에게 철학은 "진리를 관조함으로써 갖게 되는 기쁨(voluptatem) 및 그 어떤 근심에서도 벗어나 있고 이 현세에서 거의 유일하고 완전한 행복(felicitas)인 기쁨에 유용한 지식"(AT X 361)을 얻는 것이다.

이러한 데카르트의 생각은 1637년에 출간된 『방법서설』에서도 잘 드러난다. 데카르트는 『방법서설』 1부에서 자신이 생각하는 철학 그리고 철학을 공부하는 이유에 대해 설명하면서, "내 행동을 분명히 직시하면서 확신을 갖고 이 삶을 살아가기 위해서 참된 것을 거짓된 것에서 구별할 수 있기를 늘 극도로 갈망했다"(AT VI 10)[3]라고 말한다. 이 구절에서 볼 수 있는 것처럼, 데카르트에게 철학의 목적은 실천의 영역, 즉 현실에서 잘 살아가기 위해서 우리 행동의 옳고 그름을 구분하는 것이다. 『방법서설』 6부에서도 데카르트는 자신이 『방법서설』의 '방법'을 제시한 이유는 "삶에 매우 유익한 여러 인식에 이르는 것이 가능하다는 것, 그리고 학교에서 가르치는 저 사변 철학 대신 사람들은 그 개념들에서 하나의 실천을 찾아낼 수 있다는 것"(AT VI 61)을 전하기 위해서라고 말한다.

---

3   이현복은 이 구절에 대한 주석에서 다음과 같이 말한다. "데카르트의 철학에 있어 이론(theoria)과 실천(praxis)이 결합되고 있음을 알 수 있는 대목이다. 참된 것과 거짓된 것을 구별하고자 하는 데카르트의 갈망은 결국 이 삶을 행복하게 영위하기 위함이다. 따라서 참된 인식을 구하는 것은 올바른 행위를 하기 위함이다. 따라서 데카르트 철학의 출발점은 참된 인식이지만, 종착점은 선한 행위인 셈이다." 이현복, 「주해: 방법서설」, 『방법서설』(문예출판사, 1997), 279쪽, 각주 20.

그렇다면 데카르트가 여기서 말하는 '하나의 실천'은 무엇을 의미하는 것일까? 데카르트는 철학을 통해서 얻을 수 있는 실천적 유익이 '의학'이라고 생각했던 듯하다. 왜냐하면 앞서 인용한 『방법서설』 6부의 구절 뒷부분에서 다음과 같이 말하기 때문이다.

"(철학의 개념에서 실천을 찾아낼 수 있다) 이로써 (…) 우리는 자연의 주인이자 소유자가 된다는 것이다. 이는 지상의 열매와 모든 편의를 노고 없이 제공해 주는 무수한 기술의 발명을 위해 바람직할 뿐만 아니라, 의심할 여지 없이 이 삶에서 으뜸가는 선이자 다른 모든 선의 기초인 건강의 유지를 위해서도 바람직한 일이다. 왜냐하면 정신조차도 신체의 기질과 기관의 배치에 의존하는 바가 아주 크므로 인간을 전체적으로 지금보다 현명하고 유능하게 만드는 수단을 발견할 수 있다면, 그것은 다름 아닌 의학에서 찾아야 한다고 생각되기 때문이다."(AT VI 62)[4]

철학의 목적이 현실의 삶에 유익함을 가져오는 '실천'이라면, 데카르트는 그중 가장 유익한 것이 바로 의학에 기여하는 것이라고 말하는 것처럼 보인다. 이러한 의학에 대한 강조에서 놓치지 말아야 할 중요한 사실은 '근대 철학의 아버지'로서 데카르트가 중세와 결별하고 있다는 점이다. 데카르트는 중세 기독교 전통과 달리 행복은 이 세상에서 얻을 수 있는 것이라고 생각하고 있는 것이다. 그래서 데카르트는 이 세상에서 얻을 수 있는

---

4   1645년 10월 뉴캐슬(Newcastle) 후작에게 보낸 편지에서도 다음과 같이 말한다. "건강의 보존은 항상 나의 연구의 중심적인 목적이었다."(AT IV 329) 같은 해 보헤미아의 엘리자베스 공주에게 보낸 편지에서도 데카르트는 "완벽한 건강은 현세의 모든 다른 좋은 것들의 기초"(1645년 5월 혹은 6월 엘리자베스에게 보낸 편지, AT IV 220)라고 주장한다.

행복에 필요한 건강을 유지시킬 수 있는 의학에 큰 의미를 부여한다. 이 세상에서 행복을 얻는 데 방해가 되는 것이 육체의 질병이기 때문이다.

그런데 데카르트는 의학만이 '실천학으로서 철학'의 전부가 아니라고 생각하는 듯하다. 데카르트는 1647년 출간된 『철학의 원리』 프랑스어판 서문을 다음과 같이 시작한다. "철학이란 말은 지혜에 대한 탐구를 뜻하며, 지혜란 일상생활에서의 현명함을 의미할 뿐만 아니라 인간이 인식할 수 있는 모든 것들에 대한 완전한 지식을 의미하는 것인데, 이는 삶을 위한 규칙을 갖기 위해서뿐만 아니라 건강을 지키기 위해서나 기술들을 고안해 내기 위해서이다."(AT IXB 2, CSM I 179)

이 구절에서 데카르트는 철학은 '지혜에 대한 탐구'이고, 이 철학의 목적은 의학뿐만이 아니라 '기술들을 고안'해내는 것, 즉 '기술학(기계학)'과 '삶을 위한 규칙을 갖는 것', 즉 '윤리학'도 포함된다고 주장한다. 데카르트는 더 구체적으로 철학을 공부하는 목적이 우리에게 윤리적 지침을 주는 것이라고 말한다. 더 정확하게는 윤리적 지침이 필요하기 때문에 철학을 공부하는 것이다. "우리 눈의 사용이 우리의 발걸음을 인도하는 것보다 철학 공부가 이 삶에서 우리의 품행과 행동의 규제에 보다 필수적이다."(AT IXB 3-4) 발을 내딛기 위해서 눈이 필요한 것처럼, 우리가 현실의 삶에서 제대로 행동하기 위해서 필수적인 것이 바로 철학이라는 의미일 것이다.

앞에서 본 것처럼, 현실의 삶에 유익함을 주는 철학의 목적이 의학에서 윤리학으로 그 강조점이 바뀐다. 그렇다면 데카르트는 왜 이렇게 의학에서 윤리학으로 관심을 옮기게 된 것일까? 앞서 살펴본 것처럼, 데카르트는 인간의 행복을 방해하는 것이 죽음에 대한 두려움이고 따라서 병을 치료하고 인간의 수명을 연장하는 의학이 철학의 실천적 목적 중 하나라고 생각한다.

그러나 이내 데카르트는 이렇게 죽음을 두려워하지 않는 것은 의학으로 이루어지는 것이 아니라 윤리학으로 이루어지는 것이라고 생각하게 된다. 1639년 1월 9일 메르센(Mersenne) 신부에게 보낸 편지에서 데카르트는 "나의 윤리학의 주된 목표 중의 하나는 죽음을 두려워하지 않고 삶을 사랑하는 것"(AT II 480-481)이라고 말한다. 어쩌면 데카르트는 죽음과 질병은 인간이 어떻게 할 수 없는 것임을 받아들이게 된 건지도 모른다.

1646년 6월 15일 샤뉘(Chanut)에게 보낸 편지에서도 데카르트는 다음과 같이 말한다. "제가 획득하려고 노력했던 자연학의 작은 지식이 윤리학에서 확실한 기초를 확립하는 데 큰 도움이 되었습니다. 게다가 제가 훨씬 더 많은 시간을 쏟아부었던 의학과 관련된 다른 분야보다 이 주제[윤리학]에 만족스런 결론에 도달하기가 훨씬 쉽다는 것을 알아냈습니다. 그래서 삶을 보존하려는 방법을 찾는 대신에 저는 훨씬 쉽고 확실한 방법을 발견했는데, 바로 죽음을 두려워하지 않는 것입니다."

이런 관점에서 앞서 인용한 『철학의 원리』 프랑스어판 서문에 나오는 그 유명한 '철학의 나무' 비유를 읽을 수 있다. 이 비유에서 데카르트는 '형이상학-뿌리'와 '자연학-줄기'에서 나오는 가지는 '의학', '기계학', '윤리학'이고, 이 중에서도 윤리학이야말로 '지혜의 최종 단계'라고 말한다.

"철학 전체는 나무와 같습니다. 뿌리는 형이상학, 줄기는 자연학, 이 줄기에서부터 나오는 가지는 모든 다른 학문들인데 다음의 주요한 세 가지, 즉 의학, 기계학, 윤리학으로 귀결될 수 있습니다. 제가 윤리학이라는 말로 의미하는 바는 최고의 그리고 가장 완전한 윤리학인데, 이 체계는 다른 학문에 대한 완전한 지식을 전제하는 지혜의 최종 단계입니다."(AT IXB 14-

15) 데카르트는 이 비유에서 이론적 탐구인 형이상학과 자연학의 열매는 '의학', '기술(기계학)'과 함께 실천적 지혜인 윤리학이라고 말한다. 왜냐하면 "열매를 나무의 뿌리나 줄기에서 수확하는 것이 아니라 가지의 끝에서 수확하는 것과 마찬가지로 철학의 주된 유용함은 마지막에만 알려지는 그 부분에 의존"하기 때문이다. 데카르트는 윤리학을 자신의 철학 프로젝트의 최후의 열매라고 생각했고, 이 열매를 따기 위해서는 형이상학과 자연학을 먼저 일구어야만 한 것이다.

우리는 이 비유를 통해서 데카르트는 생애 마지막까지 자기 철학의 목표로 단순히 삶의 현실과 유리된 추상적인 형이상학이나 자연학의 진보만을 고려하지 않았음을 알 수 있다. 데카르트에게 철학은 처음부터 끝까지 현실의 삶에 기여하는 실천학이었던 것이다.

2. 행복이란 무엇인가?[5]

앞서 살펴본 것처럼, 데카르트는 이 세상, 즉 우리가 살고 있는 현실에서 얻을 수 있는 행복에 관심이 있었다. 그렇다면 데카르트가 생각하는 행복은 무엇인가?

데카르트는 당시 자신과 교류하고 있던 보헤미아의 엘리자베스 공주의 우울증을 치료하기 위해 1645년 7월 21일 엘리자베스 공주에게 보낸 편

---

5   이 절은 이재환, 「데카르트 윤리학과 덕(vertu)」, 《철학연구》118집(2017) 내용의 일부이다.

지에서 고대 로마 철학자 세네카(Seneca)의 책『행복한 삶에 대하여(De Vita Beata)』를 같이 읽고 진정한 행복이 무엇인지 토의하려고 한다. 엘리자베스 공주가 겪고 있는 슬픔을 덜어주기 위해서 스토아 현자들은 행복을 어떻게 얻을 수 있다고 했는지 같이 검토해보려는 의도였다.

그런데 왜 데카르트는 세네카의 책을 선택한 것일까? 세네카의 명성이 높았던 이유도 있지만, 더 주목해야 할 사실은 데카르트가 종교인의 가르침이 아니라 이성으로만 활동한 세속 철학자의 책을 골랐다는 것이다. 이러한 사실은 데카르트가 행복은 신앙이 아닌 이성을 통해서 얻어질 수 있다고 생각했다는 것을 보여준다. 그래서 데카르트는 1645년 8월 4일 엘리자베스에게 다음과 같이 이야기한다. "저는 여기에서 이 주제[행복]가 신앙에 의해서 깨우친 것이 아니라 오직 자연적 이성을 인도자로 삼은 세네카와 같은 철학자들에 의해서 어떻게 다루어져야 했었는지 설명하려고 합니다."(AT IV 263)

아래에서 보겠지만, 데카르트는 행복을 우리 마음의 평안으로 한정함으로써 이 생애에서 행복을 얻을 수 있다고 생각하였다. 이러한 생각은, 앞서 말한 것처럼, 데카르트가 그동안의 기독교적인 행복관—진정한 행복은 이 세상에서는 불가능하고 오직 내세에서만 가능하다—과 결별하는 지점이다.[6]

---

6   아우구스티누스나 토마스 아퀴나스는 완전한 행복은 이 세상에서 불가능하다고 말한다. 예를 들어, 토마스 아퀴나스는 다음과 같이 주장한다. "어떤 부분적인 행복은 이 생애에서 획득될 수 있지만 진정한 완전한 행복은 불가능하다."『신학대전』 2부의 전반부, 3문, 8항, 그리고 5문, 3항; Rutherford, R. "On the Happy Life: Descartes vis-à-vis Seneca" in *Stoicism: Tradition and*

하지만 이내 데카르트는 "오직 작가의 명성과 그 주제의 위엄에 기초해서만 제안"한 세네카의 책에 대해 실망했다고 엘리자베스 공주에게 고백한다. 데카르트는 세네카의 문제의식—"각각의 사람들은 자신을 행복하게 만들기를 원하지만 [행복을 얻기 위해서] 어떻게 해야 할지를 모른다."(AT IV 282, AT IV 263)[7]—은 맞지만, 세네카의 논의 방법이 충분하지 않다고 말한다. 세네카의 문제의식은 데카르트도 공유하고 있던 것인데, 데카르트 역시 1645년 9월 1일 엘리자베스 공주에게 보낸 편지에서 "모든 사람은 행복하게 되기를 원합니다. 하지만 많은 사람은 어떻게 [행복하게] 되는지 모릅니다."(AT IV 283)라고 말한다. 데카르트는 행복한 삶에 대해 다루고 있는 세네카의 책은 이러한 문제의식은 가지고 있지만 "그 책[『행복한 삶에 관하여』]을 철저하게 따라갈 만큼 [세네카의 방법이] 엄정하지 않다"고 말하면서, 자신이 생각하는 진정한 행복에 대해서 다음과 같이 말한다. "vivere beate[행복하게 사는 것]가 무엇을 의미하는지를 아는 것이 필수적입니다. 저는 프랑스어로 'vivre heuresement[행복하게 사는 것]'으로 번역할 겁니

Transformation, ed. Steven Strange and Jack Zupko(Cambridge: Cambridge University Press, 2004), 193쪽, 각주 7에서 재인용.

7 세네카의 큰형인 갈리오에게 보낸 이 글에서 세네카는 다음과 같이 글을 시작한다. "모두가 행복하게 살기를 원하지만, 정작 행복한 삶이 무엇에 달렸는가를 고민하는 데까지는 생각이 미치지 못합니다. 게다가 행복한 삶에 이르기가 쉽지 않은데, 길을 잘못 들었을 경우라면 행복한 삶을 향해 열심히 걷건만, 열심히 걸어간 만큼 행복에서 더욱 멀리 비켜 가게 됩니다." 세네카(김남우·이선주·임성진 옮김), 「행복한 삶에 관하여」, 『세네카의 대화: 인생에 관하여』(까치, 2016), 215쪽.

다. 물론 행운(l'heur)과 행복(béatitude)[8] 사이에 차이가 없다면 말입니다. 이러한 행운은 우리 외부에 있는 것들에만 의존합니다. 따라서 어떤 것을 손에 넣으려는 노력을 하지 않고도 좋은 것이 오는 어떤 사람들은 현자보다 더 운이 좋다(행복하다)고 생각됩니다. 반면에 저에게는 참된 행복은 정신의 완전한 만족과 내적인 충족에 있다고 생각됩니다. 이러한 것들은 운에 의해서 가장 많은 혜택을 받은 사람들이 가지지 못하는 것이고 현자가 운의 혜택 없이 획득하는 것입니다. 그러므로 beate하게 사는 것, 즉 행복하게 사는 것은 완전하게 만족하고 충족적인 정신을 가지는 것 외에는 아무것도 아닙니다."(1645년 8월 4일 엘리자베스에게 보낸 편지, AT IV 264)

여기에서 데카르트는 '행운'과 '행복'을 구분한다. 행운은 자신의 노력만으로 손에 넣을 수 없는 것을 획득하는 것이다. 반면 진정한 행복은 '정신의 완전한 만족과 내적인 충족'이다. 이런 '정신의 완전한 만족과 내적인 충족'은, 데카르트에 따르면, '운에 의해서 가장 많은 혜택을 받은 사람들이 가지지 못하는 것'이다. 즉 행복은 운이 아닌 자신의 노력을 통해서 획득할 수 있는 것이라는 의미이다.

데카르트는 1645년 7월 21일 엘리자베스에게 보낸 편지에도 행복은 많은 사람이 "운으로부터 헛되이 기대하지만 사실은 우리 자신으로부터만 획득될 수 있는 것"(AT IV 252, CSMK 256)이라고 말한다. 따라서 데카르트에

8　현대 프랑스어의 'bonheur(행복)'와 'béatitude(지복)'의 의미가 데카르트 시대에 사용된 의미와는 차이가 있어 보인다. 데카르트가 생각한 'béatitude'는 종교적 황홀경의 의미가 전혀 없고, 현대의 'bonheur'는 데카르트가 생각한 우연적 행운이라는 의미를 갖고 있지 않다.

게 행복은 '정신의 완전한 만족과 내적인 충족'이고, 이러한 만족과 충족은 외부에서 오는 것이 아니라 자기 자신의 노력으로 얻을 수 있는 것이다.

데카르트는 우리의 행복이 자신에게만 의존하고 있다는 점을 강조하기 위해서 흥미로운 예를 든다. 1645년 5월 혹은 6월에 엘리자베스에게 보낸 편지에서 데카르트는 다음과 같이 말한다.

"저의 어머니는 제가 태어나고 며칠 후에 큰 고통으로 발병한 폐 질환으로 돌아가셨습니다. 어머니로부터 저는 마른기침과 창백한 안색을 물려받았는데 [이러한 병은] 제가 스무 살이 넘도록 저를 따라다녔습니다. 그래서 그때까지 저를 본 모든 의사는 제가 젊어서 죽을 것이라는 소견을 내렸습니다. 하지만 저는 가장 긍정적인 관점에서 사태를 보고, 저의 주된 행복을 저 자신에게만 의존하도록 했습니다. 그리고 저는 이러한 경향성이 거의 저의 본성의 일부분이었던 병을 점차적으로 완전히 사라지게 했다고 믿습니다."(AT IV 221)

데카르트에게 행복은 우리가 어떤 상황에 놓여 있는가에 달려 있는 것이 아니라 그 상황에 우리가 어떻게 반응하느냐에 달려 있다. 비록 내가 죽을병에 걸린 것과 같은 아주 좋지 않은 상황에 있을지라도 행복을 우리에게만 의존하는 것에서 얻는다면 행복해질 수 있다. 물론 이러한 데카르트의 행복관은 주어진 운명을 그대로 받아들이는 수동적인 것이 아니라 오히려 주어진 삶에 대한 능동적이고 적극적인 태도라고 할 수 있다.

이처럼 데카르트에게 행복은 우리 내면의 만족과 정신의 충족이고, 이 행복을 얻는 것이 중요하다. 즉 행복의 원인이 우리 자신 안에 있기 때문에 우리는 우리 자신에게만 의존하고 있는 것을 욕망하고 그렇지 않은 것을 욕망하지 않는다면 우리 자신의 힘으로 행복을 얻을 수 있다. 데카르트는 더이상 신 안에서만 행복을 찾는 것이 아니라 우리 자신의 힘으로 '이 삶에서' 행복을 얻을 수 있다는 점을 강조한다.

3. 자유의지: 우리에게만 의존하는 것

그렇다면 이 현실의 삶에서 행복을 얻기 위해서 우리는 무엇을 해야만 하는가? 데카르트는 '우리에게 의존하는 것과 우리에게 의존하지 않는 것'을 구분하라고 말한다. 왜 그런가? 우리에게 의존하지 않는 것을 아무리 간절하게 욕망하더라도 그것을 손에 넣을 수 있다는 보장이 없기에, 우리에게 의존하지 않는 것을 욕망하는 것은 헛된 일이기 때문이다. 여기에서 슬픔과 좌절의 감정이 발생하고 마음의 평안함이 깨어진다. 즉 데카르트가 생각한 행복인 '내면의 만족과 정신의 충족'에 도달하지 못하게 되는 것이다. 또한, 우리는 '우리에게 전적으로 의존하지 않는 것'을 욕망함으로써 '우리에게 전적으로 의존하고 있는 것'에 충분한 관심과 애정을 쏟지 못하게 된다. 그래서 1649년 데카르트는 자신의 마지막 저작인 『정념론』 146항에서 다음과 같이 말한다. "우리 욕망의 대부분은 우리에게 전적으로 의존하지도, 다른 것에 전적으로 의존하지도 않는 것으로 확장되기 때문에, 우리의 욕망을 우리에게만 의존하는 것으로 제한하기 위해서는 우리는 우리에게만 의존하는 것을 엄밀하게 구분해야만 한다."(AT XI 439)

반복해서 말하자면, 데카르트에게 '행복하게 사는 것'은 '완전하게 만족하고 충족적인 정신'을 가지는 것인데, 이런 정신을 가지기 위해서는 운에 의해서 얻어지는 외적인 것이 아니라 정신의 만족과 내적인 충족을 가지는 것이 필수적이다. 따라서 데카르트는 '운'과 '참된 행복'의 차이를 아는 것이 중요하다고 말하는 것이다. 운은 우리에게 의존하지 않고 외부에서 오는 것이고 그런 것을 욕망하지 않을 때 우리는 마음의 평안을 얻을 수 있다고 데카르트는 주장한다.

데카르트는 1645년 8월 4일 엘리자베스에게 보낸 편지에 다음과 같이 말한다. "우리에게 이러한 최고 만족을 주는 것은 무엇인가 고찰해보면, 나는 두 종류의 것이 있다는 것에 주목합니다. 덕이나 지혜처럼 우리에게 의존하는 것, 명예, 부, 그리고 건강처럼 우리에게 전혀 의존하지 않는 것이 있습니다. 왜냐하면 한 번도 아프지 않게 잘 태어난 사람, 부족함이 없는 사람이 가난한 사람, 아픈 사람이나 장애가 있는 사람보다 더 완전한 만족을 누릴 수 있다는 것은 확실합니다. 그 두 부류의 사람이 똑같이 지혜롭고 덕이 있다면 말이죠. 그럼에도 불구하고 작은 그릇이 비록 더 적은 액체를 담고 있긴 하지만 큰 그릇만큼 가득 차 있을 수 있습니다. 그리고 비슷하게 어떤 사람의 만족을, 만약 이성에 의해서 정당하게 규제된 그의 모든 욕망의 충족이라고 볼 수 있다면, 저는 가장 가난한 사람들과 자연과 운명에 의해서 가장 은혜를 덜 입은 사람들이 다른 사람들만큼—물론 그들은 많은 좋은 것들을 누리지는 못하지만— 전적으로 만족하고 충족될 수 있다는 것을 의심하지 않습니다. 여기서 문제 삼고 있는 것은 이러한 종류의 만족입니다. 다른 종류의 만족을 찾는 것은 시간 낭비인데, 그런 것은 우리의 능력 안에 있지 않기 때문입니다."(AT 264-265)

데카르트는 여기서 우리 삶에서 괴로움을 줄이기 위해서는 운이 존재한다는 통속적인 생각을 완전히 거부하고, 우리 자신에게만 의존하는 것을 제외하고는 모든 것은 불변하는 자연의 섭리 혹은 신의 섭리에 따라 일어난다는 것을 받아들여야 한다고 말한다.

하지만 데카르트의 주장이 내가 할 수 없는 것은 포기하고 아무것도 욕망하지 않은 채 일어나는 모든 일을 그저 신의 뜻이나 운명으로만 받아들이자는 것으로 오해해서는 안 된다. 이와 관련해서 데카르트는 아주 흥미로운 예를 하나 든다.

"예를 들어, 만약 두 개의 다른 경로로 다다를 수 있는 어딘가에 우리가 볼일이 있다고 해보자. 한 경로는 다른 경로보다 더 안전하다. [하지만] 우리가 더 안전하다고 생각한 경로를 따라가면 거기서 반드시 강도를 당하고, 반면에 다른 경로는 어떤 위험도 없이 갈 수 있다고 신의 섭리가 결정했다고 해보자. 그 때문에 우리는 둘 중 하나의 경로를 선택하는 데 무관심하거나 신의 섭리의 명령의 변하지 않는 운명에 머물러서는 안 된다. 이성은 보통 더 안전한 경로를 선택하도록 명령한다. 그리고 이 경우에 우리의 욕망은, 그로 인해서 어떤 악이 우리에게 닥친다고 해도, 일단 우리가 그 [더 안전하다고 판단한] 경로를 선택할 때 충족된다. 왜냐하면 그 악은 우리의 관점에서는 피할 수 없기 때문에, 우리가 그 악에서 벗어나기를 희망할 아무런 이유도 가지고 있지 않기 때문이다. 다만 내가, 우리가 그렇게 해왔다고 가정하는 대로, 우리는 오직 우리의 지성이 파악할 수 있었던 최선의 것만을 할 이유가 있다. 그러므로 우리가 이런 방식으로 숙명과 운을 구분할 때, 우리는 우리의 욕망을 지배하는 습관을 쉽게 얻을 수 있고 따라서 욕망의 충족은 —항상 우리에게 완전한 만족을 주는 것을 가능하게 만들면서— 우리에게만 의존하게 된다."(『정념론』 146항, AT XI 439-440)

데카르트는 이 구절에서 숙명과 운을 구분하고 숙명을 그저 수동적으로 받아들이지 말고 우리가 할 수 있는 것을 적극적으로 해나가야 한다고 말한다. 물론 우리에게 의존하지 않는 것을 무조건적으로 욕망하는 것이 아니라 이성의 명령에 따라야 한다는 조건이 붙지만 말이다. 예를 들어, 우리 앞에 두 가지 길이 주어져 있고, 우리의 이성으로 판단할 때 한 길이 다른 길보다 더 안전하다고 판단된다면 우리는 이성의 명령에 따라 그 안전한 길을 선택하면 된다. 물론 신의 섭리나 운명은 우리가 선택한 길이 더 위험한 길이 되는 것일 수도 있다. 하지만 유한한 인간의 지성은 무한한 신의 섭리나 운명을 알 수 없기 때문에 이성의 명령을 따르는 것이 필요하다. 즉 데카르트는 우리에게 욕망 자체를 거세할 것을 주문하는 것이 아니라 우선 숙명과 운을 구분하고, 우리에게만 의존하는 것만을 욕망한다면 우리는 '완전한 만족'을 얻을 수 있을 것이라고 말한다.

"내가 욕망이 참된 지식을 따르면 항상 선하다고 얼마 전에 이야기한 것처럼, 비슷하게 욕망이 어떤 오류에 기초해 있을 때 그것은 나쁠 수밖에 없다."(『정념론』 144항, AT XI 436) 데카르트에게 욕망 자체가 나쁜 것은 아니다. 다만 그 욕망을 '참된 지식', 즉 '나에게만 의존하는 것'과 그렇지 않은 것, 운과 신의 섭리 등을 알고 욕망한다면 욕망은 '항상' 선하다.

그렇다면 데카르트에게 우리 자신에게만 의존하고 있는 것이 무엇인가? 바로 자유의지이다.[9] 데카르트는 1645년 9월 1일 엘리자베스에게 보낸 편지에서 다음과 같이 말한다. "저는 전적으로 우리의 자유의지에 의존하고 있는 행복에 대해서 이야기했습니다. [따라서] 행복은 누구나 외부의 도움 없이 획득할 수 있습니다."(AT IV 281-282)

---

9   자유의지의 가치에 대해서는 이재환, 「데카르트 철학에서 '관대함(générosité)'에 대하여」, 《범한철학》 79집(2015) 내용의 일부를 참조함.

데카르트는 1647년 11월 20일 스웨덴의 크리스티나 여왕에게 보낸 편지에서도 다음과 같이 말한다. "저는 여왕님께서 자신의 왕위보다 덕을 더 가치 있게 여긴다고 확신하기 때문에 덕 외에는 진정으로 칭송받을 만한 것이 없다는 저의 의견을 망설임 없이 표현합니다. 다른 모든 선함은 단지 존중받을 만하지만, 자유의지를 선하게 사용함으로써 신으로부터 받았다고 여겨지는 것을 제외하고는 명예 혹은 칭송을 받을 만하지 않습니다. 왜냐하면 명예와 칭송은 일종의 보상이고, 오직 의지에 의존하는 것만이 보상 혹은 처벌에 이유를 제공할 수 있기 때문입니다."(AT V 84)

데카르트는 더 나아가 자유의지가 우리에게 의존하고 있는 것일 뿐만 아니라 우리를 신처럼 만들어주는 것이라고 말한다. 그래서 데카르트는 『정념론』152항에서 다음과 같이 주장한다. "나는 우리 안에서 우리 자신을 존중하도록 만드는 정당한 원인을 제시할 수 있는 단 하나의 것만을 보는데, 바로 우리의 자유의지의 사용이고 우리가 우리 의지에 대해서 가지고 있는 지배이다. 왜냐하면 자유의지에 의존하고 있는 행위 때문에만 우리는 정당하게 칭찬받거나 비난받을 수 있기 때문이다. 그리고 만약 자유의지가 우리에게 주는 권리를 비겁함[게으름](lâcheté)에 의해서 잃지만 않는다면, 자유의지는 우리를 우리 자신의 지배자로 만들면서 우리를 어느 정도는 신처럼 만든다."(AT XI 445)

여기서 데카르트는 우리가 우리 자신을 존중할 수 있는 정당한 이유는 '오직 하나', 즉 자유의지뿐이라고 말한다. 자유의지가 우리를 우리 자신의 '지배자'로, 또 인간의 유한성에도 불구하고 이 자유의지가 우리를 신과 같게 만들어주기 때문이다. 따라서 우리가 가지고 있는 자유의지의 정당한 가치를 발견하게 된다면 우리는 이러한 권리를 잃을 비겁할 이유도, 또는 게으를 이유도 없게 된다. 그뿐만 아니라 같은 해에 데카르트는 크리스티나 여왕에게 보낸 편지에서도 다음과 같이 말한다. "자유의지는 그 자체로 우리가 가질 수 있는 가장 고귀한 것입니다. 왜냐하면 자유의지는 어떤 면에서는 우리를 신과 동일하게 만들어주고 그의 신하가 되는 것을 막아주는 것처럼 보입니다. 그리고 따라서 자유의지의 올바른 사용은 우리가 소유한 모든 것들 중에서 가장 큰 것입니다."(AT V 85)

사실 자유의지가 우리를 신과 같이 만들어준다는 주장은 이미 1640년에 출간된 『성찰』에서 전개된 바가 있다. 데카르트는 네 번째 성찰에서 신의 의지는 '형상적이고 엄밀한 의미에서(formaliter & præcise spectata)' 인간의 의지보다 더 크지 않다고 말한다.[10] 그래서 "내가 내 안에서 너무 위대해서 그것보다 더 위대한 능력에 대한 관념에 대해서는 내가 이해하지 못한다고 경험하는 것은 오직 의지, 혹은 선택의 자유이다. 그래서 무엇보다도 의지 때문에 나는 어떤 면에서 신의 모습을 가지고 있고 신과 닮았다고

---

10   "내가 내 안에서 그것보다 더 큰 것의 관념을 포착할 수 없을 정도로 큰 것으로 경험하는 것은 오직 의지, 즉 자유의지뿐이다. 그런 한에서 무엇보다도 이 [자유]의지 때문에 나는 내가 신의 모습을 가지고 있고 신과 닮았다고 인식한다."(AT Ⅶ 57) 또한 『철학의 원리』 1부 35항(AT VIIIA 18), 1639년 12월 25일 메르센에게 보낸 편지(AT Ⅱ 628), 『버만과의 대화』(AT V 159) 참조. 물론 엄밀하게 말하면 신의 의지와 인간의 의지가 동일한 것은 아니다. 네 번째 성찰에서 데카르트는 신의 지성은 인간의 지성보다 더 크기 때문에 신의 의지가 적용될 수 있는 대상이 인간의 의지보다 훨씬 많다고 말한다. 또한, 신에게 있어서 의지와 지성은 두 능력이 구별되지 않는 '무차별(indifference)'의 상태에 있는 반면, 인간의 의지와 지성은 그러한 무차별이 적용되지 않는다. 즉 인간의 의지는 무한한 반면 지성은 유한하다.

이해한다."(AT Ⅶ 57)

그렇다면 자유의지를 가졌다는 측면에서 인간이 신과 같다는 것은 무엇을 의미하는가? 자유의지를 가진다는 것은 원인과 결과의 연쇄로 이루어진 자연법칙의 지배를 끊어버릴 수 있다는 것을 의미한다. 즉 자유의지 때문에 나는 자연법칙에 지배받는 수동적 존재가 아니라 내가 나 자신을 지배하는 능동적 존재, 신과 같은 자율적 존재가 된다는 의미이다. 『정념론』 152항의 "자유의지가 우리를 우리 자신의 지배자"로 만들어준다는 구절은 이렇게 이해할 수 있다. 그뿐만 아니라 신이 우리에게 절대적 만족을 줄 수 있다면 그것은 신의 완전함 때문일 것이다. 그런데 자유의지는 우리에게 속해 있는 것일 뿐만 아니라 우리를 신과 같이 만들어준다. 따라서 완전한 신이 우리에게 가장 큰 만족을 주는 것처럼 우리를 신과 같이 만들어주는 자유의지가 우리에게 행복을 주는 것은 당연하다고 할 수 있다.

4. 관대한 사람

자유의지가 우리에게만 의존하고 있는 것이고, 우리를 신과 같이 만들어준다면, 당연하게도 자유의지는 우리에게 '자존감'을 준다. 이러한 자존감을 데카르트는 '관대함(générosité)'이라고 부른다. 그래서 데카르트는 『정념론』 153항에서 다음과 같이 말한다. "나는 인간이 자기 자신을 정당하게 존중할 수 있는 한에서 최고로 자기 자신을 존중하게 만드는 진정한 관대함은 다음과 같다고 믿고 있다. 한 부분은 자신의 의지를 자유롭게 사용하는 것 외에는 자기에게 진정으로 속하는 것은 아무것도 없으며, 그리고 자유의지를 잘 사용하거나 잘못 사용하는 것 외에는 칭찬받거나 비난받을 이유가 없다는 것을 아는 것. 그리고 한 부분은 자유의지를 잘 사용하겠다는 확고하고 변함없는 결의, 즉 자신이 최선이라고 판단한 모든 것을 착수하고 수행하려는 의지가 결코 부족하지 않는 것을 자신 안에서 느끼는 것이다."(AT XI 445-446)

'관대한 사람'은, 앞서 살펴본 것처럼, '정당한' 자기 인식을 가진 사람이다. 왜냐하면 '관대한 사람'은 자기 자신에게 귀속될 수 있는 것이 자유의지밖에 없음을 잘 알고 있고, 그리고 이러한 자유의지 때문에만 자기 자신에 대한 존중을 갖는 사람이기 때문이다.

그렇다면 '관대한 사람'이 가지고 있는 자신 자신에 대한 '정당한' 인식과 자유의지만이 나에게 전적으로 의존해 있다는 사실을 아는 것은 어떤 관계가 있을까? '관대함'은 어떤 행위의 원인이 나한테 있다는 것을 인식하는 것이다. 행위의 원인이 나에게 있지 않은 것에 대해 우리는 도덕적으로 책임을 질 필요가 없으며 그러한 행위에 대해 우리 자신을 칭찬하거나 비난한다면 그러한 평가는 정당하지 않은 것이다. 달리 말하면, '관대한 사람'은 내가 책임이 없는 것에 대해서 비난받거나 칭찬받을 수 없다는 '정당한' 인식을 가진 사람이다. 또한 '관대한 사람'은 이성이 최선이라고 판단한 것을 잘 수행하겠다는 의지가 절대 부족하지 않은 사람이기 때문에 결코 우유부단하지 않은 성향을 가지게 된다. '관대한 사람'은 우유부단하지 않고 강한 결의를 가지고 있는 사람이기 때문에 자신이 수행하려는 의지를 끝까지 관철시키는 사람이다.

데카르트는 '관대한 사람'의 '완전하게 반대되는' 사람으로 '오만한 사람'을 제시한다. '오만한 사람'은 '관대한 사람'과 달리 정당한 자기 인식을 결여하고 있기 때문에 "자신이 그래야만 하는 것보다 더 오만해지거나 비굴해지는 경향을 지닌다."(『정념론』 160항, AT XI 452) 또한, '오만한 사람'은 '정당한' 자기 인식을 결여하고 있는 사람이기 때문에 자기에게 의존해 있는 것과 그렇지 않은 것—"지성, 아름다움, 부, 명예"—을 구분하지 못하는 사람들이다. 그래서 '오만한 사람'은 "욕망의 노예"이고, 또한 자신들의 욕망을 실현시킬 수 없기 때문에 "그들은 끊임없이 증오, 시기, 질투, 화에 의해 야기되는 동요된 영혼"(『정념론』 158항, AT XI 449)을 가지고 있다.

'오만한 사람'이 가진 이러한 과도한 욕망의 문제점은 불행이다.[11] 왜냐하면 데카르트에게 행복은 마음의 평안과 만족인데, '오만한 사람'은 자신에게 의존하지 않는 것을 욕망하면서 마음의 평온함은 사라지고 온갖 감정의 노예가 되기 때문이다. 이를 통해서 우리는 '관대한 사람'은 자신의 한계에 맞는 욕망을 가지고 있기 때문에 이 세상에서 행복을 누릴 수 있음을 알 수 있다.

정당한 자기 인식을 가지고 이성이 판단한 것을 수행하려는 확고한 결의를 가진 '관대한 사람'은 자기 자신에 대한 '정당한' 인식을 가졌을 뿐만 아니라 타자에 대한 태도에서도 그만의 특징을 가지고 있다. 이런 면에서

---

11   『정념론』 164항에서 데카르트는 "비천하고 연약한 영혼"들을 괴롭히는 문제에 대해서 이야기한다. "비천하고 연약한 정신을 갖는 이들에게는 과도함으로 인한 결점이 있다. 그들은 때로 단지 무시할 가치가 있는 것을 숭배하고 두려워하며, 때로는 가장 숭배해야 할 가치가 있는 것을 오만하게 경시한다. 그리고 그들은 흔히 신에 대한 극단적인 모독에서부터 미신까지, 이어서 미신에서 신의 모독까지 아주 빨리 이동한다. 그래서 그들에게 가능하지 않은 어떤 악덕도, 정신의 어떤 무절제도 없다."(AT XI 456, CSM I 389)

데카르트의 관대함은 '코기토의 완성'에 머무르는 것이 아니라 코기토를 완성한 후에 '외출하는 코기토'가 되는 근거가 된다. 즉 데카르트 실천학의 핵심은 자기 자신의 완성이 아니라 타자로 향하는 것이다.[12] 관대한 사람이 자기 자신을 존중하는 것은 자유의지가 자기 자신의 것이기 때문이 아니라 자유의지 그 자체가 존경의 가치를 지니는 것을 알기 때문이다. 이런 이유로 관대한 사람은 결코 다른 사람을 경멸하지 않는다. 왜냐하면 내가 가진 가치 있는 자유의지를 다른 사람도 가지고 있다고 생각하기 때문이다. 그래서 데카르트는 "관대함이 다른 사람을 경멸하지 못하게 한다는 점"이라는 제목이 붙은 『정념론』 154항에서 다음과 같이 주장한다.

"자기 자신에 대해서 [정당하게 존중받을 만한 사람이라는] 이러한 이해와 느낌을 가지고 있는 사람은 다른 모든 사람 역시 자기 자신에 대해서 그러한 이해와 느낌을 가지고 있다고 쉽게 확신한다. 왜냐하면 그것에는 다른 것에 의존하는 것이 전혀 없기 때문이다. 이것이 바로 그들이 결코 아무도 경멸하지 않는 이유이다. 그리고 다른 사람들이 그들의 약함을 보여주는 잘못을 저지르는 것을 종종 보지만, 그럼에도 불구하고 그 사람들을 비난하기보다는 용서하려고 한다. 그리고 그런 잘못을 선의의 부족 때문이 아니라 이해의 부족 때문에 저질렀다고 믿으려 한다. 그리고 그들은 재산, 명예, 심지어 지성, 지식, 아름다움, 혹은 일반적으로 다른 완전함에서 그들을 능가하는 사람들에 대해 크게 열등하다고 생각하지 않듯이, 그들이 능가하는 사람들보다 훨씬 더 자신을 존중하지도 않는다. 왜냐하면 이러한

---

12   Brown, D., *Descartes and the Passionate Mind*(Cambridge: Cambridge University Press, 2006), 203쪽.

모든 것들은 선한 의지—이것 때문에만 그들은 자기 자신을 존중하고, 모든 다른 사람들에게도 또한 있다고, 혹은 적어도 있을 수 있다고 가정한다—에 비교할 때 아주 미미하게 보이기 때문이다."(AT XI 446-447)

여기서 데카르트는 두 가지를 지적한다. 내가 다른 사람들이 가진 것보다 적게 가진 것처럼 보이지만 자유의지의 측면에서 나도 남과 같은 것을 가지고 있기 때문에 나 자신을 존중할 수 있고, 동시에 다른 사람이 내가 가진 것보다 적게 가지고 있다 하더라도 다른 사람들도 자유의지를 가지고 있으니 존중할 수밖에 없다. 왜냐하면 다른 것들은 "자유의지와 비교할 때 아주 미미"하기 때문이다. 이런 관점에서 다른 사람들을 경멸한다는 것은 타인을 자유의지를 가지고 있지 않은 존재, 즉 '동물'로 본다는 것이다. 따라서 '관대한 사람'은 나보다 적게 가진 사람이라고 경멸할 이유가 없다. 그들 역시 나와 같은 자유의지를 가진 사람들이기 때문이다. '관대한 사람'은 잘 판단하고 행동하는 사람이지만 또한 인간으로서 '우리 본성의 약함'을 인식할 수밖에 없고 따라서 "우리가 앞서 저지를 수도 있었거나 저지를 수 있는 잘못"에 대해서 인식할 수밖에 없기 때문에 "자신을 다른 사람보다 더 선호"하지 않고, 다른 사람도 우리와 마찬가지로 자유의지를 지니고 그 역시 자유의지를 잘 사용할 수 있으리라 생각한다.

한편 데카르트는 '관대한 사람'은 "자연적으로 훌륭한 일[큰일]에 이끌린다"라고 주장한다. 그렇다면 '관대한 사람'이 하게 되는 '훌륭한 일[큰일]'은 어떤 일일까? 그것은 자신의 명예와 관련된 일이 아니라 다른 사람에게 선한 일을 하는 것이다. '관대한 사람'은 "다른 사람에게 좋은 일을 하는 것과 자신의 이익을 무시하는 것을 가장 훌륭한[커다란] 것으로 평가"한다.(『정념론』156항, AT XI 447-448)

더 나아가 '관대한 사람'은 "이런 이유로 항상 [다른 사람들에게] 예의 바르고, 상냥하며, 타인에게 친절하다." 즉 '관대한 사람'은 다른 사람을 경멸하지 않고 존경하며, 그래서 겸손하게 되고, 예의 바르고 남에게 좋은 일을 할 줄 아는 사람이다. 이처럼 관대함을 가진 사람은 자연스럽게 '겸손', '존경', '친절'과 같은 덕스러운 자질을 가지게 된다. 데카르트는 '관대함'이 모든 사람이 누구나 가지고 있는 자유의지에 대한 '정당한' 인식과 이것을 잘 사용하겠다는 결의를 통해서 갖게 되고, 여기에서부터 여러 가지 덕을 갖출 수 있게 된다고 말하기 때문이다. '관대함'이 이런 방향을 갖게 만들면서 데카르트는 평등함의 미덕을 우리에게 되돌려주고 있다. 즉 자유의지가 누구나 가지고 있는 것이고, 우리에게만 의존하고 있는 것이라면, 누구나 '관대한 사람'이 될 가능성이 있는 것이다.

또 '관대한 사람'은 자유의지를 가지고 감정을 통제할 수 있는 사람이기 때문에 과도한 감정에 사로잡히지 않는다. 혹 과도한 감정에 사로잡히더라도 '관대한 사람'은 감정을 곧 통제할 수 있기 때문에, 관대한 사람이 가진 과도한 감정의 수명은 짧다. 그뿐만 아니라, '관대한 사람'은 자기 자신에 대한 '정당한 인식'을 가진 사람이기 때문에 자기가 가진 감정에 대해서도 '정당한 인식'을 가진 사람이다. 이러한 '정당한 인식'은 감정을 통제하는 데에도 도움을 준다.

예를 들어, 데카르트에게 '질투'는 우리가 가치 있게 생각하는 어떤 것을 잃을까 봐 가지는 불안이다.[13] 이러한 감정은 우리에게 가치 있는 것을

---

13   "질투는 어떤 좋은 것을 계속해서 소유하려고 하는 욕망과 연관된 두려움의 일종이다."(『정념론』 167항, AT XI 457)

잃어서는 안 된다는 믿음을 동반할 것이다. '관대한 사람'은 질투의 감정을 느끼지 않는 것이 아니라 정당한 질투의 감정을 가지는 사람이다. 따라서 질투의 대상에 대해서 가지는 가치가 옳다면 질투의 감정도 정당할 것이고 그러한 감정은 그 대상을 잃지 않도록 우리를 적절한 행동으로 이끌 것이다. 반면 '관대하지 않은 사람'은 정당하지 않은 질투를 하게 되는데, 예를 들어, 정당하지 않게 자신의 아내를 질투하는 사람의 경우, "그가 사랑한 것은 정확히 말해서 그녀가 아니라 그녀를 홀로 소유하는 데 있다는 것을 상상하는 데서 오는 좋은 것일 뿐"(『정념론』 169항, AT 458-459)이다.

또한, 데카르트에 따르면, '시기'는 우리가 "가치가 없다고 생각하는 이에게 좋은 것이 발생하는 것을 보는 데서 오는 미움과 섞인 슬픔의 일종이다."(『정념론』 182항, AT XI 466) 이러한 설명에 따르면, 시기는 그것을 받을 자격이 없는 사람이 순전히 운으로부터 오는 좋은 것을 가지게 되는 것을 볼 때 느끼게 되는 감정이다. 그런데 '관대한 사람'이 가지는 '정당한' 시기는 정의감 혹은 부정의에 대한 증오의 감정을 불러일으킨다. 왜냐하면 만일 좋은 것을 받을 만한 자격이 있는 사람이 그것을 못 가져서 고통을 겪거나, 마찬가지로 받을 만한 자격이 없는 사람이 좋은 것을 받는다면, 관대한 사람은 이 현실에 대해서 분노할 것이다. 이것이 바로 '관대한 사람'이 정당하게 가지는 시기를 통해 가질 수 있는 정의감이다. 즉 '관대한 사람'은 '정당한' 시기의 감정을 가짐으로써 '정의로운 사람'이 된다.

마지막으로 강조할 것은 '관대한 사람'이 가지고 있는 '관대함'이 단순히 행위자의 실천적인 삶에만 영향을 주는 것은 아니라는 점이다. '관대함'은 성찰하는 사람의 이론적 삶에도 영향을 끼친다. 앞서 말했듯이 '관대한 사람'은 자유의지를 가지고 있다는 것을 인식하고 이것을 잘 쓰겠다는 '결의'를 가지는 사람이다. 그런데 데카르트는 『성찰』의 '네 번째 성찰'에서 성찰자(meditator)는 자신이 자유의지를 가지고 있다는 것을 인식하고 이론적 영역에서 오류를 피하기 위해서 명석하고 판명한 지각에 바탕을 둔 판단 외에는 하지 않으려는 '결의'를 가진다고 말한다. 즉 이론적 영역의 '성찰자'는 자신의 자유의지를 잘 쓰겠다는 '결의'를 실천할 수 있는 사람이어야만 한다. 따라서 실천적 영역에서 자유의지에 대한 이해와 결의가 없다면 이론적 영역에서의 탐구도 불가능할 것이다. 이런 의미에서 데카르트의 윤리학, 더 넓게는 실천학은 데카르트의 형이상학이나 자연학 뒤에 오는 것이 아니라 이미 데카르트의 철학 체계 내에 존재하고 형이상학이나 자연학의 탐구를 가능하게 했던 것이라고 할 수 있다. 로디스 루이스(Rodis-Lewis)(1987)의 주장처럼 "관대함[자유의지에 대한 이해와 결의]은 씨를 포함하고 있는 열매이고, 만약 [이 씨가] 잘 길러진다면 철학의 나무로 자랄 수 있을 것이다."[14]

---

14   Rodis-Lewis(1987), "Le dernier fruit de la métaphysique cartésienne: la génerosité" *Les Etudes Philosophiques*, vol. 43.

이재환

이화여자대학교 철학과 교수. 가천대, 목포대 교수 역임. 서울대학교 종교학과를 졸업하고, 같은 대학교 철학과 대학원과 미국 오하이오주립대학교 철학과 대학원에서 공부한 후 서울대학교 철학과에서 데카르트 윤리학 연구로 박사학위를 받았다. 지은 책으로는 『성찰, 모든 것을 의심하며 찾아낸 생각의 신대륙』, 『고전하는 십 대의 이유 있는 고전』, 『나다움 쫌 아는 10대』, 『불안 쫌 아는 10대』, 『몸의 철학』(공저), 『이야기의 끈』(공저), 『일꾼과 이야기꾼』(공저)이 있고, 슬라보예 지젝의 『나눌 수 없는 잔여』를 번역했다.

홉스의 사회계약론적
윤리학의 명암[1]

박정순(전 연세대학교 미래캠퍼스 철학과 교수)

1. 사회계약론과 홉스

1) 사회계약론의 연원

사회계약론의 사상적 연원은 멀리 고대 그리스의 소피스트들에게까지 소급될 수 있다.[2] 또한, 플라톤의 『국가』에서 글라우콘(Glaucon)의 사회계약론적 정의관을 비판했던 소크라테스도 『크리톤』에서는 그가 도주하지

---

1   이 글은 저자가 기왕에 썼던 홉스 관련 논문들에서 여러 내용을 발췌하였으며 그 사실을 각주에서 밝혔다. 기본적으로 최근의 가장 방대한 전거는 박정순, 「제3장 홉스, 롤즈, 그리고 사회계약론의 딜레마, 1. 홉스의 사회계약론적 윤리학」, 115~140쪽, 박정순, 『사회계약론적 윤리학과 합리적 선택: 홉스, 롤즈, 고티에』(철학과현실사, 2019)에서 축약 발췌하였다.

2   '1. 사회계약론과 홉스, 1) 사회계약론' 부분은 박정순, 「부록 ── 제4장 고티에의 신사회계약론적 윤리학과 그 성패」, 박정순, 『사회계약론적 윤리학과 합리적 선택: 홉스, 롤즈, 고티에』(철학과현실사, 2019), 452~454쪽에서 발췌하였다.

않고 독배를 마시며 죽어가는 이유로서 국가와 개인 간의 합의에 근거한 국법에 대한 준수를 들고, 그러한 준수는 국가사회적 혜택의 암묵적 수용에 따르는 시민적 의무라는 광의의 사회계약론적 개념을 제시한 것도 사실이다.

그러나 서구 사상사에서 사회계약론은 16세기에서 18세기에 이르는 기간에 본격적으로 발흥한다. 홉스, 로크, 루소, 칸트에 의해서 전개된 근대 사회계약론은 기본적으로 개인주의적 자유민주주의와 부르주아 중산계급 자본주의 이데올로기의 수립 과정에 기여한다. 계약 당사자들의 합의를 기초로 하는 사회계약론은 그 개념상으로 볼 때 다양한 합의 가능성을 열어놓고 있기 때문에 자유민주주의와 자본주의만을 함축하는 것은 물론 아니다. 그러나 근대 사회계약론을 그 방법론적 전제와 역사적 관점에서 볼 때 자유민주주의와 자본주의에 대한 그러한 기여는 움직일 수 없는 사실이다.[3] 헨리 메인 경(Maine)의 슬로건 "신분에서 계약으로(from status to contract)"는 중세적 신분 질서 사회로부터 근대적 자유 계약 사회로의 이행을 단적으로 표명해준다.[4]

로크는 맥퍼슨(Macpherson)에 의해서 비판적으로 논의되었듯이 자본주의를 위한 소유적 개인주의(possessive individualism)의 주창자이기 때문에 그러한 기여의 관점에서 홉스, 루소, 칸트와는 달리 별문제가 없는 듯이 보

---

3   Antony Arblaster, *The Rise and Decline of Western Liberalism*(Oxford: Basil Blackwell, 1984), Ch. 6. "The Philosophical Foundations of Liberalism", 132~141쪽.

4   Sir Henry James Sumner Maine, *Ancient Law*. Introduction by J. H. Morgan(London: J. M. Dent, 1954., original edn. 1861).

인다.[5] 홉스는 절대국가라는 비자유주의적 결론으로 이행하기는 했으나 그 철학적 전제는 분명히 자유민주주의적이다. 또한, 루소도 공동체주의적 평등주의를 주장하기는 했지만, 그 출발점은 여전히 자유민주주의적이다. 칸트의 순수한 도덕적 의지에 따른 정언명법도 자본주의적 이윤 추구와는 배치되는 듯이 보이기는 하지만, 한편으로 그것은 자본주의적인 계약적 거래와 교환에 대한 형식적이고 보편적이면서도 개인주의적인 도덕적 배경을 제시한 것으로 볼 수도 있다.

사회계약론은 그 이론적 단초로써 자연 상태, 자연법, 자연권을 설정한다.[6] 홉스, 로크, 루소, 그리고 칸트에 의해 전개된 사회계약 사상은 근대적 정부, 시민사회의 기원과 정치 및 도덕적 의무 일반에 대한 철학적 근거로 제시되었다. 사회계약 사상은 자유롭고 평등한 합리적 개인들의 계약적 합의를 통해서 정치 및 도덕 공동체의 규범적 근거를 제시할 수 있다는 점에서 그 설득력을 가진다. 따라서 사회 이전(pre-social)의 추상적이고도 고립적인 허구적 개인(persona ficta)에 의한 자발적이고도 합리적이며 인위적 동의를 통해 기존 사회 제도 및 구정체(ancien régime)를 초월적으로 비판할 수 있다는 점에서 사회계약론은 미국 독립과 프랑스 혁명에 철학적 자양분을 제공했다.

그러나 자유민주주의가 기존 질서와 제도로 자리 잡으면서 그러한

---

5   C. B. Macpherson, *The Political Theory of Possessive Individualism: Hobbes to Locke*(Oxford: Oxford University Press, 1962).

6   Ellen Frankel Paul, "Of the Social Contract within the Natural Rights Traditions", *The Personalist*, Vol. 59(1978), 9~21쪽.

질서와 제도를 사회 전체 공리(utility)의 증진을 위한 사회적 관습으로 보고 자연권을 "죽마 위의 헛소리(nonsense on stilts)"라고 비판하는 제러미 벤담(Jeremy Bentham)의 공리주의가 대두되었고,[7] 더 나아가서 원초적 계약(original contract)의 역사적 허구성에 대한 헤겔 역사철학의 신랄한 비판이 등장했다. 또한, 자연권은 결국 자본주의를 위한 사유재산권을 수립하는데 사용되는 사회적 불평등의 원흉이라는 마르크스주의자들의 비판이 제기되었다. 그리고 사회체제가 인간의 욕구 및 자아의 형성에 미치는 무시할 수 없는 영향이 사회계약론에 대한 결정적 반론을 제시한다고 생각하는 공동체주의자들과 사회체제론자들은 한 사회 내에서 피투적 존재(thrown being), 즉 내던져진 존재일 수밖에 없는 개인들에게 사회와 국가의 형성을 위한 자발적 참여의 존재라는 초월적 권위를 부여했다는 점에서 비판했다. 그리하여 사회계약론은 서구 사상사의 무대에서 사라지는 비극적 운명을 맞는다.[8] 또한, 루소 식(式)의 보편의지도 자본주의적 자유주의의 점증하는 사회적·계급적 갈등을 처리하기에 무력하다는 점도 그러한 비극적 운명에 일조하게 된다.

사회계약론의 현대적 부활은 20세기 후반기에 도덕 및 정치철학의 분야에서 목도할 수 있는 가장 괄목할 만한 현상이다. 도덕과 정치적 규범성에 오직 정의적 의미(情意的 意味, emotive meaning)만을 인정했던 논리실증

---

7 Philip Schofield, "Jeremy Bentham's 'Nonsense upon Stilts'", *Utilitas*, Vol. 15, No. 1.(March 2003), 1~26쪽. 원전은 Schofield 논문, 각주 2에서 재인용.

8 사회계약 사상의 일반적 비판의 역사는 J. W. Gough, *The Social Contract: A Critical Study of Its Development*(Oxford: Clarendon Press, 1936) 참조.

주의의 냉혹한 시련 아래 죽었다던 도덕 및 정치철학은 논리실증주의의 철학적 붕괴와 1960년대 이후 사회적 규범의 혼란과 다양한 사회운동의 대두라는 상황을 타고 의미심장하게 부활한다. 이러한 부활 이전에 이미 사회계약론의 자연권 사상은 그 형이상학적인 자연법적 토대를 버리고, 자연권의 규정도 실정법 안에 위치시키고, 인간이 하나의 불가침적인 도덕적 존재라는 권리 부여적 속성을 가진다는 인권 사상으로 완성됨으로써 1948년 공포된 유엔 『세계인권선언』으로 찬란하게 재등장했던 것이다.[9] 그러한 부활은 공리주의에 대해서 비판적인 관점을 취하고 있는 존 롤즈(John Rawls)의 『정의론』(1971)에 의해서 주도된다.[10] 롤즈의 정의론은 사회계약론을 고도로 추상화함으로써 그것을 사회정의의 윤리학으로 변모시킨다. 따라서 계약 대상은 전통적 사회계약론에서처럼 시민과 통치자 사이의 특정 형태의 정부 계약(the governmental contract)이나 혹은 복종 계약(pactum subjectionis)이 아니다. 롤즈의 정의론은 시민들 사이의 사회계약(social contract, pactum societatis)을 정의 원칙의 합의를 위한 자유민주주의적인 사회적 선택(social choice)으로 환치시킨다는 데 그 현대적 부활의 중차대성이 있다.

사회계약론의 피치자 동의(the consent of the governed)라는 개념은 이제

---

9   박정순, 「제4장 인권 이념의 철학적 고찰」, 박정순, 『존 롤즈의 정의론: 전개와 변천』(철학과현실사, 2019), 448~452쪽. 인권은 인간의 본성(human nature)에서 권리 담지자로서의 속성들을 찾음으로써 인권의 근거로 삼는다. Lawrence Hinman, *Ethics: A Pluralistic Approach to Moral Theory*, Third Ed.(Belmont: Wadsworth-Thomson, 2003), 212~214쪽. "Right-Conferring Properties"는 권리 부여적 속성들을 말한다.

10   John Rawls, *A Theory of Justice*(Cambridge: Harvard University Press, 1971). 번역본은 존 롤즈(황경식 옮김), 『정의론』(이학사, 2003).

자유롭고 평등한 자유민주주의적 시민들의 합의에 의거하여 그들 사회의 기본 구조와 공공 정책의 타당성과 정당성을 판정하려는 것으로 의미 변경을 하게 된다.[11] 이러한 의미 변경은 "민심은 천심" 혹은 "국민의 소리는 신의 소리(vox populi vox Dei)"라는 유구한 표어의 현대적 부활이라고 말해도 지나친 것은 아닐 것이다.

2) 홉스의 생애와 『리바이어던』약사(略史)

영국의 철학자인 토마스 홉스(Hobbes)는 1588년 4월 5일 출생하여, 1679년 12월 4일 91세의 나이로 서거하였다. 홉스의 저작 중 가장 잘 알려진 것은 1651년 출간된 『리바이어던(Leviathan)』인데, 여기서 홉스는 서양 근대 국가의 철학적 기반과 운용 원리를 사회계약론적 정치철학을 통해서 상세히 피력하였으므로 유럽에서 명성이 드높아졌다.[12] 『리바이어던』에는 정치철학 이외에 63세의 홉스가 평생을 탐구한 여러 인문학과 자연과학이 논의되고 있다. 정치철학 이외에도 홉스는 다양한 학문 분야들을 탐구하고 그 발전에 기여하였다. 즉 심리학, 역사학, 법학, 문학, 수사학, 수학과 기하학, 물리학, 광학, 해부학, 신학, 윤리학, 철학 일반이 그것들이다. 이러한 다

---

11   Gillian Brown, *The Consent of the Governed*(Cambridge: Harvard University Press, 2001).

12   Hobbes, *Leviathan. Or the Matter, Forme, & Power of a Common-Wealth, Ecclesiasticall and Civil.* original 1651. ed. with Introduction by C. B. Macpherson(Harmondsworth: Penguin Books, 1968). 이하 본문에서 LE로 약칭하고 chapter와 쪽수를 부기함. 인용되는 원문은 1651년 원판본을 따름.

방면에서의 학문적 공헌으로 그는 근대 정치철학의 수립자 중의 한 사람으로 간주되고 있다.[13]

홉스는 스페인 무적함대(the Great Armada)의 공포 속에서 태어난 아이였다. 스페인 무적함대가 쳐들어온다는 소문은 1587년 12월부터 영국에 무섭게 퍼져 있었다. 봄이 다가오자 홉스를 임신한 어머니는 안절부절 어쩔 줄을 몰랐다. 어쨌든 홉스에 따르면 어머니는 공포에 떨며 산통을 시작하여, 1588년 4월 5일 성 금요일 새벽 4시에서 6시 사이에 윌트셔(Wiltshire)주 몰멜스베리(Malmesbury) 외곽에 있는 웨스트포트(Westport) 마을에서 일곱 달 만에 칠삭둥이 아들을 낳았다. 홉스가 칠삭둥이로 태어난 정신적 상처는 일생 치유되지 못했다. 나중에 홉스는 84년 후에 쓴 자서전에서 기록하기를, "어머니는 쌍둥이를, 즉 나와 공포를 함께 잉태하고 있었던 것이다."[14] 홉스에게서 공포는 모든 것의 시작이자 마지막이다. 즉 절대군주의 통치력이 없는 자연 상태에서 도래하는 만인에 대한 만인의 투쟁 상태로부터 오는 공포로부터 시작하여 그 공포를 없앨 수 있는 또 다른 거대하고

---

13 "Thomas Hobbes", Wikipedia, 1쪽. 홉스의 일생에 대해서는 엘로이시어스 마티니치(진석용 옮김), 『홉스, 리바이어던의 탄생』(교양인, 2020) 참조. 그리고 전병운, 『홉스 「리바이어던」』(서울대학교 철학사상연구소, 2006), 제1부 철학자 및 철학 문헌 해제, 1. 홉스의 생애 및 해제, 1~31쪽. 그리고 John Laird, *Hobbes*(New York: Russell & Rissell, 1968), Part Ⅰ, Chapter 1, Chiefly Biographical, (1) Life, (2) Writings, 3~42쪽. 이 글에서 인용된 『리바이어던』의 번역은 토머스 홉스(최공웅·최진원 옮김), 『리바이어던』(동서문화사, 1988)과 토머스 홉스(진석용 옮김), 『교회국가 및 시민국가의 재료와 형태 및 권력, 리바이어던 1, 2』(나남, 2008)을 비교하면서 번역하였다.

14 마티니치(진석용 옮김), 『홉스, 리바이어던의 탄생』(교양인, 2020), 18~20쪽.

도 막강한 공포를 주는 바다 괴물 해수(海獸) 리바이어던으로 비견되는 절대군주의 통치력을 수립함으로써 자기 보전과 평화로부터 오는 사회적 안전을 확보할 수 있는 유일한 희망인 것이 그의 정치철학의 목표이기 때문이다. 로마의 철학자 키케로(Cicero)부터 유전되어온 모토, "국민의 안전이 최고의 법(salus populi suprema lex)"을 홉스도 금과옥조로 삼는다.

홉스의 『리바이어던』의 결론이 절대왕정이었던 것은 그가 속한 시대적 한계였으며, 그 이후 서구에서는 프랑스 혁명 이전까지는 절대왕정의 절대국가가 시대적 대세였던 것이다. 그러나 홉스는 국가의 합당한 철학적 기반이 자유민주주의적 개인들의 피치자 동의에 기반한 사회계약이라고 강력하게 피력한 시대를 앞서가는 철학자였다. 홉스는 『법의 원리』(1640)와 『시민론』(1642)에서부터 절대군주정을 주장하여 기본적으로 의회파의 눈엣가시가 되었다. 반면에 주권자의 권력(sovereign power)으로 내란의 비극을 막고 정의의 자비를 실현한다는 절대왕정론의 주장은 왕당파에게는 매력적으로 다가왔다. 그러나 『리바이어던』 출간 이후 홉스는 왕당파와 의회파, 국교회와 가톨릭 모두에게 공격을 받게 된다.[15] 왕당파에게는 자유민주주의적 개인들의 계약과 왕권신수설의 거부가 못마땅했을 것이고, 의회파에게는 절대왕정이 혐오스러웠고, 종교계에서는 홉스가 방탕한 사상을 유포하는 무신론자로, 또한 교회는 절대군주가 장악해야 한다는 주장으로 비난을 받았다. 홉스의 학문적 세계는 참으로 사면초가의 공격으로 점철되었다고 할 수밖에 없다.

---

15   같은 책, 「토머스 홉스 연보」, 619쪽.

홉스의 이러한 사회계약론적 절대왕정론은 당시 절대왕정을 왕권신수설(王權神授說, Divine Right of Kings)로 옹호한 로버트 필머(Filmer)가 비판하였다. 필머의 왕권신수설은 17세기에 지배적인 이론이었다. 왕권신수설은 엄밀히 말하면, 국왕의 권리는 신에게서 받은 절대적인 것으로서 신에 의해 아담과 그의 직계 자손에게 주어진 것이므로 국민이나 의회에 의해서 제한되지 않는다는 주장으로 가부장제적 왕권신수설이다. 가부장제적 절대왕정의 근거를 성경의 창세기로부터 찾는 것은 과거로 무한소급해야 하고, 거기서 다시 현재까지 왕권이 한 번의 끊임도 없이 면면히 이어져 내려왔다는 가정 등 불합리한 측면이 있으므로 홉스 이후 등장한 사회계약론자 존 로크(John Locke)의 피치자 동의론과 이 세계는 신에 의해 주어진 공유물로서 만인이 소유권을 갖는다는 주장에 의거하여 사회계약론이 우세한 이론으로 자리 잡게 된다.

홉스가 죽은 지 4년 후인 1683년 그가 5년간 공부하고 학부를 졸업했던 옥스퍼드대학은 홉스의 정치철학 저서들을 금서로 지정하고 불태워버렸다고 한다.[16] 다행히도 그가 죽은 이후 발생한 분서갱유의 공포였지만 홉스는 죽은 이후에도 공포에 시달렸던 것이다. 참으로 홉스에게서는 공포가 생전과 사후에 피할 수 없는 화두고 난제이었다. 1666년 「무신론과 신성 모독 금지법」이 의회를 통과되어 홉스의 『리바이어던』이 금서로 지목되었다. 1668년에 즈음하여서는 홉스의 정치철학적 저서들은 사실상 출판이 금지된 상태였다.[17]

---

16 볼프강 캐스팅(전지선 옮김), 『홉스』(인간사랑. 2006), 264쪽.
17 마티니치(진석용 옮김), 「토머스 홉스 연보」, 『홉스, 리바이어던의 탄생』(교양인.

그러면 홉스적 공포와 희망의 철학적 가상 체험을 시작해보자.[18] 홉스의 대표작인 『리바이어던』은 사회·정치 사상사에서 근대 정치철학의 지평을 연 것으로 평가되어 플라톤의 『국가』와 아리스토텔레스의 『정치학』에 버금가는 고전으로 널리 인정되고 있다. 『리바이어던』의 백미는 만인에 대한 만인의 투쟁 상태로서의 자연 상태와 인간으로 하여금 이러한 상태를 피할 수 있도록 인도하는 자연법의 수용, 그리고 절대군주력을 통해 사회적 질서와 평화가 보장되는 국가사회로의 유입 계약이다.

이러한 3단계는 두 가지의 주제, 즉 통합된 권위 상실의 위기와 사회적 무질서로부터 야기되는 공포와 아울러 국가의 안정된 통치를 기반으로 하는 자기 보존과 평화에의 희망이 발 빠르게 교차되는 철학적 둔주곡(遁走曲, fuga)이다. 홉스는 '개인과 국가', '보호와 복종', 그리고 '자연법과 자연권'의 관계를 근대에 걸맞게 재정립한 최초의 정치사상가이다. 비록 홉스가 절대군주정을 옹호하는 반자유민주주의적 결론 때문에 비판을 받기는 했지만, 『리바이어던』은 자유민주주의적 개인주의와 사회계약론을 수용하여 근대 시민사회와 국가의 출발점을 인상 깊게 제시하고 있다.

그러나 『리바이어던』은 그 위대성에도 불구하고 착종되고 상반된 다양한 비판을 받아온 것이 사실이다. 특히 인간 본성에 대한 서술적 이론으로서의 심리학적 이기주의의 문제, 평등한 합리적 개인에서 출발하여 자신

2020), 618쪽.

18   박정순, 「홉스적 공포와 희망의 철학적 가상 체험: 홉스의 사회·정치철학 ― 리바이어던 읽기. 김용환 저. 서평」,《서평문화》, 33집(1999), 83~88쪽에서 본문 두 문단을 발췌하였다. 각주 번호 18이 있는 문단과 그다음 문단임.

들의 외부에 있는 권위에 전적으로 복종해야만 한다는 사회계약론적 개인
주의의 역설, 사회의 안정과 평화의 대가로서는 지나치게 큰 절대군주력의
문제, 정치적 의무와 도덕성의 궁극적 기반이 타산적 이익인가, 자연법인가,
아니면 종교적 의무인가의 문제, 자연 상태와 사회계약의 역사적 허구성과
이중 계약(시민 계약과 복종 계약)의 동시적 수행에 따른 사회계약론의 난점
등이 그것들이다.[19]

학문의 한 방법론으로서 사고 실험(thought experiment)은 가설, 이론,
원칙에 대한 실증적 실험을 수행할 수 없는 대상인 인과율적 결과를 사고
함으로써 그 이론적 진면목이 드러나도록 하는 가상적 상황에서 행해진다.
사고 실험은 자연과학에서 많이 실시되고 있으나, 철학과 사회과학에서 가
장 중요한 사고 실험은 홉스에 의해서 제시된 사회계약론이다. 사회계약론
은 자연 상태와 자연법과 자연권을 가상적으로 설정함으로써 전개된다. 흔
히 사회계약론의 역사적·현실적 허구성이 사회계약론의 가장 큰 약점이라
고 간주되어왔으나, 이제 사회계약론은 인간 지성에서 가장 훌륭한 방법론
인 사고 실험의 중요한 사례로 인정되고 있다.[20] 그래서 이제 사회계약론은
사고 실험을 통해서 현실을 인지하여 해석하며, 또한 현실을 비판할 수 있
는 가상 체험과 그 방법론적 기제로 널리 인정되고 있다.

---

19   보다 포괄적이고 자세한 논의는 Daniel M. Farrell, "Taming Leviathan:
      Reflections on Some Recent Work on Hobbes", *Ethics*, Vol. 98(1988),
      793~805쪽.

20   "Thought experiment", Wikipedia, 1쪽.

2. 사회계약론의 현대적 부활과 홉스의 위상

이 글의 주안점은 『리바이어던』을 저술함으로써 서구의 사회계약론적 도덕 및 정치철학에서 위대한 사상가로 간주되고 있는 토마스 홉스(Hobbes)가 사회계약론의 현대적 부활로 각광을 받고 있는 롤즈의 『정의론』에서 왜 배제되었는가 하는 의구심이다.[21] 롤즈는 그의 정의론의 요지를 다음과 같이 약술한다. "나의 목적은 이를테면 로크, 루소, 그리고 칸트에게서 흔히 알려져 있는 사회계약의 이론을 고도로 추상화함으로써 일반화된 정의관을 제시하는 일이다."[22] 홉스가 배제되는 이유는 다음과 같이 덧붙여진다. "홉스의 『리바이어던』은 위대한 것이기는 하나 몇 가지 특수한 문제점을 안고 있다."[23]

이 글의 구체적 목적은 롤즈가 본 홉스의 특수한 문제점들이 무엇인가를 『리바이어던』을 분석함으로써 해명하고, 그러한 문제점을 해명하는 가운데 홉스적 사회계약론의 모형이 사회계약론의 두 모형 중의 하나이며, 또한 도덕성과 합리성의 관련 방식에 관해서 사회계약론적 윤리학이 봉착하고 있는 딜레마의 한 뿔, 즉 합리성의 도덕적 부적절성을 노정한다는 것을 입증하려고 한다.

이러한 구체적 탐구 목적을 실현하기 위해서는 우선 사회계약론적 윤

---

21   John Rawls, *A Theory of Justice*(Cambridge: Harvard University Press, 1971).

22   같은 책, 11쪽.

23   같은 책, 11쪽, n.4.

리학의 두 모형과 그 딜레마가 무엇인지가 밝혀져야 할 것이다.[24] 사회계약론적 윤리학은 '최초의 선택 상황(the initial choice situation)'인 자연 상태를 어떻게 규정하며 어떠한 방식에 의해 자유롭고 합리적인 개인들의 합의가 이루어지는가에 달려 있다. 그 최초의 선택 상황은 공정한 상황이거나 공정한 상황이지 않거나 둘 중의 하나가 될 것이다. 만약 그 상황이 공정한 것이 아니라면 우리는 합의의 결과를 공정한 것으로 간주할 수 없을 것이다. 만일 그 상황이 공정하다면 합의의 결과는 공정하겠지만 사회계약론적 논증이 정당화하고자 하는 어떤 도덕적 기준을 미리 전제해야만 한다. 전자의 경우 합리성의 기준에 따라서 합의가 이루어지지만, 그것은 도덕성을 훼손하게 된다. 후자의 경우 합의의 결과는 도덕적으로 공정한 것이지만 그것은 합리적으로 볼 때 임의적인 것이 된다. 따라서 합리적 구성주의로서 사회계약론적 윤리학은 도덕적으로 부적절하거나 순환적(morally irrelevant or circular)이 되는 딜레마에 봉착하게 된다.[25]

이러한 사회계약론적 윤리학의 딜레마는 사회계약론의 전통과 합리적 선택 이론과의 관련성을 통해서 다음과 같이 상술될 수 있을 것이다.[26] 사회계약론의 첫째 모형은 사회계약론적 합의를 전략적 협상(strategic

24   Jung Soon Park, *Contractarian Liberal Ethics and the Theory of Rational Choice*(New York: Peter Lang, 1992). 그리고 박정순, 「계약론적 윤리학의 딜레마」,《철학과 현실》, 1991년 여름호, 통권, 제9호. 248~264쪽. 박정순, 「현대 윤리학의 사회계약론적 전환」, 한국사회윤리학회 편, 『사회계약론 연구』(철학과현실사, 1993), 173~207쪽.

25   L. W. Sumner, "Justice Contracted", *Dialogue*, Vol. 16(1987), 524쪽.

26   C. A. Hooker *et al.* (ed.), *Foundations and Applications of Decision Theory*, Vol.ii. *Epistemic and Social Applications*(Dordrecht: D. Reidel Publishing Co.,

bargaining)의 대상으로 간주하며 선택 상황은 협상자의 현상적 위치(status quo), 위협적 이익(threat advantage), 전략(strategy) 등이 중대한 역할을 한다. 이러한 모형은 홉스와 제임스 뷰캐넌(Buchanan)에 의해서 제시된 바 있다.[27] 두 번째 모형은 사회계약론적 합의를 이상화하여 전략이나 상대적 협상 능력 등의 역할을 배제한다. 이 모형은 로크, 루소, 칸트에 의해서 발전되어 롤즈에게 유전된다. 이미 우리가 언급한 것처럼 롤즈도 이 두 모형적 분류를 수용함으로써 홉스를 자기의 이론적 선구자로 보지 않게 된 것이다.

3. 홉스의 『리바이어던』에서의 사회계약론적 윤리학의 분석

홉스는 통상적으로 정치학자로 분류되어 그의 윤리학설은 무시되거나 혹은 수용될 수 없는 무자비한 이기주의를 주장한 것으로 간주되어왔다. 홉스는 그의 주저 『리바이어던』에서 "정치학설의 주요 주제는 정치적 국가 공동체"라는 것을 천명했다."(LE, 7, 715쪽; 18, 228쪽) 그러나 그는 진정하고도 유일한 도덕철학(the true and only Moral Philosophy) 혹은 자연적 정의의 학문(the Science of Natural Justice)은 절대군주와 그의 신하들에게 필요한 유일한 학문이라는 것을 곧 명시한다.(LE, 15, 215~216쪽; 31, 407쪽) 더 나아가서 그는 "얼마만큼의 심도 있는 도덕철학이 통치권의 행사에 요구되는

1978), xi~xii쪽.

27   James Buchanan, *The Limits of Liberty: Between Anarchy and Leviathan*(Chicago: The University of Chicago Press, 1975).

지를 고찰하려고 한다."(LE, 31, 407쪽) 이러한 홉스의 주장을 볼 때, 우리는 홉스에게서 정치학과 도덕철학이 서로 상보적임을 확연히 알 수 있다.[28]

홉스의 사회계약론적 윤리학은 다음 3단계로 구성되어 있다. 자연 상태의 묘사; 자연 상태를 극복하기 위한 도덕 원칙으로서의 자연법의 서술; 자연법의 준수를 보장하기 위한 절대군주력의 성립. 우리는 이러한 3단계에 대한 합리적 선택 이론적 해석을 다음 절에서 상세히 전개할 것이다. 여기서의 우선적인 과제는 홉스의 『리바이어던』에 나타난 철학적인 입장을 통해서 홉스의 사회계약론적 윤리학을 분석하는 것이다.

『리바이어던』은 감각적 경험을 지식의 원천으로 간주하는 철학적 경험론으로부터 출발하고 있다. 따라서 홉스가 취하고 있는 사회계약론적인 원자론적 개인주의 윤리학의 철학적 방법론도 인간의 본성에 관한 자연적 사실이라는 경험적인 전제에서 출발하여 연역적 논증을 통해서 결론에 도달한다. "나는 군주의 통치권과 아울러 신민의 의무와 자유를 인류의 잘 알려진 자연적 경향성에 근거시킬 것이다."(LE, Conclusion, 725쪽)[29] 홉스의 철학적 경험론은 ① 존재하는 것은 개체라는 존재론적 개체주의와 보편자

---

28 홉스의 도덕 및 정치철학에 관한 자세한 고찰은 다음 저작들을 참조하고 인용했다. David Gauthier, *The Logic of Leviathan: The Moral and Political Theory of Thomas Hobbes*(Oxford: Clarendon Press, 1969); Gregory S. Kavka, *Hobbesian Moral and Political Theory*(Princeton: Princeton University Press, 1986); Jean Hampton, *Hobbes and the Social Contract Tradition*(Cambridge: Cambridge University Press, 1986).

29 사회계약론적 개인주의 윤리학에 대한 홉스의 철학적 입장에 관련된 일반적 설명은 다음 책을 참조. Anthony Arblaster, *The Rise and Decline of Western Liberalism*(Oxford: Basil Blackwell, 1984), 38~49쪽; 132~137쪽.

는 명목에 불과하다는 명목론(nominalism), ② 운동에 관한 기계론적 개념에 의거하고 있다. 따라서 인간의 본성에 대한 홉스의 견해는 이러한 두 가지 원천에서 도출된다.

자연에 존재하는 모든 실재적 사물은 "개체적이고 단일한 것"이며(LE, 4, 102쪽), 그것은 영속적인 운동 상태에 있다는 것이다. 한 물체가 일단 운동하기 시작하면, 그것은 어떤 것이 방해하지 않는 한 영속적으로 운동한다.(LE, 2, 88쪽) 홉스에게서 인간은 다른 자연적 존재들과 마찬가지로 휴지(休止)가 아니라 운동이라는 자연적 조건을 가진 실체이다. 인간의 행위를 유발시키는 운동의 형태는 "욕구 혹은 욕망(appetite or desire)"과 "혐오(aversion)"라는 두 표제로 분류될 수 있고, 사물에 근접하거나 사물로부터 멀어지거나 하는 이러한 형태의 운동이 모든 인간 행동의 원천이다.(LE, 6, 119쪽)

따라서 '모든 인간의 일반적인 경향성(general inclination of all mankind)'은 "오직 죽음만이 그것을 중단시킬 수 있는, 권력에 이어서 권력을 계속적으로 추구하는 영속적이고도 끊임없는 욕망(a perpetual and restlesse desire of Power after Power)"이 된다.(LE, 11, 161쪽) 여기서의 홉스의 주장은 소위 심리적 이기주의를 피력한 것으로 간주되고 있다. 권력 혹은 힘은 "미래의 명백한 선을 획득할 수 있는 현재적 수단"이거나 혹은 "더 많은 것을 획득할 수 있는 수단이나 도구"이다.(LE, 10, 150쪽) 선은 이어서 다음과 같이 규정된다. "어떤 사람의 욕구 혹은 욕망의 대상이 되는 것은 무엇이든지 그 사람에게 선이 되며, 어떤 사람의 증오와 혐오의 대상이 되는 것은 무엇이든지 그 사람에게 악이 된다."(LE, 6, 120쪽) 다시 말하면, "선과 악(Good and Evil)은 우리의 욕구와 혐오를 지칭하는 명사가 된다."(LE, 15, 216쪽) 그리고 "모든 자발적인 행동에서 그 대상은 각자 자신의 선"이 되며 "모든 사람은 그 자신의 이득을 위해서 어떠한 일이라도 한다고 가정된다."(LE, 15, 209쪽, 213쪽) 홉스는 철저하게 각 개인의 의지가 각자의 선을 결정한다고 보고, 각 개인의 의지(Will)는 "타산적 숙고의 최종적 욕구(the last Appetite in Deliberating)"라고 본다.(LE, 6, 128쪽) 따라서 "도덕철학은 무엇이 선이고 무엇이 악인가에 관한 학문 이외에 아무것이 아니다."(LE, 15, 216쪽)

4. 자연 상태, 자연법, 절대군주력: 합리적 선택 이론적 해석

이미 3절에서 언급한 것처럼, 홉스의 사회계약론적 윤리학은 3단계로 이루어져 있는데, 홉스는 그것을 다음과 같이 간명하게 요약하고 있다.(LE, 31, 395쪽)

순전한 자연적 상태, 즉 군주도 신민도 없는 각자의 절대적 자유의 상태인 무정부 상태와 전쟁 상태의 단계; 인간으로 하여금 이러한 상태를 회피할 수 있도록 인도하는 계율인 자연법의 단계; 절대군주력이 없다는 것은 실체가 없는 말과 같으며, 따라서 절대군주력 없이는 존속되지 못하는 국가 공동체의 단계.

우리는 합리적 선택 이론을 원용하여, 이러한 3단계를 다음과 같이 해석할 것이다. ① 비협동적인 수인의 딜레마(the prisoner's dilemma) 상황인 최초의 선택 상황, ② 협동의 가능성으로서 도덕 원칙에 대한 결과적 합의,

③ 무임승차자 문제(the free-rider problem)에 대한 해결책으로서 제시된, 도덕 원칙에 대한 준수의 강요.

자연 상태(the state of nature)는 전형적으로 "만인에 대한 만인의 투쟁 상태(bellum omnium contra omnes)로서 각자는 자신의 이성에 따라서 행동한다."(LE, 13, 285쪽)[30] 이것은 자연 상태가 무도덕적인 상태(non-moral situation)라는 것을 의미하며, 도구적 합리성의 극대화로서의 이성이 어떠한 도덕적 제한이 없이 완전히 발현되는 상태이다.(LE, 13, 188쪽)

만인에 대한 만인의 투쟁 상태의 결과는 아무것도 부정의하지 않다는 것이다. 옳고 그름과 정의와 부정의의 개념은 아무런 자리도 차지하지 못한다. 공권력이 없는 곳에서는 어떠한 법도 없다. 법이 없는 곳에서는 부정의도 없다. 힘과 기만은 이러한 투쟁 상태에서 중요한 두 덕목이 된다.

30 만인에 대한 만인의 투쟁 상태는 "a warre of every man against every man"이다.(LE, 13, 185쪽) 그리고 "a time of Warre, where every man is Enemy to every man", "전쟁 시에는 만인에 대한 만인의 적"이라는 표현도 나온다.(LE, 13, 186쪽) 『시민론(De Cive)』에서 홉스는 이미 "만인에 대한 만인의 투쟁 상태"라는 말을 사용했다. "a War of all men, against all men."(De Cive, Chap. 1. Of the state of men without Civil Society, sec. 12) 라틴어판을 보면 "bellum omnium contra omnes"로 나온다. 그리고 홉스는 De Cive, Dedication and Preface에서도 "Man to Man is an arrant Wolfe"라는 용어도 사용했다. 라틴어판을 보면 역시 유명한 구절, "만인에 대한 만인은 서로 늑대이다(Homo homini lupus)"가 나온다. De Cive: The English Version: Philosophical Rudiments Concerning Government And Society, ed. Howard Warrender(Oxford: Clarendon Press, 1983). De Cive, original Latin, 1642. English Translation, 1651.

이러한 맥락에서 홉스는 자연권(the right of nature)을 "외부적 방해의 부재(the absence of external Impediments)"라는 자유(liberty)의 개념과 연결시킨다.(LE, 14, 189쪽) 결과적으로 "모든 사람은 모든 것에 대한 권리를 가진다. 심지어 다른 사람의 신체까지도."(LE, 14, 190쪽)[31] 자연권과 자유의 이러한 관련 방식은 다시 한번 도구적 합리성의 무도덕적인 무제한적 극대화라는 측면을 부각시킴과 동시에 그것을 확증하고 있다.

모든 사람에 의해서 무제한적인 자유로운 권리가 행사되고 있는 자연상태가 "아무리 강하고 현명한 사람이라도 자신의 생명을 보존하기에 안전하지 않는 [상호 평등한] 상태"로 빠지는 것은 당연하다.(LE, 14, 190쪽) 여기서 관심을 가져야 할 또 다른 안건은 홉스가 자연상태에서 발생하는 주요한 갈등을 분배적 정의의 문제로 해석한다는 점이다. 자유와 평등으로 말미암아 "모든 사람은 자기의 몫을 확보하기 위해서 서로 다투며" 따라서 "만약 어떤 두 사람이 둘 다 향유할 수 없는 동일한 사물에 욕심을 낸다면, 그들은 적이 된다."(LE, 13, 184쪽)[32] 이것이 자연 상태에서의 갈등의 3가지 주요 원인의 하나인 소유와 획득을 위한 "경쟁(Competition)"이다. 다른 두 원인은 안전과 명성을 위해서 요구되는 "불신(Diffidence)"과 "영광(Glory)"이

---

31 다른 저작에서 홉스는 "그러나 모든 사람의 모든 것에 대한 권리는 어떤 사람도 아무것에 대한 권리도 가지고 있지 않다는 것에 불과하다"는 점을 분명히 한다. Hobbes, *Elements of Law Natural and Politic*, original 1640(Tönnies edition. Cambridge, 1928, 1989). I, chap. 14, sec.10.

32 이러한 점에서 햄프톤(Hampton)은 홉스의 자연상태를 흄의 "정의의 여건(the circumstances of justice)" 중 자원의 희소하고 부족한 상태와 유사한 것으로 간주한다. Hampton, *Hobbes and the Social Contract Tradition*(Cambridge: Cambridge University Press, 1986), 60쪽.

다.(LE, 13, 185쪽)

　이러한 3가지 원인을 가진 갈등의 결과, 자연 상태에서 모든 사람은 "그러한 전쟁의 불편함(the incommodities of such a war)"으로 말미암아 고통을 받게 된다. 홉스는 그 불편함을 다음과 같은 유명한 구절로 나타낸다. "인간들의 삶은 고독하고, 궁핍하고, 더럽고, 야수적이고, 단명하다."(LE, 13, 186쪽)

　이러한 전쟁 상태의 비참함 아래서, 모든 사람은 "평화가 선"이라는 것을 깨닫게 되고, 아울러 "평화의 수단과 방책인 자연법 역시 선"이라는 것도 깨닫게 된다.(LE, 15, 216쪽) 죽음에 대한 공포와 편안한 삶에 대한 욕구라는 감정과 함께, "이성은 인간들이 합의하게 될 간편한 평화의 조항을 제시한다."(LE, 13, 188쪽) 자연법은 "이성에 의해서 발견된 계율로서 인간은 그러한 계율에 따라 자신의 삶을 파괴시키는 행동을 금하게 된다."(LE, 15, 189쪽)

　따라서 이성의 계율 혹은 일반적 법칙은 모든 사람은 평화를 획득할 희망이 있는 한 평화를 얻기 위해서 노력해야만 한다. 그리고 평화를 획득할 수 없을 때는 모든 수단을 동원하여 전쟁 상태에서의 이득을 취할 수 있다.(LE, 14, 190쪽)

　이 법칙의 전반부는 자연법의 제1 혹은 근본적 법칙이며, 후반부는 자연권의 개념이 조건적으로 부가된 것이다. 홉스는 19개의 자연법을 말하고 있으나, 여기서는 최초의 3개만 논의할 것이다.

　이러한 자연법의 제1 법칙은 자연스럽게 자연법의 제2 법칙으로 이어

지는데, 제2 법칙은 홉스에게서 도덕에 관한 사회계약론적 해명의 근간을 이룬다.(LE, 14, 190쪽)

각자는 다른 사람들도 그렇게 하는 한 평화를 추구해야 하며, 그리고 필요한 만큼 자신을 방어하면서 모든 것에 대해서 가졌던 권리를 포기해야만 한다. 그리고 각자는 다른 사람이 자기 자신에게 행사하도록 허용한 만큼의 자유를 다른 사람에게 행사하는 것으로 만족해야 한다.

무제약적인 자연권이 전쟁을 야기하기 때문에, 제2 법칙은 그것의 일부분을 제약하도록 요구한다. 그러한 제약은 권리의 포기나 양도를 통해서 이루어진다. 홉스의 의무 개념은 권리의 그러한 포기와 양도에 근거한다. 한 개인은 "그러한 포기되거나 양도된 권리가 부여된 사람이 그 권리를 통해서 이득을 취하는 것을 방해하지 않을 의무가 있다고 말해진다."(LE, 14, 191쪽) 그러나 제약으로서의 도덕성의 개념은 사회계약의 본질적 측면에 의해서 다시 엄밀하게 조건 지워진다. 사람들이 자신의 권리를 양도하는 것은 언제나 "자신에게 선이 되는 어떤 것", 특히 "자신에게 호혜적으로 양도되는 어떤 권리"와 교환하기 위한 것이다.(LE, 14, 192쪽) 권리의 이러한 상호 양도가 "계약(contract)"이며, "상호 수용이 없이는" 어떠한 계약도 없다.(LE, 14, 197쪽)

계약의 이러한 상호적 측면은 홉스의 자연법의 제2 법칙 추가부에서 명백하게 드러나고 있다. 모든 사람이 각자의 자연권을 유지하고 있는 한, 모든 사람이 전쟁 상태로 빠져들어간다는 것은 명백하다. 그렇다고 해서 자연권의 일방적인 포기나 양도는 있을 수 없는 일이다.(LE, 14, 190쪽)

그러나 만약 다른 사람들이 자신처럼 그들의 권리를 포기하지 않는다면, 어떠한 사람도 자신의 권리를 포기해야 할 이유가 없다. 왜냐하면, 그렇게 하는 것은 평화를 가져오는 것이 아니라 오히려 자신을 타인의 먹이로 제공하는 것에 불과하기 때문이다.

홉스는 상호성의 이러한 엄밀한 측면이 "네가 대접받기를 원하는 대로 남을 대접하라"라는 기독교의 '복음률(Law of the Gospel)', 즉 기독교의 '황금률(the Golden Rule)'을 반영하고 있다고 지적한다.(LE, 14, 190쪽) 그러나 홉스의 이러한 주장은 약간 왜곡된 것이다. 왜냐하면 기독교의 황금률은 외면적으로 볼 때 엄밀한 상호성에 근거하고 있는 것처럼 보이지만, 실상은 사랑 혹은 배려의 율법으로서 타인에 대한 일방적 사랑을 주장한 것이기 때문이다.[33] 카브카(Kavka)는 홉스의 자연법의 제2 법칙을 기독교의 황금률보다 덜 빛나는 '황동률(the copper rule)', 즉 "남이 너에게 한 대로 남에게 행동하라"로 보다 적절하게 해석하고 있다.[34]

제2 법칙의 엄밀한 상호성에 비추어볼 때, 비록 자연권의 일부에 대한 양도 계약이 체결되었다고 하더라도 그것의 상호 준수가 지켜지지 않는다면 계약은 무의미한 것이 될 것이며, 계약의 목적인 평화를 정착시키지 못할 것이다. 홉스는 바로 이러한 관점에서 자연법의 제3 법칙을 정식화한다.

---

33 황금률의 대한 논의는 박정순, 『마이클 샌델의 정의론, 무엇이 문제인가』(철학과 현실사, 2016), 106쪽; 108~112쪽 참조.

34 Kavka, *Hobbesian Moral and Political Theory*(Princeton: Princeton University Press, 1986), 347쪽.

사람들은 계약을 이행해야만 한다. 계약의 이행이 따르지 않으면 계약은 무효이고 빈말일 따름이다. 이 경우 모든 것에 대한 각자의 권리는 유지되며 우리는 아직도 전쟁 상태에 있게 된다.(LE, 15, 201쪽)

홉스는 제3 법칙이 "정의의 원천이며 기원(the Fountain and Original of Justice)"이라고 주장한다.(LE, 15, 202쪽) 홉스가 제2 법칙과 제3 법칙을 구분한 것은 계약의 합의와 준수는 상이하기 때문이다. 비록 계약 당사자들이 도덕 원칙에 합의하였다고 하더라도, 다른 사람들이 그들의 의무를 다할 것인가에 대한 보증이나 확신은 여전히 존재하지 않는다. 먼저 계약을 이행하는 이러한 행위는 "자신의 적에게 자신을 먹이로 드러내는 꼴"이 될 것이다.(LE, 14, 196쪽) 그러나 "만약에 두 계약 당사자들에게 상호 계약의 이행을 강제할 만큼의 권리와 힘을 가진 공통의 권력이 작용하고 있다면, 그 계약은 무효가 아니다."(LE, 14, 196쪽)

여기서 홉스는 그의 사회계약론적 윤리학의 마지막 단계에 이르게 된다. 군주와 신민들 사이의 계약과 정부 수립의 구체적 과정을 도외시한다면, 홉스의 사회계약론적 윤리학의 요점은 "계약의 타당성은 사람들로 하여금 계약을 준수하도록 강제하는 데 충분한 시민적 권력의 구성으로부터 시작한다."(LE, 15, 203쪽) 시민적 권력에 권리를 양도하는 계약은 "절대적이고 자의적인 입법적 권력"을 구성하는데, 그러한 권력 자체는 계약의 당사자가 아니므로 평화를 확보하기 위해서 필요한 어떠한 일도 하는 것이 보장된다.(LE, A Review and Conclusion, 721쪽) 따라서 홉스는 "칼이 없는 권력은 빈말에 불과하고, 사람들을 안전하게 하는 어떠한 힘도 없다"고 강력히 주장한다.(LE, 17, 223쪽)

이제 우리의 과제는 홉스의 계약론적 윤리학의 3단계를 합리적 선택 이론에서의 '수인의 딜레마(the Prisoner's Dilemma)' 상황에 따라서 해석하는 일이다.[35] 무제약적이면서 무도덕적인 합리성이 완전히 구현되는 자연 상태로부터 결과하는 전쟁 상태는 확실히 비협동적인(non-cooperative)인 상황이다. 즉 합의가 구속력이 없는 상황이거나 강제할 수 없는 상황(not binding or enforceable)이다. 자연 상태에서 각 개인은 두 가지 전략, 즉 평화의 전략(P)과 전쟁의 전략(W)을 선택할 수 있을 것이다. 비록 평화 상태가 전쟁 상태보다 모든 사람에 의해서 선호된다고 하더라도, P를 선택하는 것은 여전히 불안전하다. 왜냐하면 자연 상태에서 어떤 사람이 일방적으로 P를 선택할 때 다른 사람들이 W를 선택한다면 자기 자신을 타인에게 먹이로 내주는 꼴이 될 것이기 때문이다. 이것은 타인이 어떠한 전략을 선택하더라도 각자는 W를 선택하는 것이 우세한 합리적 전략(dominant rational strategy)이라는 것을 의미한다. 따라서 우리는 홉스의 자연 상태가 필연적으로 전쟁 상태로 귀결되는 '수인의 딜레마', 즉 PD 상황이라는 추론을 내

35 수인(囚人)의 딜레마는 두 명의 수인의 협동과 배반을 다룬 게임이다. 만약 두 명의 수인이 협동하여 모두 묵비를 하면 모두 1년의 징역을 산다. 그런데 만약 다른 한 명의 수인이 배반을 하여 실토를 하면 그는 무죄 방면되고, 다른 한 명의 수인은 10년의 징역을 산다. 따라서 두 명의 수인은 이러한 상황을 방지하기 위해서 모두 실토를 하여 모두 5년의 징역을 산다. 따라서 게임의 결과적 균형은 모두 실토하여 모두 5년의 징역을 사는 것이 된다. 이것은 최선의 전략(혼자 무죄 방면)도, 차선의 전략(모두 1년 징역)도 아닌 최악의 전략(혼자 10년 징역)을 피하기 위한 차악의 전략(모두 5년 징역)이다. 수인의 딜레마에 대한 논의는 박정순 지음, 『사회계약론적 윤리학과 합리적 선택: 홉스, 롤즈, 고티에』(철학과현실사, 2019), 80~84쪽 참조.

릴 수 있다.

그렇다고 한다면, 절대군주력은 어떻게 PD 상황을 해결할 수 있는가? 여기에 대해서 홉스는 다음과 같이 말한다. "모든 사람들로 하여금 계약의 위반으로부터 기대하는 이득을 상회하는 처벌의 공포를 통해서 동일하게 계약의 수행을 강요할 수 있는 강제력이 있어야만 한다."(LE, 15, 202쪽) 실제적으로 강제력은 처벌을 통해서 선호의 순서를 변경시키게 된다.[36] 따라서 강제적 권력이 있는 상황은 더이상 PD 구조를 가지지 않는다. 합리적 선택 이론의 용어로 보면, 이것은 PD 게임에서 확신 게임(an assurance game)으로의 이행이다.[37] 이것이 의미하는 것은 절대군주력 아래에서의 확신 게임은 '다인적 수인의 딜레마(N-person Prisoner' Dilemma, NPD)' 혹은 '무임승차자 문제(the Free-rider Problem)'를 해결할 수 있다는 것을 의미한다.[38] 홉스에 따르면, "다른 사람들이 자신에 대해서 동일한 법칙을 준수할 것이라는 보증이 있을 때, 그것을 지키지 않는 것은 평화를 추구하는 것이 아니라 오히려 전쟁을 추구하는 것이다"라고 주장한다.(LE, 15, 215쪽) 홉스의 이러한 주장은 무임승차자의 문제를 일반화된 PD 혹은 다인적 수인의 딜레마인

---

36   강제에 관한 포괄적인 논의는 J. R. Pennock and J. W. Chapman, eds., *Coercion, Nomos* XIV(Chicago: Aldine-Atherton, Inc., 1972) 참조. 특히 J. W. Sobel, "The Need for Coercion", 148~177쪽 참조.

37   A. K. Sen, "Isolation, Assurance and the Social Rate of Discount", *Quarterly Journal of Economics*, Vol. 81(1967), 112~124쪽. Sen, "Choice, Orderings and Morality", in *Practical Reason*, ed. Stephan Körner(New Haven: Yale University Press, 1974), 59~60쪽.

38   무임승차자 문제는 박정순, 『사회계약론적 윤리학과 합리적 선택: 홉스, 롤즈, 고티에』(철학과현실사, 2019), 84~89쪽 참조.

NPD로 보고 있는 것이며, 무임승차자의 선호 순서는 처벌의 공포에 의해서 변하게 된다는 것을 의미한다. 요약해서 말하면, 홉스의 절대군주력은 전쟁 상태에서 평화 상태로의 이행과 사회계약론적 도덕 원칙(자연법)의 준수를 보장하는 이중적 장치이다.[39]

5. 결론: 홉스의 사회계약론적 윤리학의 실패와
현대 윤리학의 과제

홉스의 사회계약론적 윤리학은 사회계약론의 첫 번째 유형이 봉착한 합리성의 도덕적 부적절성을 보이고 있다는 비판은 사회계약론에 있어서 최초 선택 상황의 규정에 관련된다. 합리성의 도덕적 부적설성으로 말미암아 우리는 왜 롤즈가 홉스의 윤리학을 "상대적 힘의 우연적 균형에 그 안정성이 달려 있는 하나의 잠정 협정(a modus vivendi)"에 불과하다고 신랄하게 비판했는지 그 이유를 알 수 있을 것이다.[40] 롤즈는 "자유주의의 홉스적 계파(the Hobbesian strand in liberalism)"가 "잘 조직된 입헌적 구성체를 통해서 조정되고 균형을 이룬 개인적 집단적 이익의 수렴에 의해서 안전이 확보된 하나의 잠정 협정으로서의 자유주의"라고 갈파한다.[41] 합리성의 도덕적 부

---

39   Edna Ullmann-Margalit, The Emergence of Norms (Oxford: Clarendon Press, 1977), 67쪽.

40   Rawls, "The Idea of Overlapping Consensus", *Oxford Journal of Legal Studies*, Vol. 7(1987), 11쪽.

41   같은 논문, 2쪽; 23쪽.

적절성은 더 나아가서 사회계약의 수행을 위한 절대군주력이라는 강제 기제의 설정에도 관련된다. 합리성의 관점에서 받아들일 수 있는 사회계약의 이행은 단지 처벌에 대한 두려움에서 나온 것이므로(LE, 15, 202쪽), 과연 그것이 도덕적 해결인가도 의문시될 수 있다. 즉 강요는 도덕적 자발성(moral voluntariness)과 양립할 수 있는가? 롤즈는 사회계약의 준수를 위한 강제의 사용이 무임승차자를 배제하기 위한 필요조건은 되나 충분조건은 아니라고 본다.[42] 절대군주력에 관련된 또 하나의 문제는 군주에게 절대권력을 허용하는 것이 과연 합리적인가의 문제이다. 이 문제는 로크와 루소로 유전된 제한 정부 수립의 정치철학적 과제이며 본 논문의 직접적인 주제는 아니다. 그러나 무임승차자 문제에 관한 한 로크와 루소는 정부의 필요성에 대한 홉스의 견해에 수긍하는 것으로 보인다.[43] 특히 루소는 일반 의지에 따르는 자유에의 강요를 천명한 바 있어 철학적으로 많은 논란을 일으켰으나 무임승차자 문제의 해결책으로 볼 수도 있을 것 같다.[44]

결론적으로 말해서 홉스의 사회계약론적 윤리학은 무도덕적인 최초의 선택 상황으로부터 합리적 계약자들에 의한 공정한 합의를 이끌어낼 수 없을 뿐만 아니라 합의된 계약의 자발적이고도 도덕적인 준수를 보장할 수

---

42   Rawls, *A Theory of Justice*(Cambridge.: Harvard University Press, 1971), 240쪽.

43   John Locke, *The Second Treatise of Government in Two Treatises of Government*, ed. Peter Laslett(New York: A Mentor Book, 1963), ch.ii, sec.7, 312쪽. Jean-Jacques Rousseau, *Of the Social Contract*, trans. Charles M. Sherover(New York: Harper & Row, 1984), Bk. I, ch.vii, sec.53, 17쪽.

44   Rousseau, Of the Social Contract, Bk. I, ch.vii, sec.54, 18쪽. Henry David Rempel, "On Forcing People to be Free", Ethics, Vol. 87 (1976), 18~34쪽.

없는 이중적 실패를 보인다. 따라서 홉스의 사회계약론적 윤리학은 합리성의 도덕적 부적절성이라는 사회계약론적 윤리학이 가진 딜레마의 한 뿔에 걸려 있다. 브레이브르크(Braybrooke)는 홉스의 문제는 해결 불가능하며 다만 다른 선택 상황을 가정하거나 다른 동기를 설정하여 문제의 전환을 시도해야 한다고 주장한다.[45] 그렇다면 사회계약론을 현대적으로 부활시키고 있는 롤즈와 데이비드 고티에(David Gauthier)와 같은 학자들이 홉스의 문제를 어떻게 해결하는지를 추적하는 일은 흥미진진한 미래 과제가 될 것이다.[46]

---

45   David Braybrooke, "The Insoluble Problem of the Social Contract", in *Richmond Campbell and Lanning Sowden* (ed.), *Paradoxes of Rationality and Cooperation*(Vancouver: The University of British Columbia Press, 1985), 279쪽.

46   롤즈는 『정의론(*A Theory of Justice*)』(1971)에서 배경적 선택상황의 변경, 즉 무지의 장막을 통해서 공정성을 확보한 원초적 입장의 설정에 중점을 두고, 고티에는 동기의 변화, 즉 제한적 극대화로서의 합리성에 역점을 둔다. 데이비드 고티에(David Gauthier)는 『합의도덕론(*Morals By Agreement*)』(Oxford: Clarendon Press, 1986)에서 홉스의 기본적 정신인 개인주의적 협상과 합의에 근거한 사회계약론을 살리면서 『리바이어던』을 순화하려고 한다. 그리고 그 이전 저서, Gauthier, *The Logic of Leviathan: The Moral and Political Theory of Thomas Hobbes*(1969)에서도 동일한 입장을 피력했음.

박정순

전 연세대학교 미래캠퍼스 철학과 교수, 정년 퇴임. 연세대학교 철학과 학사 및 석사학위 취득. 미국 에모리(Emory)대학교 대학원 철학과에서 박사학위 취득. 미국 프린스턴 고등학술연구소 객원 연구교수. 세계 석학 초청 강좌인 한국철학회 '다산기념철학강좌' 운영위원장 역임. 제22차 세계철학대회(2008, 서울)에서 한국조직위원회 산하 홍보위원회 부위원장으로서 대회 홍보 실무 담당. 국가청렴위원회 청렴 강사 역임. 한국윤리학회 회장 역임. 주요 저서로는 『마이클 샌델의 정의론 무엇이 문제인가』(2016, 대한민국학술원 우수학술도서), 『마이클 월저의 사회사상과 철학적 깨달음』(2017), 『사회계약론적 윤리학과 합리적 선택: 홉스, 롤즈, 고티에』(2019, 세종도서 학술부문 추천도서), 『존 롤즈의 정의론: 전개와 변천』(2019, 세종도서 학술부문 추천도서), 『현대윤리학의 기원과 동향』(2021, 세종도서 학술부문 추천도서), *Contractarian Liberal Ethics and the of Rational Choice*(New York: Peter Lang, 1992) 등이 있다.

로크와 스틸링플릿의 논쟁:
지식과 신앙의 경계

이재영(조선대학교 철학과 명예교수)

1. 들어가기

로크(Locke)는 대부분의 저서를 익명으로 출판하고 논쟁에 끼어드는 것을 극도로 꺼렸지만, 어쩔 수 없이 몇 차례의 논쟁을 겪을 수밖에 없었다. 로크가 1695년 8월 『기독교의 합당성(The Reasonableness of Christianity)』 (한국어 번역본: 이태하 옮김, 『성서를 통해 본 기독교의 이치』, 아카넷, 2020)을 익명으로 출판한 지 얼마 되지 않은 9월 중순 국교회 성직자인 칼뱅주의자 에드워즈(Edwards)는 『무신론의 원인과 계기에 관한 견해(Some Thoughts concerning the Several Causes and Occasions of Atheism)』에서 『기독교의 합당성』의 저자가 삼위일체설의 성부, 성자, 성령 가운데 성부만 인정하는 유니테리언주의(unitarianism)와 삼위일체 교리가 성경이나 다른 권위에 근거한다는 것을 부정해서 박해를 받고 있었던 소치니주의(socinianism)에 동조해서 무신론을 부추긴다고 비난했다. 소치니주의라고 일컫는 것은 로크의 종교적 견해에 대해 할 수 있는 최고의 비난이었다.

로크는 1695년 11월 중순 『에드워즈 선생의 비난에 대한 기독교의 합당성 변호(A Vindication of The Reasonableness of Christianity, from Mr. Edwards's Reflections)』를 익명으로 출판했다. 에드워즈는 1696년 4월 『가면이 벗겨진 소치니주의(Socinianism Unmask'd)』와 1697년 초에 『소치니주의 강령(The Socinian Creed)』을 출판함으로써 계속해서 로크를 공격했다. 심지어 그는 『기독교의 합당성』을 1500년 동안 출판되었던 책 가운데 최악이라고 혹평했다. 1697년 미들섹스(Middlesex) 대배심은 삼위일체를 부정하고, 이성을 종교적 진리의 유일한 표준이라고 주장하며, 소치니주의, 아리우스주의(그리스도의 신성을 부정하여 325년 니케아 공의회에서 이단으로 규정됨), 무신론, 이신론(deism, 기독교를 근대의 자연과학적 합리성과 조화시키려 한 이성적 신관으로 자연종교라고도 함)을 유포하였다는 것을 근거로 하여 『기독교의 합당성』을 금지했다.

1697년 3월 로크는 『기독교의 합당성에 관한 두 번째 변호(A Second Vindication of The Reasonableness of Christianity)』를 출판하였고, 에드워즈는 그해 봄 『기독교 신앙의 근본 신조에 관한 간략한 변호(A Brief Vindication of the Fundamental Articles of the Christian Faith)』에서 로크의 세 저서를 조목조목 비판하였다. 에드워즈는 로크가 죽은 지 4년 뒤인 1708년 『있는 그대로 본 신앙과 칭의 교의(The Doctrine of Faith and Justification Set in a True Light)』에서 예수를 구세주로 믿으면 교리에 상관없이 누구나 기독교인으로 인정해야 한다는 로크의 주장을 다시 공격했다.

에드워즈는 소치니주의를 폭로하고 반박하는 책인 『소치니주의 강령』에서 확신을 갖고 로크를 『기독교의 합당성』의 저자라고 지목했다. 그리고 1696년 말 『삼위일체설 변호론(A Discourse in Vindication of the

Doctrine of the Trinity)』에서 로크의 『인간지성론(An Essay concerning Human Understanding)』(1689, 한국어 번역본: 정병훈·이재영·양선숙 옮김, 한길사, 2014) 이 반삼위일체주의 운동에 힘을 실어주어서 이신론에 이바지한다고 비난했던 우스터(Worcester)의 주교 스틸링플릿(Stillingfleet)에게 『소치니주의 강령』을 헌정하였다. 에드워즈는 『기독교의 합당성』에 대한 비판에서 한 걸음 더 나아가 소치니 자신이 '빈 서판(tabula rasa)' 이론을 주장했으며, 『인간지성론』의 1권에서 로크가 본유적인 원리들을 부인한 것, 즉 인간은 지식의 기본이 되는 생각이나 원리를 전혀 갖지 않고 백지상태에서 태어난다고 주장한 것이 『기독교의 합당성』에서 기독교의 원리들을 공격하는 것의 서곡이라고 주장했다.

로크는 아직 에드워즈와 논쟁 중이었던 1696년 말부터 1698년 11월까지 다섯 번(로크의 『첫 번째 편지』(1697년 1월 7일 작성, 3월 중순 출판), 스틸링플릿의 『첫 번째 답장』(1697년 3월 27일 작성, 5월 둘째 주 출판), 로크의 『두 번째 편지』(1697년 9월 초 출판), 스틸링플릿의 『두 번째 답장』(9월 22일 작성, 1698년 출판), 로크의 『세 번째 편지』(1698년 5월 4일 인쇄, 11월 출판)에 걸쳐 공적 서한을 주고받으면서 스틸링플릿과 논쟁을 벌였다. 스틸링플릿은 세 번째 답장을 준비했으나 출판하지 못한 채 1699년 3월 7일에 사망하였고, 이로써 논쟁은 끝났다. 로크는 스틸링플릿과 논쟁을 벌인 쟁점 가운데 일부를 1699년 12월에 출판된 『인간지성론』 4판에 첨가한 자료에 실었다. 로크가 『첫 번째 편지』를 작성한 시기는 『기독교의 합당성의 두 번째 변호』를 쓴 시기와 거의 같다. 로크와 논쟁을 벌였던 두 사람은 모두 로크가 삼위일체 정통 교리에 충실한지 의심했다.

이 글에서 특별히 로크와 스틸링플릿의 논쟁에 주목하는 이유는 우선 이 논쟁의 상대방이 당대를 대표하는 지식인이며, 고위 성직자였고, 다른 논쟁들에서는 미온적이었던 로크가 신속하게 나서서 2년 가까이 공방을 벌였을 만큼 광범위하고 공적인 논쟁이었기 때문이다. 스틸링플릿이 얼마나 대단한 인물이었는지는 1694년 캔터베리 대주교 틸럿슨(Tillotson)이 사망하자 메리 여왕은 스틸링플릿이 그 직을 승계하길 원했지만 윌리엄 3세의 반대로 성사되지 못했던 사실에서 알 수 있다. 에드워즈에게 무신론과 동일시되는 소치니주의를 옹호한다는 공격을 두 번이나 당한 터에 훨씬 더 강력하고 두려운 상대방에게 비슷한 근거로 공격을 당한 데다가 이 공격이 자신의 대표작인 『인간지성론』을 토대로 한 것이었기 때문에 그로서는 지체할 수 없었을 것이다.

또 한 가지 이유는 스틸링플릿의 비판을 통해 『인간지성론』에 대한 당대의 평가를 짐작할 수 있고, 비판에 대해 로크가 해명하려고 노력하는 모습에서 『인간지성론』의 일반적인 입장이 조명되기 때문이다. 논쟁의 핵심 주제를 되짚어봄으로써 로크 철학의 이해에 한 걸음 더 다가가고자 하는 것이 이 글의 목적이다.

2. 논쟁의 시대적 배경

17세기 말 기독교는 정치적인 색깔과 신비주의적인 기미를 점점 더 잃어가고 있었다. 『기독교의 합당성』이나 톨랜드(Toland)의 『신비롭지 않은 기독교(Christianity Not Mysterious)』(1696)와 같은 책 제목은 그 당시 국교도들이 가졌던 생각을 특징적으로 보여준다. 신은 지금까지 자연과 생명에 신비롭게 군림했던 것에 비해 이제는 구체적으로 사물을 움직이게 하는 창조주가 되었고, 개인 안에서 작용하면서 개인을 도덕적 규율에 복종하게 하는 정신이 되었다. 설교에서는 친절이나 자비와 같은 덕목이 강조되었다. 로크는 신을 숭배하는 알맞은 방법에 관해 생각이 같은 사람들이 함께 자발적으로 만나는 모임이 교회라고 정의하고 종교적 관용을 주장했다. 종교는 아무런 위협도 되지 못하는, 거의 취미와 같은 것이 되고 말았다. 정부 당국은 서로 마음이 맞는 성인들이 사적인 모임에서 무슨 일을 하는지 관심을 가질 필요가 없었다.

1689년의 관용법(Toleration Act)은 비국교도들에게 실제로 예배의 자유를 허용했다. 그러나 그 자유는 1563년에 만들어진 국교회의 공식적인 교리 진술인 39개 신앙 조항과 1662년의 통일법(Act of Uniformity)에 규정된 국교회의 기본 교리를 신봉하여 국교회 주교의 허가를 받은 경우에만 주어졌다. 많은 비국교도는 법이 요구하는 대로 국교회의 성사에 참여하면서 자신의 교회에서 예배를 드렸다. 비국교회가 공인되고 비국교도들의 이중적 기준이 명백하게 드러나게 되어서 그 현상이 눈에 더 잘 띄게 되었다. 신학적 사변과 이신론적 주제에 대한 논쟁이 홍수처럼 쏟아져 나왔고, 따라서 많은 공포를 자아냈다.

1689년 윌리엄과 메리의 왕위 계승은 잉글랜드에서 로마 가톨릭이라는 외적 위협을 크게 줄였다. 반면에 특히 삼위일체 교리에 관하여 개신교 비정통설 신봉자가 새롭게 급증하는 계기가 되었다. 개신교의 분열적 특성, 권위에 대한 이중 의식, 정체성 표현과 일치의 도구로서 종파적인 신앙 고백문의 증가, 조화를 성취하려는 개신교도들의 노력의 거듭된 실패, 로마로부터의 끊임없는 도전이 비정통설 신봉, 그리고 그것에 대한 의혹을 피할 수 없게 하였다.

삼위일체설에 등장하는 분리되고 상이한 세 위격들이 어떻게 하나의 실체적 존재 안에 존립할 수 있는지, 또는 하나는 인간이며 피조물이고 다른 하나는 영원히 신적인 두 본성이 하나의 개별 위격 안에 어떻게 혼란스럽지 않게 존재할 수 있는지, 또는 영원한 성령의 발현이 어떻게 일시적 창조와 다른지, 또는 이 문제들이 세 위격이 표현하기로 되어 있던 신비를 떨어뜨리지 않고 어떻게 일상적 담론에서 설명될 수 있을까 하는 것을 명료히 하는 것은 쉬운 일이 아니었다. 국교회의 충성스러운 신봉자들은 그들 가운데서도 삼위일체 교리의 적절한 해설에 동의하지 않는 사람들이 있음을 발견했다.

논쟁이 분열을 일으키게 되자 윌리엄 3세는 대주교들에게 시민 법정에서 그 교리에 반대하는 사람들을 고소하라고 '교회의 단일성을 보존하기 위한' 명령을 내렸다. 1696년에는 캔터베리 대주교 테니슨(Tenison)이 윌리엄 3세를 설득해서 성경, 사도신경, 니케아 신조, 아타나시우스 신조, 39개 신앙 조항에 포함된 것과 다른 용어로 삼위일체를 논의하는 것을 금지하는 왕의 금지 명령(Royal Injunction)을 선포하게 하였고, 1년 뒤 의회는 삼위일체 부정을 범죄로 규정하는 신성모독법(Blasphemy Act)을 통과시켰다. 그러한 상황에서 신학적 훈련을 받지 않은 평신도가 기독교 교리에서 가장 전문적이고 복잡한 쟁점에 관한 논란에 휘말리기를 피하려는 것은 조금도 놀라운 일이 아니다. 능숙한 신학자들에 의해 삼위일체 교리의 거의 모든 해설이 비난받고 있을 때 안전한 길은 명백하게 침묵을 지키는 것에 있었다.

스틸링플릿은 『삼위일체설 변호론』의 마지막 장에서 반삼위일체론자

들이 응답하게 하려고 시도했다. 그의 주된 표적 중 한 사람은 바로 그해에
『신비롭지 않은 기독교』를 익명으로 출판한 톨랜드였다. 톨랜드는 더블린
에서 가톨릭 사제의 아들로 출생했으나 어렸을 때 개종하였고, 글래스고에
서 교육을 받았으며, 로크가 네덜란드에 망명했을 때 레이던대학에서 친분
을 맺었다.

계시종교에 대한 자연종교 옹호를 대중화하려는 최초의 가장 체계적
인 시도 중의 하나였던 『신비롭지 않은 기독교』는 1703년 아일랜드 의회로
부터 분서 명령을 받은 것으로도 유명하다. 비판자들은 『기독교의 합당성』
과 이 책의 출판 시기가 비슷하다는 점을 지적함으로써 로크와 이신론을
연관시켰다. 톨랜드는 가끔 이름이 밝혀지지 않은 출처를 '탁월한 현대 철
학자'라고 언급했다. 그는 지식이 관념들(idea, 서양 근대 철학자들은 의식의 대
상이 되는 모든 것을 관념이라고 부른다)의 비교에 있으며, 직관적 지식과 추론
적인 또는 증명적인 지식, 두 종류가 있다고 주장함으로써 『인간지성론』의
지식론을 빌려왔다. 그러나 그가 이 지식론을 종교 문제, 특별히 계시에 적
용할 때 그는 로크가 출발했던 지점에서 벗어났다.

로크는 기독교와 성경에 신비적인 요소가 있음을 부인하지 않았다.
그는 명제를 이성에 따르는 것, 이성과 상반되는 것, 이성을 넘어서는 것으
로 나누고, 잘 증언된 계시인 성경을 통해 신비로운 것이 보고된 경우 그것
을 수용해야 한다고 주장했다. 반면에 톨랜드는 신비로운 것이 관념들의 관
계에서 명료함을 결여한 경우 지식으로 받아들이지 않음으로써 로크보다
더 로크의 지식론을 고수하였다. 그는 기독교와 성경 속의 모든 신비로운
것, 이성을 넘어서는 것은 기독교와 성경을 타락시킨다는 이유로 거부했다.
'자유 사상가(free thinkers)'는 1697년 로크가 톨랜드를 묘사하기 위해 쓴

용어였다.

스틸링플릿은 톨랜드가 사용한 원리의 출처를 확인하고 자신의 책을 로크까지도 공격하는 계기로 삼았다. 그는 로크의 원리는 우리가 실체(substance) 관념을 갖는다는 것을 설명할 수 없으며, 우리 안에 있는 정신적 실체의 존재에 관한 확실성을 정당화할 수 없다고 주장했다. 그는 신의 존재를 증명하는 로크의 접근 방식을 흠잡았으며, 실재적 본질(real essence)과 명목적 본질(nominal essence)에 관한 설명에 이의를 제기하고, 인격(person, 육체를 지닌 인간이 아니라, 도덕적이고 법적인 책임의 주체)의 정의를 문제 삼았다.

로크의 응답을 촉발한 것으로 보이는 것은 특정한 철학적 입장에 대한 공격이 아니라, 자신은 민감한 신학적 문제들을 피하도록 조심해왔는데도 공공연한 반삼위일체론자들과 한 묶음으로 취급된다는 사실이었다. 로크는 스틸링플릿을 비난하기보다는 자신과 톨랜드가 연관되는 것을 부정하는 데 전력을 다한 것으로 보인다.

3. 스틸링플릿의 비판

스틸링플릿은 로크가 성경의 명백한 계시는 교회의 권위와 전통, 교리를 넘어서며, 성경의 계시 이야기는 모두 이성에 의해 수정될 수 있으므로, 결국 신은 인간의 이성이 명령하는 것을 명령한다고 주장하는 것으로 받아들였다. 그의 비판은 로크가 소치니주의자이며 이신론자라는 데 집중되었다. 그의 비판은 크게 네 가지로 요약할 수 있다. 그러나 이 비판들은 분리할 수 없을 만큼 서로 연관되어 있다.

1) 로크는 실체를 폐기한다

그는 로크가 세계의 합당한 부분에서 실체를 폐기한다고 비판한다. 로크는 성질들은 스스로 존재할 수 없고 그것들을 떠받쳐서 한데 뭉치게 하는 어떤 기체(基體, substratum)를 필요로 한다는 전통적 견해를 유지하고 있다. 스틸링플릿은 "우리는 단순 관념들이 그 안에서 존립하고 이것들이 그로부터 귀결되는 어떤 기체를 가정하는 데 익숙해져서 이것을 실체라고 부른다"(『인간지성론』, 2. 23. 1)고 말하는 로크가 과연 이러한 실체 관념을 획득하는 방법을 설명할 수 있느냐고 묻는다. 그에 의하면 로크가 관념을 획득하는 통로로 지목한 감각과 반성은 실체 관념의 기원이 될 수 없다.

그의 비판은 로크가 실체가 있다고 인정하기는 하지만, 우리가 실체에 인식적으로 접근할 방도가 없다고 주장한다는 것이다. 그는 로크가 실재적 본질과 명목적 본질을 구분한 것에 주목한다. 이 구분에 따르면 우리는 로크가 명목적 본질이라고 불렀던, 실체의 감각적 특성만 알 수 있다. 반면에 스틸링플릿은 우리가 사물의 실재적 본질에 관해 충분히 확신한다고 주장한다. 실재적 본질은 사물의 본성적인 구성 조직을 토대로 한다. 실재적 본질의 일반 관념(general idea, 이를테면 철수나 영희 같은 개별 관념이 아니라 인간의 관념)은 추상(abstraction)이 아니라, 이성과 사물의 참된 본성에 관한 고찰에 의해서 형성된다. 실재적 본질은 우리 관념이 아니라 창조주의 의지에 의존하므로 변화할 수 없다. 그는 지식을 관념에 국한하는 로크의 철학이 외부 세계나 실체의 실재성을 의심하게 하고, 나아가 삼위일체 같은 근본 교리를 위협한다고 믿었다.

2) 관념의 방식은 회의주의로 이끈다

그는 실체에 대한 주장에서 드러나는 로크 철학의 특징을 '관념의 새로운 방식(new way of idea)'이라고 부르고 자신의 추론 방식(way of reasoning)과 대비시킨다. 그는 로크가 "관념의 결합과 일치, 또는 불일치와 모순에 대한 지각일 뿐"(『인간지성론』, 4. 1. 2)이라고 지식을 정의한 것에 주목한다. 그리고 로크는 자기 안에서 발견하는 관념으로부터 외부에 그것에 상응하는 사물이 있음을 어떻게 증명할 수 있는지 보여주지 못한다고 비판한다. 로크는 대상 안에 있는 힘과 우리 안의 관념 사이에 생각해볼 수 있는 연관성이 우리 이성 안에 없음을 인정해야 한다는 것이다.

관념의 새로운 방식이 우리를 회의주의로 이끈다는 비판은 확실성에 관한 스틸링플릿의 견해로 이어진다. 그는 우리가 뚜렷하고 구별되는(clear and distinct, 명석 판명한) 관념을 갖지 못할 때 확실성이 가능하냐고 묻는다. 그는 관념들에 의한 확실성과 이성에 의한 확실성을 대비시킨다. 또한, 확실성의 지식과 신앙의 지식을 대비시키고, 확실성에 관한 로크의 설명이 직관과 증명에 의해 얻을 수 있는 것인지 묻는다. 그는 정신적 실체와 물질적 실체 둘 다 있음을 확신할 수 있다는 로크의 주장은 그의 관념 이론과 조화되기 어렵다고 생각한다. 추리는 뚜렷하고 구별되는 관념에 의존한다고 보는 그는 관념이 혼란스럽고 불명료할 경우 우리가 확실성을 갖는 것을 로크가 실제로 설명할 수 있는지 닦아세운다. 그는 우리 지식을 감각과 반성에 의해 형성된 관념을 응시하는 것에 국한하는 로크의 방식은 우리가 인정해야만 하는 신앙의 신비를 유지하기 어렵게 할 위험성이 농후하다고 본다.

3) 로크의 인격 동일성(personal identity) 이론은 부활 교리와 모순 된다

스틸링플릿은 로크의 원리가 부활 교리의 토대를 위협하며, 심지어 부활 교리와 모순된다고 비판한다. 로크처럼 관념의 방식을 따르는 사람들은 일단 관념에 의한 확실성을 단념하면 신앙의 확실성을 보전할 수 없음을 알게 될 것이다. 로크의 주장을 근거로 하여 동일한 육체의 부활을 믿는 이유는 그의 인격 동일성 이론에서 오는데, 바로 그것이 부활 신조에 대한 확신을 훼손한다.

로크에 따르면 인간(man)의 동일성은 어떤 순간에 시작해서 계속 하나의 생명 조직 아래 그 조직에 결합된 여러 가지 계속 변하는 물질 입자 가운데 지속되는 하나의 육체에 있다. 물질은 나누어질 수 있으므로 불멸적인 존재의 후보가 될 수 없다. 비물질적인 영혼은 나누어질 수 없으므로 불멸하지만, 이를테면 나의 영혼과 소크라테스의 영혼이 다르다는 것을 입증할 방법이 없다. 영혼의 동일성이 인간의 동일성일 수 없다고 주장한 그는 인간과 인격을 구분한다. 인간이라는 유기체의 동일성이 생명의 동일성에 있듯이, 인격의 동일성은 의식의 동일성에 있다. 의식은 인격의 생명이다. 인간은 생각하는 이성적 존재이지만 유형적이고 생물학적인 유기체인 반면에, 인격은 본질적으로 의식을 가진 존재다.(『인간지성론』, 2. 27. 10)

스틸링플릿의 주장은 만약 우리가 전적으로 물질적이고, 인격 동일성이 의식의 지속에 의존한다면, 인격 동일성은 기능을 발휘하는 유기체로서 육체의 보전에 의존한다는 것이다. 인간과 인격을 구분하지 않는 그에게 인간은 영혼과 육체의 결합체이며, 부활은 육체에만 관련된다. 부활은 새로운 생명을 주는 것인데 누구한테 주는가? 죽음에 의해 인격 동일성을 잃어버린 물질적 실체는 아닐 것이다. 중단된 지 오래된 동일한 생명이 재생되지 않는 한 인격 동일성은 결코 없을 것이다.

스틸링플릿이 보기에 로크의 주장은 어떠한 물질적 실체라도 동일한 의식과 결합되기만 하면 동일한 육체를 구성한다는 결과를 가져온다. 반면에 그에 따르면 부활 교리는 동일한 물질적 실체가 다시 소생함을 필요로 한다. 당시의 신학자들은 고정된 실재적 본질, 몸과 마음이라는 근본적으로 다른 두 실체, 불멸의 필요조건인 영혼의 비물질성, 동일한 육체를 가진 인간의 부활을 무비판적으로 받아들였다. 스틸링플릿도 실체의 형이상학에 빠져 있었기 때문에 현세에서 영혼과 결합한 동일한 물질적 실체가 부활할 때 현전하고 그 영혼과 재결합해야 한다고 주장한 것이다. 여기서 그는 이것이 죽기 전에 한 사람을 구성했던 입자들의 동일한 집합을 소생시킴을 뜻하는 것은 아님을 분명히 밝힌다. 성경에서 예수는 "무덤 속에 있는 사람들이 다 그의 음성을 들을 때가 온다. 선한 일을 한 사람들은 부활하여 생명을 얻고, 악한 일을 한 사람들은 부활하여 심판을 받는다"(요한복음 5장 28~29절)고 말하고 있다. 그에 따르면 최후 심판의 날 무덤에서 나오는 사람들은 무덤 속에서 가졌던 육체를 가질 것이다. 그 육체는 비물질적 영혼과 한때 생명으로 결합했던 것과 동일한 물질적 실체일 것이지만, 무덤 속에 있었던 물질 입자들에만 국한되지는 않는다.

4) 물질은 생각할 수 없다

우리가 우리 안에 생각하는 어떤 것을 갖고 있다는 점은 논란의 여지가 없는데 그 본성이 물질적인지 비물질적인지 알 수 없다는 로크의 주장은 유물론과 연관되어 가장 큰 논란을 불러일으켰고, 이에 관한 논쟁은 18세기 내내 지속되었다. 로크는 물질이 생각할 수 있다고 단정하지 않고, 우리가 아는 모든 것에도 불구하고 물질은 생각할 수도 있다고 말하고 있다. 생명과 감수성, 중력처럼 생각도 물질에 첨가될 수 있다. 우리는 영원하며 생각하는 최초의 존재가 마음이 내키기만 한다면 그가 창조한 무감각적인 물질에 어느 정도의 감각 기관, 지각, 생각을 부여해서 그가 적합하다고 생각하는 대로 합친다는 것에 아무런 모순이 없음을 알 수 있다. 그는 물질이 생각할 가능성을 부정하는 주장은 곧 신의 능력을 제한하는 주장과 연결된다고 말함으로써 비판자들을 무력하게 한다.

이것은 신의 전능과 우리의 무지에 관한 아무런 해가 없는 발언처럼 보일 수 있다. 그러나 스틸링플릿은 그런 문제에서 무지를 허용하지 않았다. 신앙에 속한 지식에 관하여 개연성을 인정하지 않았기 때문이다. 만약 물질이 생각할 수 있다면 부활을 설명할 목적으로 끌어들였던 비물질적인 영혼은 필수 불가결하지 않다. 생각하는 물질의 가능성은 분리된 실체로서 정신을 제거하며, 이것은 신이 명령한 인간 질서의 해체로 귀결될 것이다. 그는 로크의 당치 않은 시사가 유물론과 무신론을 둘 다 지지하는 것으로 여긴다.

그의 비판의 핵심은 로크가 실체의 관념에 주목함으로써 실체의 존재에 대한 회의주의와 불신앙을 퍼지게 했다는 것이다. 신이 물질에 생각하는 힘을 주었는지, 아니면 물질에 사고력을 가진 실체를 덧붙였는지 알 수 없다는, 이른바 로크의 생각하는 물질 주장은 전통적인 정신적 실체에 대한 회의주의를 낳았다. 정신적 실체는 인간의 불멸성과 자연스럽게 연결되었던 것인데, 로크가 정신적 실체 대신 의식의 연속성을 인격 동일성의 기준으로 제시함으로써 새삼스럽게 육체의 부활과 최후 심판 당사자의 문제가 제기되었다. 로크의 인격 동일성 이론이 정신적 실체인 영혼을 불필요한 것이 되게 한다고 해석한 스틸링플릿은 그것이 도덕적 책임과 구원의 토대를 파괴한다고 보았다.

4. 로크의 응답

1) 실체의 존재를 의심하지 않는다

세계의 합당한 부분에서 실체를 폐기한다는 비판에 대해 로크는 자신은 실체 관념에 의문을 제기하는 것이지 실체의 존재 자체에 대해서는 전혀 의심하지 않는다고 대답한다. 이를테면 사람은 실체며, 자신의 존재를 의심하기 전까지는 실체의 존재를 의심할 수 없다고 말한다. 기체에 대한 신념은 성질들이 스스로 존립할 가능성이 없다는 것에 근거를 둔 관습이며, 자신은 스틸링플릿과 동일한 이유로 이 기체의 관습에 의탁한다고 주장한다.

어떻게 실체 관념을 형성하느냐는 물음에 대해서 로크는 실체 일반 관념은 감각이나 반성의 단순 관념이 아니고, 궁극적으로 그것들을 토대로 하는 것이라고 주장한다. 실체 일반 관념은 성질들과 기체의 관계와 더불어 '어떤 것'의 일반 관념이 합쳐져서 형성된 복합 관념이다. 로크에 따르면 우리는 추상에 의해 일반 관념을 형성한다. 추상은 개별 사물의 아주 세부적인 관념에서 출발해서 다른 부분에 선택적으로 주목함으로써 그 구성 부분들의 일부를 배제하는 과정을 포함한다. 로크는 감각과 반성에 주어진 관념들로부터 간접적이긴 하지만 실체 관념이 유래하는 과정을 상세하게 설명한다.

2) 실체의 관념은 뚜렷하고 구별되는 관념이다

로크는 관념이 혼란스럽고 불명료할 때 우리가 원하는 대로 다른 관념과 일치하거나 일치하지 않는 것을 지각할 수 없음을 인정한다. 그러나 그는 그 관념의 어떤 특징, 다른 관념들과 갖는 관계를 지각할 수 있다고 주장한다. 특별히 실체의 관념은 지각된 실제 존재와 그 관념이 일치하기에 충분히 뚜렷하고 구별되는 관념이다. 그는 자신이 실체를 믿는 근거는 스틸링플릿이 믿는 근거와 동일하다고 주장한다. 하지만 그는 스틸링플릿이 우리가 실체의 존립 방식에 관한 뚜렷한 관념을 갖기 때문에 실체 자체의 뚜렷한 관념을 갖는다고 결론 내리는 잘못을 범한다고 말한다. 그는 사물의 관념과 그것의 존립 방식의 관념은 다른 관념이며, 전자가 뚜렷하고 구별되는 관념이 아닐 때 후자는 뚜렷하고 구별된 관념일 수 있다고 주장한다. 예를 들어 어떤 시각 장애인은 주홍색 자체의 뚜렷하고 구별되는 관념을 갖지 못할지라도 주홍색은 어떤 다른 것에 내재함이 틀림없음을 알며, 주홍색의 존립 방식에 관한 뚜렷하고 구별되는 관념을 가질 수도 있다.

3) 동일한 인격의 부활이 중요하다

로크는 자신이 부활을 믿는 이유는 스틸링플릿이 말하는 것처럼 인격 동일성 관념에서 유래하는 것이 아니라, 부활이 신의 계시의 일부이기 때문이라고 주장한다. 그에 의하면 성경은 부활이 어떤 사람이 일찍이 가졌던 동일한 육체가 소생함을 함축한다는 주장을 지지하지 않는다. 신약 어느 곳에도 육체의 부활이라는 표현은 없으며, 동일한 육체의 부활이라는 표현은 더더구나 없다는 것이다. 로크는 바울이 "하느님께서 주님을 살리셨으니, 그의 권능으로 우리를 살리실 것입니다"(고린도전서 6장 14절)라고 부활을 말할 때, '우리의 육체'가 아니라 '우리'를 살리실 것이라고 말한다고 주장한다. 그에게 동일한 육체란 그가 살아 있는 동안 실제로 영혼과 연합된 동일한 개별 물질 입자들이다. 그는 무덤에서 나오는 실체가 무덤 속에 있었던 것임이 틀림없다면 무덤에서 나오는 입자의 집합도 무덤 속에 있었던 것임이 틀림없다고 주장한다. 우리가 육체라고 부르는 실체는 입자 집합을 넘어서는 그 어떤 것이 아니다. 그가 보기에 입자들은 변화할 수 있지만 물질적 실체는 여전히 동일하게 있다고 말하는 스틸링플릿은 한 육체의 실체를 그 육체를 구성하는 입자들이 아닌 어떤 것으로 생각하는 것 같다. 로크는 물체의 성질들의 밑에 있고 그것들을 지지하는 실체를 상정할 필요성은 인정하지만, 물체와 그 기체를 동일시하지는 않는다. 또한, 그는 기체가 물체를 구성하는 입자들과 별도로 존재할 수도 있는 어떤 것이라고 생각하지도 않는다.

설령 성경이 부활한 육체가 부활한 인격을 이전에 구성했던 것과 동일한 물질적 실체임이 틀림없다는 것을 지지한다고 해도, 부활한 인격이 새로운 육체를 가질 가능성을 용인하는 로크의 설명이 부활 교리와 모순되는 것은 아니다. 로크는 우리에게 부활이 동일한 육체 또는 다른 육체를 포함하는지 그 여부를 결정하라고 하지 않는다. 이것은 확실성의 문제라기보다는 신앙의 문제다. 로크는 이신론자들과는 달리 기독교 신앙의 본질적 구성 요소로서 합리성과 아울러 신비를 보존하기를 원했다. 그는 이성과 성경이라는 두 주인을 섬기는 데 아무런 어려움을 느끼지 않았다.

로크에게 지식과 신앙의 구분은 매우 중요하다. 이 구분은 우리 지식의 범위에 관한 그의 조심성이 회의주의에 이른다는 비난을 피하는 하나의 길을 제공한다. 로크는 명제를 이성에 따르는 것, 이성을 넘어서는 것, 이성과 상반되는 것으로 나눈다. 이성의 뚜렷한 증거에 반하는 계시는 받아들일 수 없다. 하지만 이성을 넘어서는 것 또는 이성과 상반되지 않는 것이 계시된다면 그것은 신앙의 문제다. 이성이 확실한 지식을 줄 수 없거나 개연적으로만 판단할 수 있는 문제의 경우, 우리는 계시에 귀 기울여야 한다.(『인간지성론』, 4. 17. 23 – 4. 18. 11)

4) 영혼이 비물질적이라는 것은 증명될 수 없다

스틸링플릿은 신이 물질적 실체에 사고력을 덧붙였을 수도 있음을 인정하는 것은 죽음 뒤의 삶에 대한 증거를 훼손하는 것이라고 주장한다. 문제는 만약 영혼이 물질적 실체라면 그것은 사실상 생명일 뿐이며, 신이 이미 끝난 생명을 보전할 수 있다고 생각하는 것은 어리석다는 것이다. 로크는 만약 영혼이 물질적 실체라면 그것을 생명이라고 말하는 것은 올바르지 않다고 지적한다. 생명은 실체가 아니라, 실체의 성질이기 때문이다. 만약 우리가 영혼이 물질적 실체일 가능성을 실제로 받아들인다면, 신이 물질적 영혼을 보전할 수 있다고 상정하는 것이 신이 비물질적 영혼을 보전할 수 있다고 상정하는 것보다 더 어렵지는 않다.

스틸링플릿은 생각하는 물질의 가능성은 자유로운 행위자로서 우리 자신의 개념을 위협한다고 주장했다. 로크는 신이 어떤 물질적 사물에 자유의지나 자기 운동의 힘을 부여할 수도 있음을 시사했다. 로크는 스틸링플릿이 '정신적'이라는 용어가 '비물질적'이라는 것을 의미했다면, 자신은 그가 요구하는 것을 증명하지 못했다고 대답했으며, 그것이 증명될 수 있다고 생각하지도 않았다. 우리 안에 있는 생각하는 실체가 비물질적임은 개연성이 높을 뿐이다. 그러나 스틸링플릿은 개연성이 충분하다고 생각하지 않는다.

여기서 우리는 로크와 스틸링플릿의 논점이 영혼이 비물질적임이 합리적으로 증명될 수 있는지 그렇지 않은지에 놓여 있음을 알 수 있다. 로크는 "도덕과 종교의 모든 위대한 목적은 영혼의 비물질성에 대한 철학적 증명이 없이도 충분히 보장된다"(『인간지성론』, 4. 3. 6)고 말한다. 영혼의 비물질성을 옹호하는 사람들은 대부분 그것이 내세 가능성의 충분조건은 아니지만 필요조건임을 인정하는 데 반해, 로크는 그것마저도 인정하지 않는다.

『세 번째 편지』의 마지막 부분에서 로크는 스틸링플릿의 전략에 관하여 예리한 소견을 밝힌다. 스틸링플릿은 로크의 원리들이 우리가 기독교 신앙의 다양한 신조들에 관하여 확실성을 가질 수 없음을 함축하므로 그 신조들의 신뢰성을 위협한다고 결론 내린다. 로크는 이것은 신의 계시가 제시하는 모든 신조에서 이성이 신의 증언을 지지하지 못하는 만큼 계시의 신뢰성을 떨어뜨린다고 스틸링플릿이 가정하는 것임을 지적한다. 로크는 이것은 기독교가 신비롭지 않다고 주장하는 톨랜드와 같은 사람들에 대해서 신앙의 신비를 옹호하고자 했던 스틸링플릿과 같은 사람에 의해 이루어진 가정임을 지적한다. 로크는 이것은 마찬가지로 종교를 촉진하는 이상한 방식이라고 말한다. 스틸링플릿의 면전에서 그의 주장이 이신론적인 함축을 하고 있다고 되받아치는 로크의 현명한 책략은 스틸링플릿의 모든 노력을 손상시킨다. 스틸링플릿의 종교보다 로크의 종교에 철학의 여지가 덜함을 보여주는 것이다.

5. 논쟁 고찰의 의의

두 사람이 주고받은 편지들은 동시대인들이 가장 자극적이라고 여겼던 주제들이 무엇인지 분명하게 해준다. 두 사람이 벌인 논쟁을 고찰한 의의를 크게 세 가지로 정리해보고자 한다.

1) 지식과 신앙의 구분

두 사람의 논쟁의 핵심은 실체관에 놓여 있다. 로크는 실체 관념을 "자신이 그것이 무엇인지 알지는 못하는 어떤 것의 관념"(『인간지성론』 2. 23. 2)으로 정의한다. 스틸링플릿의 눈에는 실체를 지성에 의한 복합 관념으로 설명하는 로크의 철학이 실체의 존재에 대한 회의주의를 가져오고, 나아가 기독교의 핵심인 삼위일체와 부활 교리의 토대를 위협하는 것으로 보였다. 삼위일체로서 신의 존재, 최후 심판을 받는 존재의 동일성의 토대로서 실체라는 존재의 확실성이 흔들린다고 본 것이다. 지식을 관념들의 일치와 불일치라는 좁은 범위에 국한하고, 성경에 기록된 계시와 증언을 신앙의 영역에 귀속시키려는 로크에 대해서 스틸링플릿은 기독교의 핵심 교리가 신앙의 영역에 귀속되면 사람들이 제멋대로 해석하고 서로 다르게 믿을 여지가 많다고 생각하여 신앙의 신비를 어디까지나 확실한 지식의 영역에 놓고자 하는 것이다. 신앙과 지식의 구분에 관한 두 사람의 견해 차이는 우리를 다시 로크가 『인간지성론』을 쓴 목적에 주목하게 한다.

2) 도덕과 종교의 문제는 개연성의 영역에 속한다

로크는 『인간지성론』의 목적을 "신념, 의견 그리고 동의의 근거 및 정도와 더불어 인간 지식의 기원, 확실성, 그리고 범위를 탐구하는 것"(『인간지성론』 1, 1, 2)이라고 밝혔다. 우리는 '인간 지식의 기원, 확실성, 그리고 범위를 탐구하는 것'이라는 구절을 들어 로크가 진정한 인식론의 시대를 열었다고 보는 데 익숙하다. 로크가 인간은 그 존재와 본성에 관한 정보가 한정된 물체나 마음에 대해 확실한 학문을 형성할 수 없으며, 사람들의 행위가 의거하는 명제들은 대부분 그 참됨에 관하여 확실한 지식을 가질 수 없는 것들임을 주장하는 것으로 본 것이다.

하지만 '신념, 의견, 동의의 근거 및 정도를 탐구하는 것'이라는 구절에 주목하면 『인간지성론』을 다른 각도에서 볼 수 있다. 우리는 우리의 행위가 의거하는 명제들의 확실성에 관하여 전혀 의심하지 않고 그 명제들에 동의하고 거기에 따라 행동한다. 우리는 개연적인 명제에 대해 신념, 동의, 의견을 갖게 되고, 개연성은 지식의 부족을 보충하며 우리 삶의 실천적인 목적을 달성하는 안내자로서 충분한 역할을 한다. 로크의 철학은 철학적 이상으로 제시되어왔던 보편적으로 확실한 지식보다 실천적 지성의 규제적 원리로서 개연성에 더 많은 영역을 내맡기려는 시도인 것이다. 로크의 인식론은 지식의 기원을 논하는 한가한 담론이 아니라, 스콜라 철학에서 탈피하려는 경험주의적 전회(empiricistic turn)인 동시에 종교개혁 이후 벌어진 신앙과 지식의 싸움에서 신앙을 지식과 별도의 영역에 놓으려는 치열한 힘겨루기다.

로크의 관용 사상도 신앙의 영역에서는 어떤 사람도 오류가 없는 지식을 갖지 못하므로 그 누구도 자신의 종교적 견해가 마치 신의 요구 사항인 것처럼 다른 사람들에게 부과할 권리를 갖지 않는다는 생각에 크게 의존했다. 모든 사람은 도덕과 구원의 관심에서 동등한 토대 위에 놓여 있다. 로크에게 그러한 문제들은 개연성과 신앙의 영역 안에 있는 것이지, 지식의 영역에 있는 것이 아니었다. 인간 지성에 관한 그의 고찰은 인간 삶의 주요한 관심사인 도덕과 종교가 대부분 어떤 확실한 지식도 달성될 수 없는 개연성의 문제들임을 보여주려는 시도다. 이 논쟁을 조명함으로써 얻게 되는 결과는 『인간지성론』의 핵심이 훨씬 명료해진다는 것이다. 스틸링플릿의 문제 제기에 대해 로크가 적극적으로 응답에 나섬으로써 애당초 『인간지성론』을 집필하게 된 계기가 지식보다 도덕과 계시종교 문제 때문이었다는 로크의 주장이 훨씬 더 설득력 있는 것으로 느끼게 된다. 로크는 이러한 주제를 탐구하기 전에 우리의 지성이 그 주제를 다루기에 적합한지 그렇지 않은지 알려고 이 책을 쓰기 시작하였다.(『인간지성론』, 독자에게 드리는 서한)

3) 스틸링플릿은 누구인가

두 사람의 논쟁을 돌아보면서 자연히 스틸링플릿이라는 인물에 대해 관심을 기울이게 된다. 스틸링플릿은 당대를 풍미한 사상가였는데 로크와 연관해서만 언급되며, 철학 사전에서 이신론에 반대하는 글을 쓴 최초의 인물로 한 번 언급되었을 뿐이다. 로크 전집에서 차지하는 분량으로나 로크의 경력에서 차지하는 비중에 비해 턱없이 낮게 평가되어온 이 논쟁에 대해 예외적으로 스틸링플릿의 입장에서 평가한 사람은 포프킨(Popkin)이다. 그에 따르면 스틸링플릿은 시대에 뒤떨어진 보수주의자도 반동적인 종교 지도자도 아니며, 데카르트(Descartes)부터 흄(Hume)에 이르는 관념주의자들(관념을 의식의 유일한 대상으로 삼는 철학자들)을 상식 철학의 입장에서 비판하는 토머스 리드(Reid)의 선구자다. 스틸링플릿은 버클리(Berkeley)와 흄을 기다릴 필요도 없이 로크 철학만을 보고 그것이 바로 회의주의로 귀결됨을 알아차렸다는 것이다.

논쟁 이전에 로크와 스틸링플릿이 맺은 인연은 본유주의(innatism, 지식의 근본이 되는 관념과 원리는 인간에게 원래부터 주어져 있다는 주장)에 대한 로크의 비판을 통해서였다. 로크는 『인간지성론』 1권에서 본유주의를 비판하면서 허버트 경(Herbert)을 잠깐 언급한다. 허버트 경은 『진리에 관하여(de Veritate)』(1624)에서 신의 손으로 인간의 마음에 새긴 다섯 가지 본유 원리로서 "최고의 신이 존재하며, 이 신은 숭배되어야 하고, 경건과 합쳐진 덕이 신에게 바친 최선의 경배 형식이며, 인간은 자신의 죄를 회개해야 하고, 이승의 삶이 다한 뒤 처벌이나 보상이 주어진다"는 것을 제시한다. 로크는 보편적인 동의를 얻는 규칙들이 있다고 해서 그 규칙들이 본유적임을 증명하는 것은 아니라고 비판한다.(『인간지성론』 1. 3. 15-19) 종교 전쟁과 박해를 통해 분열과 탈진의 고통을 경험한 철학자들은 17세기에 들어서서 동의할 수 있는 공통의 종교적 기반을 열망했으며, 이것이 교파 간의 조화나 관용을 가져온다고 믿었다. 따라서 종교적 관용을 주장한 로크는 허버트 경이 제시한 원리들이 본유적이 아니라는 점에만 비판의 초점을 맞춘 것이다.

허버트 경 이외에 본유주의자들은 데카르트, 케임브리지 플라톤주의자들(Cambridge Platonists, 17세기에 케임브리지대학을 중심으로 형성된 플라톤주의자들), 그리고 스틸링플릿이다. 스틸링플릿이 1662년에 출판한 『자연종교와 계시종교의 근거에 관한 성스러운 기원 또는 합리적 설명(Origines Sacrae, or a Rational Account of the Grounds of Natural and Revealed Religion)』은 1709년까지 8판을 찍을 정도로 그에게 명성을 가져다주었으며, 로크도 이 책을 친숙하게 알고 있었다. 이 책에서 스틸링플릿은 무신론을 논박하면서 신의 존재에 대한 신념의 세 가지 주된 이유를 들었다. 신이 인간의 마음에 자신의 보편적인 '문자(character)'를 새겼으며, 그 결과 인간에게 신의 존재에 대한 보편적 동의, 그리고 종교에 대한 자연스러운 성향이 주어졌다는 것이다. 로크가 본유주의를 기술하기 위해서 '문자'라는 낱말을 사용한 것은 명백히 그 대상이 스틸링플릿이었다는 것을 보여준다. "사람의 마음에 새겨진 '문자'가 있어서 영혼이 맨 처음 생길 때부터 받아들여서 세상에 가지고 나온다는 것이 일부 사람들 사이에 확립된 의견이다."(『인간지성론』, 1. 2. 1)

스틸링플릿을 위시한 전통주의자들은 로크의 이론이 종교와 도덕에 악영향을 미친다고 두려워했다. 그들은 본유 관념의 부정이 자연법 자체에 위협이 된다고 생각했다. 아이가 태어날 때 자연법이 영혼에 각인되지도 않고, 선악을 추구하는 인간의 내재적인 성향으로서도 존재하지 않는다면,

관습 이외에 도덕의 토대가 없을 것이다. 그렇게 되면 도덕적 상대주의가 판을 치게 되고, 결국 무신론으로 귀착되리라고 믿었다.

여기까지만 보면 스틸링플릿은 자유주의 사상가인 로크와 마치 처음부터 대척점에 있었던 것으로 느껴진다. 하지만 그는 보일(Boyle)과 뉴턴(Newton)의 새로운 과학이 설계 논증(design argument, 세계를 시계와 같이 정밀한 체계를 가진 것으로 보고 그 세계의 설계자로서 신이 존재한다는 주장)에서 종교를 위한 안전한 토대를 제공한다고 믿었던 왕립학회의 회원이었다. 그는 1659년에 쓴 『평화제의(The Irenicum)』에서 사람은 마음속에 각기 다른 신념을 가지므로 예배 의식의 획일화는 달성될 수 있는 것이 아니라고 주장함으로써 예배 의식의 통일을 강요하는 국교회에 장로교와 타협할 것을 제안했다. 그는 화해신학(Eirenicism)과 포용(comprehensiveness)에 앞장섰던 광교회파(latitudinarianism, 국교회 가운데 자유주의적인 경향을 가진 교회) 성직자였다.

반면에 1967년에 출판된 『통치론 소고(Two Tracts on Government)』(1660, 1662)에서 로크는 1660년 왕정 복고 직후 국교회의 예배 의식을 따를 것을 주장함으로써 종교적 관용에서 보수적인 국가 우위론의 입장에 서 있었다. 이 책은 스틸링플릿에 대한 로크의 첫 번째 응답인 셈이다. 그가 국교회의 중심지인 옥스퍼드 출신이었다는 사실을 감안하면 충분히 이해할 만한 일이다. 이에 비해 비국교도의 온상이었던 케임브리지 출신인 스틸링플릿의 저서는 대단히 진보적인 견해를 담고 있었다. 오늘날 우리에게 전해진 자유주의 사상가로서 로크의 이미지는 그가 당시 진보적 정치인이었던 애슐리(Ashley) 경을 만난 1666년 이후에 형성된 것이다.

로크와 스틸링플릿이 논쟁을 벌일 당시 두 사람의 입장은 바뀌어 있었다. 새로운 과학을 수용하고 환영했던 스틸링플릿은 고위 성직자로서 보수화했고, 로크는 국가 우위론에서 벗어나 종교적 관용을 주장하는 평신도로서 진보적인 진영에 속했다. 스틸링플릿이 로크를 소치니주의자, 유니테리언주의자, 이신론자, 심지어 당시 무신론자와 동일시했던 홉스주의자(유물론자인 홉스를 추종하는 사상가)라고 비난하고, 이에 대해 로크가 적극적으로 자신을 해명한 이유를 여기서 찾을 수 있다.

스틸링플릿이 보수적인 성직자가 된 이유를 어디서 찾을 수 있을까? 당시의 시대 상황에서는 전통적 계시, 교리와 성서적 진리가 아닌 공통의 종교적 기반을 마련하면 교파 간의 조화나 관용을 가져오리라는 열망이 새로운 실험 과학 정신과 결합하여 이신론적 경향이 강해지면서 종교적 신비를 인정하지 않았다. 톨랜드는 그러한 시대 상황을 잘 반영하는 인물이다. 스틸링플릿은 삼위일체나 부활과 같은 종교적 신비를 확실한 지식의 영역에 붙잡아두고자 했던 인물이다. 그는 베이컨(Bacon) 이후 실험 철학의 강한 후원자였으나, 이신론자가 종교적 명제에 너무 많은 증거를 요구하며 자연을 전적으로 기계적으로 해석하는 데에는 반대했다. 로크는 종교적 신비를 보존하려면 이신론 또는 자연종교를 계시에 의해 보완해야 할 필요가 있다고 보아 지식과 신앙, 확실성과 개연성의 영역을 나누었다. 종교개혁의 반가톨릭주의 구호 아래 교회의 전통과 교리보다 '오직 성경'이라는 정신에 충실해서 예수가 구세주임을 믿으면 누구나 기독교인으로 인정해야 한다고 주장했던 로크와 그에게 삼위일체 교리를 인정한다고 선언하라고 다그치는 스틸링플릿은 당시의 시대적 역할을 담당했던 주인공이었다.

나는 스틸링플릿과 로크의 시대적 역할은 국교회 신학이 포용에서 관용으로 변화하게 된 것과 관련이 있다고 생각한다. 포용은 국교회 구성원이 특정 기본 원칙에 동의하되 비본질적인 것에 대해서는 다양한 관행과 해석이 가능한 절충주의를 말한다. 국교회를 개신교와 로마 가톨릭의 교량 역할을 하는 교회로 보는 데 커다란 영향을 미친 것은 아리스토텔레스주의였다. 과잉과 결핍 사이에서 균형을 잡는 아리스토텔레스의 중용 사상은 여러 문제에 대해 균형 잡힌 해결책으로 간주되었다. 하지만 급진적인 종파주의자들을 제외한 대다수 잉글랜드 사람을 포괄하는 포용적인 개신교 교회는 실패로 돌아갔고, 국교회는 하나의 교파가 되었다. 특권을 갖고 국교가 되었지만 국가에 대한 영향력은 오히려 줄어들었다. 1689년 국민 교회(a national church)가 국교회(an established church)라는 실용적인 이념으로 바뀐 것은 그런 상황을 잘 대변한다.

관용은 질서를 유지할 수 있도록 정치 권력을 제한하고 예배의 자유를 허용하는 수준에서 그쳤다. 로크는 종교에 중립적인 방식으로 종교적 관용과 자유를 규정한다. 그러나 관용이라는 추상적인 말 속에 실제로는 개신교에 대한 합의라는 특정 지식이 배경으로 깔려 있다. 로크의 관용 모델이 가능하기 위해서는 우선 종교성이 종파적이 되고 개인화되며 사적 성격을 가져야 한다. 종교와 무관한 것도 종교의 의미 지평에 따라 다양하다. 로크의 보편주의적 관용 모델에는 종파적 차이를 보지 못하는 맹점이 들어 있다. 로크가 말하는 종교적으로 중립적인 국가는 사실상 종교적으로 중립적이지 않다. 포용이 실패하고 관용이 승리하자 보수주의자들은 이신론자, 소치니주의자, 자유주의자(광교회파), 신비주의를 부인하는 사람들, 거짓 설교자 행세를 하는 사람들 사이에서 공통의 신앙을 약화시키고 타도하려는 전 세계적인 음모가 진행되고 있다고 비난했다. 애당초 광교회파로 분류되었던 스틸링플릿이 성경을 신앙의 유일한 안내자로 본 칠링워스

(Chillingworth)와 광교회파의 추종자였던 로크를 비난하는 보수주의자가 된 것은 인간을 오류를 범할 수 있는 존재로 여기는 자유주의는 언제나 진리의 단일성을 부정하는 움직임으로 비난받을 여지가 있기 때문이 아닐까?

6. 나가기

1947년 로크의 기록물이 일반에게 공개된 이후 로크의 초기 사상을 담은 출판물이 나오기 시작했다. 1954년에 출판된 『자연법론(Essays on the Law of Nature)』(1663~1664)과 1967년에 출판된 『통치론 소고』가 그 결과물이다. 우리는 이 책들에서 시대를 앞서가는 자유주의 사상가로 정형화된 로크의 이미지에 전혀 들어맞지 않는 젊은 날의 로크를 볼 수 있다.

1679년 제임스의 왕위 계승 배척 법안이 제출된 뒤 벌어진 정치적 혼란 시기였던 1680년 5월 1일 스틸링플릿은 '분열의 해악(Mischief of Separation)'이라는 제목의 설교를 했다. 1681년 초에 이 설교를 확장하여 출판한 『분열의 부당성(The Unreasonableness of Separation)』에서 그는 로마에 반대해서 국교회로 연합할 것을 주장했다. 이 책은 국교회를 따르지 않는 개신교도들을 공격한 점에서 로크의 『통치론 소고』와 동일한 쟁점을 불러일으켰다. 그는 이 책에서 일반적 관용을 내부에서 국교회를 파괴할 트로이 목마에 비유한다.

로크가 두 저작을 반박하며 종교적 관용을 옹호한 긴 논문이라고 알려진 『비판적 견해(Critical Notes on Stillingfleet's Mischief of Separation, The

Unreasonableness of Separation)』는 아직 출판되지 않았다. 이 책이 출판되면 스틸링플릿에 대한 로크의 첫 번째와 두 번째 응답은 모두 관용과 비국교회에 관한 것이며, 우리가 고찰했던 세 번째 응답은 삼위일체에 관한 것으로 공식화될 것이다. 비국교도의 분열에 관한 스틸링플릿의 견해가 자신의 원래 견해와 다르며, 이에 대한 로크의 비판이 어떤 것인지 그 전모가 밝혀지지 않음에 따라 학자들은 이 비판서에 담긴 내용이 로크 연구의 블랙홀이 될 가능성이 크다고 보고 있다.

17세기의 지적 대변동에 직면해서 종교적인 믿음의 토대를 유지하고, 상식적 입장에서 기독교의 합당성을 옹호하려고 시도했던 스틸링플릿이 쓴 편지들은 1710년 그의 전집에서 마지막으로 인쇄되었다가 최근에 다시 출판되었다. 도서관에서 햇빛을 볼 날을 기다리고 있던 고문서들이 속속들이 디지털화해서 등장하는 추세로 보아 113편에 달하는 스틸링플릿의 저작의 전모가 드러날 날도 멀지 않다. 그동안 로크 위주로 평가되어왔던 이 논쟁을 새로운 각도에서 조명한다면 두 사람의 논쟁은 끝난 것이 아니라 여전히 우리 속에 살아 있다고 말할 수 있다.

이재영

조선대학교 철학과 명예교수. 고려대학교 철학과를 졸업하고, 같은 대학원에서 철학박사학위를 받았다. 범한철학회장, 서양근대철학회장, 조선대학교 인문과학대학 학장을 역임했다. 저서로는 『영국경험론 연구』(서광사, 1999), 『논쟁과 철학』(공저, 고려대학교 출판부, 2007), 『마음과 철학』(공저, 서울대학교 출판문화원, 2012), 『신일철, 그의 철학과 삶』(공저, 고려대학교 출판문화원, 2016), 『혐오를 넘어 관용으로』(공저, 서광사, 2019), 『서양근대교육철학』(공저, 서울대학교 출판문화원, 2021) 등이 있다. 번역서로는 F. 코플스톤의 『영국경험론』(서광사, 1991), G. 버클리의 『새로운 시각 이론에 관한 시론』(아카넷, 2009), J. 로크의 『인간지성론 1, 2』(공역, 한길사, 2014), W. 우즈갈리스의 『로크의 인간지성론 입문』(서광사, 2022)이 있다.

공화주의적 자유론의 루소적 전망[1]

정원규(서울대학교 사회교육과 교수)

1. 들어가는 말 — 루소, 그 모순의 철학자

고전의 반열에 오른 글을 읽을 때, 필자는 저자의 생애에 대한 자료를 많이 참조한다. 그래봤자 연보나 인터넷에 떠돌아다니는 수준의 행적을 둘러보는 정도지만, 그래도 저자에게 어떤 일이 있었는지를 대강이라도 살펴보면 저술의 숨은 의도를 짐작하기가 훨씬 용이하다. 특히 삶과 저술이 일관된 사람들, 가령 스피노자, 칸트, 마르크스 등의 글을 읽을 때는 이런 식의 접근이 많은 도움이 된다. 그리고 일관되지 않아도 마키아벨리나 홉스 또는 비트겐슈타인처럼 엇갈리는 지점이 단일한 경우에는 생애 탐색이 저술 이해에 역시 큰 도움이 된다. 그런데 이런 관점에서 보면 이 글의 주인공 루소는 삶과 저술을 연결시키기가 다른 누구보다도 어려운 사람이다.

---

1 이 글의 많은 내용은 정원규, 「정치적 자유의 공화주의적 출구」, 《민족문화연구》 제70호, 2019. 39~70쪽을 목적에 맞추어 재편집한 것이다.

그의 교육론 저술이라 할 수 있는 『에밀』에 얽힌 극적인 자가당착, 즉 책을 저술할 정도로 교육 문제에 관심이 많은 사람이 자기 아이는 5명 모두 고아원에 보내버렸다는 사실은 가장 널리 알려진 엇갈림이다. 그런데 그의 삶을 조금 더 들여다보면 삶의 고비마다 거의 예외 없이 이러한 일이 발생한다. 루소가 사회적으로 처음으로 유명세를 탄 것은 학자가 아니라 작곡가로서였다. 그런데 그는 자신이 작곡한 〈마을의 점쟁이〉라는 막간극이 대성공을 거두자, 연금을 주려고 하는 루이 15세의 면담을 거절하고 극이 공연되던 도시를 떠나버린다. 또, 학자로서 명성을 얻게 해주었지만 당시 학문에 대한 노골적 경멸을 내용으로 하고 있는 「학문과 예술에 대하여」는 프랑스 학술원 공모 논문으로 제출한 것이다. 오죽하면 루소 자신조차 "유럽에서 아주 학식 높은 분들이 모인 학술 단체 중의 한 곳에서 어떻게 감히 학문을 비난할 것인가, 저명한 아카데미에서 어떻게 감히 무지를 칭송할 것인가, 진정한 학자에 대한 존경과 학문 연구에 대한 경멸을 어떻게 양립시킬 것인가, 나는 그와 같은 모순된 측면을 진작 깨달[았다]"고 서술하고 있다.[2]

이후에 루소는 정숙한 남녀를 주인공으로 하는 연애 소설 『신엘로이즈』를 써서 소설가로서도 엄청난 성공을 거두는데, 물론 그것은 애인이 얼마나 많은가를 성공의 지표로 삼을 정도로 자유분방했던 당시 프랑스 사교계와는 너무나 이질적인 것이었다. 비슷한 시기에 저술된 그의 주저 『사회계약론』과 『에밀』로 인해 곤경에 처하게 되자, 그는 프리드리히 2세 치하

---

2   Rousseau, Jean-Jacques, *Discours sur les sciences et les arts Lettres écrites de la montagne*, 김중현 옮김, 『학문과 예술에 대하여 외』(한길사, 2007), 33쪽.

프로이센으로 잠시 망명한다. 그런데 프리드리히 2세는 그가 일찍이 "그는 철학자처럼 생각하고 왕처럼 행동한다"라고 통렬히 비난했던 인물이다.[3] 그 외에도 그는 『고백록』, 『루소, 장 자크를 심판하다 — 대화』, 『고독한 산책자의 몽상』 등의 말년 저작에서 자기 성격의 저속함과 세상에 대한 원망, 자연을 통해 해탈한 심경 등을 여과 없이 다면적으로 표출한다. 이 모든 행적과 저술이 한 사람의 것이라고는 생각하기 어려운 모순적인 삶의 모습을 보여주는 것이다.

2. 루소에게서 무엇을 기대할 수 있을까?

물론 이러한 루소의 모습은 그가 세인의 관심을 얻지 못했거나 이름난 철학자가 아니었다면 특별히 문제될 것이 없을 수도 있다. 과거에 이러저러한 엇갈리는 삶을 살았던 루소라는 이가 있었고, 그로 인해 어떤 일이 벌어졌으며, 오늘날에도 이런저런 분야에 그 여파가 남아 있다는 것을 확인하는 정도가 우리가 루소를 다시 소환하는 최대치가 될 것이기 때문이다. 그러나 오늘날 우리는 루소를 이렇게 가볍게 다룰 수 없다. 그의 주요 업적인 '사회계약론'과 '자연주의 교육론'을 제외하고 현대 사회를 논할 수 있을까? 그것이 불가능하다면 우리는 모순으로 가득 찬 루소의 삶과 학문에 어떤 식으로든 마주하지 않을 수 없는 것이다.

---

3   Rousseau, Jean-Jacques, *Les Confessions*, 이용철 옮김, 『고백록』 2권(나남, 2012), 493쪽.

이러한 루소와 불편하지 않게 대면하는 가장 일반적인 방식은 루소의 삶과 학문에서 무언가 일관성을 끌어내는 것이리라. 예를 들어, 그를 자연이나 의지를 중시한 철학자로 규정하고 그것과 일관되지 않은 행적은 무시하는 방식을 취하거나, 그를 당시의 불공정한 사회에 저항하는 부르주아 지식인의 대표자로 보고 그의 삶과 예술, 학술 활동에서 불일치의 원인을 사회에 귀속시키거나, 그도 아니면 그를 사교계에서의 성공을 꿈꾸는 치기 어린 한량으로 보아 예술, 학술 활동의 난삽함을 단지 명성을 위한 그때그때의 임기응변으로 치부할 수 있을 것이다. 그러나 이상의 묘사에서도 직감적으로 느껴지듯이 루소를 이렇게 그리는 것은 어느 모로 보나 진실을 왜곡할 가능성이 크다. 루소가 다음과 같이 이야기한 것처럼 말이다.[4]

나를 그리고자 해도 헛된 일이로다.
그대들 자신의 모습만 그리게 될 테니.

상황이 이렇다면, 우리는 루소를, 그리고 그 삶과 학술 활동의 불일치를 최대한 있는 그대로 받아들이는 방식을 고민해야 하고, 그것이 필자가 루소를 활용하는, 즉 루소로부터 최대한 교훈을 끌어내는 방식이기도 하다. 이에 대해 구체적인 예증을 하기 전에 이 글의 주제이기도 한 '정치적 자유'에 대한 루소의, 역시 모순적인, 서술을 직접 들어보도록 하자.

---

4   Rousseau, Jean-Jacques, *Rousseau juge de Jean Jacques. Dialogues*, 진인혜 옮김, 『루소, 장 자크를 심판하다 — 대화』(책세상, 2012), 159쪽.

공동의 전체의 힘으로 결사체 성원 각각의 인신과 재산을 방어하고 보호하는 결사체의 형태, 그리고 그것 덕분에 각인이 전체로 결합되었으면서도 오직 자신에게만 복종하며 전과 같이 자유롭게 남아 있도록 해주는 그런 결사체의 형태를 어떻게 발견할 것인가? 이것이 사회계약에 따른 해법을 필요로 하는 근본 문제이다.[5]

도대체 각인이 전체로 결합되었으면서도 어떻게 오직 자신에게만 복종하며 전과 같이 자유롭게 남아 있을 수 있다는 말인가? 이 문장만으로는 루소의 진의가 결코 짐작되지 않으며, 사실 『사회계약론』 전체를 읽는다 하더라도 여전히 잘 이해되지 않는다. 그런 면에서 이를 전술한 것처럼 일관성을 부여하는 방식, 가령 루소를 전체주의자로 해석하거나, 아니면 정반대로 로크와 다를 바 없는 개인주의자로 보거나, 그도 아니면 이미 사회계약론으로 유명세를 떨친 홉스와 로크의 주장을 비켜 가기 위해 좋은 말만 늘어놓은 무책임한 사람으로 치부해버리고 싶은 생각이 가슴 깊은 곳에서 스멀거릴 수 있다.

하지만 그렇게 해석된 모습이 루소의 진정한 얼굴일까? 전술한 것처럼 그럴 것 같지는 않다. 그래서 필자는 루소의 모순적 모습, 서술을 그대로 두고 루소를 해석하는 길을 모색해보고자 한다. 물론 그것이 가능하려면, 그의 모순적 서술이 의미를 갖게 하는 조건과 맥락, 그리고 최소한의 추가

---

5   Rousseau, Jean-Jacques, "The Social Contract", *The Major Politcial Writings of Jean-Jacques Rousseau*(translated and edited by John T. Scott, The University of Chicago Press, 2012), 172쪽.

적 해석이 덧붙여져야 할 것이다. 상세한 내용은 이하에서 다시 서술하겠지만, 일단 루소뿐 아니라 우리도 종종 모순적 결과를 얻고 싶어 한다는 사실만 환기해두도록 하자. 우리가 가령 적절한 교통 법규를 통해 인명을 철저히 보호하면서도 신속한 통행을 할 수 있기를 희망하는 것은 모순적으로 보일 수는 있지만 논의할 만한 가치가 있는 소망이다.

3. 자유주의자 벌린이 제기한 현대 사회와 자유의 문제[6]

루소의 자유에 대한, 더 정확하게는 자유가 구현되는 결사체에 대한 모순적인 서술이 우리에게 어떤 의미가 있는지를 음미하기 위해서는 먼저 오늘날 '자유'가 사람들에게 왜, 어떻게 문제가 되는지를 살펴볼 필요가 있다. 우선 개인적 차원에서 자유를 싫어하는 사람은 거의 없을 것이다. 하지만 개인적으로 이렇듯 모두에 의해 추구되는 자유가 사회적으로도 그대로 유지될 수는 없다. 개인의 자유가 사회에서도 제약 없이 허용되면 자유의 충돌로 사회 전체적인 자유는 감소하거나 아예 사회 자체가 유지되지 못하는 지경에 이를 수도 있기 때문이다. 따라서 모든 사회는 개인의 자유를 사회적으로 조절하기 위해 나름의 해결책을 마련한다.

지금도 마찬가지지만 특히 근대 이전에는 우월한 힘을 가진 집단이 지배자가 되어 그렇지 못한 집단의 자유를 억압하는 방식으로 자유의 충돌

6　　이 절의 전반적 논의는 정원규, 「정치적 자유의 공화주의적 출구」, 《민족문화연구》 제70호, 2019. 2절을 재편집한 것이다.

문제를 해결한 경우가 많았다. 물론 그러한 '해결'은 피지배자에게는 전혀 만족스러운 것이 될 수 없으므로, 피지배자들은 이러한 상황을 개선하기 위해 끊임없이 저항한다. 현대 민주주의 사회에서는 이러한 저항이 정권 교체 정도로 마무리되는 경우가 많지만, 과거에는 이것이 정변, 혁명, 전쟁 등의 주요한 원인이 되었다.

그런데 실제 역사를 들여다보면 이처럼 지배자가 교체되어도 자유의 충돌 문제가 기대한 만큼 해소되지 못한 경우가 많았다. 부르주아 혁명이 일어나던 18, 19세기 서유럽이나, 사회주의 혁명이 자리를 잡은 20세기 후반 동유럽을 생각해보자. 전체적·장기적으로 보면 이러한 격변을 거치면서 전체 인민(people)이 더 풍요롭고 자유로워진 것은 분명하다. 그러나 단기적으로 보면 혁명 과정을 통해 인민이 더 어려운 처지에 놓이게 되는 경우도 적지 않았고, 장기적으로 보더라도 애초에 기대했던 것만큼 기층 민중의 삶의 조건이 개선되었다고 보기는 어렵다. 특히 생활의 전체적 향상보다 개인의 자유에 더 많은 관심을 갖고 있는 자유주의자들이 이러한 사실에 더 주목했는데, 대표적으로는 현대 자유주의의 자유 개념을 확고히 정립한 벌린(Berlin)이 바로 이러한 관점을 취하고 있다.

벌린은 자유의 문제를 해결하려면 먼저 무분별하게 다의적으로 사용되고 있던 자유의 개념을 분명히 할 필요가 있다고 보았다. 그는 자유를 소극적(negative) 자유와 적극적(positive) 자유로 구분한다. 전자는 나에 대한 정부의 간섭이 어느 정도인가라는 물음에 대한 응답으로서의 자유 개념이고, 후자는 나를 지배하는 이가 누구인가라는 물음에 대한 응답으로서 자유 개념이다. 벌린이 이렇듯 두 자유를 구분하는 것은 우선 적극적 자유가 실현된다고 해서 반드시 소극적 자유가 실현되는 것은 아니라는 사실을 환기하기 위함이다. 세인들은 종종 지배자를 교체함으로써, 즉 적극적 자유를 실현함으로써 소극적 자유도 구현할 수 있다고 믿는다. 하지만 그것은 사실이 아니고, 그래서 이제는 소극적 자유의 문제를 적극적 자유와는 별도로 고찰할 필요가 있다는 것이 벌린의 일차적 문제의식이다.

소극적 자유는 개인에게 국가나 정부를 포함한 다른 존재로부터 간섭받지 않을 사적 영역이 얼마나 확보되어 있는가를 보여주는 기준이다. 통상적으로 '불간섭 자유'로 명명되는 이러한 소극적 자유는 사적 영역의 가장 중요한 부분이 경제적 영역임으로 인해 '사적 영역에서의 경제적 자유'로 규정되기도 한다. 이러한 규정에 이어 벌린은 한 사회가 진정으로 자유로운지를 보려면, 지배자나 지배 방식과 무관하게 소극적 자유가, 즉 인민에게 사적 영역에서의 경제적 자유가 얼마나 보장되어 있는가를 보면 된다고 주장한다. 벌린에 따르면, 어떤 미사여구가 동원되어도 인민에게 충분한 소극적 자유가 보장되어 있지 않다면 그러한 사회는 자유로운 사회라고 할수 없다. 반대로 가령 군주제를 채택하고 있다 하더라도 소극적 자유가 잘보장되고 있으면 자유로운 사회로 볼 수 있다는 것이다.

이러한 벌린의 자유론이 학술적·실천적 영역에서 차지하는 의의는결코 작지 않다. 그의 자유론은 우선 소극적 자유를 전면에 부상시킴으로써, 사적 영역에서의 경제적 자유를 중시하는 자유주의의 이론적 특성을명확히 했다. 벌린 이후 학술 영역에서의 모든 자유주의는 벌린의 소극적자유를 최우선적 의제로 취급한다. 물론 자유주의가 소극적 자유 외의 사회적 가치, 가령 평등이나 정의 등을 전혀 고려하지 않는 것은 아니다. 그러나 벌린은 그것들 또한 결국 소극적 자유와 충돌할 수밖에 없다는 다소 극단적인 주장을 전개했고, 다른 자유주의자들은 그 정도까지는 아니어도 그것들이 소극적 자유와 조화될 수 있어야 한다고 보았다. 양자 간의 사소한 차이는 존재하지만, 자유주의적 정체성을 유지하기 위해서는 소극적 자유의 보전이 최우선적 고려 사항이 되어야 한다는 자유주의자 간의 명시적·암묵적 합의가 이루어진 것이다.

근대 이후의 정치 상황을 고려하면 적극적 자유 개념에 대한 벌린의 비판도 깊이 음미해볼 필요가 있다. 벌린에 따르면, 현실 속에서 적극적 자유의 이념은 독재를 정당화하는 구실로 사용되는 경우가 많다. 가령 개인적 차원에서 적극적 자유를 진정한 자아, 이성 등이 참다운 지배자가 되어야 하는 것으로 해석한다면, 현상적 자아, 비이성적 요소 등이 무시될 것이다. 또, 사회적 차원에서 적극적 자유가 현명한 사람이 지배자가 되어야 한다는 것을 의미한다면, 그렇지 못한 사람의 욕구나 바람이 사회적으로 반영되기 어려울 것이다. 그리고 이는 이성이나 합리성, 현명함의 명분을 내세웠을 뿐, 결과적으로 피지배자의 의지를 억압한다는 점에 있어서 여느 독재체제와 다를 바 없다.

벌린의 비판은 당시 상황으로는 구소련 정치 체제를 염두에 두고 이루어진 것이다. 하지만 인민을 위한다는 명분을 내세워 사익을 추구하는 정치 세태가 여전히 계속되고 있는 상황을 고려하면, 적극적 자유에 대한 벌린의 비판은 소극적 자유의 우선성에 대한 그의 주장과 별개로 깊이 음미될 필요가 있다. 현재의 정치 체제나 정책 집행을 통해 이득을 보는 사람이 누구인지, 그리고 그것이 체제나 정책의 명분과 일치하는지는 민주주의가 제대로 실현되고 있는지를 확인할 수 있도록 해주는 가장 분명한 기준이다.

　이러한 벌린의 주장은 그 적절성과 별개로 자유와 관련하여 우리에게 몇 가지 중요한 논점을 시사한다. 우선 우리가 일상적으로 사용하는 '자유'라는 말의 의미가 단일하지 않으며, 심지어 대립하는 계기를 포함하고 있다는 점이 드러났다. 벌린은 이러한 대립적 계기를 '소극적 자유'와 '적극적 자유'라는 표현을 사용하여 나타내고자 했지만, 사실 이 글의 주인공인 루소 또한 선제적으로 '자연적 자유'와 '사회적 자유'를 대립시킨 바 있다.

　필자는 '사적 자유'와 '공적 자유'라는 표현을 주로 사용하는데, 내용적으로 소극적, 적극적 자유의 구분과 대체로 일치하지만, 벌린이 비판한 적극적 자유의 의미를 긍정적으로 재구성하려는 의도에 따라 표현을 변경했다. 하여간, 여기에서 중요한 것은 '자유'의 의미가 단일하지 않으며, 특히 벌린의 소극적 자유를 '불간섭 자유'로 명명할 때에 강조되는 것처럼 단순히 우리 각자가 마음대로 하는 것과는 다른 차원의 자유, 즉 적극적, 사회적 또는 공적 자유에 대한 고찰이 필요하다는 사실이다.

　이와 연결되는 두 번째 논점은 벌린 자유론이 내포하고 있는 개념상의 흠결에서 연유하는 것이다. 벌린은 '소극적 자유'와 '소극적 자유의 보장'을 구분하지 않는다. 그러나 전자는 보장하려는 자유의 내용에 관한 것인 반면에, 후자는 수단에 대한 것이라는 점에서 서로 완전히 다른 개념이다. 가령 소유권이 사회적으로 보장되기 위해서는 그것이 무엇인지에 대한 내용 규정 외에 그것을 보호하기 위한 방안이 별개로 고찰되어야 하는 것이다.

　이렇게 양자를 구분하면, 사회적 맥락에서 벌린이 주장하는 소극적 자유의 우선성은 결국 적극적 자유에 대한 소극적 자유의 우선성이 아니라 소극적 자유를 우선시하는 특정한 적극적 자유의 다른 적극적 자유에 대한 우선성임을 알 수 있다. 즉, 벌린은 문언적으로는 소극적 자유를 우선시해야 한다고 주장했지만, 실제로는 그가 비판했던 사람들과 마찬가지로 적극적 자유를 우선시하고 있었던 것이다. 이는 명백한 개념적 혼동이며, 그런 한에서 소극적 자유를 중시하는 벌린 자유론이 타당하다 하더라도 벌린의 주장과는 달리 적극적 자유에 대한 긍정적 고려가 필요하다는 것을 알 수 있다.

우리가 주목해야 하는 세 번째 논점은 자유의 본질을 단순히 '사적 영역에 대한 간섭의 부재'만으로 설명할 수 있는가 하는 문제이다. 만약에 이러한 벌린의 주장을 문자 그대로 받아들인다면, 현대 복지국가는 모두 자유롭지 못한 국가가 된다. 비록 선의에서 비롯되어 당사자의 동의를 얻은 것이라고 해도 그것이 간섭인 한에서는 자유를 침해하는 정치적 의지를 행사한 것이 되어버리기 때문이다. 이와 더불어 사적 영역에서의 자유가 아무리 충분히 보장되어 있다고 해도, 독재적 정치 체제를 채택하고 있는 나라에 살고 있는 사람들을 자유롭다고 할 수 있을지도 의문이다. 미국의 독립 과정이 보여주듯이 사람들은 세금을 얼마나 내야 하는가에 대해서도 관심을 기울이지만, 그것을 누가 결정하는가에 대해서도 지대한 관심을 갖는다. 그렇다면 적어도 사적 영역에서의 자유가 자유의 중요한 요건으로 고려되는 만큼, 또는 그 이상으로 공적 영역에서의 자유도 중요한 요건으로 고찰해야 할 것이다.

물론 이러한 문제 제기들이 가능하다고 해서 그로 인해 곧바로 벌린의 자유 개념을 철회해야 한다는 결론에 이르는 것은 아니다. 이론적 결함이 있다는 것은 그러한 이론이나 사안에 대한 검토가 더 필요하다는 것을 시사할 뿐, 다른 이론의 상대적 타당성을 보증해주는 것은 아니다. 그런 면에서 이제 우리에게 필요한 것은 벌린의 자유론을 대신할 더 나은 자유에 대한 견해가 존재하는지, 존재한다면 그것은 또 어떤 강점과 약점을 지니고 있는지 등을 검토하는 것이다.

필자는 이러한 후보로 무엇보다 공화주의자들의 견해를 들 수 있다고 본다. 아렌트, 페팃, 루소 등으로 대표되는 공화주의자들은 논자에 따라 강조점이 크게 달라지기는 하지만 대체로 자유주의, 민주주의, 사회주의 등의 한계를 극복한 새로운 정치 이념을 제시하는 것을 목표로 하고 있다. 이러한 공화주의는 경제주의를 수용하지 않는다는 점에서 사회주의와 궤를 달리하고 있으며, 다수결 규칙에 비판적이라는 점에서 민주주의와도 거리를 두고 있다. 반면에 사적 자유의 우선성에 동의하지 않는다는 점에서 벌린 및 자유주의와는 명확히 반대 입장에 서 있다.

그리고 이 글의 맥락에서 보면 공화주의는 전술한 것처럼 사적 자유가 아니라 공적 자유—벌린의 용어를 사용한다면 소극적 자유가 아니라 적극적 자유—를 중시한다는 점에서 벌린과 정확히 반대되는 입장을 견지하고 있다. 하지만 적극적 자유와 관련된 기존 정치 이념들이 이론적으로 일정한 한계를 지니고 있었을 뿐 아니라, 현실적으로 왜곡, 악용되었다고 본다는 점에서 벌린과 문제의식을 공유하고 있다. 요컨대 공화주의는 벌린의 자유주의와 문제의식을 공유하지만 상반되는 해법을 제시하고 있는 것이다. 그런 면에서 벌린의 자유론을 대신할 이론이 필요하다면, 공화주의적 자유론이 가장 먼저 후보가 될 수 있다. 물론 공화주의적 자유론도 논자에 따라 매우 다양한 방식으로 전개되므로, 이하에서는 먼저 가장 대표적인 현대 공화주의자라고 할 수 있는 아렌트와 페팃의 자유론을 통해 공화주의적 자유론이 벌린의 자유론의 대안이 될 수 있는지 살펴보도록 하겠다.

4. 아렌트 자유론의 가능성과 한계[7]

소극적 자유, 즉 개인의 사적·경제적 영역의 보호를 자유의 본질로 본 벌린과 달리, 아렌트(Arendt)는 자유를 애초부터 공적 공간, 특히 정치에서만 체현될 수 있는 것으로 본다. 양자에게서 이러한 차이가 나타나는 것은 근본적으로 자유에 대한 정의가 서로 다르기 때문이다. 아렌트는 우선 과거에 자유가 종종 자유의지(free will)와 동일시되어왔다는 사실을 지적한다. 그런데 우리의 의지는 내적·외적 필연성에 의해서 제약된다. 이러한 조건에서 이처럼 자유를 자유의지와 동일시하게 되면, 자유는 내적·외적 필연성을 극복할 수 있도록 해주는 힘에의 의지(will to power)로 인식되고, 이는 다시 종종 억압에의 의지(will to oppression)로 전환된다. 이러한 전환으로 인해 근대 자유주의자들은 자유를 이기성, 특히 생활적 이기성의 발현으로, 나아가 정치를 이러한 이기성의 각축장으로 이해하고, 결과적으로

---

7   이 절의 전반적 논의는 정원규, 「정치적 자유의 공화주의적 출구」, 《민족문화연구》 제70호, 2019. 3절을 재편집한 것이다.

자유와 정치를 양립 불가능한 것으로 여기게 되었다.[8]

그러나 아렌트에 따르면 자유는 의지의 속성이 아니라 의지(I will)와 능력(I can)의 일치로 나타나는 속성이다.[9] 이러한 아렌트의 서술이 무엇을 의미하는지를 살펴보기 위해서는 먼저 그녀가 인간의 활동을 어떻게 구획하고 있는지를 이해할 필요가 있다. 그녀에 따르면, 인간의 활동은 노동, 작업, 행위로 구분될 수 있다. 이 중에서 노동(labor)은 인간의 자연적 필연성에 대응하는 활동이며, 작업(work)은 인간적 유용성과 관련된 활동이다. 자유와 관련된 것은 행위(action)인데, 행위는 노동이나 작업과 달리 지성이나 의지, 즉 고정된 목적(end)이나 목표(goal)에 의해서 안내되지 않는다. 행위를 안내하는 것은 일종의 덕으로서의 원칙(principle)인데, 원칙은 의지의 작동 방식인 동기와 달리 인간의 외부에 있으면서 행위를 고무한다.[10]

이상의 서술을 통해 알 수 있는 것은 아렌트가 이야기하는 'I can', 즉 능력은 단순히 자연적 필연성이나 유용성을 충족시킬 수 있는 능력이 아니라는 점이다. 노동과 작업에 상응하는 필연성이나 유용성을 달성하기 위해서는 고정된 목적이나 목표가 미리 알려져 있거나 알려져야 한다. 그러나 자유의 현현으로서 행위는 이러한 목적이나 목표에 미리 구애되지 않는다. 이를 칸트식으로 설명한다면 행위는 자연적 필연성이나 유용성의 울타리를 벗어나서 무언가를 할 수 있는 능력, 즉 새로운 것을 시작할 수 있는 능력이다. 따라서 아렌트에게서 자유는 일차적으로 인간의 의지가 이처럼 새

---

8   Arendt, Hannah, *Between Past and Future*(Penguin Books, 2006), 161쪽.
9   같은 책, 158~159쪽.
10   같은 책, 150~151쪽.

로운 것을 시작할 수 있는 능력을 시연할 수 있을 때에 실현될 수 있는 그 무엇이다.

아렌트에게서 정치적 자유는 이러한 형이상학적 자유가 경험되는 장(field)과 관련하여 설명될 수 있다. 정치적 자유는 세 가지 형태—공간, 행위, 복수성(plurality)—로 그려지는데, 그것은 우선 행위가 가능한 조건으로서 정치적 공간, 즉 정치적 평등이 보장되는 공적 공간의 형태로 묘사된다. 아렌트에 따르면 인간은 나면서부터 평등한 것은 아니다. 그러나 정치를 위해서는 평등이 요청되므로, 이를 인위적으로라도 구현할 필요가 있다. 그것이 고대 그리스의 평등(isonomy, 비지배)이며, 이는 법적·제도적 장치를 통해 구현된다.[11]

그런데 이렇게 정치적 공간이 주어졌다고 해서, 곧바로 자유가 구현되는 것은 아니다. 자유를 구현되기 위해서는 그러한 공간 안에서 행위가 이루어져야 한다. 그리고 아렌트에게서 행위는 의견의 교환으로서 숙의(deliberation) 및 그에 따른 실천이다. 자유의 구현을 위해서는 여기에 또 하나의 조건, 즉 복수성이 확보될 필요가 있다. 여기에서 복수성은 단순히 수가 많다는 것을 의미하는 것이 아니라 각각 일정한 다수를 형성하는 사람들의 종류가 다양함을 의미한다.

아렌트는 또한 자유주의적 자유의 실천적 한계를 지적한다. 소극적 자유를 우선적으로 보장한다는 자유주의 사회에서는 사회의 전체적인 부(wealth)의 증대에도 불구하고 아무것도 소유하지 못한 사람들의 수가 증가

11　　Arendt, Hannah, *On Revolution*(Penguin Books, 2006), 20~21쪽.

하고 있다.[12] 결국 자유주의 사회는 스스로 표방하는 것과 반대로 사적 자유를 제대로 보호하지 못하고 있는 셈이다. 그런데 이러한 현상이 발생하게 된 것은 공적 영역이 소멸하면 사적 영역도 소멸한다는 사실을 자유주의자들, 또는 자유주의 사회가 간과했기 때문이다.

가령 '전체주의(totalitarianism)'는 공적 영역이 극대화되어서 사적 영역이 소멸한 정치 체제가 아니다. 전체주의는 시민들이 서로 대등한 입장에서 자유롭게 토론할 수 있는 공적 공간을 사멸시켰고, 그 결과로 전체주의 사회에서는 사적 공간, 즉 소극적 자유가 보호해주어야 할 공간도 사라져버린다. 따라서 자유주의가 진정으로 사적 영역의 보전을 중시한다면, 공적 영역에서 발생하는 정치와 정치적 자유의 문제에 결코 무관심해서는 안된다.[13] 그러나 벌린과 자유주의자들은 이를 간과했고, 그 결과 현대 자유주의 국가들에서 문자 그대로의 의미에서 '무산자', 즉 아렌트의 관점에서는 정치에 참여할 수 없는 사람들의 수가 증가하고 있는 것이다.

그런데 이러한 아렌트의 서술은 벌린의 자유론이 갖고 있는 이론적·실천적 문제점을 적절히 지적하고 있음에도 불구하고, 우리에게 적어도 다음과 같은 두 가지 미진함을 남긴다. 우선 아렌트가 벌린과 달리 자유의 공적 성격을 명료히 드러내면서도, 벌린과 마찬가지로 사적 영역에서의 자

---

12   Arendt, Hannah, *The Human Condition* (2nd ed.)(Chicago: The University of Chicago Press, 1998), 60~61쪽.

13   Arendt, Hannah, *The Origins of Totalitarianism*(A Harvest Book, Harcourt, Inc., 1976), 475쪽.

유에 대해서는 거의 아무런 언급도 하고 있지 않다. 우리가 현재 목도하는 것처럼 자유의 문제는 공적 영역뿐 아니라 사적 영역에서도 빈번히 나타난다. 가정에서 발생하는 강제와 억압은 사적 영역에서 발생하는 부자유의 오래된 문제이며, 현재 기업의 대주주, 경영자들은 중세 봉건 영주나 기사와 유사한 특권을 누리고 있다. 아렌트처럼 자유의 문제를 공적 영역의 문제로만 바라보게 되면 이처럼 사적인 영역에서 발생하는 부자유의 문제를 다룰 수 없게 되며, 당연히 이러한 사적 영역에서의 자유와 공적 영역에서의 자유의 유사성과 차이성, 양자의 관계에 대한 문제 등도 고찰할 수 없게 된다. 그런 면에서 아렌트의 자유론은 사적 자유의 문제를 포괄하는 방식으로 확장될 필요가 있다.

아렌트 자유론의 또 다른 미진함은 아렌트의 자유론이 그녀 자신이 신랄히 비판하는 자유주의적 자유론과 큰 차이를 보이지 않는다는 것이다. 해석자에 따라 강조점이 달라질 수 없는 것은 아니지만, 아렌트 자유론의 실천적 함의는 크게는 입헌주의와 시민 불복종, 작게는 정치적 평등, 표현의 자유, 시민 자치 등이라고 할 수 있다. 그런데 이러한 제안들은 자유주의자들이 주장하는 것과 내용적으로 유사함은 물론, 현대 자유주의 사회에서 이미 상당히 실현되고 있는 것들이기도 하다. 물론 아렌트가 평의회처럼 비자유주의적인 제도도 제안하고 있기는 하지만, 혁명기에 잠시 효력을 발휘했던 평의회를 비혁명기에 그대로 구현할 수 있는지는 의문이다. 그리고 필자는 아렌트가 평의회를 통해 제안하고 싶었던 사회 조직 형태가 시민단체와 매우 유사하다고 보는데, 그렇다면 이 또한 자유주의 체제에서도 얼마든지 허용될 수 있는 것이다.

마지막으로, 아렌트가 사적 영역에 대한 보호를 강조하고 있다는 점

에서 자유주의와 궤를 같이하고 있는 것도 아렌트 자유론의 실천적 특색
이 무엇인지 의심하게 하는 지점이다.

5. 페팃 자유론의 가능성과 한계[14]

아렌트가 벌린 자유론의 영역적 특성, 즉 자유는 사적 영역에서의 문
제가 아니라 공적 영역의 문제라는 점을 지적했다면, 페팃(Pettit)은 벌린이
옹호하는 자유의 속성, 곧 불간섭을 문제삼는다. 자유는 사적 영역에 대한
불간섭이 아니라 비지배(nondomination), 즉 공적·사적 영역을 막론하고 지
배 관계가 존재하지 않는 상태를 지칭한다는 것이다. 페팃에 따르면 "누군
가를 지배하거나 지배할 힘을 갖는다는 것은 지배하려는 사람이 ① 타인이
취사할 지위를 갖고 있는 어떤 특정한 선택들에 대해, ② 자의적으로, ③ 간
섭할 수 있는 능력을 지니고 있는 경우에 성립한다."[15] 페팃에 따르면, 자유
는 바로 이러한 지배 관계가 존재하지 않는 것이다.

언뜻 보면 벌린의 자유론과 잘 구분되지 않는 이러한 페팃의 자유론
은 페팃 자신이 종종 들고 있는 노예와 노예주의 관계를 통해 좀 더 쉽게
이해될 수 있다. 페팃의 직관은 가령 노예주가 매우 선량한 사람이어서 노
예의 삶에 전혀 관여하지 않는다고 해서 노예가 자유롭다고 할 수 있겠느

---

14   이 절의 전반적 논의는 정원규, 「정치적 자유의 공화주의적 출구」, 《민족문화연
      구》 제70호, 2019. 4절을 재편집한 것이다.

15   Philip Pettit, *Republicanism* (Oxford University press, 1999), 52쪽.

나는 것이다. 만약에 자유를 불간섭으로만 이해한다면 그러한 노예는 확실히 자유롭다. 그러나 페팃 자신처럼 지배 관계를 중심으로 보면, 간섭당하지 않아도 노예는 항상 노예로 머무는, 즉 언제든 간섭당할 가능성을 배제할 수 없는 상황에 처해 있다. 따라서 누군가가 자유롭다는 것은 이런 식으로 간섭당할 가능성이 존재하지 않는 상황, 즉 불간섭이 아니라 비지배를 보장받는 것을 의미한다.

페팃이 이처럼 불간섭과 비지배를 엄격히 구분하는 이유는 전술한 벌린 이론의 문제, 즉 복지국가로 대표되는 정부의 간섭에 대한 견해차를 드러내기 위함이다. 벌린을 비롯한 자유주의자들은 대부분 정부의 간섭은 원칙적으로 잘못된 것이거나 최소화되어야 할 것으로 본다. 그러나 페팃은 지배 관계만 존재하지 않는다면 정부의 간섭이 정당화될 수 있다고 본다. 그리고 이 점만 보면 오늘날의 관점에서는 페팃의 자유론이 직관적으로 타당한 것처럼 보인다. 현대에는 더이상 국민의 삶에 관여하지 않는 국가를 떠올리기 어렵기 때문이다.

그러나 이렇듯 정부의 간섭도 정당화될 수 있다고 보게 되면, 벌린이 우려했던 것처럼 적극적 자유를 명분으로 큰 정부가 들어서서 사적 영역에 간섭하는 상황이 벌어지는 것은 아닐까? 페팃은 "아마도 정부에 할당된 광범위한 책임을 질 것이라는 의미에서 그러한 정부는 큰 정부라고 할 수 있을 것이다. 그러나 정부가 광범위한 독립적 권력을 지니지는 않을 것이라는 의미에서 그러한 정부는 결단코 작은 정부라고 해야 할 것이다"[16]라고 답하

---

16   같은 책, 150쪽.

고 있다.

그러면 다시 이처럼 책임은 큰, 그러나 권력은 작은 정부가 어떻게 가능할까? 페팃은 이러한 정부가 아렌트식 인민주의(populism)의 형태로 구현되어서는 안 된다는 점을 분명히 한다. 참여를 중시하는 아렌트식 공화주의에서는 국가(state)가 피신탁자가 되는데, 이러한 피신탁자에게 비자의적 통치의 권한을 위임하는 것은 언제든 다수의 폭정으로 변질할 가능성이 존재한다는 것이다.[17]

이러한 아렌트식 인민주의에 대한 비판은 아렌트의 참여주의가 전혀 인민주의의 형태를 띠고 있지 않으며, 나아가 아렌트 정치적 자유의 기본 전제가 페팃이 바로 위의 서술 직후에 강조하고 있는 다원주의라는 사실을 이해하지 못한 소치로 판단된다. 하지만 아렌트 비판의 타당성과 별개로 페팃의 의도에 초점을 맞춘다면 페팃의 이러한 반인민주의(anti-populism)는 다수결주의에 대한 페팃의 일관된 부정적 태도와 나아가 비지배 자유의 실천적 통로를 법체계에서 찾는 그의 사법주의적 견해와 자연스럽게 연결된다.

페팃은 자신의 비지배 공화주의의 제도적 특징을 법치주의와 민주주의로 서술하고 있다. 먼저 법치주의 쪽을 살펴보면, 우선 자유주의에서 법은 무엇보다 사적 권리를 보호하는 장치이다. 따라서 특히 사적 권리와 관련된 법은 내용적으로 명료하게 표현될 필요가 있으며, 이를 위반하는 국가기관이나 단체, 개인 등은 그에 상응하는 제재를 받게 된다. 그런 면에서 자

---

17   같은 책, 8쪽.

유주의적 법은 위반자를 처벌하는 위반자 중심적(deviant-centered) 전략을 취하고 그 주요 수단은 위반자에 대한 제재(sanctions)가 된다.

그러나 페팃의 공화주의에서는 법이 이처럼 무조건적인 금지를 명령하는 것이 아니라 시민들의 상호작용에 따른 결과로 간주된다. 따라서 법은 위반자보다 순응자에 초점을 맞추어(complier-centered) 운영되어야 한다. 그리고 그 달성 수단도 제재가 아니라 '범법 행위가 발생하지 않도록 걸러내는 방식(screening)'이어야 한다.[18]

법치주의에서와 마찬가지로 민주주의와 관련해서도 페팃은 자유주의는 물론, 고전적 민주주의와도 다른 견해를 제시한다. 페팃에 따르면 종래의 민주주의는 어원상으로 자기 통치(self-rule)를 의미했다. 그러나 현실적으로 자기 통치하는 개인은 종종 자동 조종 장치(automatic pilot)와 다를 바 없이 기원을 알 수 없는 시기와 압박에 근거한 믿음과 욕구에 따라 행동한다. 이는 자기 통치하는 다중(demos)이나 인민(people)의 경우도 마찬가지이다. 따라서 이처럼 정치적 결정을 무근거하고 신뢰할 수 없는 자기 통치에 내맡기기보다는, 결정되려는 사안들이 관련된 자신의 이해 관심이나 의견에 어긋날 경우에 이의를 제기하고 그것을 수정할 것을 요구할 수 있는 제도와 능력을 갖출 필요가 있다. 그런 면에서 민주주의는 동의(consent)가 아니라 이의 제기 능력(contestability)을 구성하는 것을 목적으로 실행되어야 한다.[19]

---

18   같은 책, 7장.
19   같은 곳.

이러한 페팃의 자유론은 벌린과 아렌트를 넘어서 자유가 공적인 문제임과 동시에 사적인 문제임을 드러냈다는 점에서 일차적 의의를 갖는다. 나아가 아렌트가 자유의 조건이나 실행 방법, 결과에 대해 서술하면서도 정작 자유가 무엇인지에 대해서는 분명히 언급하고 있지 않음에 반하여, 페팃은 공화주의적 자유의 의미를 비지배로 명확히 제시했다는 점에서도 한 발 진전된 모습을 보이고 있다.

또, 법을 단순히 사적 권리를 보호하기 위한 장치나 정치적 행위가 이루어지기 위한 공간을 조성하는 울타리로 보는 입장을 넘어서서, 법을 시민들의 상호작용의 결과이자 덕성의 표현으로 본 것도 벌린이나 아렌트와 차별되는 공화주의의 특성을 잘 드러낸 부분이다.

그러나 오랫동안 공화주의의 특징으로 생각되어왔던 자기 통치의 개념을 부정한 것이나, 민주주의의 정당 근거를 동의가 아니라 이의 제기 능력에서 찾은 것에는 동의하기 어렵다. 그런데 페팃 자유론의 가장 큰 난점은 이와 별개로 그의 이론의 핵심 개념인 비지배 자유에 있다.

직관적 수준에서만 보더라도 비지배 자유 개념은 반례처럼 보이는 사례를 양산한다. 예를 들어, 죄수가 자유롭다고 생각하는 사람은 그렇게 많지 않을 것이다. 그런데 페팃의 자유 개념을 차용하면 정당한(legitimate) 절차, 가령 지배 관계가 존재하지 않는 상태에서 제정된 법과 사법 체계에 의해 투옥된 죄수는 자유롭다고 하지 않을 수 없게 된다. 요컨대, 페팃의 자유 개념은 우리의 직관에 명백히 반하는 결론을 받아들일 것을 요구하고 있는 것이다.

이에 대해 페팃은 죄수의 경우에 인간으로서 죄수는 자유롭지만, 죄수의 행위는 자유롭지 못하다고 응수한다. 즉, 자유는 노예와 노예주의 지배/비지배 관계의 문제이지, 노예의 개별적인 행동에 대한 통제 여부의 문제가 아니라고 주장했던 것처럼, 죄수의 경우도 개별적인 행위는 자유롭지 못할 수 있으나 행위 주체로서 죄수는 자유롭다고 할 수 있다는 것이다.

그러나 가령 웬트(Wendt)는 이러한 페팃의 응수가 사람의 자유와 행위의 자유에 서로 다른 기준을 적용한 결과라고 비판한다. 즉, 페팃은 사람과 관련해서는 비지배라는 공화주의적 자유 개념을, 행위와 관련해서는 불간섭이라는 자유주의적 자유 개념을 차용하는 비일관성을 통해 그러한 결론에 도달했다는 것이다.[20]

필자는 이러한 문제가 발생하는 것은 페팃의 비지배 자유론이 두 가지 문제를 지니고 있기 때문이라고 본다. 첫째, 비지배가 정치적 자유의 필요조건이라고 해도 충분조건은 아닐 수 있는데, 이러한 사실이 충분히 고려되지 않았다. 둘째, 자유가 공적 또는 사적 영역에 각각 한정되는 문제가 아니라고 하더라도 자유가 나타나는 양상은 두 영역에서 서로 다를 수 있는데, 이러한 점 역시 고려되지 않았다.

그리고 죄수처럼 비지배의 조건을 충족시키면서도 자유롭지 못한 것으로 보이는 반례가 가능했던 것도 이러한 이유들로 설명될 수 있다. 그렇다 하더라도 전술한 것처럼 자유가 단지 사적 또는 공적 영역만의 문제는 아니며, 실천적으로도 자유주의와 뚜렷이 구분될 수 있는 제도적 함의를 드러내준 것은 아렌트 자유론과는 구별되는 페팃 자유론의 고유한 장점이라고 할 수 있겠다.

20   Wendt, Fabian, "Slaves, Prisoners, and Republican Freedom", *Res Publica*, 2011. 186쪽.

6. 루소의 재소환과 공화주의적 자유론의 새로운 가능성

먼 길을 돌아왔지만, 이제 루소를 다시 소환해야 하는 이유를 설명할 시점에 도달한 듯하다. 개념사적으로 보면, 서양을 기준으로 근대 이전은 개인과 공동체의 구분이 모호하던 시기였다. 그런데 근대 이후 '개인'이 등장하면서, 모든 사회적 기획이 개인과 공동체를 구분하는 방식으로 다시 구획되어야 하는 문제가 발생한다. 그런 면에서 보면 벌린은 누구보다도 사적 자유, 즉 개인의 존립 기반을 선명히 제시한 사상가라 할 수 있다. 그러나 벌린의 자유 개념은 적극적 자유, 즉 사적 자유와 병립할 수밖에 없는 공적 자유를 소홀히 취급했다는 점에서 한계를 드러낸다.

공적 영역에서의 자유, 곧 공적 자유에 주제적 관심을 기울인 사람들은 공화주의자들이다. 여기에 소개한 아렌트, 페팃은 현대 공화주의를 대표하는 사람들이라 할 수 있는데, 우선 아렌트는 자유의 공적 성격을 분명히 했지만, 그러한 자유가 무엇인지를 설득력 있게 제시하지 못했다. 반면에 페팃은 자유의 문제가 사적 또는 공적 영역에 한정되는 것이 아님을 분명히 하고, 비지배가 그러한 자유의 본질적 속성임을 천명했다. 하지만 비지배 자유만으로는 자유의 모든 내용이 설명되지 않는다. 페팃이 자유의 한 필요조건을 드러낸 것은 분명하지만, 그것이 자유의 필요충분조건에 이르지는 못한 것이다.

이렇게 보면 이제 우리 근현대인에게 주어진 과제는 분명하다. 그것은 벌린이 소홀히 취급했고 아렌트, 페팃이 미진하게 전개한 공적 자유의 의미를 분명히 하면서도, 근대 이후 새롭게 강조되기 시작한 사적 자유의 의미와 의의를 보전하는 것이다. 그리고 이러한 맥락에서 앞서 인용한 루소의

서술을 다시 음미하면 루소 또한 이러한 문제로 고심했다는 것을 새삼 확인할 수 있다.[21]

공동의 전체의 힘으로 결사체 성원 각각의 인신과 재산을 방어하고 보호하는 결사체의 형태, 그리고 그것 덕분에 각인이 전체로 결합되었으면서도 오직 자신에게만 복종하며 전과 같이 자유롭게 남아 있도록 해주는 그런 결사체의 형태를 어떻게 발견할 것인가? 이것이 사회계약에 따른 해법을 필요로 하는 근본 문제이다.

루소는 '각각의 인신과 재산을 방어하고 보호'하기 위해 공동체 전체의 힘이 동원될 필요가 있다고 보았다. 벌린의 문제의식을 반영하면서도 사적 자유의 보호를 위한 공적 자유의 필요성을 분명히 인식하고 있었던 것이다. 나아가 이러한 공적 자유는 '각인이 전체로 결합되었으면서도 오직 자신에게만 복종하며 전과 같이 자유롭게 남아' 있을 수 있게 하는 것이어야 한다. 즉, 공적 자유가 사적 자유를 보호하는 역할을 하는 것만으로는 충분하지 못하고, 공적으로도 개인을 얽어매지 못하도록 해야 한다는 것이다. 이는 루소가 벌린과 달리 공적 자유가 그 자체로 사람들의 전반적 자유에 영향을 준다고 생각하고 있었다는 것을 보여준다.

그리고 루소는 아렌트, 페팃과 달리 공적 자유가 정치적 평등과 비지

21　　Rousseau, Jean-Jacques, "The Social Contract", *The Major Politcial Writings of Jean-Jacques Rousseau*, translated and edited by John T. Scott(The University of Chicago Press), 2012. 172쪽.

배를 넘어선 결합의 형태, 즉 각인이 전체로 결합되었으면서도 자신에게만 복종하는 것을 가능하게 하는 형태로 구현되어야 한다고 생각하고 있었다. 루소는 적어도 문제의식의 차원에서는 벌린, 아렌트, 페팃의 자유론을 포괄하면서도 미진한 부분을 보완하는 완비된 자유론이 탄생할 수 있는 조건을 충실히 인지하고 있었던 것이다.

그러면 루소는 이러한 자유의 구현을 위해 어떤 정치적 기획이 필요하다고 보았을까? 가장 대표적인 것은 정치 체제와 통치자를 결정하는 정례적인 투표이다. 물론 이는 오늘날의 관점에서는 그다지 혁신적이라고 할 수 없는 제안이지만, 루소가 활동했던 시기를 감안하면 왜 그가 사회계약론으로 인해 도피 생활을 해야 했는지를 알 수 있게 해주는 내용이다. 그리고 오늘날의 관점에서도 특이한 루소의 또 한 가지 입론은 국민 입법이다. 루소는 애초에 '대의'가 불가능하다고 보았고, 따라서 법은 국민이 직접 제정해야 한다고 주장했다. 루소는 또 시민 종교를 제안하기도 했다. 요즘 식으로는 시민성(citizenship) 고양을 위한 방안 정도로 해석될 수 있는데, 이는 당시 공적으로 덕성 교육이 가능한 유일한 기관이 종교단체였기 때문에 루소가 이러한 방안을 생각한 것이 아닌가 싶다.

물론 이러한 루소의 제안은 만족스럽지 못하다. 정례적인 투표는 이미 구현되었지만 그로 인해 자유의 문제가 해결된 것 같지는 않다. 또, 역으로 국민 입법이나 시민 종교는 아직 구현되지 못함으로 인해 그 적절성을 판단하기 어렵다. 따라서 전적으로 루소 사상에 근거하여 정치적 자유의 문제를 적절히 해결할 수 있다고 주장하는 것은 무리임이 분명하다. 하지만 이것만으로 루소의 주장이 한계가 있다고 보는 것도 공정하지는 못하다. 루소가 살았던 시대와 현대 사회는 동질적인 만큼이나 이질적이기 때문이다. 따라서 루소 사상, 즉 루소적 공화주의의 가능성을 더 정확히 판단하기 위해서는 루소의 제안 그 자체보다는 루소의 문제의식 및 아이디어, 또 루소가 제공하는 이론적 자원 등에 주목할 필요가 있다.

먼저 루소의 이론적 자원으로 아직까지도 가장 많은 사람의 주목을 받고 있는 일반 의지 개념에서부터 논의를 시작해보도록 하자. 필자는 루소의 일반 의지를 현대 상황에 적용하면 일종의 절차주의 형태로 재구성될 수 있다고 본다. 이를 위해서는 우선 루소 자신이 서술하고 있는 것처럼 일반 의지가 단순히 형식적 만장일치를 의미하는 것이 아님을 이해할 필요가 있다. 일반 의지에 대한 해석 자체가 워낙 분분하여 여기에서 단정할 수는 없지만, 필자는 일반 의지를 개별 의지의 벡터(vector) 합으로 보는 견해를 수용하고 있다. 이렇게 보면 루소의 사상을 반영하는 정치 체제는 무엇보다 이러한 벡터 합이 가능하도록 하는 형태로 구성되어야 할 것이다.

물론 이러한 벡터 합은 한 번의 의지 집약으로 이루어지는 것이 아니라 연속적인 과정이므로 루소적 정치 체제는 벡터 합이 지속적으로 가능하도록 하는 형태가 되어야 한다. 그런데 이렇게 해석된 일반 의지는 특정한 내용을 전제하는 것이 아니라 의지의 집약 과정에 대한 설명이므로 흔히 해석되듯이 공동선으로 결과하거나 리바이어던의 탄생을 의미하는 것이 아니라 모두의 의지가 반영되는 방식으로 정치적 절차가 계속되는 것을 의미한다.

이렇게 보면 다수결이나 만장일치가 그 자체로만은 일반 의지의 구현일 수 없는 이유도 분명히 드러난다. 우선 다수결은 다수의 의지만 반영된다는 점에서 일반 의지가 될 수 없는 것이 분명하다. 만장일치의 경우는 조금 더 복잡한데, 만장일치는 한 가지 사안에 대한 모두의 의지가 반영되었지만, 그 사안에 대한 각자의 여분의 의지들, 예를 들어 그러한 결정으로 인해 발생하게 되는 여파에 대한 우려 등이 반영되지 못했다. 물론 이러한 우려는 만장일치보다 다수결에서 더욱 분명하다. 소수가 그러한 우려를 부분적으로, 공식적으로 대변할 것이기 때문이다. 그런데 다양한 사안에 대한 결정이 반복되어 이루어지는 상황을 가정하면, 만장일치보다 다수결이 일반 의지 구현에 더 적합한 제도라고 할 수도 있다. 그 경우에는 다수와 소수의 입장이 구분되면서 반복 반영되어 일반 의지에 가까운 결론에 이를 가능성이 높아지기 때문이다.

물론 이러한 상황 전개를 위해서는 다수와 소수가 고정되지 않아야 한다는 단서가 필요하다. 그러나 현실 정치에서는 다수와 소수가 고정되는 경우가 많다. 이러한 경우에는 다수결을 통해 일반 의지가 구현될 수 없을 뿐 아니라 흔히 다수결의 문제로 지적하는 다수 독재, 심하면 전체주의적 독재가 이루어질 수도 있다. 이를 염두에 두면서 또 하나 활용할 수 있는 루소적 계기는 바로 '최초 계약'이다. 루소는 모든 사회계약에는 항상 함께 사회를 결성할 것인지 여부를 결정하는 최초 계약이 전제되어야 한다고 주장한다. 물론 역사적으로 이는 사실이 아니겠지만 정당화의 측면에서는 이러한 전제가 불가피하다. 애초에 함께 사회를 결성하기로 하는 계약이 없었다면, 그 이후의 모든 계약은 언제나 일방의 강요일 수 있기 때문이다.

루소의 이러한 최초 계약의 정당성에 대한 강조는 현대적으로는 역으로 '분리독립(secession)'에 대한 권리의 승인으로 나타나고 있다. 분리독립권이 주어져 있는 상황에서 분리독립을 하지 않는다면 국가를 해체하지 않겠다는 최초 계약이 유지되고 있는 것으로 판단할 수 있기 때문이다. 물론 이러한 분리독립권을 승인하고 있는 현실 국가는 존재하지 않는다. 아울러 이러한 권리의 승인은 국가의 해체를 조장한다는 점에서 정당화될 수 없다고 생각하는 사람도 많다. 하지만 만약 다수와 소수가 고정되어서 항상 소수가 자신들의 정치적 의지를 반영할 수 없는 상황에 처하게 되면, 소수가 분리독립을 선언할 수 있어야 하지 않을까? 아울러 세계사적으로 보면 분리독립권이 정당화되거나 실제로 구현된 사례들을 적지 않게 발견할 수 있다. 전자의 대표적인 사례로는 쿠르드족 문제를, 그리고 후자의 사례로는 노르웨이 독립이나 캐나다 퀘벡주 독립 투표 등을 꼽을 수 있을 것이다.

다수결과 관련하여 한 가지 더 고찰해보아야 할 문제는 일반 의지가 오직 다수결 규칙을 통해서만 구현 가능한 것인가에 대한 의문이다. 만약 그렇다면 루소의 사상은 분리독립권을 인정한다는 사실 외에는 현행 민주주의와 크게 다를 바 없는 것이리라. 하지만 루소는 이와 관련해서도 사고 확장의 단초를 제공하고 있다.

루소는 소수가 왜 다수결 규칙의 결과에 복종해야 하느냐고 묻는다. 루소의 지적처럼 그렇게 해야 할 원리적인 이유는 없다. 다만 다수결 규칙의 결과에 복종하기로 소수와 다수가 사전적으로 합의했다면 이야기가 달라진다. 그 경우에는 다수결 규칙 자체의 정당성 때문이 아니라 사전적 합의의 정당성으로 인해 다수결의 결과에 복종해야 할 의무가 발생한다. 그런데 이런 식이라면 이렇게 정당화될 수 있는 규칙은 비단 다수결뿐이 아닐 것이다. 사전적 합의만 존재한다면, 다수결은 물론, 2/3 찬성제나 심지어는 만장일치도 정당화될 수 있다. 그리고 이렇듯 다양한 의결 규칙이 활용될 때, 일반 의지의 구현도 더 용이해질 것이다.

이렇듯 루소적 자원, 곧 문제의식 외에 일반 의지와 최초 계약을 부가적으로 활용하면 민주적 절차의 문제를 합리적으로 재구성할 수 있게 된다. 필자는 이러한 재구성이 공화주의적 맥락에서 공적 자유의 본질을 잘 보여줄 수 있다고 보고 있다. 이렇게 구성된 루소적인 공화주의적 자유의 의미를 확인하기 위해 이를 벌린, 아렌트, 페팃의 자유론과 비교해보자.

먼저 벌린의 자유론과 대비해보면, 루소적 자유론은 벌린과 유사하게 '각각의 인신과 재산을 보호하고 방어하는 것'을 국가 성립의 목적에 포함시키고 있다. 물론 벌린과 달리 루소에게서는 이러한 보호와 방어가 정치적 자유의 내용을 규정하는 최우선적인 근거가 아니다. 루소에게서 그러한 보호와 방어는 일반 의지의 구현을 통해서 가능하고, 그런 면에서 일반 의지, 즉 정치적 자유가 벌린적 의미의 소극적 자유에 우선한다. 나아가 벌린의 소극적 자유가 그야말로 소극적으로 국가가 사적 영역에 간섭하는 것을 방지하는 것이라면, 루소에게서 일반 의지는 결과적으로 인신과 재산을 증대시키는 것이어야 한다.[22] 그런 면에서 루소적 일반 의지는 복지국가를 예비하는 것으로 벌린의 소극적 자유론과는 전혀 다른 입장을 취하고 있다고 할 수 있다.

두 번째로 아렌트와 루소의 자유론은 특히 자유의 공적 성격에 주목했다는 점에서 상당히 유사하다. 그럼에도 특히 아렌트는 루소에 대해서 철회하기 어려운 비판적 입장을 고수하고 있다. 아렌트에 따르면 루소가 강조하는 주권은 자유와 양립할 수 없다는 점에서, 또 루소가 토론의 중요성을 무시하고 있다는 점에서 루소는 전체주의의 시조라고 비판한다. 하지만

---

22   Jean-Jacques Rousseau, 같은 책, 4장.

주권에 대한 논의를 생략하고 공적 자유를 이야기할 수 있을까? 이러한 대답에 회의적일 수밖에 없다면 아렌트의 루소 비판의 타당성은 제한적일 수밖에 없다. 그리고 토론의 중요성과 관련해서는 다시 루소 자신의 모순적 서술이 문제가 된다. 루소는 한 곳에서는 토론의 필요성 부정하지만 다른 곳에서는 토론의 중요성을 인정하고 있는 것이다.

그런 면에서 필자가 보기에는 루소와 아렌트의 가장 큰 실질적인 차이는 실천적·제도적 함의에 있다. 전술했던 것처럼 아렌트의 자유론은 자유주의와 구분되는 뚜렷한 실천적·제도적 대안을 제시하지 못하고 있다. 그러나 절차주의적으로 해석된 루소의 자유론은 다수결 규칙의 적용과 관련된 민주주의의 오래된 문제에 실질적 해결책을 던져줌과 동시에 요즘 많은 곳에서 논란이 되고 있는 분리독립(secession)의 문제에도 분명한 기준을 제공한다.[23] 그런 면에서 루소의 자유론이 아렌트의 자유론에 비해 실천적 우위를 점하는 것은 분명하다. 물론 자유의 인간론적 함의와 관련해서는 아렌트적 계기를 수용할 필요가 있을 수도 있다. 하지만 그것은 공화주의적 자유의 본질적 문제는 아니다.

마지막으로 페팃의 자유론과 대비되는 루소 자유론의 특징으로는 두 가지를 꼽을 수 있다. 첫째, 페팃이 비지배라는 자유의 필요조건만을 제시하고 있음에 반하여, 절차주의적으로 해석된 루소의 자유론은 일반 의지와 사적 자유라는 자유의 필요충분조건을 제시하고 있다. 둘째, 페팃의 자

---

23 루소 자유론의 실천적 함의에 대해서는 부분적이나마 정원규, 「민주주의의 기본원리: 절차주의적 공화민주주의 모델을 제안하며」, 《철학》 제71집, 한국철학회, 2002. §§Ⅵ~Ⅷ을 참고하기 바란다.

유론은 자유가 공적·사적 영역에서 공히 발생하는 문제임을 적시하였음에
도 불구하고, 그것이 발생하는 양상이 서로 다를 수 있음을 간과하였다. 이
에 반해 루소의 자유론에서는 자유의 영역 속성 문제를 일반 의지와 개별
의지의 관계를 통해 나름대로 해명하고자 하였다. 예시를 위해 죄수의 문
제를 다시 소환해보면, 비지배의 원칙이 적용되었다는 전제하에 페팃은 죄
수가 공적으로도, 사적으로도 자유로운 사람이어야 한다는 반직관적 결론
에 이른다. 그러나 루소의 경우에는 죄수는 공적으로는 자유롭지만 사적
으로는 자유롭지 못한 사람이라는 지극히 상식적인 결론에 이르게 된다.

7. 나오는 말

이상의 논의를 통해 현대 사회에서 자유가 문제 되는 맥락이 무엇인
지, 그리고 그러한 문제를 해결하는 자유론으로서 벌린, 아렌트, 페팃의 견
해가 갖는 의의와 한계가 무엇인지, 마지막으로 루소 자유론의 직관적 호
소력과 이론적 확장 가능성을 탐색해보았다. 그런데 전체적으로 소략된 형
태이기는 하지만 루소 이외의 철학자들에 대한 비평은 상대적으로 정치하
게 이루어진 반면에, 루소의 주장에 대해서는 턱없이 관대하게, 곧 긍정적
가능성을 추출하는 방식으로만 서술되었다. 이는 결코 공정하다고 할 수
없는 서술 방식이지만, 이 글의 목적이 모순의 철학자로서 루소 사상이 갖
는 의의를 탐색하는 것이라는 점을 들어 변명을 대신하고자 한다. 개인적
인 생각이기는 하지만 루소에게서 우리가 가장 많이 배워야 할 점은 모순
적인 자기 생각을 있는 그대로 서술하는 솔직함과 자기 긍정의 태도라고 생

각한다.

『고백록』에서 드러나듯이 이러한 루소의 삶의 태도는 개인의 탄생과 밀접한 관련이 있다. 물론 존재자로서 개인은 인류와 역사를 함께한다. 그러나 공동체와 구분될 수 있다는 의미의 개인 관념은 동서양을 막론하고 근대 이후의 산물이다. 주지하다시피 루소는 청소년기에 누구보다 험한 방식으로 개인적 삶을 체험했는데, 그러한 과정에서 사회에 함몰되지 않고 끊임없이 사회와 맞서 자신을 구축한다. 그러나 이때의 개인은 단순히 개인 의식의 형태로 발현된 것일 뿐, 사회적 개인으로, 즉 개인주의를 형상화하는 정치적 주체에 도달한 것은 아니다. 따라서 새롭게 등장한 개인은 매우 취약한 입장에서 사회와 마주하게 된다.『에밀』에서 역시 모순적으로 서술되어 있는 것처럼 에밀은 이러한 사회적 현실을 수용하지 않을 수 없지만, 그러한 현실을 벗어나기 위해 최대한 노력해야 한다는 교육을 받는다.

그런데 이러한 루소적 개인과 사회의 긴장이 현대에 들어서는 반대의 형태로 발생하고 있다. 즉, 루소적 긴장이 취약한 개인이 강고한 사회에 마주하면서 발생하는 흔들림이었다면, 현대의 개인과 사회의 긴장은 강고한 사적 부문에 의해 취약한 공동체가 흔들리는 긴장이다. 현대 사회에는 반드시 극우나 극좌 정치 집단이 아니더라도 사회를 흔드는 행위 주체들이 너무나 다양하고 많다. 이러한 주체들에는 다국적 기업, 용병 그룹, 슈퍼 리치, 유명 연예인, 획기적인 과학기술 등이 포함된다. 이들이 사회를 흔들고, 사회는 이에 저항하면서도 이러한 개별 주체들을 억압하는 데에까지는 나아가지 말아야 한다. 비록 루소는 반대 상황에서 이러한 문제에 접했지만 해법은 유사할 수 있다. 그것이 우리가 다시 루소에 귀 기울여야 하는 현재적 이유이다.

정원규

서울대학교 사회교육과 교수. 서울대학교 철학과에서 학사, 석사, 박사(윤리, 사회철학 전공) 학위를 취득했다. 한국윤리학회 회장, 민주화운동기념사업회 자문위원장을 역임한 바 있으며, 주요 관심사는 공화주의, 민주 시민 교육 등이다. 주요 저서는 『공화 민주주의』, 『논쟁하는 정치교과서』(공저) 등이다.

1부　감성과 이성의 조화

흄의 철학적 현실 인식과 경험주의적 인간학[1]

이은진(과천문원중학교 도덕 교사)

1. 인간학의 목표와 방법적 성격

데이비드 흄은 근대 경험론의 기본 이념을 가장 충실히 따르며 자신의 철학적 입장을 체계화했다는 평가를 받는 철학자이다. 그는 『인성론』서론에서 인간의 본성(human nature)에 관한 학문인 인간학(the science of man) 체계 수립의 필요성을 설파한다. 흄이 보기에 모든 "학문은 인간의 능력이나 인식 기능을 통해 판단되기"(T Introduction 4)[2] 때문에 윤리학, 정치학과 같이 인간의 삶을 직접적으로 다루는 실천적 학문뿐만 아니라 수학, 자연

---

1   흄이 인간 본성에 대한 과학으로서 경험주의적 인간학을 수립하고자 한 배경과 흄의 시각에서 인간학 체계의 내적 일관성 문제를 검토해볼 기회를 주신 백종현 선생님께 깊이 감사드린다.

2   이하 논의에서 흄의 『인성론』을 인용하는 경우 알파벳 'T' 다음에 해당하는 권/부/절/단 순서로 적고, 『인성론 요약』을 인용하는 경우 'Abstract' 다음에 해당하는 단락의 번호를 적는다.

과학 등 인간 생활과 거리가 멀어 보이는 학문도 실상은 모두 어느 정도 인간의 본성과 관련을 맺고 있다. 그렇기에 인간 인식에 대한 탐구를 통해 인간의 본성을 파악하고자 하는 인간학이야말로 모든 학문의 기초라고 할 수 있다. 더 나아가 그는 인간학이 제대로 확립되어야 인간학의 탄탄한 토대 위에 그것에 의존한 다른 학문들의 성격을 제대로 알고 각각의 학문이 나아갈 바 역시 확실하게 규정할 수 있다고 주장한다.

인간 본성의 파악이라는 인간학의 목표 달성을 위해서 흄은 인간 마음속의 다양한 정신 활동이 어떤 방식으로 작용하는지에 대한 일반적인 원리를 밝혀내고, 그 원리를 통해 우리가 어떻게 이러저러한 생각과 느낌 등을 갖고 살아가는지를 설명할 수 있어야 한다고 보았다. 이를 위해 경험론자인 흄은 "우리가 인간학 자체에 제공할 수 있는 유일하게 견고한 토대는 경험(experience)과 관찰(observation) 위에 놓여야만 한다"(T Introduction 7)라고 말하며, 오직 경험과 관찰을 통한 실험적 방법(experimental method)만이 인간의 본성을 밝혀줄 수 있는 유일한 통로라고 주장한다. '실험적 추론 방법을 도덕적 주제들에 도입하려는 시도'라는 『인성론』의 부제에서 알 수 있듯이 흄은 자연과학의 실험적 방법을 인간학에도 적용해야 한다고 보았다.

이러한 입장은 인간을 자연과는 근본적으로 다른 존재로 보고 인간만의 특징인 이성의 능력을 통해 인간을 이해하고자 했던 전통적인 형이상학적 접근과 달리 인간도 자연의 일부인 만큼 인간의 정신 활동도 자연과학과 같은 방식으로 설명될 수 있다고 본 흄 인간학의 독특한 방법론을 잘 보여준다. 특히 뉴턴에 의해 완성된 근대 자연과학의 발전으로 실험과 관찰을 통해 우주의 본성을 이해할 수 있게 된 것과 같은 방식으로 흄은 경험과 관찰을 통해 인간의 본성 역시 이해할 수 있다고 보았다. 말하자면 흄은 인간 인식 체계에서 뉴턴의 운동 법칙에 상응하는 일종의 일반적인 법칙을 경험 속에서 발견하고자 한 것이다.

필자는 인간학의 목표 및 방법적 성격에 대한 기본적인 이해를 바탕으로 이제 흄이 자신이 내세우고자 하는 인간학을 어떻게 확립해가는지를 살펴볼 것이다. 흄은 우리 마음속 정신 활동에 대한 내성적 관찰을 통해 우리의 생각이 무엇으로 이루어지며 각각의 구성 요소들이 서로 어떻게 상호작용하는지를 보여주는 두 가지 원리—복사 원리와 관념 연합의 원리—를 발견하고, 이를 통해 인간의 정신 활동을 경험적으로 분석해낸다. 경험과 관찰을 통해 우리의 모든 정신 활동을 설명하고자 하는 흄 인간학의 시도가 목표한 바를 제대로 성취하는지 보기 위해서 필자는 인간학 체계의 내적 일관성과 관련된 두 가지 쟁점을 살펴보고, 이를 통해 흄 인간학이 지닌 부정적 측면과 긍정적 측면의 특성을 드러낼 것이다.

특히 흄은 자신이 발견한 두 가지 원리로 해명될 수 없음에도 불구하고 우리가 일상에서 필수적으로 갖고 살아가는 여러 믿음이 있다는 것을 발견하는데, 우리가 어떻게 그러한 믿음을 갖게 되었는지에 대한 흄의 설명은 믿음의 이성적 정당화 작업에 치중한 기존 철학자들의 접근과 구분되는 흄 인간학의 자연주의적 성격을 잘 보여준다.

마지막으로 필자는 흄 인간학이 자신이 내세우는 경험적 방법을 유지하며 인간의 모든 정신 활동을 설명하고 있는지 살펴보고, 이를 통해 인간 본성에 대한 과학으로서 흄 인간학이 철학사에서 갖는 의의를 밝힐 것이다.

2. 인간학 수립을 위한 흄의 발견: 두 가지 원리

1) 복사 원리(The Copy Principle)

경험과 관찰에 기초한 인간학 수립을 위한 첫 번째 단계로 흄은 우리가 경험하는 모든 것을 지각(perception)이라고 부르며 지각에 대한 분석을 시작한다. 흄이 지각이라는 용어로 가리키는 것은 우리가 무언가를 보고 듣고 느끼거나 어떤 것에 대해 생각할 때 머릿속에 떠오르는 모든 것으로, 우리의 모든 정신 활동은 지각으로 우리에게 경험된다고 할 수 있다.

흄은 지각을 그것이 의식에 들어올 때 느껴지는 힘과 생생함의 정도에 따라 인상(impression)과 관념(idea)으로 구분한다. 인상은 우리가 어떤 것을 감각하거나 경험한 그 순간의 생생함과 활력이 그대로 느껴지는 지각을 가리키며, 관념은 시간이 지난 후 우리가 그 경험을 떠올렸을 때 그것이 처음의 생생함을 잃고 희미한 상과 같이 어렴풋이 머릿속에 나타나는 지각을 가리킨다.

생생함의 차이로 인상과 관념을 구분하는 이러한 설명에 따르면 인상은 관념의 원본이고 관념은 인상을 재현한 복사본(copy)이라고 할 수 있다. 내가 무엇인가를 감각할 때 느끼는 인상이 있어야만 그것의 희미한 상인 관념이 나중에 내 머릿속에 떠오를 수 있으며, 반대로 인상이 없는 경우 그와 관련된 관념도 가질 수 없다.

이렇게 정신 활동의 모든 내용을 인상과 관념으로 본 흄은 인상과 인상에서 유래한 관념을 우리 마음을 구성하는 기본 단위로 보았다. 마치 당시 자연과학이 발견했던 원자와 원자로 이루어진 세계의 모습과 같이 흄은 인상과 관념을 우리 마음을 구성하는 원자와 같은 것으로 보고 이것들이 서로 어떻게 작용하는지에 대한 관찰을 통해 인간 마음의 참모습, 즉 인간의 본성을 파악하고자 하였다. 우리가 생각하거나 느끼는 모든 것은 관념으로 구성되고 관념들은 모두 그것의 원본인 인상으로 환원될 수 있으므로 우리가 가진 관념이 어떻게 구성되는지를 살펴보면 마음의 작동 원리를 발견하고 이를 통해 궁극적으로 인간의 본성을 파악할 수 있다는 것이다.

그런데 우리가 가진 관념들은 단순한 것도 있지만 대부분 여러 관념이 혼합된 복합적인 것들이다. 예를 들어, 학교에 대해서 생각할 때 내 머릿속에는 학교의 외관뿐만 아니라 건물 내부의 교실, 복도, 그리고 그 안에서 활동하는 학생들의 소리, 급식 냄새 등 다양한 관념들이 한꺼번에 떠오른다. 이러한 복합 관념은 그 대응 인상을 찾기 어려워 보이지만, 이에 대해서 흄은 복합 관념을 찬찬히 분석해보면 단순 관념들로 나뉘고, 각각의 단순 관념은 그것의 기원인 단순 인상으로부터 유래한 것이라고 말한다. 학교라는 복합 관념의 경우에도 학교의 외관, 교실, 복도 등의 관념은 각각에 상응하는 시각적 감각을 통해 들어온 단순 인상으로 환원되고, 학생들의 소리와 급식 냄새는 각각 청각적 감각과 후각적 감각과 관련된 단순 인상으로 환원될 수 있다.

즉 모든 관념은 결국 그것의 발생 기원인 원초적인 감각에서 비롯된 인상으로 환원될 수 있으며, 흄은 이렇게 우리가 가진 관념, 즉 생각이나 느낌 등의 기원을 마음속 인상에서 찾아냄으로써 경험과 관찰을 통해 인간의 모든 정신 활동을 설명할 수 있다고 보았다.

2) 관념 연합의 원리(The Principles of the Association of Ideas)

그런데 마음속 생각이나 느낌 등을 살펴보면 현재 우리가 가지고 있는 복합 관념을 단순 관념들로 나누는 작업이 그렇게 쉬워 보이지는 않는다. 특히 매우 다양한 관념들이 혼합된 복합 관념의 경우에는 그 관념을 어떤 식으로 나눠야 하는지 파악하기조차 어렵게 느껴진다. 이와 같은 우려에 대응하여 흄은 관념들이 어떻게 결합하였는지 알 수 있다면 복합 관념을 그것이 결합하기 전의 상태, 즉 그것의 구성 요소인 단순 관념으로 나눌수 있다고 보았다. 이를 위해 그는 관념들이 서로 결합하는 방식, 즉 결합의 공식을 발견해내고 이를 '관념 연합의 원리'라고 부른다.

그는 인간의 정신이 "하나의 관념에서 다른 관념으로 나아가게 하는 성질"로 "유사성 (resemblance), 시공간적 근접성(contiguity in time or space), 원인과 결과(cause and effect)"의 세 가지 원리를 든다.(T 1.1.4.1) 예를 들어, 친구와 찍은 사진을 보며 사진 속 친구의 모습과 유사한 실제 친구를 떠올리거나(유사성), 고향 집에 대해 생각할 때 고향 집 근처의 바다가 떠오르거나(근접성), 누군가가 칼에 베이는 모습을 보면 그것이 야기하는 고통이 떠오르는데(원인과 결과), 각각의 경우 나의 생각은 첫 번째 관념에서 두 번째 관념으로 자연스럽게 연결된다는 것을 알 수 있다. 관념 연합의 원리는 어떻게 우리가 하나의 생각에서 다른 생각으로 옮겨가며 복합 관념을 형성하게 되는지에 대한 발생적 설명을 가능하게 해주는 원리라고 할 수 있다.

흄은 세 가지 결합의 원리에 따라 하나의 관념을 다른 관념으로 연결하는 역할을 상상력(imagination)이 수행한다고 말한다. 예를 들어 유사성 원리의 경우 사유의 과정에서 "상상력은 어떤 관념으로부터 그 관념과 유사한 다른 관념들로 쉽게 나아가며"(T 1.1.4.2), 이를 통해 기존에 형성된 관념과 유사한 새로운 복합 관념을 만들어낸다. 이렇게 단순 관념들이 서로 결합하도록 하는 일종의 결합 법칙을 제공한다는 측면에서 흄은 관념 연합의 원리를 "정신세계에서의 인력"(T 1.1.5.6)이라고 부른다. 마치 만유인력의 법칙이 자연계를 구성하는 물체들이 서로 어떻게 영향을 주고받으며 움직이는지를 설명해주는 것과 마찬가지로 관념 연합의 원리는 단순 관념들이 서로 어떻게 결합하여 복합 관념을 이루며 인간의 정신 활동을 구성하는지를 보여준다고 할 수 있다.

관념 연합의 원리를 앞서 살펴본 복사 원리와 함께 적용해보면 흄 인간학의 경험적 접근 방법이 더욱 확실히 드러난다. 관념 연합의 원리에 따라 만들어진 복합 관념이 어떻게 형성되었는지를 발생적으로 추적해나가면 그것의 구성 요소인 단순 관념으로 환원되고, 이 단순 관념은 또다시 그것의 원본인 단순 인상으로부터 유래되었다는 경험적 분석이 가능하기 때문이다.

복사 원리와 관념 연합의 원리를 적용하여 우리 마음속 모든 정신 활동을 경험적으로 분석하고 이를 통해 인간의 본성을 밝히고자 한 흄 인간학의 시도는 이성의 무한한 능력을 통해 인간의 본성을 선험적으로 밝히고자 했던 기존 철학자들의 접근 방법을 뒤엎는 혁명적인 접근이라고 할 수 있다. 기존의 방식을 부정하고 새로운 접근법을 제시한 흄의 시도가 성공하기 위해서는 그의 경험 과학적 접근 방식이 인간의 모든 정신 활동을 경험을 제외한 다른 어떤 것에도 의존하지 않고 빠짐없이 설명할 수 있어야 할 것이다. 필자는 이와 관련해서 3장과 4장에서 인간학 체계의 내적 일관성에 의문을 제기하는 다음의 두 가지 질문에 대해 살펴보고, 이를 통해 흄 인간학의 특징을 더욱 명확하게 드러내 보이겠다.

첫째, 우리가 가진 모든 관념은 가장 원초적인 단위인 단순 인상으로 환원될 수 있는가?

둘째, 인간학 수립의 과정에서 흄은 자신이 내걸었던 방법론인 경험 과학적 접근을 일관적으로 유지하고 있는가?

3. 인간학 체계의 내적 일관성 검토 1: 복사 원리를 위반하는 관념의 문제

1) 인간학의 부정적 측면: 회의주의

흄이 복사 원리를 통해 주장하는 바와 달리 우리가 평소에 가지고 있는 관념 중에는 아무리 그 기원인 인상을 찾아보려고 해도 찾을 수 없는 관념이 상당히 많다는 것을 알 수 있다. 흄 역시 이 점을 잘 인지하고 있으며, 대표적으로 나와 독립적으로 존재하는 외부 대상에 대한 관념, 시간이 지나도 변함없이 지속하며 나를 나이게끔 해주는 자아의 존재에 대한 관념, 어떤 원인으로부터 그것에 상응하는 결과가 필연적으로 따라올 것이라는 인과 필연성에 대한 관념 등은 그러한 관념이 없으면 최소한의 일상생활이 불가능한 것으로 우리 정신 활동의 바탕이 되는 기본적인 믿음이지만 그러한 관념들에 대응하는 인상을 찾을 수 없다는 점에 주목한다.

흄은 위의 세 가지 관념을 믿음으로 보는데, 믿음이란 "특수한 정서 혹은 습관에 의해 생기는 생생한 생각"(Abstract 28)으로 반복적인 경험을 통해 형성된 습관에 의해 어떤 관념이 마음속에 생생하게 떠오르는 것을 의미한다. 생생한 관념을 믿음으로 보는 흄의 설명에 따르면 위의 세 가지 관념들은 우리가 일상에서 항상 당연하다고 여기며 믿고 생활하는 것들로 그것들에 대해 생각할 때 우리는 단순히 희미한 상으로서의 관념을 떠올리는 것이 아니라 훨씬 더 생생하게 떠올리며 확실하게 느끼고 있다는 점에서 그것들에 대한 믿음을 갖고 있다고 할 수 있다.

이렇게 대응 인상을 발견할 수 없음에도 불구하고 우리가 당연하게 받아들이고 생생하게 생각하고 있는 세 가지 믿음들에 대해 흄은 어떤 근거로 이러한 믿음들의 확실성을 확보할 수 있는지 믿음의 정당성 근거를 묻는다. 흄은 이 믿음들은 수학적 지식과 같이 수에 관한 관념들을 살펴봄으로써 그 확실성을 알 수 있는 관념들의 관계와 달리 경험을 통해서만 그것들의 인식적 정당성을 확보할 수 있는 사실의 문제들과 관련된 것으로 이성을 통해서는 그 믿음의 확실성의 근거를 밝힐 수 없다고 주장한다. 이성의 추론 능력을 통해서는 우리에게 주어진 인상들로부터 대상이나 자아 등 우리 경험에 나타나지 않은 어떤 것을 결코 추론해낼 수 없기 때문이다.

그런데 이러한 주장은 우리가 살아가는 데 필수적인 여러 가지 기본적인 믿음들이 정당성이 확보되지 않은 믿음들일 뿐이라는 회의적인 결론을 가져온다. 우리가 당연하다고 여겼던 기본적인 믿음들 가운데 상당수가 그것의 경험적 원천인 인상을 찾을 수 없다는 점에서 인식적 정당성이 확보되지 않은 허구일 뿐이라는 것이다. 일상적 믿음의 이성적 근거에 대한 회의주의를 통해 흄은 인간 이성의 보편적인 능력을 확신하고 이성적 추론을 통해 우리가 가진 모든 관념의 근거를 명백히 밝혀 인식적 정당성을 확보할 수 있다고 본 데카르트를 비롯한 기존 철학자들의 접근이 잘못되었다고 비판한다. 전통적으로 철학자들이 인간 이성의 능력을 필요 이상으로 신뢰하고 이성을 통해서 여러 형이상학적 문제들을 해명해낼 수 있다고 본 것은 사실 아무런 타당한 근거가 없는 억측일 뿐이라는 것이다.

이렇게 이성을 통해서는 일상적 믿음의 원천이 되는 인상을 찾을 수 없다고 보는 흄의 회의론적 관점은 이성의 능력에 대한 부정적 시각을 통해 기존 철학을 부정하는 파괴적인 모습을 보여준다.

2) 인간학의 긍정적 측면: 자연주의

그러나 여기서 주목할 점은 흄이 외부 대상 및 자아의 존재에 대한 믿음, 인과적 믿음 등 일상적 믿음의 정당성 근거를 이성을 통해 밝힐 수 없다고 주장하지만, 결코 회의적인 결론에 그치지 않고 오히려 이러한 부정적 작업을 "인간의 본성을 밝혀줄 인간학을 수립하는 데 필수적으로 거쳐 가야 할 준비 단계"[3]라고 여겼다는 점이다. 이성의 능력에 대한 회의주의는 흄의 인간학에서 피할 수 없는 귀결이지만, 그의 주된 관심사는 경험과 관찰을 통한 인간학 수립을 위해 실질적으로 필요한 작업이 무엇인지를 찾아내는 것이기 때문이다.

"회의론자는 이성에 의해서 자신의 이성을 방어할 수 없다고 주장하면서도 여전히 계속해서 추리하고 믿는다"(T 1.4.2.1)라는 점을 지적하며 흄은 우리가 이성을 통해 정당성이 부정된 허구에 불과한 믿음을 여전히 가

---

3   김효명, 『영국경험론』(아카넷, 2001), 77쪽.

진 채 살아가고 있는 상황에 주목한다. 앞의 세 가지 믿음들이 정당성이 확보되지 않았다는 것이 밝혀졌다고 할지라도 우리는 일상에서 그것들을 떨쳐내지 못하고 여전히 그렇게 믿으며 살아가고 있다는 점을 부인할 수 없다는 것이다.

이렇게 우리가 합리적인 근거가 없는 거짓 믿음을 갖고 살아갈 수밖에 없는 존재임을 간파한 흄은 이제 시선을 돌려 우리가 어떻게 이러한 거짓 믿음을 갖게 되었는지에 대한 발생적 설명을 시도한다. 이성을 통해 믿음의 정당성 근거를 밝힐 수는 없지만, 경험적 관찰을 통해 믿음이 어떻게 생겼는지를 밝히는 과학적 발견 작업은 인간학이 할 수 있는 유의미한 작업이라는 것이다.

여기서 흄이 발견한 것은 이성적으로 근거가 없는 믿음을 가질 수밖에 없도록 하는 인간 본성의 원초적 힘인 상상력(imagination) 또는 본능(instinct)의 작용이다. 앞에서 상상력이 유사성, 근접성, 인과성이라는 관념 연합의 원리에 따라 하나의 관념을 다른 관념으로 연결하는 역할을 하고 있다는 것을 살펴보았는데, 이때 상상력의 작용은 반복된 경험을 통해 획득된 습관의 작용처럼 본능적이고 자연스럽다. 마찬가지로 위의 세 가지 일상적 믿음들 역시 각각의 믿음과 관련된 특정한 지각들을 반복적으로 경험하다 보면 본능적 능력인 상상력이 우리를 자연스럽게 그와 관련된 믿음으로 이끈다는 것이 흄의 설명이다.

이렇게 일상적 믿음이 상상력이라는 자연적 경향성에 의해 형성된다고 보는 흄의 입장은 '자연주의(naturalism)'라고 불린다. 흄의 인간학을 자연주의 철학이라고 부르는 이유는 다양하게 제시되고 있는데, 일상적 믿음의 발생에 대한 설명과 관련해서 다음의 두 가지 이유를 들 수 있겠다. 첫째, 흄의 인간학은 인간을 특수한 존재로 보고 인간만이 가진 이성을 통해 인간 본성을 밝히려고 했던 기존 철학의 입장으로부터 탈피해서 인간 역시 자연의 일부인 만큼 인간의 본성에 대한 탐구도 자연에 대한 설명처럼 접근해야 한다고 주장한다는 점에서 방법론적 자연주의라고 볼 수 있다. 둘째, 흄은 일상적 믿음에 대한 정당화 작업을 포기하고 상상력이라는 본능적 작용에 의해 형성되는 "믿음의 자연 발생적 과정을 기술하는"[4] 작업에 치중하고 있는데, 이러한 입장은 현대의 자연화된 인식론과 비슷한 주장을 하는 인식론적 자연주의라고 볼 수 있다.[5] 결국 이성의 능력에 대한 부정적 시각인 회의주의는 인간의 자연적인 본능의 작용에 대한 긍정적 시각인 자연주의를 통해 상식적 믿음 체계를 뒷받침해주는 건설적인 입장으로 극복된 셈이다.

복사 원리를 위반하는 관념의 문제에 대한 흄의 대응은 인간학이 지닌 부정적 특징과 긍정적 특징을 잘 보여준다. 그렇다면 인간학의 회의주의적인 모습과 자연주의적인 모습이 우리가 가진 관념에서 구체적으로 어떻게 드러나는지를 흄이 실재의 문제와 자아의 문제를 다루는 방식을 통해 살펴보도록 하자.

---

4   김효명, 『영국경험론』(아카넷, 2001), 101쪽.
5   '방법론적 자연주의'와 '인식론적 자연주의'는 자연주의에 대한 최희봉의 용어 구분법을 따른 것이다. 최희봉, 「흄 자연주의의 다양성: 김효명의 논의에 기초하여」, 《근대철학》 제20집, 2022. 81~85쪽 참조.

3) 인간학적 방법론의 적용

3-1) 실재의 문제

우리는 우리가 눈으로 보거나 손으로 만지고 사용하는 대상들이 우리가 보거나 만지지 않을 때도 계속 그 자리에 존재하며 세계는 이렇게 우리 인식과 독립적으로 존재하며 지속성을 가진 대상들로 구성되어 있다고 생각한다. 대상이 우리와 독립해서 지속적으로 존재한다는 믿음, 즉 외부 대상의 실재에 대한 믿음은 우리가 일상적으로 당연하게 받아들이고 있는 것으로서 그러한 믿음이 없다면 일상생활은 거의 불가능해 보인다. 나는 지금 서재에서 책을 보고 있지만 내가 보고 있지 않은 순간에도 거실, 화장실 등 내가 사는 집을 구성하는 다른 공간이 실제로 존재한다고 생각한다. 만약 1층에서부터 올라오는 계단이나 엘리베이터가 없다면 나는 5층에 위치한 집에서 1층으로 내려갈 방법을 찾기 어려울 것이며, 내가 어떻게 5층까지 올라와서 생활하고 있는지 역시 설명하기 힘들 것이다.

이렇게 일상생활의 기본이 되는 대상의 존재에 대한 우리의 믿음과 관련해서 흄은 지각으로부터 독립적으로 지속해서 존재하는 대상에 대한 믿음이 어디서 비롯되었는지 찾는 것을 과제로 삼으며 "우리로 하여금 물체의 존재를 믿도록 한 원인은 무엇인가?"(T 1.4.2.1)라고 묻는다. 그는 외부 대상이 존재한다는 우리의 믿음은 곧 지속적이고(continued) 구별되는(distinct) 존재에 대한 믿음이라고 보고, 이 대상의 지속성과 구별성에 대한 믿음의 원인을 찾는 작업을 수행한다. 대상의 지속성과 구별성에 대한 믿음이라는 관념을 가져온 원본 인상이 무엇인지 찾아보자는 것이다.

흄은 먼저 감각을 그 후보로 살펴보는데, 지속성이라는 말 자체가 감각되지 않을 때도 존재하는 것을 의미하기 때문에 감각은 지속적인 존재에 대한 인상을 가져다줄 수 없다. 또한, 우리가 감각하는 대상이 우리와 구별되어 존재한다는 믿음 역시 감각으로부터 얻을 수 없다. 감각은 단지 그것으로부터 비롯된 어떤 인상만을 우리에게 가져다줄 뿐 그 인상과 구별된 어떤 것의 존재에 대해서는 전혀 알려주는 것이 없기 때문이다.

다음으로 흄은 이성적 추론 역시 지속적이고 구별된 존재에 대한 믿음을 가져다줄 수 없다고 주장한다. 흄이 보기에 이성적 추론은 철학자들의 논변을 가리키는데, 철학자들의 논변이란 지각과 대상을 구별하지 않고 하나로 보는 일상인들의 믿음과 상반되는 결과를 가져오기 때문이다. 일상인들은 지각과 대상을 섞어서 우리가 바라보는 것이 곧 대상이라고 생각하는 반면 철학자들은 "마음에 나타나는 것은 모두 지각일 뿐이며, 단절되어 있고 마음에 의존하는 것"(T 1.4.2.14)이라고 본다. 따라서 철학자들의 논변에 의하면 대상들은 지속적이고 구별되는 것이 아니라 오히려 단절적이고 마음에 의존적이라는 결론이 도출된다. 이렇게 지속성과 구별성을 가진 대상에 대한 믿음은 이성적 추론을 통해서 결코 도출될 수 없는 것으로 결국 대상의 실재에 대한 믿음은 합리적인 근거가 없는 거짓 믿음이라고 할 수 있을 것이다. 이는 대상의 실재 문제에 대한 흄의 인간학적 접근이 보여주는 회의주의적 결론이라고 할 수 있다.

그러나 앞서 살펴보았듯이 지속적이고 구별되는 존재에 대한 믿음이 근거가 없을지라도 우리는 그 믿음을 떨쳐내지 못하고 살아가는 존재이므로 인간학은 그러한 믿음이 어떻게 생겨났는지에 대한 발생적 설명에 집중해야 한다고 흄은 주장한다. 그는 "모든 인상은 내적이고 소멸하는 존재들이며 그렇게 나타나기 때문에, 인상들의 구별되고 지속적인 존재라는 개념

은 그 인상들의 어떤 성질들과 상상력의 성질들이 함께 작용하여 생겨난
다"(T 1.4.2.15)라고 주장하며, 대상의 지속성과 구별성에 대한 믿음이 인상
들의 특정한 성질과 상상력의 결합으로부터 비롯된다는 자연주의적 논변
을 펼친다.

　　여기서 상상력에 작용하여 물체들의 지속적이고 구별되는 존재에 대
한 관념을 갖게 하는 인상들의 특정한 성질을 흄은 항상성(constancy)과 정
합성(coherence)으로 보았다. 인상들이 항상성을 갖는다는 것은 그것들이
시간적 간격을 두고 나에게 지각될지라도 변하지 않고 같은 모습으로 지각
된다는 것을 의미한다. 예를 들어, 내가 책상 앞에 앉아서 책을 보다가 자
리를 비운 후 한 시간 뒤에 다시 서재로 돌아왔을 때 그 책상과 책은 변함
없이 같은 모습으로 나에게 지각된다. 이렇게 시간의 흐름에 따라 지각이
달라진다고 할지라도 그 지각을 구성하는 내용이 변하지 않고 항상성을 유
지하는 경우 우리는 그 지각들을 동일하다고 여기게 되는데, 여기서 항상
성을 가진 서로 다른 지각들에 동일성을 부여하는 작용을 하는 것이 바로
상상력이다.

　　그런데 시간의 경과에 따라 변화를 겪고 항상성을 잃게 된 인상들에
대해서도 우리는 동일성을 부여하는 경우가 있는데, 이때 인상들의 정합성
이 그러한 믿음의 발생 기제를 설명하는 근거가 된다. 인상들이 정합적이라
는 것은 인상들 사이에 서로 "규칙적 의존성"(T 1.4.2.19)이 발견된다는 것을
의미한다. 흄이 예를 들고 있듯이 방을 비운 후 한 시간 뒤에 돌아왔을 때
방 안의 난롯불이 방을 떠나기 전과 다른 모습으로 지각된다고 할지라도
나는 그것을 동일한 난롯불의 상태 변화라고 여긴다. 이 경우 시간의 경과
에 따라 난롯불에 대한 나의 지각이 변화했다고 할지라도 나는 이와 비슷

한 상황에 대한 반복적 경험을 통해 지각들이 변화하는 중에도 규칙적으로 되풀이되며 서로 의존하고 있음을 발견하고 그 지각들에 동일성을 부여하게 된다.[6]

홈은 이렇게 항상성을 띠고 서로 정합적으로 우리에게 지각되는 인상들에 동일성을 부여하는 것은 지극히 자연스러운 본능적인 작용이며, 더 나아가 항상성과 정합성이 발견된 지각들은 그것들이 지각되지 않는 경우에도 항상성과 정합성을 계속 유지하며 지속적으로 존재한다고 착각하게끔 상상력이 우리를 자연스럽게 이끈다고 주장한다. "상상력은 일단 어떤 생각이라도 생각의 흐름 속에 개입된다면 그 대상이 없어졌을 때에도 계속 작용하는 경향이 있어서"(T 1.4.2.22), 항상성과 정합성을 띠고 나타나는 지각들을 우리가 더이상 경험하지 않는다고 하더라도 우리는 그것들을 여전히 우리와 독립적으로 존재하는 대상으로 여기도록 상상력이 계속 작용한다는 것이다.

3-2) 자아의 문제

우리는 나라는 존재가 태어난 순간부터 일생을 통해 지속한다고 생각하며 내가 존재한다는 것을 언제나 의식하며 생활하고 있다. 시간이 지나도 항상 변하지 않고 나를 나이게끔 해주는 자아가 존재한다는 믿음은 너

---

6   물론 여기서 홈이 말하는 정합성 개념은 과거 지각과 현재 지각 사이의 규칙적 의존성뿐만 아니라 어떤 지각이 현재의 고정된 시점에서 내가 경험하는 다른 지각들과 모순되지 않는다는 점도 포괄한다. 김효명, 『영국경험론』(아카넷, 2001), 159~160쪽 참조.

무나도 확실하기에 그러한 믿음이 없다면 일상생활 자체가 불가능할 것이다. 그런데 흄은 이렇게 확실해 보이는 자아의 존재에 대한 믿음이 사실은 이성적 근거도, 경험적 근거도 없는 허구에 불과한 것이라고 주장한다.

먼저 흄은 끊임없이 나타났다가 사라지는 지각들의 담지자로서 불변하는 자아라는 실체를 전제하는 전통적인 형이상학적 시도에 대해 부정적인 태도를 보인다. 이러한 시도는 경험을 통해 인간 본성을 설명하려는 인간학의 취지에 어긋나기 때문이다. 우리가 경험할 수 있는 것은 매 순간 끊임없이 변하며 서로 분리되어 나타나는 지각들일 뿐인데, 그러한 지각들과 독립적으로 존재하며 지각들을 떠받치는 실체로 가정되는 자아가 존재한다는 주장은 경험을 넘어서는 주장으로 인간학이 결코 받아들일 수 없는 근거 없는 형이상학적 전제일 뿐이다.

다음으로 흄은 복사 원리에 따라 자아 관념의 출처를 묻지만, 자아 관념에 대응하는 인상을 우리는 경험에서 발견할 수 없다. 인상이란 지각에 의존적인 찰나적인 것으로 시간의 흐름에도 변하지 않는 지속적 존재에 대한 인상은 결코 찾을 수 없으며, 내성적 관찰을 통해 발견될 수 있는 것은 단지 끊임없이 나타났다가 사라지며 잇따르는 "서로 다른 지각들의 다발이나 집합일 뿐"(T 1.4.6.4)이라는 것이 흄의 주장이다. 이렇게 자아를 지각들의 다발에 불과하다고 보는 흄의 입장은 자아를 지속적으로 존재하는 실체로 본 전통적인 형이상학적 주장을 부정하는 회의주의적 결론을 가져온다.

자아의 존재에 대한 믿음이 이성적·경험적 근거도 없는 허구에 불과하다는 부정적 결론을 도출한 흄은 이제 시선을 돌려 어떻게 우리가 자아의 존재라는 근거 없는 거짓 믿음을 갖고 살아가고 있는지에 대한 자연주의적 설명을 시도한다. 지각들의 다발만이 경험에서 관찰되는 것임에도 불구하고 어떻게 우리는 변하지 않고 동일하게 지속하는 자아가 있다는 믿음을 갖게 되었는가?

흄은 자아 문제를 찰나적으로 나타났다가 사라지는 서로 다른 지각들에 동일성을 부여하기에 불거지는 문제로 보고 과연 지각들의 어떤 성질이 그것들을 동일하다고 여기게 하는지에 대한 설명에 집중한다. 흄이 발견한 것은 관념 연합의 원리 중 유사성과 인과성이 서로 다른 지각들에 동일성을 부여하는 역할을 한다는 것이다.

유사성의 경우 서로 유사한 지각들을 반복적으로 경험하다 보면 상상력이 우리가 그것들을 동일한 것으로 여기게끔 착각하도록 이끈다. 그런데 자아 관념과 관련해서 발견되는 유사성은 과거와 현재 내가 경험하는 지각들 사이의 유사성이기 때문에 기억의 능력이 전제되어야 한다. 기억을 통해서 우리는 "과거 지각들의 이미지를 떠올려서"(T 1.4.6.18) 그것들이 현재의 지각과 유사하다는 것을 발견하게 되고, 이 유사성을 반복적으로 경험하다 보면 유사성을 동일성으로 착각하게 된다는 것이다.

물론 우리는 과거의 지각 전부를 기억해낼 수는 없으므로 유사성으로 설명되지 않는 부분이 있는데, 흄은 이를 인과성으로 보충한다. 과거의 지각과 현재의 지각은 서로 인과적으로 연결되어 있기에 우리가 기억하지 못하는 과거의 순간에도 존재하고 있었다고 여길 수 있는 것은 원인과 결과라는 인과 연쇄가 우리가 기억하지 못하는 그 순간들을 이어주고 있기 때문이라는 것이다. 우리에게 나타나는 지각들은 서로 인과적으로 연결되어 있으므로 상상력은 인과적 흐름에 따라 우리가 기억하지 못하는 부분까지 자연스럽게 확장되어 작용하며, 이를 통해서 우리는 우리 자신을 시간의 흐름에도 변하지 않고 지속적으로 존재하는 동일한 존재로 여긴다는 것이 흄의 설명이다.

이렇게 유사성, 인과성이라는 관념 연합의 원리와 기억의 작용, 그리고 그 원리들에 따라 우리 마음을 동일성을 지닌 자아의 존재라는 믿음으로 이끄는 자연적 본성인 상상력의 작용을 통해 흄은 자아의 존재에 대한 믿음의 형성 과정에 대한 자연주의적 설명을 제시한다.

4. 인간학 체계의 내적 일관성 검토 2: 과학적 방법의 일관적 적용 문제

지금까지 살펴보았듯이 흄의 인간학은 경험과 관찰을 통해서 우리의 정신 활동을 설명하고자 우리가 가진 관념의 발생적 기술에 주력하였다. 이 과정에서 흄은 인상과 관념의 관계를 설명하는 복사 원리, 관념들이 서로 결합하는 방법을 설명하는 관념 연합의 원리에 의존하였고, 이 두 원리로 해명되지 않는 관념의 경우 상상력의 작용을 통해 어떻게 우리가 그러한 관념을 갖게 되었는지를 설명하였다.

흄의 인간학은 오직 경험과 관찰에 의해서만 우리가 이러저러한 방법으로 이러저러한 믿음을 갖게 되었다는 발생적 설명을 제시할 수 있고 이를 통해 인간의 본성을 밝힐 수 있다고 주장한다. 그렇다면 흄이 이러한 경험 과학적 방법을 시종일관 유지하고 있는지는 흄 인간학 체계의 내적 일관성 확보를 위해 가장 중요한 문제일 것이다. 필자는 이와 관련하여 다음의 두 가지 질문을 살펴보겠다. 첫째, 흄이 관념의 기원에 대한 설명에서 의존하고 있는 복사 원리와 관념 연합의 원리의 경험적 근거는 무엇인가? 둘째, 복사 원리를 위반하는 일상적 믿음의 발생 기제를 설명할 때 흄은 상상력에 의존하는데, 상상력은 흄의 인간학적 방법론에 따라 경험적으로 분석될 수 있는가?

첫 번째 질문과 관련하여 흄의 복사 원리와 관념 연합의 원리는 모든 인상과 관념들에 예외 없이 적용된다는 점에서 그것들의 확실성을 전혀 의심하지 않는 어떤 형이상학적 전제와 같은 것은 아닌지 의문을 품을 수 있다. 흄은 마치 이 원리들을 당연히 주어진 것으로 받아들이고 그것들의 경험적 근거를 찾는 작업은 그다지 공들여서 수행하지 않는데, 그렇다면 이 원리들은 흄이 경험과 관찰을 통해 인간의 정신 활동을 살펴보기 전에 미리 받아들이고 시작하는 형이상학적 전제라고 볼 수 있지 않을까?

그러나 이러한 비판은 흄 인간학의 내성적 방법의 특성을 간과한 비판이라고 할 수 있다. 인간의 정신 활동을 분석하기 위해 흄이 택한 내성적 방법은 자신의 마음속을 자세히 살펴보는 것인데, 이렇게 마음속 정신 활동을 반복적으로 살펴본 결과 흄이 발견한 일종의 마음 작용의 법칙이 바로 복사 원리와 관념 연합의 원리이다. 복사 원리를 처음 소개할 때 흄은 "나는 변함없는 경험을 통하여 단순 인상이 언제나 그 대응 관념에 선행하며, 결코 그 역순으로 나타나지 않는다는 것을 깨닫는다. (⋯) 유사한 지각들의 항상적 결합은 인상이 관념의 원인이라는 것에 대한 납득할 만한 증거이다"(T 1.1.1.8)라고 말한다. 관념 연합의 원리 역시 경험을 통해서 발견한 것이라는 점을 흄은 『인성론 요약』에서 다음과 같이 강조한다. "이 책 전반에 걸쳐 새로운 철학적 발견에 대한 굉장한 자부심이 있다. 그러나 저자에게 발명가(inventor)라는 영예로운 이름을 붙일 만한 것이 있다면, 그것은 저자가 관념 연합의 원리를 사용한 것인데, 이 원리는 그의 철학 대부분과 관련되어 있다."(Abstract 35)

요컨대 복사 원리와 관념 연합의 원리의 경험적 발견 근거는 마음의 정신 활동에 대한 반복적인 관찰이라고 할 수 있다. 그렇다면 왜 관념은 인상을 복사하고 관념들은 서로 일정한 방식으로 결합하는가? 복사 원리와 관념 연합의 원리가 그렇게 작용하게끔 하는 원인은 경험에서 찾을 수 있는가? 그런데 경험을 통해 발견된 두 가지 원리의 작동 근거를 경험에서 찾고자 하는 이러한 시도에 대해 흄은 회의적 태도를 보인다. 그는 내성적 관찰을 통해 우리에게 발견된 지각의 구성 원리들이 왜 그렇게 작동하는지 원인을 찾고자 하는 작업은 철학자들의 잘못된 시각에서 비롯된 것이라고 비판한다.

관념 연합의 원리를 정신세계의 인력과 같다고 본 흄은 자연계에서 물체가 서로 잡아당기는 인력에 따른 현상을 우리가 당연한 것으로 의심 없이 받아들이듯이 정신세계에서 관념들이 서로 결합하는 인력에 따라 나타난 현상을 당연한 것으로 받아들이면 되는 것일 뿐 우리가 그러한 결합이 왜 그러한지 결합의 근원에 대해 또다시 묻는 것은 의미 없는 질문이라고 주장한다. 그는 "인력의 결과는 어디서나 뚜렷하다. 그러나 인력의 원인들에 대해서는 대부분 알려져 있지 않으므로 그 원인들은 인간 본성의 근원적 성질들로 환원되어야 하지만, 나는 그 성질들을 함부로 설명하지 않는다. 참된 철학자에게 가장 필요한 것은 원인에 대해 탐구하려는 지나친 욕망을 자제하는 것"(T 1.1.5.6)이라고 주장한다.

흄이 거짓 철학자의 체계와 참된 철학자의 체계를 구분하며 참된 철학자가 취해야 하는 태도가 바로 인간 본성이 우리에게 경험을 통해서 알려주는 것에 만족하고 더이상의 이성적 분석을 시도하려는 어리석은 유혹에 빠지지 말라는 것인데, 경험을 통해서 주어진 것 이상의 무엇인가를 찾으려는 시도 자체가 철학자들의 잘못된 태도라는 것이다. 노튼이 잘 지적하고 있듯이 인간학을 통해서 "우리는 마음이 어떻게 작동하는지 밝힐 수 있지만, 왜 인간 본성과 마음이 그러한지는 밝힐 수 없다"[7]는 것이 흄의 지론이다.

상상력의 근거를 요구하는 두 번째 질문에 대해서도 같은 맥락의 답변을 할 수 있다. 흄에게서 상상력은 다른 것들로 설명될 수 없는 무엇인가를 채워주는 일종의 묘약과 같은 역할을 한다. 관념 연합의 원리에 따라 관념들을 서로 연결해주기도 하고, 항상성과 정합성을 지닌 채 나타나는 지각들을 동일한 하나의 대상이 지속적으로 존재하는 것으로 여기게끔 하기도 하고, 과거의 지각과 현재의 지각이 유사한 경우 그것들을 하나의 마음으로 묶어주기도 하는 등 상상력은 그것이 없으면 우리 마음이 어떻게 작용하는지 전혀 알 수 없는 여러 가지 불가사의한 마음의 작동 기제를 밝혀주고 있다.

그런데 상상력은 도대체 어떤 권한으로 그렇게 신비한 역할을 모두 해내는 것인가? 흄에게 상상력은 이성을 능가하는 어떤 특별한 힘을 가진 것으로 여겨지고 있는데, 왜 흄은 이성에는 부여할 수 없는 여러 능력을 상상력에는 부여할 수 있다고 본 것인가? 필자가 보기에 이러한 질문은 흄의 경

---

7   Norton, David Fate, Editor's Introduction to *A Treatise of Human Nature*, David Fate Norton and Mary J. Norton eds., (Oxford: Oxford University Press, 2000), 15쪽.

험주의적 인간학에 대한 이해의 부족에서 비롯된 질문이다. 흄이 설명하는 상상력의 작용은 경험과 상관없이 선험적으로 존재하는 어떤 특별한 힘의 작용이 아니라 습관과 같이 경험을 통해 획득된 피할 수 없는 본능의 작용을 가리키는 것으로 보아야 한다. 흄은 상상력을 본능, 습관, 성향 등으로 바꿔 부르기도 하는데, 이러한 표현들은 상상력의 작용이 본능적으로 움직이는 마음의 자연스러운 흐름과 같다는 것을 방증한다. 다시 말해 상상력이란 "영구적이고 불가항력적이며 보편적인"(T 1.4.4.1) 것으로 "인간의 모든 사유와 행위의 기초이기 때문에 이것 없이는 인간의 본성도 즉각 소멸되고 파괴될 것이다."(T 1.4.4.1)

　여기서 우리는 다시 한번 흄 인간학이 보여주는 이성의 능력에 대한 불신과 그 한계에 대한 인정 및 상상력이라는 인간 본성의 피할 수 없는 자연적인 능력에 대한 궁극적 의존을 엿볼 수 있다. 결국 상상력의 근원을 캐묻는 질문은 흄이 비판했던 종래 사변 형이상학의 주장인 인간 정신 행위의 모든 것에는 궁극적인 원인이 있으며 이것은 이성을 통해서 밝혀질 수 있다는 전제가 깔린 질문이라고 할 수 있다. 상상력은 본능적 성향으로 피할 수 없이 주어진 것으로 그것의 이성적 근거를 묻는 것은 무의미하며, 그것이 우리 마음속에서 어떻게 작용하는지 설명하는 것만이 인간학이 수행해야 하는 작업이다.

　이렇게 상상력을 우리 마음의 자연적 본능이나 흐름과 같은 것으로 본다면, 이 본능적 능력에 대한 경험 과학적 연구가 더 이루어진다면 인간 마음이 어떻게 작용하는지에 대한 보다 구체적이고 명확한 설명이 가능할 것이라는 의견에 대해 흄의 인간학은 긍정적인 태도를 보일 것이라고 필자는 생각한다.

흄의 인간학은 인간의 인식과 인간 본성에 대한 절대적으로 확실한 형이상학적 주장을 목표로 하는 것이 아니라 인간 인식의 작동 원리 및 믿음의 발생 기제를 가장 잘 설명할 수 있는 경험적 원리를 찾는 것을 목표로 하고 있기에 실험적 방법을 통해 인간 마음의 작동 기제를 상상력보다 더 명확하게 설명하는 능력을 발견해낸다면 이제는 그것이 상상력이 설명하지 못했던 더 세부적인 마음속 작용까지 설명해줄 수 있을 것이다.

마치 자연과학이 발전함에 따라 만유인력의 법칙이 설명하지 못한 부분까지 포괄하며 물체의 운동을 더 명확하게 설명할 수 있게 된 아인슈타인의 일반상대성 이론이 뉴턴의 역학 이론을 대체한 것처럼 인간학의 발전 역시 인간 마음의 작용을 상상력보다 더 잘 설명하는 경험적 원리를 발견해낼 수 있을 것이라는 기대감을 심어준다. 물론 인간 본성에 대한 과학으로서 인간학이 인정할 만한 새로운 원리는 경험 과학적 방법을 통해서 발견된 것에 한정되며 선험적으로 전제된 원리는 아니다.

이은진

서울대학교 윤리교육과와 철학과에서 학사를 복수 전공하고 철학과 대학원에서 석사를 마쳤다. 이후 미국 매사추세츠대학교 앰허스트(University of Massachusetts, Amherst) 철학과에서 박사과정을 수료했으며, 현재 과천문원중학교 도덕 교사로 재직 중이다. 영국 경험론의 주제들 모두에 두루 관심이 많으며 특히 현재는 흄의 정서주의에 기반한 교육 이론을 가꾸는 작업에 연구 역량을 모으고 있다.

흄이 바라본 철학과 현실 그리고 현실과 철학:
자연주의, 정념 그리고 도덕

양선이(한국외국어대학교 미네르바교양대학 교수)

1. 자연주의

흄의 철학과 그의 현실 인식에 대해 살펴보기 위해서는 먼저 그의 '자연'과 '인위'의 구분을 통해 접근해볼 수 있다. 흄은 '자연'과 '인위'의 의미를 과학, 일상생활, 사회, 문화, 정치, 도덕 등 전 분야에 걸쳐 구분하면서 인간이 나아갈 바를 제시했다. 이러한 의미에서 그는 '자연주의자'라고 불리기도 하지만 그보다는 '회의주의자'로 더 잘 알려져 있다. 그러나 그의 회의주의는 자연주의와 동전의 양면이라는 사실에 우리는 주목할 필요가 있다. 이에 대해 살펴보기로 하자.

'자연주의'는 다양한 의미로 해석되지만, 흄의 철학을 이해하기 위해서는 크게 두 가지 의미로 구분할 필요가 있다. 먼저 자연 세계를 설명하기 위해 자연과학적 방법에 토대를 둔 물리주의적 자연주의가 있고, 또 하나는 '자연'을 물리적 세계에만 국한하는 것이 아니라 자연과학으로 환원할 수 없는 인간의 본성(Nature)의 여러 측면에 주목하는 것이다. 흄의 주 저작

『인성론』은 1, 2, 3권으로 구성되는데, 1권에서는 자연과학적 방법에 토대를 둔 물리적 자연주의에 초점을 맞추고, 2권 「정념론」 그리고 3권 「도덕론」에서는 자연과학으로 환원할 수 없는 인간의 본성의 여러 측면에 주목한다. 이렇게 그는 '자연(Nature)' 개념을 통해 인식론, 형이상학에서 점차적으로 현실과 실천의 문제로 나아간다.

　자연에는 '제1 자연'뿐만 아니라 '제2의 천성'으로서 자연도 포함된다. 아리스토텔레스에 따르면 우리는 타고난 능력인 제1의 천성뿐만 아니라 획득해야 하는 능력인 제2의 천성도 가진다. 이와 같은 제2의 천성은 정상적인 양육 과정과 교육을 통해 도덕적 반응을 할 수 있는 능력이다. 아리스토텔레스는 이와 같은 제2의 천성도 근본적으로 자연적인 것이라고 했다.[1]

　흄도 아리스토텔레스와 유사하게 '자연'을 자연과학에서 다루는 대상으로서뿐만 아니라 제2의 천성으로서의 자연도 포괄하여 다루었고, 이를 위해 『인성론』 2권, 3권에서는 생활세계와 사회세계에 주목한다.

　흄 철학에서 'Nature'는 우선 물리적 자연 세계이기도 하면서, 이에 대비되는 것으로서 인간의 본성, 둘 다라고 말할 수 있다. 그리고 인간의 본성을 인간의 감각 능력처럼 우리가 타고난 능력이나 본능적인 것, 예를 들어, 숨 쉬고, 먹고, 자고, 웃고, 가려울 때 긁고 등등 생물학적 본성과 관련되는 것으로서, 소위 '제1의 천성'과 '제2의 천성', 즉 우리가 학습을 통해 획득하게 된 능력이거나 문화적인 것, 예를 들어, 포크를 사용한다거나, 춤추는 것, 영어를 사용하거나, 불어를 사용하거나, 운전 방식의 차이 등등으

1　아리스토텔레스, 『니코마코스 윤리학』 제4권 참조.

로 나누어 말할 수 있다. 어떤 사람들은 Nature를 '첫 번째 자연', 즉 인간의 개입이 없는 자연 세계와 '제2의 천성', 인간의 생각에 의해 변형되는 모든 것으로 나누기도 하는데, 흄의 '자연' 개념은 이러한 구분도 포괄한다.[2]

흄 철학의 대표적 해석가로 알려진 아네트 베이어(1991)에 따르면, 자연주의 철학자들은 "우리 영혼이 불멸하는지 죄스러운지에 관심을 갖기보다는 탯줄과 배꼽, 그리고 나머지 포유류로서의 우리의 기본적 해부학적 조건을 보다 더 진지하게 고려한다."[3] 이런 관점에서 볼 때 다윈과 다윈주의자들도 일종의 자연주의자들이라고 볼 수 있다. 하지만 베이어는 이와 같은 다윈주의와는 달리 흄의 자연주의는 우리의 동물적 본성뿐만 아니라 사회·문화적 조건 또한 진지하게 고려한다는 점에서 환원주의적 자연주의가 아니라고 본다.[4]

이러한 입장에 따르면 초자연적인 실체(신, 영혼, 엔텔레키, 데카르트적 마음 등)나 사건(기적, 마법), 인식 능력(신비적 통찰이나 영적 직관 등)을 인정하지 않고 인간의 생물학적 본성이나 체험, 사회적·문화적 조건을 통해 모든 것을 설명하고자 한다. 이렇게 볼 때 우리는 흄의 자연주의를 콰인류의 과학적 자연주의로만 봐서는 안 된다. 흄은 인간 본성에 존재하는 인류애(humanity)를 자연주의의 핵심에 두었다. 만일 우리가 이러한 점을 간과하면 흄의 자연주의를 잘못 이해할 것이다.

---

2   양선이, 「자연주의와 도덕적 가치 그리고 규범성에 관하여: 흄의 자연주의와 현대 흄주의를 중심으로」,《철학》139, 2019, 97쪽 참고.

3   A. Baier *A Progress of Sentiments: Reflections on Hume's Treatise*(Cambridge. MA: Harvard University Press, 1991), 439쪽.

4   양선이, 앞의 글, 93쪽 참고.

일반적으로 흄은 자연주의자라기보다 회의주의자로 알려져 있다. 그러나 흄의 자연주의는 회의주의와 동전의 양면이라고 할 수 있다. 철학자들은 세계에 관해 이성을 통해 탐구함으로써 정당화를 시도한다. 흄에 따르면 우리가 이성을 통해 비판적으로 생각해볼 수 있는 어떤 것이 있고, 그럼으로써 새로운 관점을 얻는다. 이것은 철학적 탐구를 흥미진진하게 유지하게 한다.

그러나 우리의 본성(nature)에서 유래된 것, 이를테면, 상상, 혹은 느낌과 같은 것들 때문에 단순히 이성 중심의 철학적 탐구만을 흥미롭게 할 수 없다. 흄은 이성 중심의 탐구로 인해 절망에 빠져 갖게 된 '철학적 우울함과 망상'[5]으로부터 그를 치유한 것은 '자연 그 자체(Nature itself)'라고 주장하는데, 이때 '자연'이란 '인간 본성(nature)' 혹은 일상생활[6]을 의미한다고 볼 수 있다. 흄은 세계에 대한 우리의 지식의 '정당화' 문제에 관심을 갖기보다는 이와 같은 우리의 믿음을 '설명'하는 문제에 관심을 가졌다. 즉 그는 어떻게 우리는 감각에 의해 제공된 데이터들이 이해 가능한가를 상상, 습관, 성향과 같은 인간 본성의 원리에 따라 설명하고자 했다.

5   Hume, D.,(1740). *A Treatise of Human Nature*, ed. by L.A. Selby-Bigge. 2nd edition(Oxford: Oxford University Press, 1978), 269쪽.

6   흄에게 있어 '일상생활'이 '자연'의 범위에 들어오는 이유는 그가 『인성론』 473~474쪽에서 '자연'에 관한 다양한 의미를 제시할 때 '자연'에 '일상적인(usual) 것'을 포함시키기 때문이다. 이는 그가 '자연적'이 '초자연적(supernatural)'에 반대의 의미라고 하면서 '초자연적'을 '비일상적(unusual)' 의미라고 할 때 잘 드러난다. 그리고 그는 비일상적의 반대는 '상식적인'이라고도 말한다. 위 구절에서 '일상생활'은 상식인의 입장을 의미한다는 점에서 흄이 의미한 '자연적'의 의미에 포함된다고 할 수 있다.

흄의 자연주의에 주목하는 현대 철학자들은 그의 자연주의의 주된 측면이 환원적 시각을 유지하는 '과학적 자연주의'라고 해석하는 경향이 있다. 하지만 필자는 이와 같은 해석에 반대한다. 흄의 자연주의를 정확히 이해하기 위해 우리는 그의 인간학의 주된 주제를 구성하는 것이 무엇인가에 주목할 필요가 있다. 흄은 『인성론』 제1권의 결론에서 회의주의의 구름을 걷어내는 데 도움을 주는 것이 '본성(nature)'이라고 주장한다. 엄격한 회의주의를 설파하는 사람은 그가 실천적 요구들에 직면했을 때 그의 이론적 원리들을 어겨야만 하는 상황에서 당혹스러워한다. 그들은 형이상학의 특권을 누린 후에 회의주의자들이 갖는 '철학적 우울함과 망상'[7]의 참기 힘든 분위기에서 빠져나오고자 하는 자연적 충동 때문에 또한 당혹스러워한다.

여기서 흄은 다음과 같이 말한다. "매우 다행스럽게도, 이성은 이러한 어두운 구름을 밀쳐낼 수 없기에 우리의 본성(천성)이 그 일을 수행하여, 이러한 철학적 우울증과 망상을 치유한다. 마음의 그런 치우침을 완화시킴으로써, 또는 이 모든 허깨비를 몰아내는 어떤 여가 활동 및 내 감각의 생생한 인상을 통해서 말이다."[8]

흄의 인식론은 한 인간이 세계에 대해 인식하는 개인적인 의미로만 해석될 필요는 없다. 이러한 맥락에서 베이어(Baire)는 흄의 대인 관계적 (interpersonal) 인식론, 즉 그의 생활 세계 인식론을 강조한다. 아네트 베이어에 따르면, 인식론에 있어 흄의 자연주의는 인간 본성을 인지적이기 이전에

---

7   D. Hume, 앞의 책(1978), 268쪽.

8   D. Hume, 앞의 책(1978), 269쪽.

사회적이고 정념적인 본성으로 간주한다.[9] 인간 본성(Nature)에 관한 사회
적이고 정념적 본성의 주제는 『인성론』 제2권 「정념론」이다.

흄은 세계에 대한 우리의 인식은 관찰 가능한 경험에서 비롯된다는
전제로부터 출발하여 세계에 대한 여러 믿음을 정당화하기보다는 인간의
자연적 본성에 호소하여 믿음의 설명 문제로 전환한다. 그리하여 완전한
(total) 회의주의로 가지 않았으며, 그런 의미에서 '완화된(mitigated) 회의주
의' 또는 '자연주의'라 부를 수 있다.(『인성론』 제1권) 그런 다음 그와 같은
자연주의를 견지한 채 어떻게 우리의 실천을 설명할 수 있는지를 고려하는
데로 나아갔다.(『인성론』 제2권, 제3권). 이렇게 볼 때 흄의 인간학은 '일상적
생활'이나 '삶' 속에서 우리 존재의 의미를 밝히고자 하는 인간 본성에 관
한 연구가 주된 것이었다.

이와 같은 의도가 잘 드러나 있는 부분이 『인성론』 제2권 「정념론」이
다. 정념이라는 본성을 중심으로 사회적·생물학적 존재로서의 인간에게
초점을 맞춘 생활 세계 인식론을 이해하면 흄의 『인성론』 제1, 2, 3권의 자
연주의의 일관성을 이해할 수 있다. 흄에 따르면 우리가 세계에 대해 갖는
믿음은 습관이나 자연적 성향에 따라 결정된다. 그렇기 때문에 세계에 대
한 믿음은 '정당화'될 수 있는 것이 아니라 습관, 자연적 성향, 상상력과 같
은 인간 본성의 원리에 의해 '설명'된다. 이로써 퓌로니언 극단적 회의주의
는 인간 본성의 원리에 호소하는 존재론적 자연주의에 의해 완화된다. 이
에 더하여 정념을 통한 일상인들의 사회적 상호작용에 초점을 맞추는 그

---

9   A. Baier, 앞의 책, 28~29쪽.

의 정념론 또한 자연주의이다.그의 정념론에 초점이 맞추어질 때 그의 인간학(science of men)에서 다루고자 한 인간이란 관찰 가능한 감각 경험만 강조되는 존재가 아니라 서로 친밀감을 통해 공감하고 공감의 편파성을 넘어 연대할 수 있는 실천적 존재라는 통찰을 얻을 수 있다.

2. 정념과 도덕

1) 자부심과 자본주의의 도덕성

흄이 『인성론』 제2권 「정념론」에서 제일 먼저 논의한 정념이 '자부심(pride)'이다. 그 이유는 제1권에서는 실체로서의 '자아'를 부정하고 자아는 순간순간 변하는 관념 다발에 불과하다고 주장함으로써 난관에 봉착했는데, 이 문제를 해결하기 위해서이다. 자아와 관련된 그의 어려움은 다음과 같다. 즉, 자아가 순간순간 변하는 관념 다발에 불과하면 전 생애에 걸쳐 동일한 '나'를 설명하는 것은 물론이고 앞에서 필자가 주장한 흄 자연주의의 근간도 흔들리기 때문이다. 왜냐하면, 그의 자연주의가 '정당화' 대신 '설명'의 문제로 전환한 것인데, 이것을 받아들인다고 할지라도 적어도 '설명'할 주체로서의 나 또는 자아는 존재해야 하기 때문이다.

이 문제를 해결하기 위해 흄은 「정념론」에서 '자부심'은 '나(myself)'의 자부심이고 모든 감정은 지향성, 즉 대상을 갖기에 자부심이 일어날 때 그 감정이 향할 대상이 바로 '나'라고 하면서 그런 '나'는 존재한다고 주장한다. 이렇게 하여 자부심이라는 감정을 통하여 나(myself), 자아의 존재를 확보한다. 또 한 가지 흥미로운 점은 흄은 자부심을 통하여 그 당시 자본주의 도덕성의 근간을 마련하고자 했다는 것이다.

'자부심', '수치심'은 자신의 존재와 관련된 감정이기 때문에 매우 중요하다. 자부심은 '소유'와 '힘'과 관련된다. 흄은 말하길, 자부심의 '원인'은 그것의 '대상'들이 갖는 좋은 소유물이다. 우리는 '우리의 것'에 대해 자부심을 느낀다. 또한, 우리는 누구의 것에 대해 '사랑'을 느낀다. 그렇다면 소유한다는 것은 무엇을 의미하는가? 흄은 어떤 것을 소유한다는 것은 "그것을 갖기 위해 그것을 사용하고, 움직이고, 변경하고, 파괴하고 등등의 것을 할 '힘'이 우리에게 있을 정도로, 그것과 관련한 지위를 가져야"[10]한다고 말한다. 자부심은 본질적으로 '소유'에 관한 느낌이고, 소유는 '힘'이다.

흄의 주요 저작 『인성론』 제3권의 주제가 '도덕'에 관한 것인데 이를 논하기 이전에 제2권 「정념론」에서 흄은 자부심을 '힘'과 관련하여 이야기한다. 이때 자부심이 일어나는 원인을 덕과 부, 그리고 힘(권력)이라고 말한다. 자부심은 어떤 것을 소유한 '힘'에 대해 느껴지는 것이다.

여기서 흄은 자본주의의 도덕성을 말하기 위해 유덕한 자부심을 논한다. 우리는 도덕적으로 부를 축적했을 때 자부심을 느낄 수 있고, 그렇게 했을 때 유덕한 사람으로 평가받는다. "모든 경우에 우리 자신의 힘을 아는 것이 요구된다. 그리고 자부심은 우리 자신의 장점을 지각하게 만들고 우리의 모든 프로젝트나 기획에 대한 자신감과 확신을 제공한다."[11] 적어도 그 당시에는 자부심은 도덕적인 것과 관련되었고, 그것은 힘에 대한 느낌이

---

10   D. Hume, 앞의 책(1978), 506쪽.
11   D. Hume, 앞의 책(1978), 597쪽.

었다.

자부심이 '소유'에 대한 느낌이라는 것을 말하기 위해 흄은 다음과 같은 예를 든다. 어떤 사람이 어느 날 다른 나라에 휴가를 가서 휴가를 즐기고 있는 그 나라의 기후에 대해 자부심을 느낀다면 타락한 경우[12]라고 흄은 말한다. 왜냐하면, 그가 그때 '소유하고 있는 것(그 나라의 기후)'은 그의 능력을 넘어서는 것이기 때문이다. 즉 기후나 나라는 그의 힘을 넘어서는 것이기 때문이다. 이처럼 자신의 능력 밖의 것, 자신의 소유가 아닌 것에 대해 자부심을 느끼는 것에 대해 흄은 부도덕한 것이라고 말한다.

흄이 살던 시대는 이미 도래한 상업 금융 사회였으며, 그와 같은 시민 사회에서는 개인의 사적 취향과 이해의 추구가 사회 진보의 동인이 되었기 때문에 인간은 공공사에 참여를 통해 전인적 자아실현보다는 자신의 개인적 능력과 취향에 따라 전문적 직종에서 재부를 창출하고 문화를 향유하면서 살 수밖에 없었다.[13] 그러나 흄은 인간의 내면에 자리 잡은 남으로부터 좋은 평가를 받으려는 성향 때문에 사적 욕망과 이해를 조절한다고 주장했다.

흄은 그의 후기 지서 『에세이』에서 유덕한 사부심에 대해 말한다. '중산층의 삶'이란 절에서 그는 소위 '젠틀맨'이라 불리는 사람들의 도덕성에 관해 말한다.[14] 여기서 중산층이란 그 당시의 젠트리 계층을 의미하며, 소

---

12   D. Hume, 앞의 책(1978), *307*쪽.

13   조승래, 『국가와 자유』(청주대학교 출판부, 1998), 34~35쪽.

14   D. Hume, *Essays, Morals, Political, and Literary*, ed. Eugene F. Miller(Indianapolis, 1987), 547쪽.

위 '젠틀맨'이라 불리는 사람들이다. 이들은 영국 근대 시민사회 형성에서 도덕적 그리고 취미의 기준이 되었다. 흄은 18세기 젠틀맨들의 의식에서 선택된 신념과 태도에 근거를 두고 도덕적 이상에 대한 명료화를 시도했다. 그 당시 젠틀맨들은 자연적 경향성에 따라 습관적으로 행동하고 궁극적으로 '효용성의 원리'를 따랐다. 그들은 자연적인 덕으로서 공감(연민, 동정)에 따라 행동하면서도 궁극적으로는 '공익'을 우선시하는 사람들로 평가된다. 흄의 윤리학이 공리주의로 평가받는 이유도 이러한 연유에서이다. 젠틀맨은 친교를 통해 우정을 쌓는데, 이와 같은 우정은 "차분하고 조용한 사랑"이라고도 말한다. 우정은 "비정상적이고 무질서하고 불안한"이라고 특징지어진 "불안하고 참을성 없는 정념"[15]인 '사랑'보다 우월하다고 흄은 평가한다. 흄이 말한 이 우정은 동료애, 더 나아가서는 동포애, 그리고 인류애로 확장될 수 있는 그러한 것이라 볼 수 있다.

2) 자연적 덕으로서 공감

흄은 도덕 판단을 하는 데 있어 공감이 핵심적인 것이라 본다. 흄이 보기에 공감이 중요한 이유는 그가 생각하기에 도덕은 느낌의 문제이기 때문이다. 그는 도덕 판단이란 '도덕감(moral sense)'이라고 말한다. 즉 흄에 따르면 도덕감이란 타인에게서 보이는 특정 종류의 행위나 품성들에 대해 마음이 받아들임을 느끼거나 또는 물리침을 느끼는 것이라 할 수 있다.

---

15   D. Hume, 앞의 책(1987), 189쪽.

우리는 어떤 행위자의 성격에 대하여 유덕하거나 부덕하다고 도덕적 평가를 내린다. 이러한 것은 그 행위자의 성격이 우리에게 쾌락이나 고통을 주고 그에 따라 우리가 승인이나 불승인의 감정을 느낀다는 것을 의미한다. 따라서 행위자로부터 느끼게 되는 모든 쾌락과 고통의 감정 가운데, 특히 이 행위자의 성격에 대하여 우리가 느끼는 쾌락과 고통의 감정이 바로 도덕감인 것이다. 그렇다면 이제 제기되는 문제는 이러한 개인적인 느낌이 어떻게 **보편적인 도덕판단**이 될 수 있는가이다. 여기서 흄은 도덕감이 보편적인 도덕 판단이 되기 위해서는 첫 번째로 '**공감**'이 필요하다고 주장한다.

흄에 따르면, 모든 인간의 정신은 비슷한 방식으로 느끼고 작동하게 되어 있다. 그리고 하나의 현이 울리면 같은 음을 내는 다른 현들도 이에 공명하는 것처럼, 인간의 감정 역시 타인이 느끼는 감정이 나에게 쉽게 전달되고, 그래서 나는 '공감'을 통해 타인의 감정을 나의 감정처럼 느끼게 되는 것이다. 우리는 나 자신의 이익(self interest)과 직결되는 것에 대해서는 직접적으로 쾌락과 고통의 감정을 느끼지만, 나 자신의 이익과 직결되지 않는 타인의 행복이나 사회의 선에 대해서도 '공감'을 통해서 쾌락과 고통의 감정을 느낄 수 있는 것이다.

우리는 도덕적 평가가 그 대상에 상관없이 일관되기를 기대하는데, 멀리 있는 사람보다 가까이 있는 사람에게, 낯선 사람보다는 잘 아는 사람에게, 또 외국인보다는 동포에게 더 공감한다.[16] 즉, 시간과 공간적으로 더 가

---

16   D. Hume, 앞의 책(1978), 581쪽.

깝거나 원인과 결과의 고리로 연결되어 있으면 더 공감하게 되고, 유사한 관계에 있으면 더 공감하게 되는데, 이런 식의 공감은 '편파적'이기 때문에 보편성을 요구하는 도덕의 원리로 작동할 수 없다.

이와 같은 반론에 대한 답변으로 흄은 도덕감이 생기게 되는 두 번째 조건을 제시한다. 흄이 제시하는 도덕감이 생기기 위한 두 번째 원리는 **반성(reflexion)이나 상상**을 통하여 공감으로부터 생겨난 감정을 교정하여, 자신의 이익(self interest)에서 벗어난 확고하고 **일반적인 관점(general point of view)**을 견지하는 것이다. 이러한 일반적 관점은 '사회적 효용'에 관한 일반화에 의해 얻어진다. 흄은 공감의 다양성에서 비롯되는 갈등을 해소하기 위해 충분히 다의적이면서도, 견고하고 접근 가능하며, 모든 사람이 일반적으로 접근할 수 있는 정보에 의존하는 그런 관점이 필요하다고 보았다.

흄에 따르면 도덕 판단은 '일반적 관점'을 포함해야 한다. 우리가 어떤 성격에 대해 그 장점을 평가할 때 우리의 특수한 이해관계나 애착을 제쳐 두고 상상력을 동원해 "그들이 처해 있는 특수한 상황에 우리 자신을 놓아야만 한다."[17] 여기서 일반적 관점을 갖는다는 것은 나 자신의 이익과 상관 없이 평가의 대상이 되는 행위자와 아주 친밀한 느낌을 갖는 것을 생각해 보는 것이다. 이렇게 나 자신의 이익과 상관이 없는 사람에게 일반적 관점에 따라 공감을 느끼는 것은 친밀한 느낌을 가정해보는 것이기 때문에 나와 상관없는 그 대상과 '가정적'으로 연결시켜보고 가정적으로 쾌락이나

---

17   D. Hume, 앞의 책(1978), 582쪽.

고통을 느껴보는 것이다.

예를 들어, 우리가 자신의 어머니를 살해한 네로(Nero)에 관해 도덕적 판단을 내린다고 가정해보자. 우리는 감정 전이 때문에 그의 성품에 대해 비난하는 것이 아닌데, 왜냐하면 그와 같은 일은 먼 옛날, 먼 장소에서 일어난 것이기 때문이다. 하지만 네로의 폭정 하에 살았더라면 네로의 그와 같은 잔인함에 대해 혐오감을 느꼈을 것이라고 생각할 수 있다.

이렇게 반성을 통해 갖게 된 '일반적 관점'에 따라 느끼는 공감은 특수한 상황에서의 이해관계에 국한되지 않는다. 예를 들어 일반적 관점에 따라 역사 속의 인물에 대해 공감하게 된다는 말은 우리가 그 사람이 처해 있던 상황을 상상해봄으로써, 그 사람이 한 행위에 대해 현시대의 우리 이웃의 어떤 사람이 한 행위만큼 강한 승인 내지 불승인의 감정을 느낄 수 있다는 것이다.[18] 따라서 우리는 가설적 시나리오에 대해 **'반성'** 또는 **'상상'** 해볼 수 있는 우리의 능력 때문에 보편적인 도덕적 판단을 가질 수 있다. 즉 우리는 이와 같은 반성 능력 탓에 우리 자신과 가깝고 이해관계가 있는 사람들에게 국한시킬 수 있는 '제한된 공감(limited sympathy)'을 '확장(extend)'힐 수 있다고 흄은 말한다.[19]

도덕적 반성을 통해 우리는 멀리 떨어진 사람들에 대해서도 **말하는 (또는 생각하는)** 방식을 바꿀 수도 있다. 하지만 그와 같은 반성을 통해 그들에 관해 우리가 **느끼는** 방식을 크게 바꿀 수는 없다.[20] 왜냐하면, 반성이

---

18   D. Hume, 앞의 책(1978), 584쪽; c.f, 582쪽.
19   D. Hume, 앞의 책(1978), 586쪽.
20   D. Hume, 앞의 책(1978), 603쪽.

나 상상을 통해 갖게 된 느낌은 우리와 직접적으로 연관되거나 이해관계가 있다고 진짜로 믿을 때 일어나는 느낌보다 상당히 약하기 때문이다.[21] 그렇기 때문에 특수한 상황에서 이해관계에 따라 느끼게 되는 공감이 더욱 강력하며, 이러한 편파적인 공감을 확장하기 위해서는 공감의 교정이 필요하다고 흄은 주장한다.

그렇다면 공감을 어떻게 교정할 수 있는가? 흄은 우리가 느끼는 공감이 그 당시의 사회의 관습에 부합하지 않을 때 교정이 요구되지만, 감정의 교정은 쉽지 않기 때문에 차선책으로 '언어의 교정'을 제안했다. 인간에게는 다른 동물과 달리 언어를 구사하는 능력이 있다. 인간 고유의 특징인 이 언어는 단지 쾌락과 고통을 기록하는 수단은 아니다. 아리스토텔레스가 말했듯이 언어는 무엇이 공정하고 무엇이 불공정한지 선언하고 옳고 그름을 구별한다. 우리는 이러한 것들을 소리 없이 파악하지 않고 말로 표현한다. 즉 언어는 선을 식별하고 고민하는 매체이다.[22]

아리스토텔레스의 이와 같은 주장을 받아들이면, 흄이 말한 언어의 교정을 다음과 같이 이해할 수 있다. 즉 우리의 공감이 그 당시 사회의 관습과 맞지 않을 때 우리는 말을 통해, 즉 대화, 담론, 교육 등을 통해 보다 넓은 서클로 확장함으로써 교정된 '감성(sentiment)'을 갖게 될 수 있다. 흄이 사용한 이 '감성(sentiment)'개념은 '민감성(sensitivity)'으로 이해해도 무방하다. 우리는 어떤 경우에 행위할 이유들에 대해 '민감한 것'이 그 이유를 '지적'으로 아는 것보다 훨씬 나을 때도 있다. 흄이 말한 이 '감성' 그리

---

21   D. Hume, 앞의 책(1978), 583~584쪽; 591쪽.
22   Aristotle, The Politics, Book Ⅰ, chap.ii [1253a]

고 '민감성'은 습관과 훈련을 통해 갖게 되는 것이다.

흄이 말한 이 '감성', '민감성'은 지속적으로 함양되고 훈련된 자기 감시 능력으로서 우리는 이것을 통해 '일반적 관점'을 따를 것인지를 결정하여 자신의 공감에 대해 승인을 하거나 불승인을 하게 된다. 이렇게 지속적으로 훈련을 통해 갖춘 자기 감시 능력은 우리의 성격적 성향이 된다. 결국 흄에 따르면 도덕 공동체 내에서 행위자의 성품과 관찰자의 도덕감의 상호 작용을 통해 행위자로 하여금 그 도덕 공동체에 적합한 인간이 되게끔 교육하고 양육하는 것이 중요하며 이와 같은 바탕에서 우리는 도덕적 책임을 귀속시킬 수 있는 것이다.

끝으로 흄에 따르면 반성적 자기 감시와 **교육**에 의해서든, **칭찬과 비난** 그리고 **처벌과 보상**에 의해서든, 우리의 본성을 바꿀 기회는 열려 있으므로, 교정 가능한 기회가 있었는데도 불구하고 교정하지 않았거나 계속적인 반복된 행위에 대해서 도덕적 책임을 져야 한다. 이런 의미에서 흄은 우리 정신의 지속적인 성질들에 대해 책임을 져야 한다고 주장한다.

3. 인위적 덕으로서 정의(Justice)와 정부론

1) 인위적 적으로서 정의

덕이 자연적인 것이냐 인위적인 것이냐에 대한 흄의 정확한 답변은 그가 도덕성의 근원을 자연에 두느냐 아니면 다른 곳에 두는가에 달려 있다. 흄은 덕을 '마음이 따르는 느낌'으로 악덕을 '마음이 따르지 않는 느낌'으로 규정하기 때문에, 그가 생각하기에 덕이 자연적이냐 인위적이냐는 덕과 부덕을 구성하는 '마음이 따르는 느낌'과 '마음이 따르지 않는 느낌'을 우리가 어떻게 갖게 되는가에 달려 있을 것이다. 쉽게 말하면 '마음이 따르는 느낌'이 행위의 동기가 되고, 동기가 관습에서 비롯된 것이 아니면 자연적 덕이라 할 수 있고 동기가 관습에서 비롯된 것이면 인위적 덕이라 구분할 수 있을 것이다.

즉 자연적 동기는 사고나 반성이 개입될 필요가 없는 반면, 인위적 동기는 사고와 반성의 개입이 필요하다는 의미에서 동기와 관련하여 자연적 덕과 인위적 덕을 구분할 수 있다. 따라서 흄의 자연적 덕과 인위적 덕의 구분에 관한 정확한 해석은 그 구분의 기준이 행위에 대한 동기에 있다. 즉 행위를 하는 데 있어 동기가 사고나 반성에 의해 재조정되는 것이면 인위적 덕이다. 이러한 것은 흄이 인위적 덕이라고 본 정의(justice)에 관해 살펴보면 분명해진다. 정의라는 덕을 탐구하는 데 있어 흄은 정의라는 행위를 유덕하게 만드는 동기는 무엇인가를 묻는다. 흄의 대답은 개인의 사익이나 탐욕이 이성이나 판단을 통해 제약됨으로써이다.[23]

이성이 탐욕을 제한함으로써 물질적 자산의 안정성과 관련한 관습이 가능하고, 물질적 자산의 안정성과 관련한 관습 탓에 정의의 규칙이 구성된다. 따라서 정의와 관련해서는 어떤 자연적 동기도 존재하지 않는다. 왜냐하면, 정의는 우리의 탐욕의 제한을 요구하지만, 인간의 탐욕을 제한할 자연적 원리는 존재하지 않기 때문이다.[24] 따라서 이러한 해석에 따르면, 인

---

23   D. Hume, 앞의 책(1978), 489쪽.

24   D. Hume, 앞의 책(1978), 497쪽.

위성은 어떤 관습의 존재에 단순히 의존하는 것이 아니라, 정념을 따라서
는 정의로울 수 없다는 사실을 이성이 인식하고 다른 방도를 찾는 데서 비
롯된다. 다시 말하면, 인위성은 자연적으로 존재하는 정념이나 동기를 바
꾸어서 새로운 동기로 만드는 반성의 기능으로서 이성 속에 존재한다는 것
이다.[25]

이렇게 흄은 정의(justice)를 인위적 덕으로 규정한 후 이와 같은 정의
가 실현되기 위해서는 정의의 규칙이 필요하다고 보았다. 『인성론』에서 제
시한 정의의 규칙이 요청되는 상황은 다음과 같다. 첫 번째는 자원의 희소
성 때문이고, 두 번째는 다듬어지지 않은 자기애로 인한 이기심 때문이다.

만일 자연의 자원이 무제한적이라면 다른 사람과 대립 없이 욕구를
충족시킬 수 있기에 정의의 규칙은 필요 없다. 또한, 비록 자연적 재화가 제
한되어 있다고 할지라도 모든 사람이 충분히 관대하고 이타적이라면 정의
의 문제는 발생하지 않을 것이다.[26] 『인성론』에서 흄은 인간이 가진 이러한
제약조건은 극복할 수 없는 부정적인 것이 아니라 사회를 구성하기 위한 조
건일 뿐만 아니라 정의의 규칙을 세워야 할 필요성으로 제시한다.[27]

흄이 말하는 대표적인 정의의 규칙이란 "빌린 돈은 갚아야 한다. 다
른 사람의 재산을 존중해야 한다"이다. 흄에 따르면 이와 같은 정의의 규칙
을 따르게 하는 동기는 반성된 자기 이익 때문이다. 즉 반성을 해보면 정의

---

25   D. Hume, 앞의 책(1978), 533~534쪽.
26   D. Hume, 앞의 책(1978), 487쪽.
27   김용환, 「흄의 규약론에서 본 정의론과 정부론」, 한국사회윤리학회 편, 『사회계
      약론연구』(철학과현실사, 1993), 100쪽.

의 규칙을 따르는 것이 자기 자신에게도 이익이 된다는 것이다. 다시 말하면 우리가 최소한으로 서로의 재산에 간섭하지 않고 존중하고, 약속을 지키는 것이 좋다는 것이다. 정의의 규칙을 따르지 않음으로써 갖게 되는 단기적 이익보다 지키는 것이 장기적으로 자기에게 이익이 된다는 것이다. 그리고 이러한 것을 알게 되는 것은 경험과 관습의 결과이다.[28]

정의의 규칙을 따르는 두 번째 동기는 규약(convention)이라고 흄은 말한다. 즉 우리는 규약에 의해서 외적 사물에 대한 소유를 안정시키고 각자의 소유를 향유할 수 있다는 것이다. 이 규약에 의해 내가 나의 이익의 어느 부분을 포기하는 만큼 다른 사람도 그에 준하여 행동하리라는 상호 신뢰가 가능하며, 규칙을 어길 가능성이 있는 모든 사람에게 사회적 구속력으로 작용할 수 있다. 나아가 규약은 그것을 통해 사회 구성원 전체가 정의의 규칙을 준수함으로써 모두 수혜자라는 인식을 갖게끔 만든다.[29]

2) 정부론

흄은 「정부론」에서 사회계약론을 거부하면서도 정부의 기원과 정부에 복종해야 하는 의무의 근거를 '규약론'을 통해 설명한다. 흄은 정부의 기원을 인간 본성이나 존재 조건과 관련하여 설명한다.[30] 그는 정부의 정당

---

28   D. Hume, 앞의 책(1978), 499쪽.

29   D. Hume, 앞의 책(1978), 498쪽.

30   D. Hume, 앞의 책(1978), 3권 2부 7, 8절; D. Hume, 앞의 책(1987), 1부 4, 5. 2부, 12, 13.

화에 대해 계약론자들과 다른 입장을 취한다. 즉 정부의 정당화는 계약 때문이 아니라 실질적 힘을 가진 정부에 대한 국민의 승인 때문에 가능하다. 반복된 힘의 행사는 습관적으로 그 권위를 인정하도록 만들며, 마치 그것이 국민의 자발적인 충성인 것처럼 보일 뿐이다. 새로운 정부가 수립되었을 때 국민이 복종하는 이유는 그 정부에 대한 충성심이라는 도덕적 의무 때문이 아니라 그 정부가 행사할 수 있는 힘에 대한 공포와 자기를 보호하기 위해서이다.

즉 정부에 복종하는 이유는 '보호와 안전'에 대한 기대 때문이다. 계약론자들은 복종의 의무를 계약의 결과에서 찾은 반면, 흄은 그것을 자기 이익에 대한 기대와 규약의 힘에서 찾았다. 즉 우리는 습관적으로 오랫동안 복종해왔기 때문에 정부에 대한 충성의 의무가 안정되는 것이지 아주 오래전에 있었던 원초적 계약 때문은 아니라는 것이다.[31]

통치자가 국민보다 힘과 권력에 있어 우위에 있다고 해서 국민보다 본성상 우위를 점하는 것은 아니다. 통치자는 질서를 유지하고 정의를 실현시킬 의무가 있을 뿐, 그가 국민의 이익을 무시하고 부정의를 행할 때 국민은 저항할 수 있다. 흄은 이 저항의 근거로 계약 조건이 아닌 일반적인 인간의 자기 보호 감정으로서 '분노'를 들고 있다. 그는 이러한 분노의 감정을 정의를 논하는 맥락에서 말하고 있다.[32] 그에 따르면 사회정의는 '힘없는 자

---

31   김용환, 앞의 책, 110쪽.

32   D. Hume (1751), *Enquiries concerning Human Understanding and concerning the Principles of Morals*, ed. by L.A. Selby-Bigge. 3rd edition(Oxford: Oxford University Press, 1975),190쪽.

들의' 분노의 효과(the effects of resentment)를 사회 구성원이 느낄 수 있을 때 가능하다.[33] 만일 그와 같은 능력이 부족하다면, '우리'와 '그들'의 관계는 한쪽에서는 '절대적 명령의 관계' 그리고 다른 한쪽에서는 '시민 불복종'이 될 것이다. 한쪽에서의(주인의) 연민과 친절이 다른 쪽에서의(노예의) 초법적 의지를 제지할 수 있는 유일한 억제 수단이 될 것이다.[34]

이러한 생각은 흄 이후에 헤겔 철학에서도 나타난다. 헤겔은 주인과 노예의 인정 관계를 다음과 같이 말한다. 즉 서로가 서로를 부정하게 되면 주체의 붕괴를 맞이하게 된다. 주인과 노예는 대립하고 투쟁하는 관계이지만 그 관계를 지속하게 되면 자신의 존립 근거도 사라지게 되므로 서로를 인정할 수밖에 없다는 것이 헤겔의 인정 투쟁의 핵심이다. 즉 헤겔은 사물을 가공하는 노예의 노동과 노동의 생산물을 향유하는 주인의 인정 관계가 상호 화해와 용서 속에서 실현되는 것을 가장 이상적인 것으로 보았다.

그러나 국민 저항권 문제에서 흄은 그 정당성을 인정하면서도 혁명과 같은 급진적인 정치적 변혁에 대해서는 좀 더 심각하게 고려해야 한다고 하면서 그의 「정부론」을 끝낸다. 그 이유는 어떤 개혁이 모든 인간의 제도 내에서 필수적이긴 하지만, 그와 같은 개혁은 계몽된 그 시대의 천재들이 이성과 자유와 정의의 편에서 개혁의 방향을 제시할 때만 선하다고 보았기 때문이다. 흄에 따르면 그 어느 누구도 폭력적 개혁의 권리는 없다.[35] 이러

---

33   D. Hume, 앞의 책(1975), 190쪽.

34   D. Hume, 앞의 책(1975), 190쪽.

35   Hume, D.,(1740). *A Treatise of Human Nature*, ed. by L.A. Selby-Bigge. 2nd edition(Oxford: Oxford University Press, 1978), 553~554쪽.

한 맥락에서 많은 사람은 흄을 보수주의자라고 해석한다.[36] 그러나 그의 이론을 역사적 한계라는 틀 안에 갇혀있기만 한 것으로 해석해서는 안 된다. 그가 속해 있던 18세기 영국 사회의 변화를 위해 규범적 질서를 재정립하기 위한 시도로 그의 이론을 이해해야 한다.[37]

4. 관용

흄에 따르면 인간 행복을 위해서는 격렬한 정념을 제한해야 하는데, 이를 위해서는 반대되는 격렬한 정념이 서로 조우하는 상황, 예컨대 '알칼리와 산'이 섞여 중화되는 그런 상황을 만드는 것이다.[38] 그는 정치적·종교적 관용을 논할 때도 이와 유사한 주장을 한다.

정치적·종교적 관용을 논할 때 그가 온화한 'moderation'을 강조하기 위해 제시한 전략은 우선 논쟁적인 양쪽 다에 반대를 표명하는 것이다. 만약 독자들이 양쪽 다 장점을 가진다는 것을 알 수 있게 만들 수 있다면 그 결과 정념은 부드럽게 될 것이고 온화함의 기회를 갖게 될 것이다. "한쪽 편에 대한 다른 편의 모든 부당한 모욕과 승리를 막고 온화한 의견을 고무하고, 모든 논쟁에서 적절한 중간을 발견하고 반대가 때때로 옳을지도 모

---

36   대표적으로 Donald W. Livingston, "On Hume's Conservatism" *Hume Studies* 21 (2):151-164, 1995.

37   김용환, 앞의 책, 112쪽.

38   양선이, 「흄의 철학에서 행복의 의미와 치유로서의 철학」, 《철학논집》 43, (서강대 철학연구소, 2015), 30쪽 참고.

른다고 설득하고 우리가 양쪽에 대해 부과하는 칭찬과 비난에 대해 균형을 유지 것보다 더 효과적인 선이라는 목적을 증진하는 방법은 없다.(Essay 464)"[39]

차분한/격렬한 정념 논의를 통해 흄은 두 반대되는 정념을 통해 마음이 완전한 평정 상태에 이르는 것을 말함으로써 '관용'을 강조한다. 흄은 이러한 것을 정치적 관용에 적용한다. 흄의 기념비적인 『영국사』에는 휘그당과 토리당의 반대 주장들과 그러한 주장들을 고의적으로 균형을 잡음으로써 관용을 제시하고자 하는 노력이 나타나 있다. 흄은 양쪽 편에 균형을 잡기를 열렬히 원해서 때때로 그는 양쪽에 똑같이 우위를 주기 위해 "휘그와 토리, 그리고 토리와 휘그"라고 번갈아 말하기도 했다.(Letters 1: 154)[40]

흄은 차분한/격렬한 정념의 대조를 통해 종교적 관용을 논한다. 예를 들어 무지함에서 기인하는 미신과 통속 종교에서 일어나는 분쟁은 격렬한 정념인 테러나 공포로 이끈다. 이러한 것들은 또다시 격렬한 정념을 낳는다. 이와 반대로 세계에 관한 차분하고 과학적인 이해에 토대를 둔 참된 종교인 철학적 이신론[41]은 관용으로 이끌고 행복한 삶으로 인도하며 공적인 정신을 존중하고 격렬한 정념들을 통제하도록 돕는다.[42] 여기서 흄이 말한 '철학적 이신론'에 대해 잠시 살펴보기로 하자.

종교에 관한 흄의 입장은 명확히 말하기 어렵지만, 일반적으로 '철학

---

39   양선이, 『관용주의자들』(교우미디어, 2016), 211쪽.
40   양선이, 앞의 책(2016), 211쪽.
41   이성적으로 우주의 기원과 창조주에 대해 정당화되면 신에 대해 믿을 수 있다는 것이다.
42   양선이, 앞의 책(2016), 211쪽.

적 이신론' 또는 '참된 이신론'이라 불린다. 이러한 입장은 거스킨이 '조율된 신관'이라고 부른 것과 유사하다. 이에 따르면 신에 대한 믿음은 어떤 의미에서 우주의 질서에 대한 우리의 앎에 토대를 두고 있다.[43] 흄에 따르면 이와 같은 참된 이신론은 그의 시대의 '대중 종교'나 '미신'에서 말하는 종교적 실천과 아주 다르다. 그의 철학적 유일신론은 도덕적 내용을 갖지 않으며, 계시나 기적에 토대를 두지도 않는다. 그가 말하는 이신론(Theism)은 유일신론이며 따라서 고대의 다신론과 다르다. 대중 종교나 다신론에 대해 흄이 철학적 이신론(유일신론)을 선호한 이유는 적어도 부분적으로는 인식론적인 것에 토대를 두고 있다. 그러나 또한 감정 이론의 요소도 여전히 있다. 다신론이나 대중 종교는 격렬한 정념으로부터 성장했으며 그것들로부터 지지를 얻고 있다. 철학적 유일신론만이 차분한 정념에 호소하고 있다.

흄에 따르면 다신론은 합리적 토대를 갖지 않는다. 그것은 "자의적인 가정이며, 인정하는 게 가능하더라도 개연성이나 필연성에 의해 지지되어서는 안 된다고 고백해야만 한다."[44] 흄이 이와 같이 주장하는 근거는 무엇인가? "자연을 분석할 수 없는" 원시인들은 자연적 사건들을 이해하거나 추측할 방법이 없었다. 무지 때문에 공포와 희망과 같은 격렬한 정념이 원시인들로 하여금 다수의 신을 가정하도록 만들었다.[45] 따라서 격렬한 정념만이 다신론과 같은 터무니없는 어떤 것으로 인도한다. 대중들이 믿는 유

---

43   J.C.A. Gaskin, *Hume's Philosophy of Religion*, 2nd ed.(London, 1988), 219쪽.

44   David Hume, *The Natural History of Religion*, ed. H.E. Root(Standford, 1956).

45   David Hume, *The Natural History of Religion*, ed. H.E. Root(Standford, 1956), 29쪽.

신론은 다신론에 대해 별로 장점을 갖지 않는다. 대중 종교는 "광란과 광분, 그리고 격분과 자극적인 상상"과 "미래에 일어날 일에 대한 불안"과 같은 격렬한 정념에 토대를 두고 있다.[46] 최악의 그리고 **가장 위험한 당쟁은 종교적 열정에서 야기되는 것이다.** "종교적 분쟁은 이해관계나 야망에서 일어나는 가장 잔인한 분쟁보다 더 격렬하다"고 흄은 말한다.[47]

5. 결론을 대신하여 — 행복이란 무엇인가?

끝으로 흄이 인간의 행복에 관해서도 정념을 통해 논하는 것이 주목할만하다. 인생에서 우연적으로 일어나는 것들은 우리가 통제할 수 없는 것이기 때문에 그것들에 격하게 대응하는 사람들은 종종 더 불행하다. 이에 반해 차분한 정념은 다른 여타의 정념들보다 항상적이고 통제 가능한 것이다. 차분한 정념들은 때로 이성과 혼동되기도 하는데, 그 이유는 그것들이 어떤 지각할 수 있는 감정을 일으키지 않기 때문이다. 흄은 이와 같은 마음의 평정심 상태를 유지하는 것을 '강인한 정신(the strength of mind)'이라고 불렀으며, 이와 같은 상태는 이성을 통해서가 아니라 차분한 정념이 격렬한 정념을 지배할 때만이라고 주장한다.[48] 따라서 행복에 이르는 길은

---

46   David Hume, 앞의 책(1956), 42쪽, 65쪽.

47   "Of Parties in General", *Essays, Morals, Political, and Literary*, ed. Eugene F. Miller(Indianapolis, 1987), 63쪽.

48   David Hume, *A Treatise of Human Nature*, ed. by L.A. Selby-Bigge. 2nd edition(Oxford: Oxford University Press, 1978), 417~418쪽.

차분한 정념을 강화하는 데 있으며, 즉 마음의 평정심을 유지하는 것이며, 이를 위해서는 문예 교육(liberal arts)이 필요하다[49]고 흄은 말한다.

문예 교육을 통해 취미를 계발함으로써 우리의 판단 능력이 향상된다고 흄은 주장한다.[50] 나아가 우리가 읽고, 연구하고, 우리의 세계관을 넓힐 때 우리는 차분한 정념을 강화하고 최대 행복을 얻게 된다.

> 우리의 판단은 이러한 훈련을 통해 강화된다. 우리는 삶에 대한 보다 정의로운 개념을 형성하게 된다. 다른 사람들에게는 기쁘고 괴로운 많은 것들이 우리에게는 사소하게 보일 것이다. 우리는 더이상 옹색한 [격렬한] 정념에 민감하지 않게 될 것이다.[51]

철학과 교양 교육을 통해서 우리의 관점을 확대해 모든 정념을 평정시킬 수 있고 온화한 상태에 이를 수 있다.

결론적으로 말하자면, 우리는 차분한 정념을 강화함으로써 행복에 이를 수 있으며, 이를 위한 최선의 방법은 취미를 계발하고 관점을 기르고 지식을 쌓는 것이다. 행복에 이르는 하나의 중요한 길은 세계에 관한 우리의 이해를 확장시켜줄 수 있는 잘 쓰인 에세이를 읽는 것이다. 간단히 말하자면, 정념의 미묘함을 치료할 수 있는 하나의 치료책은 흄이 말한 것처럼 '쉬운 철학' 같은 책을 읽는 것이며, 이러한 것은 행복에 이르기 위한 '좋은 약'

---

49   D. Hume, 앞의 책(1987), Essays 6.

50   D. Hume, 앞의 책(1987), Essays 1.

51   Hume (1987), Essays 6.

을 복용하는 것과 같다. 흄에 따르면, 인기 있는 저작의 적절한 목표는 독자들로 하여금 그들의 감성(sentiment)을 '규제함으로써' 보다 유덕한 사람이 되게 하는 것이며(*Treatise* 6), '마음의 약'이 될 수 있다.[52]

양선이

한국외국어대학교를 졸업하고 서울대학교 철학과에서 석사학위를, 영국 더럼대학교 철학과에서 철학박사학위를 받았다. 서울대학교에서 BK 박사 후 연구원을 거쳐 BK 교수를 역임했다. 영국 경험론, 흄의 철학, 도덕감정론, 감정철학이 주된 연구 분야이며 이에 관해 해외 및 국내에 다수의 논문을 출간하였다. 2018년부터 2년간 서양근대철학회 회장을 역임했다. 대표 업적으로는 「자아 동일성에 관한 흄의 설명: 1인칭 관점의 설명과 3인칭 관점의 설명」(2022), 「흄의 철학을 통해서 본 노년과 지혜 그리고 행복한 노화」(2021), *How is vicarious feeling possible?*(2020), *Hume's Second Thought on Personal Identity*(2018), 『감정 상했어요?: 인간감정 vs. 인공감정』(2024, 단독), 『인공지능, 영화가 묻고 철학이 답하다』(2021, 단독), 『혐오II 학제적 접근』(2022, 공저), 『서양근대교육철학』(2021, 공저) 등이 있다.

---

52   "Hume (1987), Of Suicide", M 577.

바움가르텐 미학과
경건주의

안윤기 (장로회신학대학교 교양학/철학 교수)

1. 들어가는 말

존경하는 이명현 선생님의 85세 생신을 축하드리며, 선생님이 평소 강조하셨던 철학과 현실의 긴밀한 관계를 새겨볼 기회를 얻었다. 현실의 고민과 문제에 답하기 위한 지적 노력에서 철학은 발전했고, 또 철학이 나아간 양태와 수준만큼 현실은 규정되고 치유될 수 있음을 다시 깨달을 수 있었다. 그리고 필자가 최근 연구했던 바움가르텐의 미학 작업 또한 바로 그러한 성격을 가졌던 것은 아니었는지 생각해보았다.[1]

알렉산더 고트리프 바움가르텐(Baumgarten)은 흔히 '서양 근대 미학

---

[1]   이 글은 이명현 선생님의 85세 생신을 기념하는 문집 수록을 위해 필자의 논문 「근대미학과 경건주의」(《동서철학연구》101, 2021, 339~363쪽)을 다소 줄이고 문체를 평이하게 다듬은 결과물임을 밝힌다. 논지를 뒷받침하는 전거나 보다 상세한 정보를 원하는 독자는 원논문을 참고하기 바란다.

의 아버지'로 불린다. 서양 학문 'Aesthetica'는 우리 말로는 '미학(美學)', '감성학(感性學)', '예술론(藝術論)' 등으로 번역되며, 감성과 예술, 미적 체험 등을 주제적으로 취급하는 철학의 한 분과이다. 물론 이런 주제를 고대나 중세 철학에서 전혀 다루지 않은 것은 아니지만, 18세기 중엽에 '미학'이라는 명칭의 대학교 강의가 최초 개설되고(프랑크푸르트 안 데어 오더, 비아드리나대학교, 1742/43 겨울학기), 그 이름을 딴 저작(Aesthetica, 제1부 1750, 제2부 1758)이 처음 나왔는데, 그런 개척자 역할을 했던 사람이 바움가르텐이었다. 특히 바움가르텐은 자신의 교수 자격 청구 논문인 「시의 요건에 관한 철학적 성찰(Meditationes philosophicae de nonnullis ad poema pertinentibus)」 (1735, 이하 「시론」으로 약칭)에서 '미학'이라는 신생 학문이 별도로 있어야 할 것을 명시적으로 주장했고, 그것이 전체 학문 체계 안에서 어떤 자리를 차지해야 할지를 지정하기도 했다.[2]

그런데 바움가르텐의 '미학 개척' 작업은 갑자기 불쑥 시작된 우연적 사건이 아니었다. 그것은 정신의 변증법적 운동, 즉 데카르트, 라이프니츠를 거치면서 이성이 극도로 강조되자, 이에 대한 반발로 감성과 감각 영역에 주목받게 되었다는 도식으로도 충분히 설명되지 않는다. 이미 바움가르

2   「시론」의 본문 인용은 모두 필자의 번역이며, 라틴어-독일어 대역본(A. G. Baumgarten, *Meditationes philosophicae de nonnullis ad poema pertinentibus, Philosophische Betrachtungen über einige Bedingungen des Gedichtes*, tr. by H. Paetzold, Meiner, Hamburg, 1983)을 기본으로 삼고, 영어 번역본(*Reflections on Poetry*, tr. by K. Aschenbrenner et al., Univ. of California Press, Berkeley, 1954)과 프랑스어 번역본(*Esthétique, précédée des Méditations philosophiques sur quelques sujets se rapportant à l'essence du poème, et de la Métaphysique*, tr. by J.-Y. Pranchère, L'Herne, Paris, 1988)을 참고한 것이다.

텐보다 시기적으로 앞선 크리스티안 볼프(Wolff)도 이성만 강조했던 게 아니라 감성적 인식에도 큰 관심을 보였고 실험과 관찰 방법을 정당화할 이론을 제시했는데, 이런 볼프 철학에 대해 바움가르텐은 여러 측면에서 각을 세우고 있기 때문이다.

오히려 바움가르텐의 미학은 당대 현실 문제 속으로의 깊숙한 참여, 시대와의 대화에서 나온 작업으로 볼 때 더 잘 이해된다. 바움가르텐을 둘러싼 환경을 살펴보면 기독교적 배경이 두드러지는데, 특별히 18세기 초반 바움가르텐이 성장하고 공부했던 도시 할레(Halle)에서는 기독교와 관련된 엄청난 싸움이 벌어지던 중이었다. 그러니까 '미학'이라는 신생 학문의 필요성을 역설한 최초 저작인 「시론」은 하늘에서 뚝 떨어진 책이 아니다. 본론에서 이야기하겠지만, 이 책은 ―평온해 보이는 외양과 달리― 치열한 공방의 전장에서 태어난 작품이다. 이런 배경을 감안하여 「시론」을 읽어야 이 책 말미에 처음 제안되는 신생 학문 '미학'의 의미가 제대로 이해될 수 있겠다.

따라서 이 글에서는 근대 미학의 기원을 18세기 초반 독일의 지성사적 맥락에서 찾으려 하되, 특히 송교적 배경, 그러니까 경건수의(Pietismus) 신학과의 관련성을 주목하려 한다. 바움가르텐은 근대 미학의 개척자이기 이전에 이미 기독교적 환경에서 성장하고 신학을 전공한 종교인이었고, 그가 공부하고 학위를 취득한 할레대학교는 루터파 기독교의 부흥 운동인 경건주의 정신으로 충만했던 공간이었다.

17세기 중반에 발흥해 18세기 초에 최고 전성기를 구가하던 경건주의는 비슷한 시기에 프랑스에서 독일 지역으로 새로 유입된 계몽주의 사상과 일대 격돌을 벌이는데, 특히 1723년에 크리스티안 볼프의 할레대학교 교수직을 박탈하고 추방시킨 것이 이 충돌을 보여준 대표적 사건이다. 이처럼 18세기 초반 할레에서는 이성을 과도히 강조하여 기독교 신앙에 큰 위협이 되었던 계몽주의 세력과 맞서 싸우는 것이 최대 관심사였기 때문에, 그런 투쟁의 용광로에서 담금질되어 나온 바움가르텐의 미학에서도 점차 독일에서 세력을 넓히려던 계몽주의의 예봉을 꺾으려 했던 의도를 읽어낼 수 있어야 하겠다. 그러니까 서양 근대 미학은 그 성립 과정에서 경건주의 신학과 뭔가 코드가 통하는 것처럼 보인다. 이제 근대 유럽과 바움가르텐의 고장인 할레를 뜨겁게 달구었던 당대 논쟁 두 가지와 근대 미학의 탄생 사이의 관계를 살펴보도록 하자.

2. 역사적 배경

이 절에서는 18세기 근대 미학의 성립 배경이 되는 두 가지 논쟁을 살펴볼 것이다. 하나는 문학사적 맥락에서 일어난 '라이프치히-취리히 논쟁'이고, 또 다른 하나는 신학사적 맥락에서 일어난 '베르트하임 성경 논쟁'이다.

1) 문학사적 맥락

'라이프치히-취리히 논쟁'이란 독일 동부 라이프치히에서 활동하며 당대 문학계의 '교황'으로 군림하던 요한 크리스토프 고트셰트(Gottsched)와 스위스 취리히의 김나지움 교사였던 요한 야곱 보트머(Bodmer), 그리고

요한 야곱 브라이팅어(Breitinger) 사이에 벌어진 논쟁을 말한다.

고트셰트는 자신의 시학 체계를 형성함에 있어서 '형식'을 강조한 프랑스 고전주의를 모델로 삼았고, 이를 더욱 발전시켜, 먼저 견고한 기초를 확보한 후, 그 토대에서 각각의 정리가 연역적으로 도출되는 그런 기하학적 모델을 제시하려 했다.

반면에 '스위스인들(보트머/브라이팅어)'은 지나치게 딱딱하고 규칙 나열적인 고트셰트의 이론에 반감을 품고, 시의 생명은 언어가 준수하는 형식이 아니라 독자에게 '감동'을 주는 기능에 있다고 주장했다. 가장 논란이 되었던 것은 예술 작품에서 '상상력'이 수행하는 역할, 그리고 초자연적인 '기적(Wunder)', 내지 '경이로운 것(das Wunderbare)'에 대한 가치 평가였는데, 특히 존 밀턴(Milton)의 작품에서 볼 수 있는 이런 요소를 스위스인들은 열렬히 환영했던 반면, 고트셰트는 이를 "형식에 맞지 않다" 하여 냉정하게 거부하고 대신 합리적이고 고전적인 '자연 모방'에 최고 가치를 부여하려 했다.

바움가르텐과 그의 할레대학교 친구들, 예컨대 게오르크 프리드리히 마이어(Meier), 임마누엘 퓌라(Pyra), 사무엘 고트홀트 랑에(Lange) 등은 이 논쟁에서 반(反) 고트셰트 진영에 속하기를 자처했다. 그들은 멀리 취리히까지 서신 연락을 취하며 보트머/브라이팅어가 표방한 주장을 더욱 발전시켰는데, 그들이 이런 선택을 한 이유는 초자연적이고 경이로운 것의 가치를 인정하고 강조하는 시학이 그들이 할레에서 배운 경건주의 신학과 잘 통했기 때문으로 보인다. 바움가르텐은 「시론」 §44에서 "경이로운 것에 대한 표상은 시적"이라고 했고, §§60~64에서는 '예견(divinatio)', '예언(豫言, praedictio)', '예감(praesagium)', '예언(五言, vaticinatio)' 등의 문제를 길게 다루면서 "예언은 시인에게 매우 잘 어울린다. 그렇기 때문에 성경에서도 많은 예언자가 시를 좋아했던 것"이라 했다(§64).

또 취리히 측에서 시 문학을 평가함에 있어 딱딱한 규칙 준수보다는 독자의 정서 자극에 더 큰 비중을 둔 것도 경건주의가 반색하는 점이다. 기독교계 안에도 루터파 정통주의처럼 신도가 교리를 배워 공적으로 고백하고 교회의 공식 행사(예배, 성만찬)에 참여하는 것을 가장 큰 의무로 강조하는 진영이 있는데, 경건주의는 이런 경직된 신앙에 반대하여 신자 개개인의 주관적 심정이 감동되는 것을 중시했기 때문이다.

고트셰트가 '철학적 설교(philosophische Predigt)'를 주창한 점도 할레 경건주의 진영을 분노하게 만들었다. 그는 1720년대에 출간한 수사학 교과서에서 주장하기를, 교회 설교도 일반 대중 연설과 마찬가지로 '명료성'을 최고 가치로 추구해야 하며, 이를 위해 청중의 지성에 호소하고 논리적으로 청중을 설득할 수 있어야 한다고 했다. 그러나 할레대학교 신학과장인 요아힘 랑에(Lange)는 그런 설교가 무미건조하고 힘이 없어서 결국 교회 설교 강단을 무력화시킬 우려가 있다고 보았다.

2) 신학사적 맥락

또 한 가지 당대 큰 이슈가 되었던 것으로 1735년에 벌어진 『베르트하임 성경』 논란이 있다. 『베르트하임 성경』이란 독일의 신학자 요한 로렌츠 슈미트(Schmidt)가 히브리어 사본에 기초하여 성경의 일부분(모세 5경)을 새로 번역해 독일 중부의 작은 도시 베르트하임에서 출간한 책인데, 그 문장들이 기존의 번역본과 상당히 달랐다. 번역의 차이가 난 것은 번역 원칙이 기존의 것과 다르기 때문인데, 슈미트는 정확한 번역, 모호하거나 혼돈스러운 구석이 제거된 명확한 번역을 추구했다. 성경 각 권의 저자는 비록 인간이지만, 그들이 신의 '영감(靈感, Eingebung)'을 받아 기술한 것이므로, 완전한 신의 거룩한 말씀에 모순이나 불일치, 비약 따위는 있을 수 없다는 생각을 전제한 것이다.

슈미트가 그런 번역을 시도한 데는 나름의 이유가 있었다. 당시 계몽주의 풍조의 영향으로 무신론자, 이신론자가 독일에도 많이 등장했고, 그들은 성경의 약점을 캐고 들어서 기성 교회를 공격했다. 예컨대 성경의 많은 구절이 앞뒤가 안 맞는다든지, 특정 본문의 논리 전개나 신학적 설명에 공백이 있으며, 기적이나 예언, 귀신 이야기 같은 비과학적 이야기가 성경에 많이 담겨 있다는 것 등이 공격의 빌미를 제공했다.

한 가지 예를 들자면, 스위스 제네바에서 활동했던 르클럭(Le Clerc)은 1685년에 출간한 『구약 비평사에 관한 화란 신학자 몇 명의 생각(Sentmens de quelques Theologiens de Hollande sur l'Historie Critique du vieux Testament)』에서 주장하기를, 성경이 이스라엘 역사를 서술하는 많은 대목에 앞뒤가 안 맞는 부분이 있고 숫자나 데이터가 정확하지 않은데, 이 짐을 감안하면 비록 성경 내용 전체의 의미는 저자가 신의 영감을 받아 쓴 것으로 봐줄 수 있다 해도, 그것을 마치 신이 단어 하나하나를 모두 불러준 것처럼 축자영감(逐字靈感, verbal inspiration) 받은 것으로 볼 수는 없다고 주장한 바 있다.

이런 도전이 있으니, 만일 성경을 원어에 기초해 정확하고 명료하게 다시 번역하면, 다시 말해서 합리적 사고를 하는 사람이 읽어봐도 본문이 황당하거나 논리적으로 납득되지 않는 문제가 생길 여지가 없도록 번역을 조정하면, 그런 오해에 입각한 비판이 사라질 것이라고 슈미트는 기대했다.

그런데 자신의 번역본이 독일 교회에 큰 도움이 될 것이라고 생각했던 슈미트의 기대는 완전히 오산이었다. 오히려 교회는 신도의 신앙 장려를 위해 어느 정도 혼돈과 모호성이 있는 성경 본문을 더 선호했던 것이다. 대표적인 사례로 '구약의 메시아 예언'이라고 전통적으로 해석되었던 구절들이 있다. A.D. 1세기에 활동했던 예수 그리스도에 대한 암시가 이미 수천 년 전 문헌 곳곳에서 발견된다는 것은 초자연적인 종교 교리를 믿도록 신도를 설복시키는 데 매우 유리한 단서들이었다. 그런데 『베르트하임 성경』에서는 그런 구절을 아주 무미건조한 기술로 바꿔버렸기 때문에 특히 경건주의 진영에서 엄청난 반발이 일어났다. 새로운 번역본이 성경의 신비한 힘을 '거세'한 것으로 여겼기 때문이다.

요아힘 랑에는 이 사안을 번역자의 단순한 실수로 받아들이지 않았다. 슈미트가 평소에 볼프를 추종했던 인물임을 상기하며, 『베르트하임 성경』 번역에는 기독교를 말살하려는 계몽주의자들의 음모가 기획되어 있다고 생각했다. 이미 1723년에 볼프를 할레대학교에서 쫓아내는 데 성공한 바 있던 랑에는 이번에도 자신이 가진 모든 정치적 수단과 베를린 궁정의 인맥을 다 동원하여 『베르트하임 성경』을 판매 및 사용 금지시키는 데 성공했다. 그리고 할레대학교 신학과 교수 전체의 서명을 받아서 슈미트를 프로이센 국왕 앞에 고발했다. 알렉산더 바움가르텐의 친형이며 그의 교육 과정에 지대한 영향을 끼쳤던 지그문트 야콥 바움가르텐(Siegmund Jakob Baumgarten) 역시도 할레대학교 신학과 교수로서 이 서명에 동참했다. 그리고 랑에는 여러 지인을 움직여서 슈미트와 『베르트하임 성경』을 비판하는 글을 쓰게 하여, 1735년 이후 거의 5년에 걸쳐 엄청난 양의 비방 글이 쏟아져 나왔다.

그런데 흥미로운 것은 여기서 거론되는 슈미트의 죄목이다. 도대체 그가 무엇을 잘못했단 말인가? 경건주의자들이 볼 때 슈미트는 성경의 '예언적 성격'을 제거하여 기독교를 파괴하려는 중한 범죄를 저질렀다. 성경은 예언적 성격을 갖고 있기에 이 세상에 속한 것이 아니라 신의 영감을 받은 초자연적인 문서이며, 따라서 독자는 그 앞에서 경이와 외경의 심정을 갖게 된다. 이런 숭고의 느낌은 미적 감동과 다른 바 없어서, 혹자는 성경의 예언적 성격을 '시적 성격'으로 바꾸어서 이야기하기도 했다. 그러니까 성경은 근본적으로 시적 성격을 가진 예술 작품과 같아서 그저 기계적으로 딱딱하게 읽고 합리적으로 앞뒤 논리를 따져서는 안 될 문헌인데, 슈미트는 볼프가 선전한 이성주의에 경도된 나머지 성경 번역을 엉터리로 하여 기독교 경전을 변질시켜 버렸다는 것이다.

이런 식으로 이야기하는 사람들은 대부분 프랑스 시인 니콜라 브왈로(Boileau)가 남긴 유명한 문장을 자기 글에 인용하곤 했다. 브왈로는 1674년에 롱기누스(Longinus)의 『숭고론(Περὶ Ὕψους; De sublimitate)』을 프랑스어로 번역했는데, 그 책의 서론 말미에서 롱기누스가 창세기에 기록된 신의 말씀("빛이 있으라!", "Fiat lux!")을 숭고체 언어의 대표 사례로 칭송하는 사실을 들어서, 기독교를 믿지 않던 이방인조차도 성경 언어의 숭고함, 그러니까 성경 문헌의 예술적 성격을 간파할 수 있었다고 결론 내린 바 있다. 그런데 엄연히 기독교인임을 자처하는 슈미트가 성경에서 예술적 성격을 말살시켜 버리는 큰 잘못을 범했으니, 이런 과오에는 뭔가 음흉한 저의가 있어 보인다는 것이다.

본 연구는 이런 두 가지 당대 논쟁 배경에서 바움가르텐 미학의 단초가 읽혀야 한다고 주장한다. 합리성을 강조한 고트셰트의 문학 이론이 성토되고 『베르트하임 성경』 논란이 터진 1735년 2월에 바움가르텐은 먼저 신학 박사 청구 논문을 제출하고, 곧이어 8월에는 교수 자격을 청구하는 철학 논문으로 「시론」을 할레대학교에 제출한다. 근대 미학의 효시가 되는 이 논문이 당시 엄청난 논쟁거리였던 『베르트하임 성경』 번역 문제와 전혀 무관하리라고는 도저히 상상할 수 없다. 앞서 말했듯이 당시 할레대학교의 분위기는 볼프 계몽주의 축출 전쟁의 선봉에 선 요아힘 랑에가 주도했으며, 바움가르텐의 형은 교수로서 서명에 동참했다. 요아힘 랑에의 아들인 사무엘 고트홀트 랑에는 바움가르텐과 가까운 친구였으며, 같은 대학교의 또 다른 친구인 임마누엘 퓌라는 앞서 언급한 롱기누스의 『숭고론』에 대한 브왈로의 불어 번역을 1736년에 독일어로 번역한 인물이다. 더욱이 퓌라는 자신의 번역본 서문에서 분명히 밝히기를, 자신이 『숭고론』에 관심을 갖게 된 것은 이방인인 롱기누스조차 간파했던 '성경 언어의 예술성' 때문이라고 했다. 이와 비슷한 동기를 바움가르텐의 미학 작업에서도 찾을 수 있으리라는 것이 본 연구의 근본 취지이다. 그것은 이성적-형식적-자연적인 영역을 넘어선 감성적-질료적-초자연적 세계, 곧 예술과 종교의 가치를 수호하고 드높이려는 생각이라 하겠다.

3. 바움가르텐의 「시론」

그런데 막상 「시론」을 펼쳐보면 그 내용이 너무나도 평온하다. 도입부에서 바움가르텐은 밝히기를, 자신은 어릴 때부터 시를 매우 사랑했고, 시

읽기를 소홀히 하지 말라는 주변 사람들의 조언에 따라 단 하루도 시 없이 보낸 날이 없을 정도였다고 한다. 나이가 들수록 할 일이 많아지고, 대학교 공부를 위해서는 전혀 다른 사안에도 신경 써야 했지만, 그래도 그에게 가장 기쁨을 주었던 시를 멀리하는 일은 결코 없었고, 그러다가 ―본인도 청소년기에 다녔던― 할레고아원 학교에서 학생들에게 시를 가르칠 기회가 생겨서, 그 계기로 이 책을 쓰게 되었다고 집필 동기를 밝힌다.

그렇다면 「시론」은 시를 잘 쓰는 방법을 청소년에게 가르치는 안내서 내지 중등 과정 '작문' 교과서인가? 실제로 이 작품 전반에 걸쳐 로마 시인 호라티우스(Horatius)의 작품 『시 예술(De arte poetica)』의 여러 구절이 중요하게 인용되는데, 이 책은 오랫동안 시인 지망생에게 교과서와 같은 역할을 했다. 어찌 보면 바움가르텐의 「시론」은 호라티우스의 『시 예술』에 대한 일종의 해설서라고 볼 수 있을 정도이다. 다만 『시 예술』은 그 자체가 운문이고, 호라티우스가 사례를 통해 가르치려는 내용을 바움가르텐은 철저히 기하학적 방법으로 논증하려 했다는 점에서 차이가 있다. 이런 작업이 바움가르텐이 구상했던 '철학적 시학(philosophia poetica)'인 것이다(§9). 「시론」은 시가 아니라 '시에 관한 학문(scientia poetices)'을 담은 책이다(§9). 그리고 무릇 '학문'은 ―볼프가 빼어난 모범을 보여주었듯이― 논리성과 체계성을 담고 있어야 한다. 그래서 이 소책자는 단순한 작문 매뉴얼이 아니라 교수 자격 청구를 위한 철학 논문이 될 수 있었던 것이다.

시를 잘 쓰려면 시인은 시가 반드시 따라야 할 규칙을 확실히 알아야 하고, 실제 상황에서 그것을 준수해야 한다. 바움가르텐은 「시론」에서 그런 규칙들을 열거하는데, 그것들을 임의대로 산만하게 긁어모은 것이 아니라 학문적으로 추론해낸다. 다시 말해서 자명한 공리나 정의로부터 시작하여 일종의 정리처럼 시가 따라야 할 규칙들을 기하학적 방법으로 연역해내는데, 이때 모든 논의의 출발점이 되는 원리가 바로 시의 정의이다.

바움가르텐은 시를 "완전한 감성적 발언(Oratio sensitiva perfecta, §9)"으로 정의한다. ① 먼저 '발언(oratio)'이란 "연결된 표상을 의미하는 일련의 말"인데, 시가 말 내지 발언이라는 것은 어린아이도 알 만하니, 이 점에 관해서는 하등의 의문도 생기지 않는다. ② 그런데 시가 되려면 여기에 '감성적(sensitiva)'이라는 규정이 추가된다. 감성적 발언은 "감성적 표상을 담은 발언"을 뜻하며(§4), 감성적 표상은 ―볼프가 '하위 인식 능력'이라고 칭한 바― 신체의 오감이나 상상력을 통해 우리가 갖게 된 표상을 말한다. ③ 이처럼 감성적 표상을 담은 발언이 완전성을 지니면 시가 되는데, 여기서 말하는 '완전성(perfectio)' 개념이 주의를 요한다. 바움가르텐은 "발언을 이루는 요소들이 감성적 표상의 인식에 이르려" 할 때, 그 발언은 완전한 감성적 발언이며, 또 바로 그것이 시라고 했다(§7). 이처럼 바움가르텐이 염두에 두고 있는 시는 무엇보다도 인식에 기여하는 발언이다.

이제 바움가르텐에 따르면 인식에 기여하는 감각 표상은 '명석(明晳, clara)'하고 '혼돈(混沌, confusa)'스럽다는 두 가지 요건을 충족해야 한다(§15). 데카르트가 인식의 두 조건으로 표상의 '명석'함과 '판명(判明, distincta)'함을 이야기했던 것과 대조해보면, 바움가르텐이 굳이 명석하고 혼돈스러운 표상을 시의 요건으로 거론하는 것이 의미심장해 보인다.

명석한 표상은 '모호(模糊, obscura)'한 표상과 달리 어떤 것을 다른 것과 확실히 구별시켜서 그것을 충분히 알아볼 수 있게 해준다. 바움가르텐에 따르면 모호한 표상보다 명석한 표상을 더 많이 함유할수록 그 시는 더 완전하다(§13). 그런데 명석한 표상은 판명할 수도 있고 혼돈스러울 수도 있다. 판명한 표상을 우리가 어떤 것에 대해 갖는다면, 이는 우리가 그것을 철저히 분석하여 그것이 가진 모든 요소 특성을 다 헤아리고 파악했음을 뜻한다.

그런데 「시론」에서 바움가르텐은 판명한 표상에 대해 단호하게 선을 긋는다. 판명한 표상은 감성적이지 않고, 따라서 시적이지 않다는 것이다. 도리어 시는 불분명하고 혼돈스러운 표상을 함유해야 한다. 어떤 것에 대해 혼돈스러운 표상을 가진다는 것은 그것이 가진 여러 특징을 낱낱이 쪼개보는 것이 아니라 도리어 그냥 뭉쳐 있는 대로 받아들임을 말한다. 우리가 눈으로 '붉은 사과'를 볼 때 그 표면 색의 스펙트럼을 굳이 광학적으로 세밀하게 분석하지 않고 그냥 그 붉음을 인지하듯이 말이다. 감성적 표상은 이처럼 명석하고 혼돈스럽다는 특징을 가진다.

바움가르텐은 '완전한 감성적 발언'인 시에 함유된 표상의 명석함과 혼돈스러움을 '외연적 명석성(extensiva claritas)'이라는 용어로 표현한다(§§16~17). 한 표상이 다른 표상보다 더 많은 것을 표상한다면 그것은 더 많은 외연적 명석성을 가진다. 판명한 표상보다 혼돈스러운 표상이 더 큰 외연적 명석성을 갖는데, 그 이유는 하나의 난일한 표상 안에 여러 특성들(notae)이 뭉쳐 함께 전달되기 때문이다(§18).

외연적 명석성은 '내포적 명석성(intensiva claritas)'과 대조되는 개념이다(§16). 후자는 한 대상이 가진 특성 하나하나가 분석을 통해 구별되어 판명하게 드러나 그 대상에 대한 인식을 깊게 한다. 외연적 명석성은 감각 표상이 가진 특징인 반면, 내포적 명석성은 이성에 의해 파악된 표상의 특징이다. 시는 감성적 담화이므로, 여기서는 외연적 명석성이 강조되며, 그 정도에 따라 시의 완전성도 평가된다. 그리고 감성적 대상에 대한 인식 수준도 이에 비례한다. 감성에 의해 포착된 대상은 추상체가 아니라 철저히 규정된 특수 개체로서, 우리는 그것을 —비록 현상일지라도— 다각도에서 표상한다. 어떤 개체에 대한 표상이 더 많은 특징을 포괄할수록, 그것에 대한 표상은 더 큰 외연적 명석성을 가지며, 그만큼 더 완전한 발언이며, 그만큼 더 시적이다. 라이프니츠-볼프 철학 전통에서는 찾아볼 수 없었던 새로운 인식 개념을 바움가르텐은 시를 통해 출범시킨 것이다.

이제 완전한 시는 최대한 많은 감성적 표상을 독자에게 불러일으키고, 최대한 자세히 시인의 의사를 독자에게 전달한다. 독자는 시를 읽으면서 마음에 자극을 받아 그 발언이 담고 있는 이미지를 자기 마음속에 떠올릴 뿐만 아니라, 그렇게 이미지를 표상하는 자기 마음의 "'현재 변화(mutationes praesentes)'를 또다시 표상하기도 한다(§24). 이런 표상을 바움가르텐은 '감각적 표상(repraesentationes sensuales)', 즉 '감각'이라 부르는데(§24), 이것은 독자의 '정서(affectus)'에 대한 표상이다(§25). 그리고 정서란 독자가 혼돈스러운 가운데서도 어떤 것을 좋거나 나쁘다고 표상할 때 그 마음속에서 "발견되는 일정 정도의 쾌/불쾌"를 말한다(§25).

다시 말해서 시를 읽으면 독자의 마음속에 쾌나 불쾌의 정서가 발생하는데, 시가 완전할수록, 그러니까 더 큰 외연적 명석성을 가질수록 독자는 더 자극되어 더 크고 많은 정서가 자기 내면에 발생함을 감각하는 것이다. 바움가르텐에 따르면, 시의 완전성에 어떤 식으로라도 도움이 되는 것은 무엇이든지 '시적(poeticum)', 즉 예술적이라는 가치 평가를 받을 수 있어서(§11), "정서를 발생시키는 것은 시적"이고(§25), "더 강한 정서를 자극하는 것은 덜 강한 정서를 자극하는 것보다 더 시적"이며, "매우 강한 정서를 자극하는 것은 가장 시적이다"(§27).

이처럼 한 편의 좋은 시를 쓰기 위해 어떤 규칙을 따라야 하는지를 이야기한 바움가르텐은 「시론」 마지막 부분에 화제를 '인식' 문제로 돌리며, 지금까지 사람들이 관심을 기울이지 않았던 새로운 학문이 있어야 함을 역설한다. 그것은 보통 논리학의 과제로 여겼던바, 상위 인식 능력을 통한 진리 인식이 아니라, 도리어 하위 인식 능력을 통한 진리 인식을 업무로 하는 신생 학문, 곧 '미학(aesthetica)'이다.

그것은 시를 짓고 읽을 때처럼 저자와 독자 모두의 마음에 감성적 표상이 일며 발생하는 진리 인식이다. 그런 학문이 상위 인식 능력을 다루는 볼프의 논리학에 추가되고, 이것과 평행하게 발전해야 할 것이다. 논리학이 이성을 수단으로 하여 명석·판명한 지식을 추구한다면, 이와 구별되는 미학은 감성을 수단으로 하여 '명석하지만 판명하지는 않고 도리어 혼돈스러운 지식'을 추구해야 할 것이다.

4. 경건주의적 함축

이처럼 바움가르텐은 「시론」에서 침착한 논조로 시와 관련된 몇 가지 사항을 언급한 뒤, 감성 능력이 발휘된 인식을 인도할 새로운 학문, 곧 미학의 수립을 요청한다. 그런데 이런 요청의 배후에 당시 계몽주의의 공세에 맞서려 한 경건주의 신학의 동기가 엿보인다. 주요 포인트를 세 가지만 살펴보자.

1) 인간 지식의 한계

「시론」에서 바움가르텐은 감성적 인식과 미적 사유를 다룰 새 학문이 논리학에 뭔가를 더하는 것이 될 것이라 했다. 그 학문을 바움가르텐은 볼프의 표현을 따라 '유사이성(analogon rationis)'의 예술이라 부르기도 했는데, 이는 그 학문이 상위 인식 능력을 다루는 논리학과 쌍벽을 이루어 나란히 발전하리라고 생각한 것이다. 또 '유사'라는 단어를 통해 살짝 그 위상을 낮추는 듯하여, 그가 새로 개척한 미학이 참 겸손한 학문 같다는 인상을 받기도 한다. 그러나 실상은 정반대이다. 미학의 등장으로 인해 논리학은 코너에 몰리게 되었다.

새 학문이 도입되어야 할 이유로 두 가지를 생각해볼 수 있는데, 하나는 인간에게 적절한 지식은 추상적인 것보다는 개별적이고 구체적인 사실에 관한 것이 더 많고, 또 다른 하나는 시와 예술의 가능성이 이성의 영역에서 봉쇄된다는 문제점 때문이다. 그러니까 인간에게 명석·판명한 지식이 전혀 없는 것은 아니지만, 그런 것은 수학같이 지극히 좁고 특수한 분야에서만 예외적으로 가능하고, 실상 우리 지식 대부분은 귀납을 통해 보편에 점진적으로 접근하는 것이다. 절대적 진리는 신에게만 속하고, 우리 인간에게는 '진리 유사체(verisimilitudo)' 정도만 주어질 수 있다. '진리'라는 이름으로 철학은 오랫동안 '실재' 파악을 추구해왔지만, 현실적으로 이 땅에 사는 인간은 '현상'과 '이미지' 파악에 만족할 수밖에 없다. 그러하기에 우리는 논리학보다는 인간의 처지에 적절한 미학에 더 힘써야 한다는 말이다.

여기서 초점은 '이성 능력의 제한'에 있다. 계몽주의 진영에서 그토록 찬양하고 맹신했던 이성을 바움가르텐은 냉담한 눈으로 바라본다. 왜 인간에게 그런 한계가 주어졌는지에 대한 설명을 우리는 성경에 기록된 인간의 '타락'에서 쉽게 연상해 볼 수 있다. 그러니까 미학이라는 새로운 지식 모델을 제안한 배경에 바움가르텐이 전제한 기독교 신학이 이미 자리 잡고 있었던 것이다.

2) 아이스테시스

'미학(aesthetica)'이란 명칭은 「시론」§116에 처음 등장한다. 이 단어는 '감성'을 뜻하는 헬라어 '아이스테시스(αἴσθησις)'에서 파생되었고, 헬라 철학의 맥락에서 이 단어는 '이성'을 뜻하는 '로고스(λόγος)'와 대조되어, 그 대립 구도는 지금까지 이어오고 있다.

그런데 경건주의 신학의 맥락에서 '아이스테시스'는 특별한 다른 의미를 갖고 있었다. 경건주의의 상징적 인물인 아우구스트 헤르만 프랑케(Francke)의 글을 통해 그 의미를 살펴보자. 『성경 읽기 지침(Manuductio ad lectionem scripturae sacrae)』(1693)에서 프랑케는 '석의적(釋義的, exegetica)' 읽기 방법을 소개하면서 성경 본문의 뜻을 캐내기 위해 어떤 방법을 사용해야 하는지를 이야기한다.[3] 이에 따르면 ① 독자는 본문의 기록 목적을 알아야 하고, ② 문맥을 봐야 하고, ③ 단어가 쓰인 다른 본문도 살펴야 하고, ④ 병행 구절에서 뜻을 유추해야 하고, ⑤ 저자가 말하는 순서를 주목

---

3   A. H. Francke, *Manuductio ad lectionem scripturae sacrae*, in: *Schriften zur biblischen Hermeneutik*, vol. Ⅰ, ed. by E. Peschke, de Gruyter, Berlin, 2003, 61~71쪽 참조.

하고, ⑥ 본문에서 그리는 상황을 연상하며, ⑦ 저자의 정서를 헤아려야 한다. 특히 마지막 사항을 설명하면서 프랑케는 이 책의 부록인 「정서론 소묘(Delineatio doctrinae de affectibus)」로 논의를 넘기는데, 여기서 아이스테시스가 중요하게 취급된다.

프랑케가 이 단어를 주목한 것은 성경 빌립보서 1장 9절에 나오는 다음 구절 때문이다. "내가 기도하노라. 너희 사랑을 '지식과 모든 **총명**으로 (ἐν ἐπιγνώσει καὶ πάσῃ αἰσθήσει)' 점점 더 풍성하게 하사." 여기서 '총명'으로 번역된 헬라어가 '아이스테시스'인데, 빌립보서의 저자인 바울은 독자인 빌립보 교인들에게 아이스테시스가 풍성하게 넘치기를 신에게 기도했다. 아이스테시스가 있어야 자기가 보내는 이 편지를 독자가 제대로 이해할 수 있기 때문이다. 저자의 정서와 독자의 정서는 원래 전혀 별개이기 때문에, 만일 독자에게 아이스테시스가 없으면 그는 아무리 문자를 읽는다 해도 그 문서를 이해할 수 없을 것이다.

글을 읽으면서 독자의 정서가 자극되어, 궁극적으로는 글을 통해 전달되는 저자의 정서에 독자 자신의 정서가 일치되는데, 이런 일이 일어날 수 있게 해주는 능력이 바로 아이스테시스이다. 아이스테시스가 없다면 우리는 글을 읽어도 그 의미를 이해하지 못하고 진리를 깨닫지 못할 것이다.

물론 프랑케가 염두에 둔 것은 성경 읽기, 그러니까 신자가 성경을 읽으면서 성경의 궁극적 저자인 신의 마음을 알아가고 신의 성품을 닮아가는 것이었다. 그러니까 '영적 진리'를 통찰하는 능력이 프랑케가 의도한 아이스테시스였다.

우리는 이 통찰을 바움가르텐에게 적용해볼 수 있다. 바움가르텐이 미학을 통해 이야기하려는 '감성적 인식'이 단순히 "가을 하늘이 파랗다"는 수준에 머물지 않을 것이다. 시와 예술 작품을 접하여 독자가 감동되고 미를 체험하는 것도 중요하지만, 더 나아가서 그가 미학을 통해 추구한 미감적 진리는 사람의 성품을 윤리적으로 변화시킨다는 실천적-교육적 의미, 또 초자연 세계를 맛보는 영적-종교적 진리로까지 뻗어 나갈 수 있다. 이성의 칼을 휘두르며 초자연 영역과 종교적 진리를 제거해버리려 드는 세력에 맞서 싸우려 했던 경건주의의 시대적 배경을 염두에 두면 더더욱 이런 추측이 설득력을 얻는다.

3) 정서의 자극

기독교에 대한 계몽주의의 도전이 거센 시절에 가장 큰 논란거리는 '성경의 영감(theopneusia)' 문제였다. 성경 디모데후서 3장 16절에 "모든 성경은 **하나님의 감동으로**($\theta\epsilon o\pi\nu\epsilon\upsilon\sigma\tau o\varsigma$) 된 것으로"라고 기록되어서, 오랫동안 성경은 '신의 말씀'이라고 간주되었으나, 구체적으로 신이 인간 저자에게 어떤 방식으로 자기 뜻을 나타냈는지에 관해서는 많은 이견(異見)이 있었다. 저자도 인간이기에 자기 나름의 정서를 가졌을 것인데, 신의 뜻이 계시되는 그 순간에는 혹시 인간적 면모가 정지되어 기계적으로 성경을 기록한 것은 아닌지 여부가 물어졌다.

그러나 일단 성경을 읽어보면 수많은 저자의 인간적 면모가 물씬 느껴지는 것은 누구도 부정할 수 없다. 때로는 분노를 표출하고, 때로는 후회하거나 탄식하고, 때로는 기뻐 날뛰기도 한다. 격정에 찬 과장법과 논리 비약이 비일비재하다. 이런 문장을 볼 때 '기계적 영감', 그러니까 신의 말씀을 기록할 때 저자의 인간적 면모가 정지된다는 견해는 거의 호응을 얻기 힘들다.

그렇다면 대안으로 세 가지 가능성이 있다. ① 성경은 신의 영감을 받은 문서가 아니라 그냥 인간의 기록일 뿐이다. ② 성경은 신의 영감을 받은 문서가 맞지만 완전한 신의 말씀과 불완전한 인간 저자의 말이 섞여 있으니, 우리가 번역을 새로 하거나 독서할 때 유의해서 신의 말씀만 선별할 수 있어야 한다. ③ 성경은 신의 영감을 받은 문서가 맞고, 인간 저자의 정서가 반영된 것이 맞지만, 신은 오히려 인간의 정서를 매개로 독자에게 말씀한다. 여기서 ①은 기독교를 대적하는 합리주의적 무신론자의 견해이고, ②는 르클럭이나 『베르트하임 성경』을 번역한 슈미트의 입장이며, ③이 프랑케를 비롯한 할레 경건주의 진영의 공식 입장이었다.

프랑케는 성경의 저자들이 "마치 아무 느낌도 없고 아이스테시스도 없는 벽돌 같은 상태로 성경을 기록한 것이 아니"라고 주장한다. 오히려 신이 성서 저자의 지성을 조명할 뿐만 아니라, 그들의 의지를 경건하고 거룩한 동기로 자극하고, 신 자신이 그들의 인간적 특성에 '적응'하셨는데, 여기에는 신의 온전한 모습을 파악하지 못하는 그들의 연약함까지도 해당된다고 보았다. 분명 인간 저자에게 부족한 면이 있는데도, 도리어 그 모습을 통해 신은 자기 뜻을 완전하게 인간에게 전달했다는 말이다.

그리고 계몽주의자들이 성경 안에서 "비합리적이어서 불완전하다"고 지적하는 바로 그 대목이 도리어 인간 이성을 압도할 정도로 신의 초자연적 면모가 나타나는 대목으로서, 우리는 그것을 비판하려 들지 말고 도리어 숭고함을 느낄 수 있어야 한다고 주장했다.

불완전한 수단을 통해 완전함이 드러난다는 통찰은 바움가르텐의 생각이기도 했다. 완전성을 기대할 수 없다고 여겼던 감성 영역에서도 바움가르텐은 '완전한 감성적 발언'인 시가 가능하다고 보았기 때문이다. 혼돈스러운 표상을 통한 정서의 자극은 도리어 완전성의 척도가 되었다. 더 큰 외연적 명석성을 가진 표상을 사용할수록 독자에게 더 큰 정서의 자극이 가능했고, 그만큼 더 그 시는 완전하다고 평가했다. 기적과 예언같이 합리적으로 이해할 수 없는 이야기라 해도, 그것이 독자의 상상력을 활짝 펼쳐주고 정서를 더 많이 자극하기에 시적이라 할 수 있는데, 여기서 바움가르텐은 성경에 나오는 여러 에피소드를 전거로 내세웠다(§64).

5. 나가는 말

지금까지 바움가르텐의 「시론」을 살펴보면서 근대 미학의 성립 배경에 경건주의적 발상이 있었음을 이야기했다. 「시론」의 내용만 보면 바움가르텐은 담담하게 시의 몇 가지 요건을 논하며, 거기서 부각된 '감성적 인식'을 전담할 새로운 학문, '미학'이 필요함을 이야기했다. 그러나 우리가 이 책이 나오게 된 시대 상황을 함께 고려하면 바움가르텐의 문장 하나하나가 의외로 강한 논쟁적 의미를 지니고 있음을 느낀다. 그것은 이성을 절대시하고 삶의 모든 영역에 비판의 칼날을 들이대려는 계몽주의의 파상적 공세에 맞서려는 방어의 노력이었다. 특히 바움가르텐은 기독교적 분위기에서 성장했고 신학을 전공했기에, 이성을 무기로 기독교에 도전하는 세력에 대해 강한 경계심을 가졌다. 그리고 이런 모습은 그가 성장했고 공부했으며 「시론」을 교수 자격 청구 논문으로 제출했던 1730년대 할레 전체의 분위기이기도 했다.

「시론」에서 경건주의적 함축은 여러 가지로 발견되는데, 이 글에서는 가장 인상적인 세 가지만 지적했다. 그것은 ① 감성적 인식 개념을 통해 인간의 인식 능력을 제한한 점, ② 아이스테시스 개념을 중용하여 진리와 인식 범위를 예술과 실천, 종교 영역으로까지 확대한 점, ③ 이성이 아닌 정서에서 완전성을 찾으려 한 점 등이다. 이런 것은 문학 장르에서는 고트셰트로 대표되는 고전적 형식주의를 타파하여 19세기 낭만주의를 선취하는 입장이고, 신학 영역에서는 정통주의를 개혁한 경건주의의 입장이다.

이성을 넘어서는 초자연 영역을 무시하거나 제거해버리는 것이 아니라 감성의 이름으로 소중히 취급하고, 거기서 펼쳐지는 아름답고 신비한 거대 세계를 경이와 외경으로 받아들여 이해하려는 시도가 미학이었다. 이렇게 바움가르텐 미학과 경건주의를 연결해 이해함으로써, 우리는 미학이 단순히 예술과 미 체험에 국한된 학문이 아니라, 인식과 실천, 자연과 초자연을 아우르는 세계 전체에 대해 더 넓은 시야를 열어주는 개척의 노력이었음을 알게 된다.

안윤기

장로회신학대학교 교양학/철학 교수. 서울대학교에서 철학을 공부하고(B.A.,
M.A.), 장로회신학대학교에서 신학을 공부했으며(M.div.), 독일 튀빙엔대학교에서 철
학박사(서양 근대 철학 전공) 학위를 취득했다(Ph.D.). 서양 근대 사상사에서 펼쳐진
이성과 반(反)이성의 대결, 1800년 어간의 고전주의와 낭만주의 문제에 큰 관심을
갖고 있으며, 로이힐린, 바움가르텐, 멘델스존, 하만, 야코비 등 국내에 덜 알려진 인
물을 발굴하고 소개하는 데 힘쓰고 있다. 주요 논문으로는 「근대미학과 경건주의」,
「자기의식 문제와 지성적 직관」, 「초월철학과 무신론 문제」, 「칸트의 Cogito, ergo
sum」 등이 있다.

숭고함의 실천적 의미:
미적 관조와 현실 참여의 통합

권정인(캘리포니아주립대학 철학과 겸임교수)

이 글은 18세기 영국의 미학에서 활발히 논의된 숭고함에 대한 사회적 성찰이다. 필자는 에드먼드 버크(Burke)의 숭고에 대한 철저한 심리학적 설명이, 어떻게 정치 경제적으로 급변하는 유럽과 신대륙의 혁명의 소용돌이에서 정치가의 삶을 살았던 그의 시대에 대한 통찰과 비판을 투영하는지를 살펴보고자 한다.

우선 버크가, 아름다움과는 달리 숭고라는 미적 경험이 부상하는 신흥 자본주의 계급의 노동과 삶의 윤리를 상징하는 것으로 어떻게 제시하는가를, 탐 퍼니스(Furniss)의 해석을 토대로 고찰해본다. 이어서 급진적 개혁의 추종자에서 혁명 이전의 전통으로의 복귀를 주장하는 보수주의로의 버크의 정치적 사상의 극적인 전환이, 이미 그의 초기 저작 『아름다움과 숭고에 대한 생각의 기원에 대한 연구』에서 암시되고 있음을 루크 기븐스(Gibbons)의 동정심에 대한 버크와 애덤 스미스(Smith)의 비교 연구를 통해서 살펴본다.

생존에 대한 본능을 위협받는 상황에서 일어나는 우리가 느낄 수 있는 가장 강렬한 감정인 공포는, 마치 죽음을 직면하는 듯한 고통과 생명의 유한함에 대한 뼈저린 직감을 일으켜 개인 간의 모든 이념적·사회적 차이를 극복하게 한다. 이것이 공포가 원인이 되어 일어나는 동정심이고 바로 이 고통의 보편성에 대한 등골이 오싹하게 되는 관조가 숭고를 특징짓는 기쁨이라는 것이 필자의 논지이다. 여기서 한발 더 나아가 숭고에 내재한 범생명을 향한 동정심은 고통을 완화하려는 참여적 의도의 강한 촉매적 역할을 할 수 있다는 것이 미학자인 필자의 실천적인 조망이다.

1. 들어가는 말

필자는 민주화 열기가 한창이던 1980년대 후반에 대학생이 되어, 신입생 시절의 많은 날을 민주화 열사들의 추모제를 지켜보며 강의실로 향하곤 하였다. 때론 교정에서의 공부를 뒤로하고 동아리 친구들과 함께 시위가 한창인 거리에 나서 현실에 대한 공부를 하고자 한 적도 많다. 운동권이라 하긴 좀 부족하고, 호기심과 의문이 가득한 탐구자라고나 할까. 그때의 그 의문과 탐구심이 오늘에 이어져 결국 필자의 학문적 관심 분야가 되었으니, 삶은 참 투명하고 정직한 것 같다.

필자의 대학 교정에는 아주 시설이 잘된 고전 음악 감상실이 있었다. 무수한 음반들과 성능 좋은 스피커, 또 무엇보다도 명곡 삼매경에 빠진 대학생 청중들의 진지함은, 교정 안과 밖에 범람한 현실 참여의 열기에 아랑곳하지 않는, 말하자면 일종의 초월적 공간으로 기억에 남아 있다. 필자는 국민학교때부터 고전 음악을 들으며 어린 시절의 꿈을 키운, 음악이 모국어

—————— **206 / 207**

가 된 음악의 영원한 연인이다. 정치적으로 매우 혼란한 사회에서, 지식 추구와 지성의 도야가 현실 참여와 대결하는 격전장이 된듯한 대학 문화를 경험하면서, 음악 감상실이 풍기는 초월의 분위기는 음악의 숭배자인 필자에게 많은 질문을 던졌다. 음악은 나와 같은 열정적 감상자들이 속한 이 사회에서 어떤 역할을 하는가?

음악뿐 아니라 다른 모든 예술도 개인의 경험 차원을 벗어난 사회적 역할이라는 측면에서 접근할 수 있다. 예술의 사회적 기능은 무엇이고, 예술에 대한 어떤 식의 경험이 감상자의 사회적 존재와 맞물리는가? 그리고 예술이 제공하는 미적 경험의 사회적 의미는 개개인의 삶의 의미와 어떻게 연관되는가?

필자는 곧 멀지 않아 추억이 가득한 교정과 어린 시절 꿈이 가득한 고국을 떠나 타향에서 박사 공부를 하게 되었고, 미국에서 손꼽는 미학자 중 한 분을 지도교수로 삼아 미적 경험에 대한 심리철학적 방법론으로 학위를 받게 되었다. 주제는 숭고함이었다. 오래전 대학 교정의 음악 감상실에서 들었던, 아니 그보다 더 오래전 아버지가 중동에서 일하시면서 보내주셨던 카세트 테이프를 틀어 들었던 베토벤과 슈베르트와 브람스의 음악들 모두 불변의 숭고한 음악으로 남아 있다. 숭고함은 무엇이고 어떻게 경험되는가? 이것이 학위 당시의 질문이다. 아직 미적 경험의 사회적 역할에 대해서는 접근할 기회가 없었다. 미국이라는 사회가 한국과 너무 달라서, 혹은 타향에서의 삶은 예상 못 한 무수한 다른 질문들을 끊임없이 불러일으키는 까닭일까?

그러나 삶은 투명하고 정직하기에 필자를 철학이라는 학문으로 인도한 대학 시절 그 강렬한 질문은 결국 나에게 다시 우연한 기회에 찾아왔다.

지혜에 대한 열정이 곧 '철학'의 의미임을 되새길 때, 철학이 우리 삶의 나침판이 된다는 것을 새삼 실감하게 된 것이다. 어떤 기회를 통해서 어떻게 질문이 발전되었는가? 이것이 이 글에서 전달하고자 하는 이야기의 시작이다. 숭고함이라는 미적 경험은 이 사회에서 어떤 실천적 역할을 하는가? 이 사회적 역할은 개개인의 삶의 의미를 찾는 여정과 어떻게 만나는가? 이 질문에 대한 접근은 개인의 미적 경험 그 자체에서 시작되고, 그 경험에 대한 철저한 분석을 통해서만 대답이 모색될 수 있다. 이것이 필자 이야기의 중추신경이 되는 논지이다.

2. 서문

에드먼드 버크는 18세기 미학사에 한 획을 그은 문학비평가이자 정치철학자이다. 버크의 『아름다움과 숭고함에 대한 관념의 기원에 대한 연구』[1] (이하 『연구』로 칭한다)는 미학의 논의를 수사학의 전통에서 벗어나 심리학의 주제로 변화시킨 촉매제가 되어, 3세기가 지난 현재에도 여전히 근대 미학의 핵심 저서로 남아 있다.

미적 경험이 어떻게 사실 인식과 지식 추구를 가능하게 하는가? 미적 경험을 통해 습득된 앎은 우리의 인성과 삶에 어떻게 기여하는가? 이러

---

1   Edmund Burke, *A Philosophical Inquiry into the Origin of Our Ideas of the Sublime and Beautiful*. Edited with an introduction and notes by James T. Boulton, Notre Dame: University of Notre Dame Press, 1968.

한 질문은 고대 철학 이래로 부단히 제기되어왔다. 18세기 독일에서 시작되어 철학의 한 분야가 된 미학은 미적 경험을 일으키는 대상에 대한 분석보다는 경험자의 심리적 그리고 인지적 관점에서 이 문제를 새롭게 조명하기 시작한다. 미학사를 조망할 때 버크의 공헌은 획기적이라 할 수 있다. 버크에 대한 연구와 논의는 최근 미학계에서 숭고함에 대한 포괄적인 연구가 크게 부흥하면서 더욱더 활발해지고 있다. 숭고함이라는 개념은 3세기경 고대 로마의 문장가로 추정되는 론지너스의 수사학 논고인 『숭고함에 대하여(Peri Hypsous)』의 라틴 원문을 프랑스의 비평가 부알로(Nicolas Boileau)가 17세기 말 불어로 번역하는 것을 계기로 근대 유럽에 널리 알려졌다.[2]

버크의 심리학적 접근은 18세기 초 영국의 극작가이자 비평가인 데니스(Dennis)가 숭고함을 수사학의 주제에서 미학의 주제로 전환시킨 이후 쏟아져 나온 많은 연구의 집대성이라고 할 수 있다. 물론 독일 비평철학의 전통에서 탄생된 칸트의 미학이 영국 경험론 전통의 미학과 쌍벽을 이룸을 간과할 수 없다. 다만 이 글에서는 양대 산맥에 대한 비교 성찰을 하기보다는 버크에서 결정화된 영국의 18세기 미학의 논의에 주목하도록 한다. 칸트에 대한 언급은 이글의 논지에 직접 관련된 부분을 제외하고는 향후의 연구주제로 다루기로 한다. 이는 칸트의 미학이 그의 비평철학의 전체적인 조망을 바탕으로만 이해되기 때문이고, 이 광대한 주제는 필자의 이 글에서의 의도를 훨씬 넘어서기 때문이다.

---

2 *Peri Hypsous*의 저자는 1세기경의 디오니시우스 론지너스로 추정되고 있으나, 정확한 역사적 기록에 대해서는 학자들 간에 이견이 존재한다. 브알로의 번역은 1674년에 발표되었다.

요점부터 분명히 밝히자면, 필자의 관심은 숭고함에 대한 철저한 경험적이고 심리학적인 분석이 어떻게 버크의 사회사상을 반영하는가이다. 버크는 현대의 우리에게 미학자로 인정되기 이전에 18세기 당대에 매우 영향력이 컸던 정치사상가로 알려져 있다. 그의 미학은 급격히 성장하는 자본가 계급의 사회적 영향력을 배경으로 탄생되었다 해도 과언이 아니기에, 심리학적으로 제시된 숭고함에 대한 이론이 어떻게 그의 사회의식을 반영하는가는 필수적인 연구이다.

이 주제에 접근하기 위해 다음의 세부 질문들이 제기된다. 첫째, 버크의 심리학적 미학이 어떤 방향에서 접근되어야 우리가 그 진면목을 제대로 보고 이해할 수 있는가? 이 질문은 다시 왜 아름다움이 아닌 숭고함이 버크의 미학의 핵심이 되었는가라는 두 번째 질문에 이어진다. 셋째, 미적 경험의 주체는 어떤 경험을 통해 숭고함에 이르며 이 설명은 기존 이론과 어떻게 구별되는가? 이 질문은 곧 숭고함의 경험이 당대의 정치, 경제, 사회, 문화, 철학의 기제에 어떻게 흡수되고 반응되는가에 대한 질문으로 이어진다. 네 번째는 버크의 숭고의 미학이 어떤 점에서 개인의 경험을 넘어 사회적 의식의 고양으로 발전할 수 있는지를 동정심의 개념을 중심으로 살펴본다. 마지막으로, 버크의 미학에 대한 사회사상적 조망이 21세기를 살아가는 현대인들에게 어떤 철학적 통찰을 가져다주는가이다. 한 개인의 미적 경험인 숭고함이 사회적으로 어떻게 의미를 부여받고 어떤 관점에서 사회를 반영하는가? 개인의 미적 경험의 사회적 조망은 개인과 사회의 인과적이고 역동적인 관계가 한 치 앞을 볼 수 없이 급격히 변화하는 현대 사회에 어떻게 설명되고 이해되는가의 문제이다.

현대 심리학에서는 숭고함과 관련된 또 유사한 사회성이 강한 감정에 대한 연구가 활발히 일어나고 있다.[3] 필자는 버크의 18세기의 미학과 사회 사상이 절박한 환경 위기, 팬데믹의 위협, 우리 삶에 점점 깊이 침투하는 인공지능의 시대를 겪고 있는 우리들의 황무지와 같은 정서에 어떤 통찰을 줄 수 있을까를 숙고하고자 한다. 무릇 모든 철학자는 세상에 던지는 질문으로써 우리의 마음에 등불이 되는 것에 그 몫이 있음을 상기해보면서 이렇듯 커다란 질문들을 독자들과 공유하는 것이다. 미적 경험은 사회의 변동에 대한 어떤 나침반을 우리에게 제공할 수 있는가? 그 나침반은 어디에서 찾을 수 있는가?[4]

3. 왜 숭고인가

버크의 『연구』는 18세기 영국 경험론적 미학의 역사에서 독보적이고 혁신적인 명저로 남아 있다. 놀랍게도 이 저서는 버크의 많은 저작 중 거의 유일한 철학적 저서이기도 하다. 단 한 권의 저서가 당대의 미학 논의에 거친 물결을 일으켰다는 것만으로도 버크의 사상적 깊이와 무게를 짐작할 만하다. 물론 그가 쓴 많은 다른 글들이 이 논고와 아무 관련이 없는 것은 절

3   캘리포니아의 버클리 주립대학에서 Greater Good Science 연구소를 관장하고 있는 심리학자 켈트너(Dacher Keltner)의 경외감(awe)에 연구를 대표적으로 꼽을 수 있다.

4   필자는 '나침반'이라는 표현을 숭산대사의 *The Compass of Zen*(숭산대사의 법문들을 그의 제자인 현각스님이 영문으로 번역한 것)에서 영감을 받아 사용함을 밝힌다.

대 아니다.

버크는 문학비평을 통해서 18세기 영국의 지성사에 등장하지만, 영국의 의회에서 활동한 현역 정치가로 더 잘 알려져 있다. 그의 『프랑스 혁명에 대한 성찰(Reflections on the Revolution in France)』(1693)은 오늘날까지도 보수주의 정치철학의 고전으로 남아 있다. 정치철학의 관점에서 버크는 많은 모순적인 사고에 휩싸인 비일관적이고 혼동스런 발의와 법안의 추진을 한 것으로 평가되기도 한다. 필자가 정치철학자가 아니기에 이에 대해 응답할 수 있는 혜안은 아직 없고, 버크의 정치철학에 대한 비판적 평가는 이 분야의 전문가에게 맡기기로 한다. 예를 들어 크램닉의 『에드먼드 버크의 분노(The Rage of Edmund Burke: Portrait of an Ambivalent Conservative)』[5]가 이 분야에서 잘 알려진 저서로 손꼽힌다. 또 영국 의회의 의원이며 철학자이기도 한 노먼(Jesse Norman)의 수필적 저서 『최초의 보수주의자 버크(Edmund Burke: The First Conservative)』[6]는 버크의 정치관을 보다 근본적인 한 인간의 관점에서 평가한 주목할 만한 글이다.

필자의 연구는 그의 미학이 그의 사회사상을 어떤 식으로 반영하는가에 대한 한 접근일 뿐이며, 더욱이 필자의 독자적인 이론을 성립하려는 것도 아니다. 기존의 문헌들을 토대로 가장 설득력 있고 사실과 잘 부합하는 현존하는 이론들을 재검토하여 독자들과 함께 공명할 수 있는 한 이해

---

5   Isaac Kramnick, *The Rage of Edmund Burke: Portrait of an Ambivalent Conservative*(New York: Basic Books, 1977).

6   Jesse Norman, *Edmund Burke: The First Conservative*(New York: Basic Books, 2013).

의 틀을 제공하는 것이다. 마치 울창한 원시림을 조심히 살펴 나올 수 있는 길을 제시하듯이. 비슷한 관심을 가진 다른 학자들이 다른 길을 제시할 수 있고, 그에 따라 버크의 미학에 대한 다른 접근이 물론 가능하고 새롭게 조명할 수 있다.

필자의 문헌적 출처는 첫째로, 그의 『연구』와 『성찰』을 꿰뚫어 보며 얼핏 비일관적인 듯이 보이는 이 두 저서에서의 버크의 사상이 사실은 버크 당대의 혁명적으로 혼돈된 정치, 경제의 불안정한 기류를 표상한다는 주장을 하는 퍼니스(Furniss)의 『에드먼드 버크의 미학적 이념(Edmund Burke's Aesthetic Ideology: Language, Gender, and Political Economy in Revolution)』[7]이다. 이에 퍼니스의 논변에 대한 의존을 먼저 밝히고자 한다.

퍼니스의 글보다 조금 먼저 발표된 드볼라(de Bolla) 『숭고함에 관한 담화(The Discourse of the Sublime: Readings in History, Aesthetics, and the Subject)』[8]는 경험의 주체에 대한 정치사회적 고고학이라고 할 수 있는 아주 날카롭고 흥미로운 저서이다. 그 논지가 꽤 깊고 상세한 관계로 통체적인 비평은 좀 힘들어, 퍼니스의 논점에 직접적으로 상관 있는 부분들을 엄선하여 살펴보겠다.

마지막으로, 비교적 최근작인 도란 (Doran)의 『숭고함에 대한 이론들:

7   Tom Furniss, *Edmund Burke's Aesthetic Ideology: Language, Gender, and Political Economy in Revolution* (Cambridge: Cambridge University Press, 1993).

8   Peter de Bolla, *The Discourse of the Sublime: Readings in History, Aesthetics, and the Subject* (Oxford: Basil Blackwell, 1989).

론지너스에서 칸트까지(The Theory of the Sublime: from Longinus to Kant)』[9]에 수록된 버크에 관한 논의는 그간에 나온 괄목할 만한 연구들을 포괄적으로 소개함과 동시에 도란 자신의 정치경제학적 조망이 어우러진 아주 중요한 연구로 꼽을 수 있다.

정치가였고 사회사상가였던 버크의 유일한 철학적 저서인 『연구』가 근대 미학에 한 획을 그은 점은, 그의 미학의 정치사회적 환경과 다감하면서도 열정적 성격의 학자로서의 그의 삶의 정신적 태반에 대한 의구심을 저절로 자아낸다. 거듭 말하면, 필자는 전기적 관점이나 기술적 역사의 측면보다는 한 사상가의 철학적 깊이를 그가 활동했던 정치사회의 기류에 비추어 가늠하는 것에 초점을 맞추겠다. 이것이 필자의 철학적 관심에 잘 부합하고 또 이 글에서 조명하는 미적 경험의 사회적 의미와 현실 참여의 촉매제라는 주제를 잘 드러내기 때문이다.

퍼니스에 따르면 버크의 이론이 17세기 말의 영국 혁명(Glorious Revolution, 1688) 이후 급격히 성장한 상인 계급의 부의 축적과 그에 따른 점증하는 과도 소비적 경제를 비판하는 것과 빠르게 성장하는 자본주의 산업 경제의 중추인 중산 계급의 근면하고 검소한 삶에 대한 지지를 아름다움과 숭고함의 두 상충적 경험으로 설명한다고 본다. 즉 버크는 아름다움을 축적한 부를 향유하고 삶을 나태하게 보내는 상인 계급과 그들과 밀접한 경제적 관계에 있는 기울어 가는 귀족 계급의 정신 상태를 상징하는 것으로 설정한다. 그에 반해 부상하고 있는 대규모 생산 경제에 선두에 서

---

9   Robert Doran, *The Theory of the Sublime: from Longinus to Kant*(Cambridge: Cambridge University Press, 2015).

는 자본가 계급과 그에 속한 노동자들의 생활 태도를 숭고함의 범주에 적용해 아름다움과 극명한 대조를 시킨 것이다.

버크가 보기에 아름다움은 사회적 성향을 강하게 띠는 경험으로 부드럽고 유연하고 크지 않고 순응적인 등등의 특성을 지닌 사물들이나 사람들(특히 여성)에게서 느껴지는 긍정적인 즐거움이다. 이에 비해 숭고는 고통을 유발하거나 공포심을 일으키는 대상들에서 시작되며, 이 때문에 전적으로 고통스런 느낌으로 찾아온다. 우리가 아름다움을 느끼고 즐거워하는 것은 사회적 동물로서의 우리의 삶에 기여하는 어떤 것들을 감지하고 인지하기 때문이라는 것이다.

전통적으로 사회의 근본은 이성 간의 결합에 있으므로 이성에 우리를 끌리게 하고 또 끌어당기는 속성들이 아름다움을 자아낸다고 볼 수 있다. 물론 이성 간의 어필은 생물학적 결합을 넘어선 사회문화적 행동 양식의 측면이 강하므로 딱히 사람의 무엇이 혹은 사람의 속성을 연상시키는 사물의 무엇이 아름다움의 원인인가는 규정하기 힘들다. 버크의 예들은 그가 살던 당시의 영국의 기호를 잘 반영할 뿐이다.

정작 흥미로운 것은 얼핏 미학적인 기호에 대한 논의 같아 보이는 『연구』의 아름다움에 관한 부분이, 당시 경제적 영향력이 컸던 상인 계급의 반사회적이고 반역사적인 성향에 대한 버크의 암묵적인 질타로 보인다는 것이다. 여기에서 즉각 반문이 제기될 수 있다. 왜 사회성 강한 속성을 향락과 나태에 빠진 부유층의 기호에 결부시키는가 하는 것이다. 아마도 향락과 과소비라는 것이 사회적 존재들에게서만 그 의미가 있어서일까? 로빈슨 크루소가 과소비에 대한 동기가 있겠는가? 이것은 자원이 없어서라기보다는 혼자인 무인도에서는 과시에 기반한 향락의 여지가 없기 때문이다. 과시는 타인들에게 잘 보이려는 것이고, 잘 보이려는 것은 결국 사회적 결합을 위한 것이니, 친사회적 속성들이 아름다움이라는 미적 기호의 옷을 입어 역동적 사회 변화에 저항하는 부유한 귀족들과 그들에 기생하는 상인층의 정신문화를 가리키는 상징이 된 것이다.

즐거움과 고통은 전혀 공통점이 없는 이질적인 느낌이라고 본 것은 그 야말로 버크의 독창적 사고이다.[10] 당시의 이론의 대다수는 즐거움과 고통이 상보적 관계에 있어, 고통이 감소하면 즐거움이고, 즐거움이 다하면 고통이라고 보았다. 고통도 즐거움도 아닌 중립적 상태가 세 번째의 경험이라고 보았으나, 이는 그저 이론적인 상태가 아닌가 한다. 살아 있는 모든 생명은 매 순간 어떤 방향을 향해 움직이고 변화함을 생각하면, 그때그때 느낌은 즐거움과 고통의 줄다리기 과정이라고 함이 사실에 잘 부합한다. (완벽한 중립은 죽음이 아닌가?) 이 논리에 따르면 고통을 유발하는 그 어떤 것들도 쾌락의 원천과는 철저히 분리된다는 것을 유추할 수 있다. 우리는 생존의 본능이 위협당할 때, 즉 죽음을 감지하게 될 때 공포를 느끼게 되고, 이 위협이 몸에 직접적으로 느껴질 때 심한 아픔을 느낀다. 이것은 생명체의 모두에게 공통인 진리이다.

버크는 이 공포와 아픔이 우리가 느낄 수 있는 감정 중 가장 강렬한 것으로 보았다. 정말 그런가? 이것은 버크의 급진적 경험론인 감각주의적 인식론을 상기하면 잘 이해된다.[11] 오감의 감각은 이성적 생각을 거칠 필요

---

10   Burke, *Enquiry*, 33쪽.
11   감각주의는 프랑스의 백과전서의 철학자인 콩디엑(Condillac)의 인식론으로 잘 알려져 있는데, 버크에게 직접적 영향을 주었는가는 연구되어야 할 문제이다.

없이 우리 몸에 사물에 대한 표상을 남긴다. 만약 누군가가 목에 총부리를 들이댄다고 해보자. 흄과 같은 연상주의 경험론자들은 극한적 위기감에 사로잡힌 후 곧 무언가를 연상하고 그것과 연관 지음으로써 생존의 위협 혹은 죽음의 감지 대신 다른 그 무엇을 생각할 여지를 가질 수 있다. 물론 이론적으로 말이다. '목에 칼이 들어와도 내 믿음을 수호하리라'라고 어떤 열사가 죽음의 가능성을 코앞에서 감지하면서 생각했다고 하자. 죽음에 대한 공포보다도 수호하려는 신념에 대한 염려가 더 강할 것이다.

버크는 이러한 가능성을 받아들이려 하지 않는다. 감각은 모두에게 공통적인 능력이고 이 감각이 직접 살아 숨 쉬는 몸에 각인하고 표상하는 것들은 그 누구에게서나 유사한 반응을 불러일으킨다. 이 점에서 버크는 뉴턴의 결정론적 과학관을 충실히 따른 사상가이다. 또 이 인과적 결정론을 바탕으로 미적 기호의 보편성을 설파하려고 시도한다.

그렇다면 숭고는 고통일 뿐인가? 버크 『연구』의 가장 괄목할 만한 점은 숭고함이 고통에 기반하면서도 어떻게 고통과 다른가에 대한 설명이다. 핵심을 말하면, 숭고를 고통의 완화로 보았다는 점이다. 먼저, 숭고는 미적 즐거움이라는 것을 잊지 말자. 아름다움도 즐거움이고, 숭고함도 즐거움이다. 절대 상보적이 아닌 전혀 다른 즐거움이다. 어떻게 우리가 느낄 수 있는 가장 강렬한 느낌인 공포가 즐거움으로 변모되는가? 어떻게 공포가 이완되어서 즐거움이 되는가? 근대 미학사의 긴 역사를 통해 이 질문은 인간의 철학적 욕구를 자극한 많은 질문 중 하나로 이 분야의 문헌에서 '비극의 즐거움(pleasure of tragedy)' 혹은 '즐거움의 역설(paradox of pleasure)'이라는 주제로 빈번히 논의되어왔다.

필자는 대학원 재학 중 버크의 이 이론에 깊이 이끌려 결국 박사학위

논문의 주제로 선택하게 되었다. 무엇이 그토록 엄청난 흡인력을 가지고 있는지는 지금도 궁금할 뿐이다. 대답하기 힘든 수수께끼(enigma)처럼 느껴진다. 숭고에 대한 심리적 설명은 다음 장에서 논하고 여기서는 어떻게 숭고가 신흥 부르주아 계급의 가치관과 생활 태도를 상징하게 되었는지에 집중하겠다.

피땀 흘려 일해본 적이 있는가? 한국말에는 등이 굽어져라, 혹은 허리가 굽도록 일한다는 표현이 있다. 죽을 힘을 다해서 몸을 움직여 무언가를 이루려고 해본 적이 있는가? 정도의 차이가 있지만 일은 많은 경우 고통을 수반한다. 장기적인 경우 신체적 통증도 종종 수반된다. 그러나 일은 어떤 목적을 전제로 하므로 목적이 성취되면 기쁨이 찾아온다. 그 목적이 예술 작품을 창조하는 것이든, 생계를 위해 노동을 하는 것이든 상관없이 느슨해졌던 신경을 긴장시키고 사지를 움직여 일하는 것이면 모두 처음에는 고통으로 시작된다.

버크는 이 명백한 일과 신체의 인과 작용을 신흥 부르주아 계급의 근면한 노동의 경제에 적용한다. 기존의 부를 낭비하면서 일상을 향유하는 귀족 계급의 기호는 작고 유연한 것에 끌리고 그들에 매혹되는 것으로 이해된다. 반면, 몸을 직접 사용해 힘들게 일함으로써 새로운 부를 창출하는 생산자 계급의 기호는 커다랗고 불분명하고 거칠고 때로는 목숨을 위협할 정도로 위험한 것들에 연관되고, 이들은 생각의 관여 없이 즉각적이고 때로는 격렬한 반응을 몸에 일으키기도 한다. 이러한 일련의 고통스런 감각들이 생존의 본능을 자극하게 되는 것이 숭고의 모태인 죽음에 대한 공포이다.

버크는 부상하는 경제 주체인 자본가와 생산 노동자들의 삶의 양태를 자못 영웅적이기까지 한 사회적 존재들로 접근한 것 같다. "축적된 부에 의존하는 안락한 삶 대신 죽음을 불사하고 새로운 삶의 경제적 원천을 개발하고 확대시키는 자들." 이런 식의 해석이 가능하다. 물론 개개의 노동자나 생산업 종사자가 영웅적이라는 것은 아니다. 영웅 자체가 신화적 개념이고 시대를 초월해 적용되는 느슨한 개념이다. 기억할 것은 정치경제의 역동적 기류를 미학의 개념으로 해석한 버크의 독창적 접근이다.

버크에게 숭고는 죽음에 대한 절절한 혹은 뼈저린 인지가 없이는 이해될 수 없는 경험이다. 이에 필자는 숭고를 가장 실존적인 감정으로 생각하고 버크의 통찰력에 크게 감복한다. 숭고는 우리에게 죽음에 대한 대면을 가능케 하는 고통스런 경험이다. 바로 이런 이유로 숭고는 생각하는 동물이라는 축복과 저주를 동시에 지고 살아가는 인간에게 가장 의미 있는 경험이다. 인간을 진정으로 인간답게 하는 경험이라고 할까? 죽음은 모든 생명이 직면하는 사실이지만, 살아 숨 쉬면서 죽음이 닥치기 훨씬 전에 이미 죽음에 대한 생각을 늘 삶의 한 곳에 지니고 사는 것이 인간이 아닌가? 이는 또 시간이라고 하는 생각의 틀에 의존하고 생각이 쉼 없이 흐른다는 인간 특유의 의식 작용에 기인한 것인데, 목숨을 위협하는 그 무엇이 당장 감각을 자극하지 않는 상황에서도 죽음에 대한 생각은 늘 우리 의식의 뒷전에 상주하는 말 없는 목격자처럼 자리 잡고 있다. 숭고의 경험은 우리 의식의 저변의 그림자와 같은 죽음에 대한 감지를 의식 전면에 불러 오는 경험이라고 할 수 있다.

이런 이유에서 숭고는 생명의 유한함에 대한 인간 특유의 통찰을 가능하게 하는 필수적 경험이라고 할 수 있다. 요즘 우리 사회는 인공지능 공학과 기술의 일취월장적 발전을 목격하고 체험하면서 인간의 본성은 무엇인가에 대한 심각한 논의를 진행하고 있다. 서울대 명예 교수이고 현재 한국포스트휴먼연구소의 소장인 백종현 박사님의 글 「인간 개념의 혼란과 포스트휴머니즘 문제」는 이 문제가 왜 철학 본연의 과제인지를 선명히 보여준다.[12] 필자는 이에 깊이 공감하면서 한편, 미학의 관점에서 숭고함에 대한 더 많은 연구와 논의가 우리 시대의 커다란 철학의 문제에 큰 공헌을 하리라 조망한다.

지금까지 퍼니스의 버크의 『연구』에 대한 사회적 해석을 간단히 살펴보았다. 무릇 어떤 이론도 그 이론의 주창자가 살았던 현실의 토양에 근거함은 자명한 사실이다. 버크의 경우 이것이 미적 기호 이론의 전면에 흐르고 있는 주제임을 부각시킨 것이 퍼니스의 업적이다. 한발 더 나아가 이 미학의 사회적 해석은 버크 자신의 인간으로서의 고뇌를 투영한다는 그의 혜안은 깊이 주목할 필요가 있다. 쉽게 말하면 버크의 이론에는 버크의 철학자로서의, 문학비평가로서의, 현역 정치가로서의 복잡하고도 다층적인 때론 서로 상충적이기도 한, 혁명의 소용돌이에서 격변하는 사회에서의 그의 입지를 생생하게 드러낸다는 것이다.

버크의 글 자체가 그 안에서 논의되는 숭고한 경험을 독자에게 일으킨다는 평가에 귀 기울일 필요가 있다. 이러한 평가는 버크의 후기의 명저인 『프랑스 혁명에 대한 성찰과 연구』에 대한 퍼니스의 비교적 연구에서 잘 드러난다. 이 후기 저작은 버크를 정치적 보수주의의 대부로 후세에 알려지

---

12   백종현, 「인간 개념의 혼란과 포스트 휴머니즘 문제」, 《철학사상》 58호, 2015.

게 한 중요한 글이다. 버크는 대영 제국의 식민지 정책에 대한 신랄한 비판자로 당대에 정치권에 혁명적 사상가로 잘 알려져 있다. 근대 여성주의 철학의 선구자라 할 수 있는 울스튼크래프트(Wollstonecraft)는 버크가 프랑스에 살았더라면 급진 혁명주의자들의 리그인 자코뱅의 일원이 되었을 만하다고 평가하기도 했다.[13] 그런 버크가 이 후기 저작에서는 프랑스 혁명의 가혹한 비판자로 나타난다. 어떻게 된 일인가?

언뜻 보기에 그의 정치적 성향과 지극히 상충하는 듯한 이 반전에 대해 퍼니스는 역동적 시대 자체에 내재한 심하게 불안정한 기류가 학자와 정치가로서의 버크의 인간적 고뇌와 혼돈에 그대로 반영된 것으로 분석한다.

20세기로의 전환기를 살았던 철학자 중 언어논리철학으로 명망이 높은 독일의 비트겐슈타인이 있다. 그는 인생의 후반에 언어의 의미는 구체적 삶에서 어떻게 언어가 사용되느냐의 문제라고 봄으로써, 언어는 세상을 그림처럼 제시함으로써 의미를 갖는다는 초기의 이론이 언어의 본성에 적절하지 않음을 시사하였다. 버크의 일견 모순적 관점의 전환은 비트겐스타인의 언어 철학적 전환만큼 의미심장하게 여겨진다. 흔히 선형적이고 결정론적인 과학적 세계관의 틀에서 일관성과 통일성이 이론의 장점으로 여겨지는 것을 상기하면, 전·후기를 비교해서 매우 상이한 혹은 상충적인 이론을 제시한 학자들은 우리로 하여금 그러한 비일관적 세계관을 담고 투영하는

---

13   울스튼크래프트는 버크의 성찰에 대한 대답으로 『인권의 정당함(A Vindication of the Rights of Men)』(1790)을 발표하게 되었다. 이글이 근대 여성 인권주의의 토대적 문헌인 『여성의 권리의 정당함(A Vindication of the Rights of Women)』(1792)의 근간이 되었다.

그들의 정신세계에 주목하게 한다.

필자는 이런 철학자들을 학자로서 매우 경외한다. 개인으로서의 숭상이 아니라, 한 개인의 삶에 현현되는 보편적 인간의 정신세계의 깊은 측면을 보여준다는 점에서 말이다. 퍼니스의 따르면, 버크는 프랑스 혁명의 급진적 사상이 불가피하게도 너무나 잔혹하고 과격한 반란을 초래함으로써 전제 군주제와 독재적 왕정에서 인류를 해방한다는 고매한 이념을 제대로 실현하기는커녕 사회 진보에 목마른 수많은 민중을 공포의 도가니로 몰아넣는 포악한 희비극이 되었다고 본 것이다. 아무리 이론적으로 옳다고 해도 그 이론을 현실화하는 과정이 비인간적인 포악한 행위들을 용납하고 장려한다면 누구든 한 발짝 물러서서 그 이론의 이성적 기반을 비판하지 않겠는가.

혁명에 반기를 들었다는 행동적 결과에만 주목해 보수 반동주의라는 단순화된 평가를 받게 된 버크의 상황은, 과연 무엇이 진실한 현실 인식이며 이 인식이 어떤 믿음과 행보로 나타나야 하는지에 대한 무거운 질문을 던진다. 정치적 관점은 사회 전체를 하나의 군집으로 파악하여 실제로 구체적 삶을 살아가는 개인들의 제각각 다른 세계관과 행동 양식을 고려하지 않고 추상적인 이론의 틀 속에서 평가되곤 한다. 예측 못 할 현실의 움직임을 불변의 법칙에 꿰맞추어 일사불란하게 설명하려는 것이 바로 뉴턴의 결정론적 과학관에 맹신하는 계몽주의의 시대적 한계가 아닌가.

마르크스의 공산주의적 이상적 경제 체제를 시도해보려 했던 20세기의 러시아와 중국의 사회주의 정권에 만연했던 인권 침해 문제, 양대 세계 전쟁의 와중에서 등장한 독일의 국수적 나치 정권의 유대인 학살 등 최근의 인류 역사에 남겨진 막대한 비극은 우리로 하여금 버크가 시기를 너무 앞서서 살았던 선지자적 철학자일 수도 있다는 생각을 하게 한다.

반민주적 정권에 대한 투쟁을 통한 대의적 사회 참여와 개인적 행복과 자아실현을 안주에 둔 순수 학문 추구 중 하나를 선택해야 한다는 논리적 오류에 가득 찬 이분법적 사고가 지배하던 1980년대 후반에 대학을 다녔던 필자는, 혼동과 오류에 가득한 듯한 버크의 정치적 의식이 대학 시절의 혼동과 의심에 가득했던 필자의 의식을 대변하는 것처럼 여겨진다. 어떻게 결정하고 어떻게 살아야 하는가를 함께 고민했던 절친한 친구들과 낮에는 마르크스의『공산당 선언』을 공부하고 저녁에는 니체를 읽으며 무엇을 나침판 삼아야 할지 모르는 황무지와 같은 삶에 막막해했던 기억이 생생하다. 더 정확히 말하면 막막함보다는 공포라고 해야 옳을 듯하다. 버크를 읽으며 그가 얘기하고 있는 공포심에 다시 젖어든다.

공포심이 버크 숭고 이론의 핵심임을 기억해보자. 그의 글이 숭고함을 일으키는 명작임을 실감하게 한다. 정치든 경제든 사회든 이 추상적 이름들은 역사의 소용돌이 속에서 살아가는 개개인 인간들의 경험의 총체이다. 만약 우리가 올바른 정치론, 경제론, 사회론을 성립하고자 한다면, 그 출발점은 지금 이 순간 호흡하고 말하고 행동하는 인간들의 생생한 경험들이어야 한다. 특히 학자 자신의 경험은 이론의 추상성이 구체적 삶에 어떻게 적용되는지를 가늠하는 잣대가 되고 이것은 학자의 선택이 아닌 불가피한 실존적 양상이라고 할 수 있다. 버크는 초기작인『연구』에서의 진보적인 세계관에 무색하게 후기의 저서『성찰』에서 반혁명의 입지를 설파한다. 이 아이러니는 시대를 정확하게 투영하려는 한 지식인의 진지한 의식 속에서 상충도 그 반대도 아닌 정직한 고백이라고 봄이 타당하다. 미적 경험에 대한 매우 급진적인 감각심리학적 접근이 왜 버크의 독창성과 천재성을 보여주는지 알 수 있다.

4. 숭고에 대한 심리학적 설명

허치슨(Hutcheson)에서 시작된 미적 기호(aesthetic taste)에 대한 각별한 주목은 이후 18세기 영국 미학의 수문을 활짝 열었고 이어지는 비평가들과 철학자들 간의 활발한 논쟁을 불러일으켰다. 허치슨은 '미적 기호'를 '아름다움을 지각하는 힘'이라 정의하여 17세기 말에 발표된 로크의 인식론의 영향을 보여주며 이 힘을 곧 내적 감각(internal sense)라 이름하여 외부 사물들을 향한 다섯 감각과 동렬에 놓고 인간 모두에 내재한 능력으로 이해하였다.[14] 특히 이 내적 감각은 사물에 대한 단순한 감각이 다양함에 내재한 통일성(unity among diversity)으로 이끌어지는 것에서 발현된다고 하였다.

허치슨의 궁극적 의도는 내적 감각을 도덕적 감정(moral sense)을 이론화하기 위한 매개적인 능력으로 보았다고 할 수 있다. 내적 감정이 미적 경험을 가능케 하고 미적 경험은 즐거움을 동반하고 즐거움은 우리의 어떤 고결한 욕구가 충족됨을 시사한다면, 그 욕구는 무엇인가를 물을 수 있고 또 무슨 이유로 이 욕구와 즐거운 감정이 연마되어야 하는지 물어진다.

허치슨이 이러한 일련의 심리적 작용을 인간 본연의 덕성에서 찾았다. 우리가 비극을 관람하면서 주인공의 불행에 대해 연민을 느끼는 것은 주인공의 덕성에서 아름다움을, 위대함 또는 비장함의 미적 경험을 하기 때문이며, 이것이 비극이 가져다주는 즐거움의 원천이라고 본 곳이다. 미적 기

---

14   Walter Hipple Jr., *The Beautiful, the Sublime, and the Picturesque in Eighteenth-Century British Aesthetic Theory*(Carbondale: Southern Illinois University, 1957), 25~36쪽.

호가 자리 잡은 내적 감각과 도덕적 감정은 상호적으로 작용한다고 볼 수 있다. 내적 감각을 순화해서 아름다움이 동반하는 즐거움을 잘 느끼게 되면 자연스럽게 인간의 덕성에 대한 인지가 쉽게 된다는 논리라고나 할까.

고대 희랍의 플라톤이 감정을 도덕 교육의 도구로서 불신하여 감정을 부추기는 예술가들, 특히 시인들을 국가에서 추방해야 한다고 본 점을 상기하면, 감정에 대한 역사적 평가의 흐름을 감지할 수 있다. 이에 비해 비극의 주인공에 대한 도덕적 연민이 바탕이 되어 관객이 공포와 연민을 느끼게 되고 이러한 감정이 도덕 교육에 필수적이라고 본 아리스토텔레스의 비극론은 여전히 근대 미학의 정신적 토대를 제공하는 토대로 남아 있다고 할 수 있다. 미적 경험을 통한 인성의 함양이라는 주제는 특히 숭고함에 대한 많은 논의에서 빈번히 등장한다. 필자의 논지인 숭고함이 어떻게 사회 참여의 촉매제 역할을 할 수 있는가도 이 논의의 일환이다. 그러나 필자는 도덕을 행동의 윤리를 넘어선 휴머니즘의 차원에서 접근한다.

미적 기호로서의 아름다움과 숭고함 그리고 후일 등장한 그림 같은 생생함(picturesque)에 대한 경험은 19세기 초에 대륙의 칸트 비평철학에서 체계적으로 집대성되기까지 많은 변천을 겪는다. 물론 아름다움을 비롯한 여타의 미적 가치는 고대 이래로 인간의 정신문화를 사로잡은 긴 역사를 가진 주제이다. 근대인의 관심을 그 이전의 관심과 구별 짓는 것은 바로 아름다운 어떤 것 혹은 숭고한 어떤 것보다는 우리가 아름다움을 또 숭고함을 어떻게 느끼고 인지하는가에 대한 전이에 있을 것이다.

이 점에서 애디슨(Addition)의 『상상의 즐거움』[15]은 이 근대인의 경험

---

15   Walter Hipple Jr., 13~24쪽.

의 본성에 대한 관심을 잘 대변하는 근대 미학 초기의 주요 저서로 회자되고 있다. 아름다운 그 무엇에서 미적 경험 자체로의 관심의 전환은 철학사의 획기적 변화 중 단연 으뜸이라고 필자는 생각한다. 자기 자신에 대한 앎이 가장 가치 있는 앎이라는 소크라테스의 시대를 초월한 충고가, 가치롭게 여겨지는 경험에 대한 탐구를 통한 인간 자신에 대한 탐구라는 근대인의 철학적 과제로 발현되었기 때문이다.

물론 아름다움이 우리가 가치롭게 여기는 경험의 전부이거나 아니면 최고라는 것은 절대 아니다. 아름다움이 아닌 다른 어떤 것일 수도 있었다. 아름다움이 미적 가치의 중추가 된 것은 역사적 우연일 수도 있고 학문적인 논의의 논리적 귀착일 수도 있다. 중요한 것은 즐거움을 일으키는 경험이 가치로운 것으로 주목되고 사물의 무엇이 즐거움의 원인인가보다는 인간의 어떤 심리적 과정이 사물과 감각적으로 접촉하기에 즐거움이 일어나는가가 학문적 논쟁의 핵심이 되었다는 것이다. 애디슨은 아름다움(beauty)과 더불어 거대함(greatness)과 비상함(uncommonness)을 상상력을 불러일으키는 미적 기호의 세 가지 종류로 보았다. 특히 거대함과 비상함에 대한 언급은 이후 활발하게 논의되는 숭고함을 예고한다고 할 수 있다.

고대 로마의 문장가 론지너스의 『페리 휩수스(Peri Hypsous)』가 불어로 번역된 이후 숭고함은 근대 서구 문학비평의 장에 활발히 등장한다. 18세기의 영국 비평철학에서 특히 숭고함에 대한 관심은 데니스(Dennis)에게서 극적 전환을 맞이하는데, 이는 그가 본격적으로 '즐거운 공포(delightful horror)'에 대한 논의를 시작함으로써 공포감과 숭고의 밀접한 관련에 주목했다는 데 있다. 데니스의 관심은 종교적인 것으로 절대자에 대한 경외감은 공포에서 시작한다고 보아 종교적 관념을 사변이나 이론이 아닌 감정의 측면에서 이해하려 한 것이다. 그는 밀턴(Milton)의 『실락원(Lost Paradise)』 (1667)이 종교적 관념이 불러일으키는 열렬한 감정을 아주 여실히 보여준다고 하였다. 이런 점에서 희랍 종교의 전통에 있는 론지너스의 숭고의 수사학을 근대의 기독교적 감성으로 대체시킨 것이라 하겠다. 이런 점에서 독자의 신심을 효과적으로 고양시키기 때문에 시학이 모든 예술 중 가장 으뜸이라는 생각도 잘 이해될 수 있다.

데니스는 여섯 가지 종류의 강렬한 감정, 즉 경외, 공포, 끔찍함(horror), 희열, 슬픔, 그리고 욕망이 철학적 또는 신학적 논변보다도 종교적 인간 교화에 훨씬 효과적이라고 보았다. 특히 공포가 가장 강한 감정이며 시인의 상상력의 정도에 따라 독자는 마치 동포의 대상이 눈앞에 있는 것처럼 여긴다고 하였다. 데니스는 미적 초월과 종교적 경험 간의 유사함에 주목한 것이고, 이 과정에서 공포에 자리 잡은 숭고함의 경험은 아름다움과 극명한 대조를 보인다고 한 점에서 후일 버크의 이론을 준비했다고 할 수 있다.[16]

버크는 영국의 식민지가 된 아일랜드에서 가톨릭 신자인 어머니와 영국 국교로 개종한 아버지를 두고 태어나 어릴 때부터 영국의 식민 정책이 초래한 사회 전반의 불화와 고통을 체험하며 자랐다. 변호사인 아버지는 버크 또한 변호사의 길을 걷기를 원해 버크를 영국에 보내 교육받게 했으나, 문학에 대한 특출한 재능과 관심은 젊은 버크를 연극 비평 저널의 작가로 사회에 첫발을 내딛게 한다. 결혼과 가정을 꾸린 이후 수입원에 전전하

---

16   Robert Doran, *The Theory of the Sublime: from Longinus to Kant*(Cambridge: Cambridge University Press, 2015), 125~133쪽.

던 차에 우연한 기회에 현지 정치인의 비서로 임용되어 정치계에 입문하게 된다. 이것이 버크의 삶을 문학비평에서 정치로 전환시킨 계기가 되었고 그는 정치철학자로 역사에 남게 되었다.

그는 영국 상원에서 휘그당원으로 활동하면서 많은 진보적 법안을 상정한 것으로 유명하며, 자국인 아일랜드뿐 아니라 인디아와 미국에 만연한 영국 식민 정치의 포악함과 잔혹함에 치를 떨며 신랄한 비판을 하게 된다. 비인간적이고 야만적이기까지 한 고문, 형벌, 빈곤하고 굶주린 농민과 가혹한 노동에 시달리는 도시의 인구들의 절박한 실상 등, 이런 극심한 고통에 대한 생생한 목격과 직접 간접적 체험은 버크의 정신생활을 가득 채우고 지배하게 된다. 우리는 여기서 왜 버크의 숭고에 대한 이론이 기존의 이론들과 구별되는 아주 독창적이고 획기적인 관점으로 가득차 있는지 감지하게 된다.

한 가지 더 기억해야 할 것은 '미학'이라는 철학의 분과는 버크 당시 존재하지 않았다는 것이다. 수많은 문학비평 모임들과 잡지들이 오늘날 우리가 칭하는 근대 미학의 근간이 된 것이고, 실제로 숭고에 대한 많은 학문적 연구는 지금까지도 철학보다는 영문학, 불문학 분야에서 많이 이루어진다. 이 점은 버크의 『이론』이 미학 연구를 의도해 집필된 것이 아니라, 당시 문학 비평에서 활발히 논의되던 개념들을 현실에 대한 분명한 목격과 뼈저린 체험을 바탕으로 재조명했다는 것을 알게 한다. 『이론』은 그의 학창 시절에 시작되어 10년여간에 걸쳐 완성되었으며, 잘 알려진 흄의 『미적 기호의 기준에 대하여(On the Standard of Taste)』(1757)와 같은 해에 세상에 나왔다.

2년 후에 나온 제2판에서 버크는 흄의 입장에 대해 반박하는 논지를 『연구』에 덧붙이게 된다. 여기서 버크는 미적 기호의 보다 보편적인 기반을 지지하는데 이것은 뉴턴의 결정론적 세계관과 그에 지대한 영향을 받은 로크의 인식론의 덕이라고 평가된다. 버크의 연구는 미적 기호에 대한 로크 전통에 기반하면서 한편 한발 더 나아간 급진적 심리학적 연구라고 함이 더 정확한 기술이 될 것이다. 『연구』의 정교한 심리학적 성격이 버크의 정신 생활을 지배했던 정치사회적 암울함의 투영이라는 점을 다시 한번 상기하도록 하자.

앞서 퍼니스의 해석을 통해 살펴보았듯이 버크는 아름다움과 숭고의 기호적 차이를 경제적 이해관계가 다른 사회 계층 간의 차이에 대한 심리학적 분석으로 접근한다. 아름다움은 상인과 귀족 계급의 취향을 대변하고 숭고는 신흥 자본가와 노동 경제 계급의 가치를 상징한다고 본 것이다. 이 저서에서는 숭고를 새로이 부상하는 산업 자본가 계급에 연관시키면서 이 계급에 대한 도덕적이고 사회적인 지지를 표현한다. 여기에서 숭고는 위험을 감내하는 영웅적이기까지 한 긍정적인 성격의 경험으로 제시된다.

그런데 『프랑스 혁명에 대한 성찰』에서 버크는 이 계급의 경제적 이해를 대변하며 사회의 혁명적 전환을 부르짖는 정치 세력의 포악함과 잔인함에 치를 떨면서 혁명의 물결에 반기를 들게 된다. 그의 정치적 입지의 측면에서만 보면 이는 분명히 반전이고 모순적이다. 그러나 이 정치적 관점이라는 표면의 이면에는 버크의 지성사를 일관하는 심리학적 투명성이 있다. 즉 자신의 체험에 대한 철저한 신뢰를 바탕으로 현실을 냉철하게 인지하고 대응하려 한 점이다. 그의 전·후기의 상이한 정치적 행보는 식민주의와 그에 저항하는 독립을 향한 이곳저곳에서의 몸부림을 목격하고 얻은 뼈저린 체험이 불러온 불가피한 선택이었던 것이다. 버크의 생의 중심에 있던 경험은 아마 공포가 아니었을까 한다. 영국의 식민지가 되어버린 조국 아일랜드를 비롯해 인도와 신대륙 여기저기서 쏟아져 나오는 독립과 혁명의 아우성들, 그리고 그를 제어하는 포악한 정치력의 난무 속에서, 버크는 당시 많은 사람의 정신적 대변인이었을지도 모른다.

필자의 기억 속에도 당시 정권의 비민주적 통치에 저항하던 소위 '운동권'이라 불리던 수많은 대학생이 얼마나 언제 체포되어 심문받고 투옥될지 모르는 극심한 불안과 공포 속에서 학교생활을 했었는지 생생하게 기억한다. 그 당시의 경찰은 사복 경찰이라 하여 유니폼 없이 일반인들의 옷을 입고 교정에 잠복해 있었기 때문에, 바로 옆에 앉은 학생인 듯한 어떤 이가 경찰일지도 모른다는 의구심에 말도 함부로 하지 못하며 서로 눈치를 보던 기억들이다. 거리의 시위자들에게 던져지던 최루 가스는 '공포탄'이라고 불리기도 했다. 세상을 투명하게 이해하고 세상 속에서 의롭게 살고자 불타는 의지를 지는 많은 젊은이에게 공포는 아주 일상적인 감정이었던 때였다.

그렇게 무서운 공포는 도대체 어떻게 즐거움을 불러오며 숭고함으로 경험되는가? 이것이 버크 『이론』의 핵심이다. 이 물음이 묻기에 가장 좋은 곳을 찾아 먼 길을 온 것 같기도 하다. 우리는 위험한 것에 대면하면 겁을 먹고 도망칠 곳을 찾는다. 도망갈 용기와 힘조차 없이 만들어 우리를 위협하는 것에는 공포만 남는다. 탈출의 가능성이 완전히 없다고 판단되면 우리는 절망하게 된다. 공포는 겁과 절망의 중간에 있다. 도망치려 하면 가능할 수도 있는데 이는 필사적이고 심지어는 영웅적인 용기와 사투에 대한 결단력이 요구된다.

따라서 여기에는 우리의 선택의 여지가 있다. 사투해서 위기를 극복할 것이냐 아니면 불확실한 귀추에 맡겨버릴 것인가? 공포는 이렇듯 우리의 생존 의지의 한계를 직면하게 하는 매우 중요한 감정이다. 죽음이 닥칠지도 모른다는 직관적 인지, 즉 논리나 유추의 이성적 생각을 거치지 않고 즉각적이고 우리의 몸과 마음을 통째로 흔드는, 모든 감정 중 가장 강렬한 감정이다. 결정론적 사고에 깊이 영향받은 버크는 모든 인간은 매우 유사한 양태로 공포를 경험한다고 보았다. 중요한 점은 공포를 전적으로 고통으로만 보아 그 어떤 긍정적인 감정의 결여가 아닌 그 자체의 무게와 느낌의 증폭을 가진 감정으로 보았다는 것이다. 이는 기쁨과 고통을 상대적으로 설명했던 로크의 생각과 차별되는 것으로, 이러한 버크의 독창적 사고는 『이론』의 논지의 근간이다. 이 때문에 공포가 어떻게 숭고라는 즐거움의 원천이 되는지에 대한 끊이지 않는 논의를 자아내게 된 것이다.

자세히 귀 기울여 보면 이 질문은 경험적으로 우리가 경험할 수 있는 가장 강렬한 고통인 공포가 어떻게 즐거움으로 변화되는가뿐 아니라, 더 의미심장한 관점에서 어떻게 고통을 즐거워할 수가 있느냐는 도덕적인 문제를 향해 우리를 이끌고 있음을 알 수 있다. 얼핏 상반된 경험의 접목 자체도 매우 흥미로운 주제이지만, 이것이 함축하는 도덕적 문제는 가히 우리의 철학적 탐구심을 크게 자극하기에 충분하다. 이 도덕적 함축에 대해서는 이 글의 6절에서 기븐스의 깊은 통찰이 묻어난 역저 『에드먼드 버크와 아일랜드』[17]에서 제시된 해석에 의거해서 다루도록 하겠다. 그전에 먼저 버크의 심리학적 설명을 다음 절에서 상세히 조망해보자.

---

17   Luke Gibbons, *Edmund Burke and Ireland*, Cambridge: Cambridge University Press, 2003.

5. 숭고의 효율적 원인(efficient cause)

버크의 『연구』는 아름다움과 숭고함의 경험이 사물의 어떤 특성들에 기인하며 이 특성들이 어떤 심리적 과정을 거쳐 미적 즐거움을 일으키는가에 대한 상세한 설명을 제공한다. '효율적 원인'은 요즘의 용어로 하면 인과관계 즉 어떻게 원인이 결과를 낳는가에 대한 설명이다. 버크 당대의 대부분의 미학자들, 즉 문학비평가들이 흄의 철학을 통해 집대성된 연상주의(associationism)에 기반했는데, 버크는 보다 직접적 경험론인 감각주의(sensationism)에 기반하고 있다는 점을 주목해야 한다. 공포와 같은 강렬한 감정은 유사한 다른 관념과의 연관 없이 우리 몸에 직접 생리적·신경적 변화를 초래한다는 생각이다. 외적 사물에 대한 감각이 마음을 통해 관념들로 바뀌고 그 관념들이 연상 작용을 통해 엮여 생각이 된다는 고전적 경험론의 연상심리학 대신, 감각주의는 사물에 대한 감각 그 자체가 마음이라는 매개 없이 우리의 경험에 각인되어 표상된다는 매우 급진적인 경험론이라 할 수 있다.

비록 초보적이긴 하나 신경생리학적 설명을 한다는 것은 버크의 입지인 과학적 결정론의 영향이라고 하겠다. 버크는 인간의 공통적 감각 구조 및 작용, 유사한 심리적 반응 양상에 대한 깊은 믿음이 있었던 것으로 보인다. 이것은 결정론에 대한 인도적 해석을 가능하게 한다. 개인의 관점에서 보면 과학적 결정론은 자유의지를 부정하는 반갑지 않은 세계관인 듯하나, 인간 전체를 두고 보면 우리는 우리 자신의 고통을 통해서 다른 이의 고통을 이해할 수 있고 또 다른 이의 고통을 우리 자신의 것처럼 느낄 수 있다는 함축에 이를 수 있다. 고대 중국의 유교 철학자인 맹자의 인도적 사상을 떠올리게 하는 부분이다. 맹자는 타인을 마치 자신의 연장으로 보는 자비심이 인성에 내재한다고 보고 인간은 본래 선하다고 주장한다. 우리는 성장 과정을 통해 내재한 이 자비심을 충분히 발달시키기도 하고 혹은 발달을 저해하는 환경에 처하기도 한 이유로, 저마다 다른 인성을 지니고 윤리적으로 천차만별의 행동을 하게 된다. 바로 여기에 교육의 가치가 있고 자비심에 기초한 사회 성립이 가능하다고 본 것이다. 인간은 모두 외적 사물에 대한 감각적 반응 양상이 유사하고 또 반응은 즉각적으로 몸에 각인된다는 버크의 생각을 맹자의 윤리학에 비교함은, 버크의 사상에 깊이 스며있는 윤리적 측면을 강조하기 위함이다.

그 무엇인가가 우리의 생존본능을 자극하게 되면 우리 몸의 교감신경은 비상 사태를 선고하고 몸에 비축된 모든 에너지를 동원해 극한의 상황에 대비할 준비를 한다. 야생의 동물이 먹이를 쫓아 달려오는 맹수를 알아채고 달아나는 상황을 상상해보자. 신경생물학자 사폴스키(Sapolski)가 말한 대로 이것은 최악의 스트레스 상태로 우리 몸의 항상성이 붕괴의 위기이다. 이때 우리 몸은 내재한 방어망을 불러일으키고 아드레날린을 분비해서 위협에 대응할 태세를 갖춘다. 이 위협을 피해 안전한 곳에 대피하거나 이 위협이 사실이 아님을 알게 되면, 우리 몸의 극한적 방어 태세는 곧 이완되기 시작한다.[18] 이런 경험을 누구든 한 번쯤은 겪어본 적이 있을 것이다.

---

18   Robert Sapolsky, *Why Zebras Don't Get Ulcers: The Acclaimed Guide to Stress, Stress-related Diseases, and Coping.* New York: St. Martin's Griffin, 1994. 사폴스키는 이 책에서 위협이 사라진 후에도 심리적으로 계속 방어 상태를 유지하는 인간의 습성이 많은 질병의 원인이 된다는 것을 다른 동물들과의 비교 연구를 통해서 제시한다.

버크는 공포로부터의 이러한 이완의 경험을 기쁨(delight)이라 칭하고 이를 숭고의 심리적 성격으로 이해한다. 극한 긴장으로부터의 이완은 위협에 대처하기 위해 동원되었던 전력의 에너지가 다시 본래의 자리로 돌아가는 것이고 이 과정에서 우리는 안도감과 어떤 충만감을 느끼게 된다. 이것이 기쁨이다. 이 기쁨은 적극적 즐거움과는 분명히 차별되는 것이고, 혹자는 이런 안도감이 과연 즐거움으로 느껴질까 하는 의구심도 들 것이다. 이것이 필자가 심리철학에 발을 들여놓게 된 동기 중 하나이다. 숭고는 인간의 심리 현상의 미묘한 현현을 잘 대변해준다. 그러나 여기서 '기쁨' 혹은 '즐거움'과 같은 말들에 너무 얽매이면 안 된다. 적극적 즐거움과 혼동될 가능성이 크기 때문이다. 숭고는 고통과 공포에서 출발함을 잊으면 안 된다. 여기에 숭고의 가치가 있다.

고통이 기쁨으로 전환되는 것에 대한 버크의 설명은 물론 일관적인 것은 아니기 때문에 학자들 간에 논란의 대상이 되었다. 일상에서 느낄 수 있는 숭고와 특별한 미적 체험으로서의 숭고 간의 차이도 분명히 제시되지 않는다. 이를테면, 아주 사실적인 연극이 관객들에게서 공포를 자아낸다고 하자. 관객의 입장에서 공포는 쉽게 안도감으로 바뀌고 잠시의 강렬한 공포를 대가로 연극 관람의 즐거움이 증가된다. 그러나 아무리 연극이 공포의 도가니를 제공하는 훌륭한 작품이라고 하여도, 실제 세상에서 벌어지고 있는 공포만큼 더 강하게 우리의 시선을 붙잡는 것은 없다고 주장한다. 이것은 순전히 버크의 관찰의 결과이고 논리적으로 강한 견해는 아니다. 예술적 재현이 현실 자체보다 더 강한 감정을 불러일으키는 경우가 비일비재하기 때문이다.

버크의 이 논지는 예술 작품이 일으키는 숭고와 실제 사건이나 경험이 일으키는 숭고가 모두 동일한 심리적 과정에 의한 것임을 함축하는 것이라고 생각하면 될 것 같다. 그 동일함은 예술 작품을 감상하는 관객의 입장과 실제 벌어지고 있는 상황의 목격자 모두에게 적용되는 안전함(safety or security from harm) 혹은 동떨어짐(detachment)이라는 심리적 거리(psychic distance)에 있다. 누군가 칼을 목 앞에 들이대는 것 같은 느낌이지만 사실 우리에게 들이댄 것이 아니다. 총부리가 목전에 있는 것 같아 숨조차 쉴 수 없는 듯해도 사실은 아무도 우리를 흉기로 위협하지 않는다. 이렇듯 숭고는 직접적인 위협의 원인에서 한 걸음 물러나 목격 혹은 관조할 수 있는 공간을 필수 조건으로 한다.

설령 우리가 생사의 갈림길에 있었다 하더라도 이 위기를 모면해서 깊은 안도의 숨을 쉴 수 있게 된다면, 우리는 이미 우리에게 일어난 끔찍한 일의 목격자가 되는 것이고 이렇게 될 때 기쁨을 느끼고 숭고를 경험하는 것이다. 이렇듯 공포의 대상에서 조금 동떨어져 관조할 수 있는 심리적 여유는 버크의 이론에서 아주 핵심적 부분이며 이것에 대한 정확한 이해야말로 버크의 얼핏 비일관적으로 보이는 정치적 노선을 관통하는 일관적 세계관, 윤리관, 그리고 이들에 기반한 인간의 심리적 본성에 대한 그의 혜안을 엿보게 하는 길이 된다.

6. 경험의 사회성: 동정심과 숭고함

안도감은 의심의 여지 없이 긍정적인 상태이고, 위협의 정도가 심할수록 그 기쁨도 증가한다. 따라서 숭고는 상대적 즐거움이다. 죽음이 문턱에 있는 듯함을 관조할 수 있는 어느 정도의 마음의 평정은 여전히 공포에 대한 몸서리치는 기억을 마치 그림자처럼(tranquility shadowed with horror) 동반한다.[19] 그러나 이러한 지극히 생리학적인 설명은 숭고의 사회적 의미를 드러내지 못한다. 공포의 근원에서 한 걸음 물러서서 관조할 수 있다는 것이 꼭 기쁨으로 느껴져야 하는가? 이 기쁨이 긍정적 즐거움, 즉 우리의 사회적 존재감을 돈독히 하고 이 사회성을 향유하는 것에 관련된 즐거움이 아닌, 그 반대로 우리의 존재의 위기를 불러오는 무엇인가에 의거한 것이라면, 이러한 극한 상황을 관조한다는 것은 우리에게 어떤 의미가 있는 것인가?

필자는 이에 대한 답을 동정심(sympathy)의 개념에서 찾고자 한다. 기브스는 『에드먼드 버크의 아일랜드』에서 버크의 숭고 미학을 스코틀랜드 출신의 도덕철학자이자 초기 자본주의 시장경제의 대부인 경제학자 스미스의 도덕적 감성과 비교 연구하면서, 버크의 이론에 함축된 동정심에 대한 조망이 스미스의 편견 없는 '관객(impartial spectator)'의 개념에 기초한 동정심과 어떻게 다른지를 분석한다.

우선 동정심은 버크의 『이론』에서 아름다움과 숭고 모두에 적용될 수 있는 개념으로 제시된다. 언뜻 보기에 동정심은 한 사회 안에 공존하는 개인들 간의 응집력을 촉진할 수 있는 사회성이 아주 강한 습성으로 보인다. 타인에 대한 동정심이 강할수록 심리적·도덕적 연계감이 강해지기 때문

---

19 "We have on such occasions found the temper of our minds in a tenor very remote from that which attends the presence of positive pleasure; we have found them in a state of much sobriety impressed with a sense of awe, in a sort of tranquility shadowed with horror." Burke, ibid. 34쪽.

이다. 사회적 응집력을 촉진하는 사물이나 사람들의 성향이 아름다움으로 대표되는 적극적 즐거움을 일으킨다는 것을 상기하면, 동정심은 적극적 즐거움의 원인이 되고 또 우리를 보다 더 동정심 많은 개인이 되도록 동기 부여를 할 수도 있다. 이것이 바로 스미스의 도덕 감성의 기본이 되는 긍정적 동정심이다.

다시 말하면, 우리에게는 다른 이들의 강한 사회적 속성을 고무적으로 받아들이고 모방하려는 습성이 있다. 낯선 사람들이 많은 파티에 초대되어 모두와 잘 어울리려고 말도 걸어 보고 남의 말에 응해보려고 노력해본 적이 있는가? 늘 아주 사교적인 사람들이 있는 반면, 어색해 하며 무엇을 해야 할지 모르는 사람들도 있다. 만약 전자의 부류의 사람들을 부러워하면서 '어떻게 하면 저렇게 사교적이지' 궁금한 적이 있다면 이게 바로 긍정적 동정심의 한 예라고 할 수 있다. 감탄에 그치지 않고 심지어는 모방하려는 마음도 생긴다. 여기에서 낯선 사람들과의 대화술을 다른 이들의 경제적 성공 혹은 경제적 윤택함으로 대치하면 우리는 곧 스미스의 동정심에 대한 관점에 서게 된다.

산업 경제의 생산적 활동으로 부를 축적했다는 것은 사회적 성공으로 여겨져 같은 경제 체제에 속한 모든 이들을 고무하는 아주 긍정적인 속성으로 여겨진다. 이 사실은 21세기에도 그대로 타당하게 들리며, 경제력 있는 자에 대한 상대적으로 경제력이 부족한 자들의 모방적 성향은 자본주의의 물질 생산 중심의 경쟁 사회가 지속되는 한 계속될지도 모른다. 스미스는 이러한 긍정적 동정심, 즉 사회에서 칭송되는 무언가를 가진 것에 대한 단지 경제를 넘어선 도덕적 긍정의 표현은 개개인의 천차만별인 성향과 관심, 편견 등에서 자유로운 비편견적 관객의 관점에서 이상적으로 찾을 수 있다고 보았다. 개개인의 상이한 가치관 혹은 세계관은 무시된 채로 추상적이고 이상화된 어떤 경제 주체의 이미지인 것이다. 스미스는 이런 경제 주체가 느끼는 동정심이 사회를 끊임없이 진화시키는 원동력이 된다고 본 것이다.[20]

버크의 경우는 사뭇 다르다. 그는 부정적 동정심, 즉 무엇인가가 심하게 결여된 상태를 향해 동정심이 발동할 수 있다고 봄으로써 동정심이 숭고함에도 그대로 적용된다고 본 것이다. 이를테면 포악한 정치 권력의 영향 아래 힘없이 고통받는 사람들, 정치적 학살이나 고문에 시달리는 공공의 적, 혹은 자본가의 비인간적 대우에 힘없이 순종하는 생산 경제의 말단에 있는 노동자들, 심지어는 말 못 하는 짐승이라는 이유로 인간의 잔인하고 비인도적 처리에 고통받는 짐승들에게까지 동정심은 무한히 발현된다.[21] 이는 의심의 여지 없는 인간의 본성일 것이다.

필자의 생각은 스미스적 긍정적 동정보다는 버크가 주목한 부정적 동정심의 경우가 훨씬 더 강력한 것이 아닌가 한다. 이는 전자가 종종 질시나 시기, 상대적 자기 비하 등의 부정적 태도로 이어져 개인적 선택의 문제로 남는 것에 반해, 후자는 도덕적이기 때문이다. 우리는 고통 받고 아픔 느끼는 사람들을 보면 우리 일처럼 즉각 반응하는, 암묵적으로 윤리적·도덕적 판단을 지니고 있다. 도덕적 판단은 개인의 선택과 취향의 문제를 넘어 보다 보편적인 동기 부여와 행동에 대한 방향을 제시한다. 따라서 누군가의 곤경에 대한 동정심을 느끼면서도 아무런 행동적 동기를 갖지 않으면 우리

---

20   Gibbons, ibid., 92~98쪽.
21   Gibbons, ibid., 98~107쪽.

는 윤리적인 비판의 대상이 될 수도 있음을 말해준다.

맹자의 글에도 이런 인간 본성을 잘 예시하는 이야기가 나온다. 물에 빠져 허우적거리는 어린아이를 보는 순간 우리는 이런저런 생각 제쳐두고 구조하려고 뛰어든다는 것이다. 이것이 바로 동정심의 발로이다. 남의 곤경을 측은히 여기는 것을 넘어 직접 구조하고자 하는 의도를 보이고 이 의도를 행동에 옮기는 것이다. 이것을 불교에서는 자비심이라 한다. 측은지심, 즉 동정심이 고통의 완화라는 행동 의지로 이어지는 것이다. 필자는 버크의 숭고에 내재한 부정적 동정심에 대한 논의가 숭고를 동정심을 넘어서는 자비에 대한 촉매제가 될 수 있음을 주장하고자 한다. 이것이 이글의 중추신경의 역할을 하는 논지이다.

기븐스는 버크의 동정적 숭고함을 어떻게 해석하는가? 단지 동정심만을 일으키는 정도의 관조적 태도인가 혹은 목격한 고통에 대한 적극적 대처의 가능성을 암시하는가? 스미스의 긍정적 동정심이 영국의 식민 정책에 대한 정서적 지지와 식민지에서 벌어지는 온갖 탄압과 폭력에 대한 방조와 굴복을 강요하는 이념적 도구가 되었음에 비해, 버크의 동정심은 폭정에 시달리고 희생되는 개개인의 참혹한 경험에 주목함으로써 표면에 나타난 친사회성의 이면에 상충적인 실천적 메시지를 전달한다는 것이 기븐스의 커다란 통찰이다.

그는 버크의 이론을 '동정적 숭고(sympathetic sublime)'라 칭하고 식민 사회의 전반에 만연한 공포의 정치 기류 속에 일생을 보냈던 버크의 인간적 고뇌가 그의 이론에 그대로 투영되었음을 강조한다. 이 점에서 기븐스는 퍼니스의 해석과 맥락을 같이 한다. 미적 기호라는 특별하고 가치 있는 경험에 대한 분석과 설명이 버크의 사회적 존재로서의 뼈저리도록 생생한

직·간접 경험에 그대로 맞물려 있다고 본 것이다.

정치적 관점의 차이나 사회경제적 입지의 차이를 떠나, 나와 마찬가지로 호흡에 의존하는 생명을 가지고 단절되지 않고 계속 유지되는 삶에 대한 본능으로 매 순간을 의식하는 한 개인이 이 의지와 의식에 반전되는 폭력과 탄압에 처한 것을 직접 눈으로 보고 그 절규를 직접 귀로 듣는다면, 우리는 어떤 반응을 하게 되는가? 고통에 처한 그 사람이 누구인지 정치적·사회적·경제적인 면에서 내 편이지 아닌지, 관심 보일 만한 이유가 있는지, 없는지 그런 이성적 따짐이 일어나기 전에, 그 참혹함에 몸서리치고 마음이 편치 않음을 느끼지 않는가? 이것이 근본적 동정심의 발로이다. 동물적인 몸의 반응, 그것이 직접적 아픔이고 공포이다. 삶의 유지에 대한 의식적 무의식적 의지가 있는 모든 생명체는 그런 의지에 반하는 위험에 대한 공포를 공유한다.

버크는 이렇듯, 감각주의적 심리학과 신경생리학적인 매우 급진적 경험론(경험의 기초를 생명적 본능에 두었다는 점에서)에 입각해, 타인을 향한 동정심은 숭고함에 불가결한 동반자임을 보여준다. 이 동정심이 바로 상대적 즐거움(negative pleasure)이라 칭한 숭고한 기쁨(delight)인 것이다. 여기서 기쁨은 무엇을 향유하는 것에 있지 않고 아주 중요한 무엇이 결여된 것에 대한 깊은 관심과 성찰에 있다. 이 때문에 버크는 숭고를 끔찍함을 배후에 그림자처럼 지닌 평정심이라고 아주 적절히 표현한 것이다.

'아이구, 끔찍해라. 어떻게 저런 일이 일어날 수 있는가? 나도 비슷한 사람이고 특별한 초능력이 있는 것도 아니니, 내게도 일어날 수 있겠구나. 어떻게 해야 이런 일이 일어나지 않을까?'와 같은 생각을 한 번쯤 해본 사람이라면 동정심이 어떻게 일어나는지 알 것이다. 이와 같이 동정심은 나와 남이 모두 유사한 고통에 처할 수 있다는, 그렇기 때문에 고통을 극복하는 책임은 모두의 몫이라는 강한 윤리적 가르침을 전한다. 이러한 자각이 곧 상대적 즐거움 또는 기쁨이라 여겨지는 것이다. 필자는 이것을 숭고의 즐거움에 대한 사회적·도덕적 해석으로 본다.

7. 맺는말: 숭고한 지혜와 사회 참여

진정한 사회 참여는 개인의 뼈저린(visceral) 경험에 기반할 때 의미가 있다. 사회적 존재인 인간은 우리 개개인의 살아 있는 몸 전체를 통해 감각하고 지각하고 느끼고 생각하는 그 진지하고 치열한 과정을 통해 사회에 참여한다. 몸을 이루는 세포 하나하나가 모두 깨어 있어 세상과 교감함으로 온전히 사회적 존재가 되는 것이다. 시공간 어디에 있느냐가 참여를 결정하는 것이 아니다. 민주화 열사가 뼈저리게 느꼈던 고통받는 무수한 생명들을 향한 자비심을 되새기며 그들을 경건히 추모한다. 그들의 자비심을 그들만큼 느꼈더라면, 추모제를 그저 지켜보는 것이나 그것을 뒤로하고 강의실로 향하는 대신, 그들이 도우려 했던 많은 중생의 고통을 내가 직접 귀기울여 들으려 했을지도 모른다. 어디에서 무엇을 듣느냐는 부차적이다. 어떻게 듣느냐가 초점이다.[22] 숭고한 음악이 가득한 음악 감상실에서 마치 세

---

22 자비심은 바늘끝처럼 날카로운 통찰과 결합되어야만 비로소 옳바른 행동의 지침이 될 수 있다는 숭산대선사의 가르침이, 섣부른 사상이나 이념에 사로잡혀 생명이 요동하는 이 무엇인지 헤아릴 수 없는'나'로의 깊은 침잠없이 무

상의 번뇌에 초연한 듯 삼매에 들어 경험했던 그 소리들도, 베토벤과 슈베르트와 브람스의 예술혼을 통해 표현된 우리 모두의 가슴에 흐르는 자비의 소리일 수 있다. 우리의 몸이 온전히 깨어 있기만 하다면. 필자는 대학교 신입생의 몸과 마음을 많이 어지럽게 했던 그 음악 감상실이 그립다. 그 교정과 그 모든 번뇌가 다시 가슴에 사무친다. 이것이 다름 아닌 숭고함이라고 말하고 싶다. 시간의 무상함을 초월한 숭고한 음악과 같은 우리 가슴에 꺼지지 않고 살아 있는 모든 유한한 존재에 대한 자비심이다.

필자는 이 글을 통해, 숭고함이라는 미적 경험이 죽음에 대한 관조를 가능하게 함으로써 모든 생명체의 가장 원천적이며 궁극적 경험인 죽음이 어떻게 삶에 융합되어야 하는가에 대한 명확한 인식을 가능하게 한다는 것을, 18세기 영국의 식민과 혁명의 소용돌이에서 살았던 버크의 이론을 통해서 조명하고자 했다. 아울러 죽음에 대한 진지한 성찰과 이것이 우리 삶에서 차지하는 역할을 인지함은 죽음이 일으키는 공포에 의해 고통받는 많은 생명체에 대한 진지한 자비심을 일으켜 현실 변화의 촉매가 될 수 있음을 살펴보았다. 이를 통해 미학의 논의가 사회 참여의 의지와 무관하지 않음을 제시하려 했다.

미적 경험은 깊은 명상의 일종이다. 명상은 실제를 그대로 드러내어

모히 행동하려는 과격주의자들이 아주 소중한 약이 된다고 느낀다. "Keep a mind that is clear like space, but let your mind function like the tip of a needle. From moment to momen, perceive your correct situation, correct relationship to that situation, and correct function. Buddhist teaching is about expedient means, which is another name for compassion." Seung Sahn, *The Compass of Zen*, 234쪽.

지혜를 이끌고 지혜는 자비를 길러낸다. 명상과 같은 미적 경험은 실제를 그대로 드러내고 이 지혜는 자비를 길러내어, 관조와 현실 참여가 통합 가능성을 제시한다.

필자는 올봄 한국을 여행하던 중 국립박물관을 방문할 기회가 있었다. 금동미륵보살반가사유상이 전시된 사유의 방에 들어선 순간 '한국미의 숭고함, 세계에서 단연 으뜸'이라는 감탄이 가슴 깊은 곳에서 울려 나왔다. 조금씩 가까이 다가가 불상 앞에 서자 그 깊은 자비심의 부처가 내게 미소를 보내는 것이 아닌가. 그 미소는 또한 이렇게 말해주었다. "나는 당신의 거울일 뿐. 사실은 당신이 스스로에게 미소 짓는 것입니다." 부처는 우리의 근원 보습을 비추는 거울이라는 비유는 잘 알려진 문구이다. 이 불상은 필자가 국민학교 어린이였을 때 미술 교과서의 표지에서 처음 본 그때부터 지금껏 가장 좋아하는 예술품으로 남아 있다. 한국 최고의 보물(국보 제789호)이 곧 나의 보물 1호가 된 것이다. 철학과 미학을 공부하면서 무수한 예술 작품들을 알게 되고 감탄해왔음에도 불구하고 유독 이 불상이 내 가슴속에 이토록 깊이 자리 잡은 그 이유는 무엇인가?

나의 가장 진실한 모습을 투명하게 한치의 그름 없이 비추어주기 때문이 아닐까? 가장 진실한 나의 모습은 가장 선한 자비심의 현현이고, 나의 자비의 본성이 작품에 표현되어 감각되고 지각되고 인지되어 아름다운, 때로는 숭고한 미적 경험을 불러온다. 자비는 능동적으로 세상의 고통에 대응하고 해결하게 한다. 이러한 현실 참여의 의지는, 역설적이게도, 고요하고 깊은 관조의 경지에서 나온다. 진정한 자비는 관조를 통해 생성되는 지혜의 다른 말이다. 초기 불교는 인간이 이를 수 있는 가장 고귀한 상태를 숭고를 이루는 네 가지의 덕성인 평정심, 자애로움, 자비심, 기쁨(equanimity, lovingkindness, compassion, sympathetic joy)으로 얘기한다. 불교의 근본 가르침은 생로병사의 윤회에 갇힌 생명체들의 사물의 한시성(impermanence)에서 유래하는 불안과 불만에 대한 처방을 주는 실천적인 것임을 기억하자. 가장 근원적인 불안은 삶의 유한함에 대한 감지가 아닌가?

죽음은 생명 있는 모든 것의 근원이자 동시에 모두를 가두는 공포의 수용소이기도 하다. 죽음은 마치 모두를 연결하는 근본 탯줄과도 같다. 바로 이런 이유로 진정한 자비심은 나와 남을 초월한 무아의 정신으로 현실 참여를 가능하게 한다. 기존의 많은 인권 운동이나 생명 보호 단체들이 특정 그룹의 이해를 대변하는 것에 머무르는 것과 큰 대조를 보인다. 버크의 숭고함에 대한 연구는 진정한 사회 참여는 죽음이라는 커다란 고통에 대한 근본적인 대면과 그것이 동반하는 공포 속에서 하나가 되는 모든 생명 있는 것들에 대한 동정심이 우리 인간의 본연의 모습임을 가르쳐 준다. 미학철학자인 필자의 바람은, 우리 모두 죽음과 죽음에 대한 공포를 미학적으로 관조할 수 있는 마음과 의식이 되어, 살아 있는 이 순간들을 더 깊고 투명하게 들여다보았으면 하는 것이다. 금동미륵보살상의 미소가 바로 버크의 동정심의 숭고의 다른 이름인 고통을 머금은 평정심의 자화상이 아닐까?

권정인

서울대 철학과와 대학원을 졸업하고 미국 뉴욕주립대학(버팔로)에서 철학박사학위를 받았다. 현재 캘리포니아주립대학(도밍게즈 힐즈)에서 철학을 강의하고 있으며, '죽음과 미적 숭고에 대한 비교철학적 연구'라는 제목의 책을 집필 중에 있다. 미학과 심리철학 그리고 불교철학을 동서양의 문화적 융합이라는 관점에서 통합적으로 조망하는 이 연구는 2024년 말 미국에서 출간될 예정이다.

선불교의 재가 수행자로 명상단체를 이끈 경험도 있고, 요가 수행을 통해 생각이 가득한 마음에 깊은 호흡을 불어 넣는 방법도 가르치고 있다. 미국 미학협회의 회원으로 뉴멕시코주의 산타페에서 개최된 미학 발표대회에서 '자비심의 촉매제인 숭고'를 주제로 논문을 발표한 바 있다. 권정인은 딸 애리스와 함께 여행하는 것을 가장 즐기며 현재 남가주 팔로스 버디스에서 살고 있다.

계몽과 합리성

비판기 칸트의 사유와 철학의 현실성[1, 2]

백승환(강릉원주대학교 철학과 조교수)

1. 칸트: 현실 속의 철학, 철학 속의 현실

누구나 살면서 적어도 한두 번쯤은 '칸트'라는 이름을 들어봤을 것이라고 생각한다. 우리는 그 이름을 어린 시절 위인전을 통해 마주했을 수도 있고, 학교에서 수업을 들으면서 접했을 수도 있으며, 사회인으로서 삶을 영위하면서도 다채로운 일상 속의 여러 맥락에서 예고 없이 맞닥뜨렸을 수도 있다. 그가 한 일이 실제로 무엇인지는 잘 모르더라도 말이다. 필자도 언제부터 칸트가 필자에게 낯설지 않은 이름이 되었는지 정확히 기억하지 못

---

[1]   이 글을 이루는 내용의 일부는 2023 강릉원주대학교 인문학연구소 봄철학술대회(5월 17일)에서 발표됐던 것에 기초하며, 《해람인문》 제51집 안에서도 똑같은 원고를 볼 수 있음을 밝힌다.

[2]   비판기 칸트의 사유를 그가 당시 처했던 현실적 상황에 비추어서 정리해볼 기회를 주신 필자의 은사이시자 본서의 기획자이신 백종현 선생님께 다시금 깊은 감사의 말씀을 올린다.

한다. 자기 규제에 철저한 인간의 훌륭한 본보기 정도가 그저 필자가 대학교에 입학해서 철학을 전공으로 삼아 공부하기 전까지 칸트가 이따금 소환될 때마다 생각했던 것의 전부였다. 이례적 경우가 아니라면 보통의 사람들 대다수의 사정도 엇비슷할 것으로 짐작된다.

그럼에도 불구하고 칸트가 지금까지 빈번히 언급되어 우리에게 상당히 친숙한 느낌을 주는 이유를 우리는 어디에서 찾아야 할까? 철학적, 교육학적, 정치학적, 과학적, 예술론적, 신학적, 인간학적 등의 관심에서 늘 회자되곤 하는 칸트의 사상적 본연은 두말할 것도 없고 그의 고유한 학적 통찰이 오늘날의 제4차 산업혁명 물결에 십분 편승한 우리에게 다양한 시사를 던진다는 점에서 아마도 그 이유는 찾아질 것이다. 우리가 살고 있는 지구의 반대편에 1724년에 태어나서 지내다가 1804년에 자연으로 다시 돌아갔던 칸트의 사상사적 중요성 때문만이 아니라 그가 펼쳤던 사유 방식 자체가 오늘날까지도 여전히 우리가 칸트와 더불어서 생각하며 그 과정에서 학습하게 된 것들을 곱씹어볼 이유를 제공하는 것이다.

칸트의 통찰이 지니는 사상사적 가치에 주목하든 그것이 현대의 구체적 현실에 알맞게 적용되는 모습에 주목하든 어느 경우에나 우리가 생각하는 칸트는 비판기 칸트일 것이다. 필자는 한정된 지면에 논의가 방만해지지 않도록 어디까지나 시선을 칸트가 이룩한 다양한 성취물 중에서도 순전히 철학적 결실에 집중해서 논구하며, 그러한 철학적 결실이 실제로 표면화된 시기 중에서도 칸트의 독자성이 가장 두드러진 비판기 칸트의 사유에 주목한다.

오늘날의 칸트 연구가들 간에 통용되는 철학적 분류에 따르면, 칸트가 비판철학적 통찰을 내면화한 시기인 비판기는 비판기 이전[3] 및 이후[4] 시기와 전적으로 차별화되는 시기로서[5] 비판기 칸트의 등장에 앞서 상반적으로 서양 근대의 사유를 지배한 두 극단적 사유 흐름인 이성주의와 경험주의의 변증법적 종합을 목표한다.[6] 칸트는 이성주의나 경험주의나 충분히 유의미한 통찰을 지니기 때문에 양자를 무조건 떨쳐내기 전에 각각의 입장에서 수용할 만한 내용을 살펴서 신중히 검토할 필요가 있다고 믿는다. 그리고 이후에 칸트는 마침내 어떻게 이성주의적 사유에 내재된 문제인 교조주의와 경험주의적 사유에 내재된 문제인 회의주의를 이성 비판을 통해 극복해서 학문으로서 가능한 형이상학을 정립하는 작업의 완수에 이르게 되는 것인지를 체계적으로 밝히고자 한다.[7] (특히 Aix-xii & B22-25 참조)

3   칸트 연구가들 사이에서 보통 '전비판기'라고 불린다.
4   칸트 연구가들 사이에서 보통 '후비판기'라고 불린다.
5   대체적 분류를 좇아서 칸트의 철학적 사유의 변천을 살피면, 일단 전비판기 칸트는 자신만의 어떤 확고한 사유에 이르지 못한 채 그저 기존의 철학적 사유를 시시각각 유동적 틀 안에서 반영하는 모습을 보이는 반면에(대략 1745~1770년 시기), 비판기 칸트는 확고히 정립된 나름의 일관된 사유를 보이면서 세 비판서를 비롯한 다양한 저술들을 기초로 삼아서 이성주의와도 그리고 경험주의와도 다른 온건한 제3의 철학적 길을 모색하는 데 무엇보다 관심을 두게 되지만(대략 1781~1791년 시기), 후비판기 칸트는 비판기 칸트를 넘어서는 새롭고 비일관적이며 낯설게 느껴지는 철학적 방법론을 제시함으로써 오히려 장차 도래할 독일 관념론을 위한 초석을 놓기에 이른다(대략 1798~1802년 시기). Schönfeld, "Kant's Philosophical Development", *Standford Encyclopedia of Philosophy*, [2003]2019. https://plato.stanford.edu/entries/kant-development 참조.
6   이러한 대다수의 해석에 선뜻 동의하기를 꺼리는 일군의 주석가들도 있다. 대표적 사례의 하나로, 특히 Vanzo(2013), 53~74쪽 참조.
7   앞으로 계속 이어질 논의에서 칸트의 『순수이성비판』 인용은 관례대로 초판과 재판을 구별하여 각각 'A'(1781, Bd. 4)와 'B'(1787, Bd. 3)로 표기한 후에 쪽수

칸트에 따르면, 비판철학적 통찰은 이성 스스로의 자체 반성을 의미하는데, 이러한 사유는 이성이 비판적 활동의 주체가 되면서 동시에 객체가 되어야만 함을 요구하기 때문에 수고스러움이 따른다. 수영에 빗대어서 보자면, 한동안 강습을 꾸준히 받아서 수영하는 것에 이제 제법 자신감이 붙은 사람이 수영을 하면서는 자신의 모습을 결코 볼 수 없는 관계로 물살을 힘차게 갈라 앞으로 나아가는 것에서 자신이 수영에 능통하게 됐다는 자부심을 갖지만 실상은 여기저기 엉망인 동작으로 그동안 수영 같지 않게 수영해온 사실을 자각하기 힘든 것과 비슷하다. 그러한 자세의 교정을 위해서는 스스로가 수영의 주체가 되어서 수영을 하면서도 얼마든지 동시에 수영의 객체가 되어서 스스로에 의해 보여야 하는 어려움이 따르게 되니 말이다.

이제 이성은 힘들지만 자기 스스로의 능력이 어느 정도인지 모든 철학적 활동에 앞서 성찰할 필요가 있겠다. 칸트는 무한한 신적 이성이 아니라 어디까지나 유한한 우리 인간의 이성을 논의 주제로 삼고자 하기 때문에, 인간 인식 능력의 한계 탓에 애당초 대답 자체가 불가능한 철학적 물음들에 불필요하게 시달리는 상황을 방지하기 위한 목적에서라도 응당 이성의 "원천(Quelle), 범위(Umfang), 한계(Grenze)" 규정을 위한 노력은 필요한 것이다.(Axii)

<hr>

를 아라비아 숫자로 적을 것이다. 그리고 두 판본이 공유하는 원문은 '/' 기호를 각 판본에 해당하는 쪽수 사이에 두고 병기한다. 학술원판 전집에 실린 원문을 참조하며, 한국어 번역은 출간된 국역본의 제안을 무리 없는 선에서 따르지만 필요한 경우에 별도의 언급 없이 수정한다. 보다 상세한 정보를 위해, 이 글의 말미에 덧붙인 참고문헌 서지사항들을 참조하라.

이렇게 구조화된 칸트의 비판철학적 통찰에 기초해서 이 글은 아래처럼 진행된다. 첫째, 칸트가 비판적 지양을 꾀하는 이성주의와 경험주의의 상반된 특징을 살펴서 개괄한 후에 양자의 (교조주의 & 회의주의) 문제에 대한 칸트적 처방을 짚는다. 둘째, 이 극단적 두 조류와 차별화된 제3의 길인 칸트의 비판철학적 통찰이 어떤 의의와 한계를 갖는지 밝힌다.

2. 이성주의, 경험주의, 비판철학

앞서서도 운을 떼었듯이, 비판기 칸트의 눈에는 이성주의와 경험주의가 결국 서로 다른 이유로 인해서이기는 하지만 모두 반드시 극복될 필요가 있는 부조리한 철학적 사유이다. 그의 이러한 비판철학적 태도는 여러 비판기 저술들에서 다양한 형태로 목격되지만, 특히 『순수이성비판』 내의 〈모호성〉 절[8]에 이르러서 두드러지게 표명된다.

> 요컨대, **로크**가 지성 개념들을 [⋯] 모두 **감성화했**듯이, **라이프니츠**는 현상들을 **지성화했다**. 지성과 감성에서 오직 **연결**되어서만 사물들에 대해 객관적으로 타당한 판단을 내릴 수 있는 표상들의 완전히 서로 다른 두 원천을 찾는 대신에, 이 두 사람은 각각 이 둘 중의 하나에만 집착했다.(A271 / B327)

8 　절의 완전한 제목은 다음과 같다. "경험적 지성 사용과 초월적 지성 사용의 혼동에서 생긴 반성개념들의 모호성에 대하여."(A260-292 / B316-349)

여기에서 로크와 라이프니츠는 칸트가 고려하는 이성론자들과 경험론자들을 대표하는 인물로 볼 수 있으며, 그들의 사유 체계는 인간 인식을 위해 필요한 (구별되는 두 요소들인) 감성과 지성을 두루 시야에 두지 못했기 때문에 그저 둘 중의 하나에만 집착해서 잘못되게 철학을 설계하는 방향으로 나아가고 말았다.[9] 감성의 수용적 작용과 지성의 자발적 작용은 종적으로 다르지만 한데 어우러질 경우에만 인식의 가능성을 성공적으로 정초하게 되는데, 경험론자들은 한낱 감성으로부터 주어지는 감각 자료들에 기초해서 그들의 철학을 가꾸었고 이성론자들은 한낱 지성으로부터 경험과는 무관하게 그저 생득되는 일부 개념들에 기초해서 그들의 철학을 가꾸었으니 칸트가 보기에 양자 모두는 인식의 가능성을 따지는 철학의 가장 중요한 문제의 핵심을 제대로 건드리지 못하고 있는 것이다.

이러한 불운한 상황의 결말은 경험론자들과 이성론자들이 결국 분별 없이 각각 선험적 분석 판단과 후험적 종합 판단에 매몰되는 상황으로 이어진다. 학문으로서 가능한 형이상학은 다름 아닌 선험적 종합 판단의 가능성을 실질적으로 정립하는 데서 비로소 이룩되는 것임에도 불구하고 말이다.

무릇 순수한 이성의 본래적 과제는 '**선험적 종합 판단들은 어떻게 가능한**

---

9   칸트에 따르면, "인간 인식의 두 줄기가 있는데, 그것들은 아마도 하나의 공통의, 그러나 우리에게 알려져 있지 않은 뿌리로부터 생겨난 것으로 감성과 지성이 바로 그것이다. 전자를 통해 우리에게 대상들이 주어지고, 반면에 후자를 통해 [대상들이] 사고된다."(A15 / B29) 결국 인식의 성립 가능성은 감성과 지성의 종합에서 근거가 마련되는 것이다.

가?(Wie sind synthetische Urteile *a priori* möglich?)'라는 물음 안에 들어 있다.(B19)

우리가 하나의 판단을 이루는 두 관계항을 주어('S')와 술어('P')로 고려한다면 양자는 두 가지의 방식으로 나타날 수 있는데, P가 S에 포함되는 관계가 하나이고 P가 S에 포함되지 않는 관계가 다른 하나이다. 칸트에 따르면, 전자의 경우가 분석 판단을 뜻하고, 후자의 경우가 종합 판단을 뜻한다.(특히 A6-7 & B10-11 참조) 다시 말해, 일단 서로 다른 개념들이 모여서 하나의 판단을 이루는 것으로 가정되고 그러한 (적어도 둘 이상의) 개념들 가운데서 주어 개념과 술어 개념이 분별되면 이 두 개념들 간의 관계를 우리는 보게 되는데, 주어 개념에 모순 없이 술어 개념이 도출될 수 있으면 그 판단은 분석성을 띤다고 생각되고, 주어 개념에 포함되지 않은 별도의 것을 덧붙여서 술어 개념이 도출될 수 있으면 그 판단은 종합성을 띤다고 생각된다. 칸트는 그의 철학적 목적을 위해 중요한 이 부가적 필수 요소를 결국 주어 개념도 술어 개념도 아닌 이른바 제3의 것으로 본다.

분석 판단은 한낱 P의 S에 대한 명료화를 나타내기 때문에 인식의 확실성을 보장하는 반면에 종합 판단은 S에 다른 것을 더해 P에 이르도록 만들므로 인식의 확장성을 기도한다.

하지만 이성론자들과 경험론자들은 칸트가 모든 학문을 위한 예비학적 과제로 설정했던 이성 비판 작업에 체계적으로 착수함 없이 그저 되는 대로 사유를 펼쳤기 때문에 모름지기 어떻게 인식의 확실성과 확장성을 동시에 확보할 수 있는지 헤아리지 못했고, 바로 그 이유 때문에 선험적 종합 판단의 가능성 정립 문제 역시 그들의 시야에 들어올 계제가 없었다. 다시 말해, 전자에 속하는 부류는 선험적 분석 판단에 기대어서 인식의 확실성을 꾀하는 한편 성취하기 어려운 인식의 확장성을 위해 전지전능한 신에 호소하는 교조주의로 치달았던 것에 반해 후자에 속하는 부류는 후험적 종합 판단에 기대어서 인식의 확장성을 꾀하는 한편 성취하기 어려운 인식의 확실성을 쉽게 포기하는 회의주의로 나아갔다.

결국 양자 모두 인식의 확실성과 확장성을 갖추는 데 이르지 못한 셈이니 각각에서 미덕은 취하되 미진한 점은 보완되어야만 한다. 칸트의 비판 철학적 통찰은 이성주의에서 인식의 선험성을 취해서 학문의 확실성을 말하고 경험주의에서 인식의 종합성을 취해서 학문의 확장성을 말한다.[10] 하지만 칸트가 살피는 선험성은 유한한 우리 인간의 관점에서 의미를 지닐 뿐이며 종합성은 실제로 경험적 요소가 아닌 다른 것의 추가를 목표하기 때문에 이성론자들과 경험론자들이 고려하는 선험성이나 종합성과는 구별된다.

그렇다면 왜 우리에게 학문으로서 등장할 형이상학은 반드시 선험성과 종합성을 더불어 갖추어야만 한다고 칸트는 생각하는가? 칸트는 이 물음에 대한 답변을 형이상학이 여태껏 무의미한 주장들이 마구 난무하는 싸움터와 같은 상황에 처해 있었음을 밝히면서 구성한다.(특히 Avii-viii & Bxiv-xv 참조)

칸트의 시각에서 보자면, 형이상학에 선험성이 결여된다면 그것은 순

---

10   선험성은 경험에 독립해서 앞섬을 의미하기 때문에 경험의 우연성을 극복하여 확실성을 보증하고, 종합성은 새로운 것의 더함을 의미하기 때문에 기존에 명시된 관계를 넘어서서 확장성을 보증한다.

전히 경험에 의존하는 상황이 되기 때문에 모름지기 보편성과 필연성이 확보되기 어려운 관계로 확실성이 무너질 것이고, 형이상학에 종합성이 결여된다면 그것은 곧 주어진 자료에만 사유 활동성이 국한되어 결국 다람쥐가 쳇바퀴 돌듯이 확장성이 좌절될 것이다. 따라서 형이상학이 학문인 이상 그것은 확실성과 확장성을 모두 포괄하는 체계여야 하는데, 그러한 학문의 기조가 여기에서 선험적 종합 판단 체계를 확립하는 문제로 표출된 것이다.

이제 칸트는 이 문제가 그가 설파하는 비판철학적 방법론에 의해서만 이 비로소 해결된다고 믿으며 그 결과로 무분별한 형이상학적 주장들의 싸움도 종국에는 끝에 이른다고 여긴다. 하지만 칸트가 그리는 이러한 청사진이 구체화되는 과정에는 마땅히 나름의 대가가 따른다. 선험적 종합 판단이 의도하는 확실성과 확장성이 보증되는 인식의 범위가 전 대상에 걸치는 것이 아니라 그저 우리에게 유의미한 대상으로 간주되는 현상에만 국한될 따름이니 말이다.

보다 자세히 말해, 현상을 유한한 우리 인간이 인식 가능한 유일한 대상으로 보는 한에서만 우리는 인식론적으로나 또는 존재론적으로나 그것을 선험적으로 그리고 종합적으로 규정할 단서들을 우리의 마음으로부터 실제로 발견하며, 현상 너머에 설령 있을지도 모를 무언가에 대한 언급은 형이상학이 재차 불필요하게 싸움에 말려 들어가지 않게 하기 위해 삼가진다. 이러한 노력이 칸트가 이성주의와도 또 경험주의와도 다른 자신만의 제3의 방법론을 위해 제시하는 비판철학적 통찰이다.

그러므로 칸트의 철학적 전략이 성공하면 이제 그것에 의해 지양될 이성주의의 교조주의와 경험주의의 회의주의가 걷히며, 새로운 형이상학의 과제는 결국 이성의 자기 깜냥 진단에 의한 현상론을 구축하는 것이 되어 학적 안정성을 획득한다. 우리가 지니는 선험적 요소들에 기초해서 우리에게 주어진 잡다의 종합으로 현상의 체계를 구축하는 이와 같은 작업이야말로 바로 학적 안정성에 이르기 위해 필요한 것이 아닐까?

칸트는 자신의 비판철학적 사유를 오롯이 담아내기 위한 지렛대 역할을 하는 개념으로 '경험의 가능성'이라는 용어를 도입하면서 다음과 같이 말한다.

> 만약 한 인식이 객관적 실재성을 가져야 한다면, 다시 말해, 한 대상과 관계 맺고, 그 대상에서 의미(Bedeutung)와 의의(Sinn)를 가져야 한다면, 그 대상이 어떤 방식으로든 주어질 수 있어야만 한다. 이것 없이 개념들은 공허하고, 우리가 개념들로써 생각하기는 했지만, 실제로 이 생각을 통해서는 아무것도 인식되는 것이 없고, 순전히 표상들과 유희한 것일 따름이다. […] 그러므로 **경험의 가능성**은 우리의 모든 선험적 인식들에 객관적 실재성을 주는 것이다.(A155-156 / B194-195)

칸트의 핵심 주장은 학문으로서 가능한 형이상학의 정립이 문제가 되는 한에서 우리의 탐구 방식은 항상 선험성을 띤다는 사실이며(모든 경험주의에 반대하는 비판철학의 특징), 그러한 작업이 단순히 개념들의 유희에 머무르는 사고를 넘어서서 의미와 의의를 부여받은 인식이 될 수 있도록 하기 위해서는 개념이 어떻게 오관들을 통한 직관에서 수용된 대상과 결합되는 것인지를 보이는 청사진이 필요한데(모든 이성주의에 반대하는 비판철학의 특징), 우리는 경험의 가능성 개념에 의거해서 이러한 요구에 응답해나가야 한다는 것이다.

따라서 칸트는 경험이 우리에게 실제로 가능함을 일단 사실로 자연스레 수용한 후에[11] 경험을 가능하게 하는 조건들을 살핀다. 이어지는 절에서 이러한 전략의 성패를 평가하자.

3. 경험의 가능성을 떠받치는 불가결한 조건들

일단 칸트는 보통의 정상적 인간의 사유 체계를 염두에 두고서 경험의 가능성 자체를 인정하기 때문에 그는 이제 곧장 경험을 가능하게 하는 조건들을 밝히는 작업에 착수한다.

칸트가 구체화하는 경험의 가능성을 위한 조건들은 인식의 적극적 또는 소극적 규정에 관계되는 것들로 세분해서 살펴질 수 있는데, 전자에 감성의 형식과 지성의 형식이 속하며 시간 그리고 공간 및 범주들인 순수지성개념들이 명시되고, 후자에 이성의 형식이 속하며 이념들인 순수이성개념들이 명시된다. 이러한 조건들 모두는 그것들이 인식의 어떤 규정에 관계되든 (적극적이든 소극적이든) 동일하게 선험적 형식성을 향해 있는 공통점을 보인다.

보다 구체적으로 말해, 감성의 형식인 시간과 공간을 통해 수용되는 잡다가 가지런히 일단 정돈되면 지성의 형식인 범주들이 다시금 그 잡다를

---

11   적어도 이러한 이유 때문에 칸트의 비판철학적 기획은 데카르트의 (전능한 기만자 가설에 기반한) 총체적 회의주의에 맞서는 데 상당한 제약이 따른다.

가공해서 대상에 대한 인식에 이르도록 하는데 그러한 인식이 일정한 대상과 관계되지 않으면 사유의 한낱 놀음에 머무를 뿐이므로 이성은 세 종류의 이념들을 경험의 끝에 두고서 도식화된 (시간을 통해 규정된) 범주들이[12] 가능한 경험의 대상에 정향될 수 있도록 안내하는 규준을 제공하는 것이다.[13]

하지만 이처럼 감성과 지성과 이성의 선험적 형식을 들춰내는 전략이 칸트가 의도하는 경험의 가능성을 떠받치는 필수불가결한 조건들을 망라하는 작업을 완수하는 데 충분할까? 그렇지 않아 보인다. 여기에서 칸트가 고려하는 경험의 가능성은 개념 자체에 모순이 없는 상황을 넘어서서 그것에 실질적 의미를 부여하는 상황에 관계되기 때문에 마땅히 이야기된 형식적 조건들 외에도 질료적 조건들 역시 빠짐 없이 논구될 필요가 있어 보이니 말이다. 아래에 인용된 칸트의 주장은 필자의 이와 같은 생각을 지지하는 듯하다.

---

12   칸트에 따르면, 도식화된 범주들은 시간화된 범주들인 도식들을 뜻하는데 이러한 도식화 작용은 초월론적 상상력에 이끌려서 수행된다.(특히 A145 / B185 참조) 결국 칸트는 도식화 작용을 통해 감성과 지성을 결합함으로써 인식을 이루는 최소한의 토대를 닦은 셈이다. 하지만 여전히 감성의 일부 형식인 시간만이 실제로 논의됐을 뿐이지 다른 형식인 공간은 논의되지 않아서 문제가 된다. 다른 문제들은 다 차치하고 그저 칸트가 중시하는 건축술의 완전성만을 고려해서 보더라도 그가 범주들의 공간적 규정에는 관심 없이 그것들의 시간적 규정에만 매달리는 모습은 의아하다.

13   이러한 건축술적 체계가 『순수이성비판』에서 감성을 해부하는 감성학, 지성을 해부하는 분석학, 그리고 이성을 해부하는 변증학 순서로 나타나고 있음을 상기하자.

[…] 그것[개념]들의 **실재적** 가능성이 명시되지 못한다. 그렇게 되면 남는 것은 **논리적** 가능성뿐이다. 다시 말해, 개념(생각)이 가능하다는 것뿐이다. 그러나 우리가 문제 삼는 것은 이것이 아니고, 과연 개념이 한 객체와 관계를 맺는가, 그렇게 함으로써 무엇을 의미하는가이다.(B302-303)

필자의 해석이 틀리지 않다면, 경험의 가능성 개념이 한낱 논리적 유희에 그치지 않고 실질적 의미를 지니기 위해서는 그것의 가능성이 단순히 논리적 무모순의 차원을 넘어서서 실재적 차원에서 가능한 구체적 요소와 관계되는 상황이 선험적으로 확인될 필요가 있지만, 그러한 작업은 지금껏 이루어진 선험적-형식적 조건들의 규명 외에 새롭게 선험적-질료적 조건들의 규명을 요구하기 때문에 완수에 아직 이르지 못했다. 칸트의 비판철학적 기획은 암암리에 이러한 체계 내적 결함을 자각하여 극복을 위한 나름의 좋은 방안을 찾는 듯하다. 특히 칸트가 이제 단순히 직관이 아니라 외적 직관에 대해 시나브로 이야기하기 시작하는 내용을 포함하는 아래의 인용문은 필자의 이러한 생각을 지지하는 훌륭한 전거일 것이다.

그러나 이제 더욱 주목할 만한 일은, 우리가 사물들의 가능성을 범주들에 따라서 이해하기 위해서는, 그러므로 범주들의 **객관적 실재성**을 입증하기 위해서는, 그냥 직관이 아니라, 언제나 **외적 직관**을 필요로 한다는 사실이다.(B291)

이제 칸트는 경험의 가능성 개념에 한낱 논리적 유희를 넘어서는 실질적 의미를 주고 그렇게 함으로써 도식화된 범주들의 객관적 실재성을 보이기 위해서는 언제나 외적 직관이 필요함을 강조하여 설파한다. 외적 직관은 우리 인간의 외적 감성의 선험적 형식인 공간에 나타나는 것을 의미하며, 공간상에 드러난 그러한 직관의 질료성을 선험적 차원에서 살피기 위해서는 공간을 채우는 상반된 힘들의 총체적 결합인 물질의 선험적 규정이 필요하다.[14]

하지만 아직 칸트는 물질 개념에 대한 체계적 그림 없이 그저 필요에 따라서 단편적 언급을 일삼기만 할 뿐이기에, 물질의 선험적 규정에 토대해서 경험을 가능하게 만드는 조건들을 기존의 형식적 해부에 질료적 해부도 더해서 망라해보려는 노력은 보완이 필요할 것이다. 이러한 진단은 칸트가 학문으로서 가능할 형이상학을 결국 선험적 종합 판단 체계의 정립 문제로 꺼내 드는 상황에 대해서도 중요한 시사를 던진다. 형이상학이 수학과 자연과학을 통해 입증되는 여러 선험적 종합 판단들을 가장 근원에서 선험적이고 종합적으로 틀 지우는 역할을 수행하기 때문에 모든 학문에 논리적으로 선행해서 항상 반드시 가능해야 한다면, 마땅히 선험성과 종합성이 그것의 성격으로 귀속될 수 있어야 하겠지만,(특히 B14-22 참조) 감성에 대한 규정이 완벽하게 시간적으로 그리고 공간적으로 성취되지 않아서 그저 지성과 불완전한 결합 관계에 있을 뿐이라면, 감성과 지성의 선험적 종합의 결실인 인식이 여전히 실질적으로 유의미하게 가능하다고 보기는 다소 힘들 것이다.

따라서 칸트가 기울인 최선의 노력에도 불구하고 체계의 간극을 메우

---

14   칸트에 따르면, "[…] 물질이라는 개념 속에서 나는 […] 단지 그것이 공간을 채움으로써 공간상에 현재함만을 생각한다."(B18)

기 위해 필요한 부가적 노력이 경주되지 않는다면, 이제 형이상학은 재차 과거의 싸움터로 소환되어 여기저기 찢기면서 학문성을 잃는다.

4. 칸트의 비판철학적 방법론: 의의 및 한계

비판기 칸트의 사유는 이성주의에 내재된 교조주의와 경험주의에 내재된 회의주의를 모두 잘못된 철학 체계로 무분별히 이끌린 입장들로 보고서 양자의 변증법적 종합을 꾀한다. 그러한 비판철학적 시도는 일단 가장 먼저 우리 인간의 유한성에 실제로 입각해서 경험의 가능성을 별반 무리 없이 수용하고, 경험을 가능하게 만드는 조건들을 망라해서 드러낸다. 하지만 칸트가 규명한 조건들은 선험적-형식적 조건들에 지나지 않기 때문에 그가 애당초 의도했던 경험의 가능성 개념에 실질적 의미를 부여하는 데 이르지 못하는 한계를 보인다. 선험적-질료적 조건들도 더해질 때만이 그 개념의 객관적 실재성이 입증되는 상황이 되면서 요구되는 경험의 가능성을 위한 조건들이 모두 망라될 것이니 말이다.

이처럼 비판철학적 기획은 어디까지나 다분히 인간적 관점에 충실한 철학을 수행하면서 문제시된 교조주의와 회의주의를 떨쳐내는 제3의 방법론을 보이는 점에서 의의를 지니지만, 경험의 가능성을 떠받치는 (형식적-질료적) 조건들을 망라하는 체계를 완벽하게 구현하지 못하는 한계도 갖는다. 그리고 이와 같은 상황은 비판기 칸트를 후비판기 칸트로 인도하는 결정적 동기가 되는 것처럼 보인다. 다시 말해, 칸트의 기대와는 다르게 비판철학 체계는 아직 완성에 이르지 못한 상태에 있기 때문에 이제 그것의 완성을 위해 기존의 모든 사유를 지양하는 새로운 칸트적 통찰이 요구된다. 기존의 비판철학 체계를 완성에 이르도록 참되게 이끌면서도 항상 비판철학적 인간의 유한성 기조를 존중하는 그러한 통찰 말이다.

필자의 이와 같은 해석에 반대하는 견해도 물론 있을 것이다. 하지만 비판철학 체계의 역동성을 살필 수 있는 독자라면, 필자가 제시하는 해석이 꽤나 일리 있다고 여길 것이다. 앞서서도 체계적으로 살폈듯이, 칸트가 학문으로서 가능할 형이상학을 말하면서 비판철학을 유일하게 가능한 선택지로 보았던 이유는 그것에 앞서서 현실에 등장했던 철학적 이론들이 유한한 우리 인간의 이성 자체에 대한 아무 반성 없이 그저 곧장 철학에 착수했던 결과로 불필요한 오류들이 양산됐기 때문이다.

그러한 오류들 중에서 가장 대표적 두 가지가 바로 언급됐던 교조주의와 회의주의의 문제인데, 칸트의 비판주의는 무엇보다 체계적으로 이성에 의한 자체 비판 작업의 모든 철학 활동에 대한 선행을 통해 이제 칸트 자신이 처해 있었던 현실에서 불거졌던 요구에 응답함으로써 철학의 현실성을 도모하는 노력을 보이는 것이다. 하지만 그러한 노력에 기초해서 얻어지는 비판철학 체계는 고정되어 그저 정적으로 상태를 유지하는 것이 아니라 자체 완성을 위한 목적에서 체계 내적 결함들을 역동적으로 계속해서 극복해나가는 모습을 보인다. 이러한 역동성은 우리가 마주하는 현실이 현상계인 한에서, 제아무리 현상들이 다채롭게 나타난다고 할지라도 끊임없이 지속된다.

칸트가 상호 엄밀히 분별해서 쓰는 개념들을 빌려 부연하면, 유한한 인간 이성의 자체 비판 작업을 통해 그것이 이를 수 있는 인식적 '한계' 설정이 일단 이루어진 후에는 자연과학적 결실을 반영하는 인식의 '경계' 확장이 얼마든지 그러한 한계 안에서 가능하며, 경계 확장의 결과로 응당 새롭게 주어지는 내용이 비판철학 체계 내에 흡수되어 체계는 그러한 낯선 내용도 포괄할 기존보다 더 큰 완전성을 마침내 이루는 쪽으로 계속해서 역동적으로 변모한다.

예를 들어, 영혼 불사 문제, 세계 시작 및 끝의 문제, 신의 현존 문제 등은 우리 인간의 인식 한계를 넘어서는 것들이기 때문에 이러한 것들에는 순전히 실천적 관심만이 허용되며 결코 그 어떤 이론적 접근도 삼가질 수밖에 없지만, 그러한 인식의 한계 안에서 우리는 이제 과거에 있지 않았던 AI 문제도 비판철학 체계의 경계를 확장해서 오늘의 현실에 부합하게 다룰 수 있다. 다시 말해, 한계는 인간의 본래적 유한성이 드러난 고정된 끝이지만 그러한 테두리 안에서 얼마든지 완성을 지향하는 체계 내적 역동성에 이끌려서 경계는 면면하게 확장된다.

이상의 내용이 칸트가 당대의 현실에 응답하여 자신의 철학을 가꾸어 나가는 모습이자 오늘에 이르러서도 그의 비판철학적 통찰이 변함없이 꾸준한 현실성을 지니는 이유이다.[15]

15　본서의 기획 취지에 부합하게 필자는 깊이 있는 이해가 요구되는 전문적 내용과 주석의 대부분을 반드시 필요한 경우가 아니라면 빼고 서술하기 위해 노력했다. 본고에서 거칠게 소개된 주제들은 다른 기회에 필자가 좀 더 촘촘한 논증을 더해 보완해서 여러 학술지에 다양한 방식으로 선보일 생각이다.

백승환

서울대학교 철학과에서 학사와 석사를 마쳤고, 공군사관학교에서 철학 교수 요원으로 군 복무를 마친 후에 유학하여 존스홉킨스대학교(Johns Hopkins Univ.) 철학과에서 철학박사학위를 받았다. 현재 강릉원주대학교 철학과 조교수로 재직하는 중이며, 서양 근대 철학에서 논의되는 형이상학적, 인식론적, 윤리학적, 심리철학적 문제들을 주로 연구하며 강의하고 있다. 최근에 출간된 논문들 가운데 「계산주의, 연결주의, 그리고 칸트의 건축술」(《근대철학》 제23집, 2024), 「칸트의 지각의 예취들」(《철학논집》 제74집, 2023.), 「흄의 외부 세계 현존 문제」(《근대철학》 제20집, 2022) 등이 있다.

칸트의 계몽과 철학

이혜진(서울대학교 미학과 강사)

1. '계몽이란 무엇인가?'라는 현실적 물음

독일의 철학자 칸트(Kant)는 대표 저작인 세 개의 비판서(『순수이성비판』, 『실천이성비판』, 『판단력비판』) 외에도 많은 저술을 남겼다. 「계몽이란 무엇인가」는 그중에서도 대중에게 가장 잘 알려진 저술 중 하나이다. 우리는 이 글에서 '계몽'이라는 키워드를 중심으로 칸트가 자신이 살아가던 사회와 시대의 현실에 반응하여 '철학'의 임무에 대해서 어떠한 입장을 전개했는지를 살펴보고자 한다. 이 과정에서 「계몽이란 무엇인가」와 기타 저술을 참고하고, 마지막으로는 『순수이성비판』을 포함한 여러 저작에서 등장하는 철학과 철학자 개념을 통해 칸트가 궁극적으로 자신의 학문을 통해 하고자 했던 것이 실천을 통한 현실적 기여였다는 것을 확인할 것이다.

1) 《베를린 월보》와 '계몽이란 무엇인가?'라는 질문

「계몽이란 무엇인가」는 《베를린 월보(Berlinische Monatsschrift)》에 실린 글로, 《베를린 월보》는 철학자 외에도 귀족과 시민 계급의 계몽주의자들에 의한, 또 그들을 독자로 하는 다양한 내용을 망라한 월간지였다. 가령 「계몽이란 무엇인가」가 발표된 1784년에 《베를린 월보》의 다른 글을 보면, 최근에 시행된 법률에 대한 설명, 최근 공연에 관한 이야기, 다른 도시의 이야기, 다른 도시 사람이 본 베를린에 관한 이야기 등 생활에 필요한 정보와 교양에 관한 내용 외에, 과학, 문학, 철학, 신학 등 학문적인 내용까지 들어 있다. 여기에서 「계몽이란 무엇인가」라는 글의 독자가 학계에 국한된 것이 아니었다는 것을 추측할 수 있다. 즉 이 글은 자신과 같은 사회와 시대에서 같은 현실을 살아가는 사람들을 대상으로 한 글이다.

게다가 이 글은 한 해 전인 1783년 12월에, 목사였던 췰너(Zöllner)가 역시 《베를린 월보》를 통해 제기한 질문인 "계몽이란 무엇인가?"에 대한 답으로 시도된 것이었다. 그래서 칸트 논문의 정확한 제목은 「계몽이란 무엇인가 하는 문제에 대한 답변(Beantwortung der Frage: Was ist Aufklärung?)」이다. 췰너가 이 질문을 한 배경을 살펴보면, 이 질문 자체도 역시 《베를린 월보》를 통해 촉발된 당대의 현실적인 문제에 답을 시도하면서 나온 것임을 알 수 있다.

그 문제는 바로 계몽 사상의 영향으로 교회의 권위가 약화되면서 생긴, '교회의 결혼 승인이 필요한가 그렇지 않은가'의 문제였다. 《베를린 월보》 1783년 9월호에 이름을 밝히지 않은 필자가 교회의 승인을 거치지 않은 결혼을 인정해야 한다는 글을 썼고, 췰너가 같은 해 12월호에 교회를 통한 결혼 승인의 필요성을 주장하는 동시에 '계몽' 개념이 가져온 현실적 혼란에 유감을 표시하며 "계몽이란 무엇인가? 우리는 계몽을 시작하기 전에 우선 진리란 무엇인가 하는 문제만큼이나 중요한 이 문제에 대하여 답해야만 할 것이다! 그런데 나는 이 문제에 대한 답을 어디서도 찾지 못했다!"라고 쓴 것이었다.[1]

이에 대한 첫 번째 답변이 멘델스존(Mendelssohn)이 《베를린 월보》 1784년 9월호에 발표한 「계몽이란 무엇인가 하는 문제에 대하여」[2]이다. 같은 해 12월호에 실린 칸트의 「계몽이란 무엇인가」도 첼너의 같은 물음에 대한 답이었는데, 이 글을 쓰던 당시 멘델스존의 글이 발표되었다는 사실만 알고 아직 읽은 상태는 아니었다는 사실을 칸트 자신이 이 글의 마지막 각주에서 밝히고 있다.

즉 '계몽이란 무엇인가'는 이미 널리 통용되고 있던 '계몽'이라는 개념의 정확한 의미와 대상을 규정할 현실적인 필요성에서 공론장에서 제기되었던 물음이고, 이에 대한 칸트의 답변 또한 같은 현실을 바탕으로 같은 공론장을 통해 표명된 반응이었다.

2) 칸트의 '계몽'

이러한 현실적 맥락에서 나온 칸트의 「계몽이란 무엇인가」는 '계몽'을

---

1   이마누엘 칸트 외, 『계몽이란 무엇인가』(도서출판 길, 2020), 15쪽.
2   멘델스존의 「계몽이란 무엇인가 하는 문제에 대하여」 번역은 여기에서 읽을 수 있다. 이마누엘 칸트 외, 『계몽이란 무엇인가』(도서출판 길, 2020), 15~24쪽.

이렇게 정의한다. "계몽이란 인간이 스스로의 잘못으로 초래한 미성년 상태로부터 벗어나는 것이다."[3] 칸트는 바로 이어서 '미성년 상태'를 설명한다. "미성년 상태란 다른 사람이 이끌어주지 않으면 자신의 지성을 사용할 수 없는 무능력 상태를 말한다." 그런데 칸트의 사상에서 기본적으로 전제하는 것은 모든 사람에게 같은 지성의 능력이 갖춰져 있다는 것이다. 따라서 문제가 되는 상태는 지성의 결여 때문이 아니라 자신의 지성을 사용할 결단력과 용기가 결여되어 생긴 것이다. 그리하여 칸트가 '계몽의 슬로건'으로 규정한 내용은 "과감히 알려고 하라(Sapere aude)! 자기 자신의 지성을 사용할 용기를 가져라!"이다.

우리가 스스로의 지성을 사용할 용기를 가진다면, 그다음 결정해야 할 것은 지성을 어떻게 사용해야 하는가이다. 칸트는 「계몽이란 무엇인가」에서 인간을 계몽으로 이끌 유일한 방법으로 '이성을 공적으로 이용하는 자유'를 강조했다. 이성을 공적으로 사용한다는 것은, 어떤 특정 집단의 일원으로서 혹은 공직자로서 이성을 사용하는 것을 가리키는 '이성의 사적 사용'에 상대되는 말이다. 유의할 것은 칸트의 공사 개념과 현대인들의 공사 개념의 차이이다.

현대를 사는 우리는 특정 국가에서 관직을 맡은 사람이 그 자리에 있는 사람의 입장으로서 말하고 행동하는 것을 '공적'이라고 할 것이지만, 칸트의 입장에서는 '사적'이다. 왜냐하면 아무리 큰 단위의 집단(가령 특정 국가)이라도 그 집단의 조직을 구성하는 직위를 맡은 사람은 자신의 생각에

---

3   칸트의 「계몽이란 무엇인가」 중 직접 인용의 출처는 이마누엘 칸트 외, 『계몽이란 무엇인가』(도서출판 길, 2020), 25~38쪽이다.

따라서가 아니라 그 집단의 이익이나 존속을 위해 말하고 행동해야 하며, 따라서 자신의 이성을 스스로 사용할 자유에 제한을 받을 수밖에 없기 때문이다.

그렇다면 칸트가 생각하는 '이성의 공적 사용'이란 무엇인가? 칸트의 정의에 따르면 그것은 "누군가가 학자의 입장에서 독서계의 모든 공중이 지켜보는 앞에서 이성을 사용한다는 것"이다. '독서계의 모든 공중'은 역시 이성을 제대로 사용할 수 있는 자들의 집합으로 상정되었으며, '스스로 사고함'의 원칙을 제한하는 모든 방해물을 스스로 규제하는 기준으로 작용할 것이다.

중요한 것은 칸트가 말하는 이성 사용의 '자유'가 그저 기존 권위들의 폐지를 통한 이성의 해방을 강조하는 차원이 아닌, 모든 특수한 이해관계를 초월하는 이성의 보편성이라는 자기 규제적 기준을 포함하는 개념이라는 사실이다. 즉 이성을 자유롭게 사용한다고 해서 이성의 방종을 의미하는 것이 결코 아니며, 이 자유롭고 공적인 이성의 사용에서 준수해야 할 기준이 있고 그 기준을 부여하는 것은 다름 아닌 보편적 이성 자신인 것이다.

칸트는 2년 후인 1786년 역시 《베를린 월보》에 「사유에서의 정향이란 무엇을 의미하는가?」라는 글을 발표하는데, 이 글에서 '계몽'을 위한 자율적 사고의 기준을 제시하는 것이 바로 이성이라는 취지로 이렇게 말한다. "'스스로 사고함'이란 것은 진리의 가장 높은 척도를 자기 자신 안에서 (즉 자신의 이성 안에서) 찾는 것을 말한다. '항상 스스로 사고하기'라는 준칙이 바로 계몽이다."[4] '준칙'은 주관이 자신의 것으로 선택하는 원칙이라는 뜻으로, 평소 '스스로 사고하기'를 자신의 사고 원칙으로 삼는 것을 통하여 계몽이 이루어진다는 주장이다.

여기서 '스스로 사고함'의 의미가 진리의 기준을 이성 안에서 찾는 것이라는 진술에 주목해보자. 우리가 이성 안에서 찾아야 할 기준은 우리의 사고 내용들이 서로 모순되지 않아야 한다는 것과 같은 논리적 규칙일 수도 있다. 그러나 이성이 제시하는 기준은 형식적이고 논리적인 것 이상이다. 「사유에서의 정향이란 무엇을 의미하는가?」에서도 그렇고 『실천이성비판』에서도 그렇고 칸트의 한결같은 입장은, 우리 이성의 다양한 사용들에서 우위를 차지하는 것은 이성의 순수한 '실천적' 사용이라는 것이다. 이성이 순수하게 사용된다는 것은 이성 사용의 기준을 이성 안에서 찾는 것에 다름없다.

그런데 인간의 사명과 존재 이유, 인간의 행위가 지향해야 할 목적 등 실천적인 내용까지 우리 이성 안에 이미 내재하고, 이성의 사용에서는 이론적인 부분이 결국 실천적인 것에 부합해야 한다는 것이 칸트가 말하는 '이론이성에 대한 실천이성의 우위'이다. 이러한 칸트 철학의 기조에서 보면, 칸트의 계몽 개념 또한 실천적으로 정향되어 있다고 보아야 한다.

「사유에서의 정향이란 무엇을 의미하는가?」에서는 또한 '스스로 사고함'을 '정언 명령'의 정식과 유사한 형태로 설명한다. "자신의 이성을 스스로 사용한다는 것은 자신이 상정하는 모든 것에 있어서 다음의 것이 가능한가를 묻는 것과 같다. 내가 어떤 것을 상정하는 근거 혹은 내가 상정하는

---

4   칸트의 저술을 직접 인용하는 경우, 따로 번역본의 출처를 각주로 밝히지 않은 한 모두 필자의 번역이다. 각주를 최소화하는 편집 방침에 따라, 일반 독자가 쉽게 찾아볼 수 있는 번역본을 직접 인용했을 때에만 각주로 상세한 출처를 밝히도록 한다.

것으로부터 도출되는 규칙이 나의 이성 사용의 보편적 원칙이 될 수 있는가?"

이 기준 또한 『판단력비판』에서도 '스스로 사고함'이라는 준칙을 설명하는 내용과 함께 생각하면 계몽 개념의 실천적 함축을 드러낸다. 『판단력비판』에 따르면 '스스로 사고함'이라는 계몽의 준칙은 "단지 자신의 본질적인 목적들에 적합하고자 하는 사람에게는 매우 쉬운 것"이다. 칸트에게서 인간의 "본질적인 목적"들이라는 것은 선택적이고 임의적인 목적들이 아닌, 각각 어떤 정언 명령에 상응하며 의무로서 주어지는 도덕적인 목적들을 의미한다. 이를 '실천이성의 우위' 맥락에서 보면 '스스로 사고함'에서의 '사고'가 인간의 본질적 목적을 달성하려는 노력과 합치해야 한다는 뜻으로 이해된다.

이렇듯 여러 저서에서 나타난 계몽 및 '스스로 사고함'의 개념을 살펴보면, 인간의 도덕적이고 고차원적인 목적 및 인간으로서의 사명을 실현하는 것과 '계몽'이 상통한다는 칸트의 생각을 알 수 있다. 즉, "과감히 알려고 하라! 자기 자신의 지성을 사용할 용기를 가져라!"라는 슬로건은 단순히 이론적이고 논리적인 사고 능력을 사용하여 지식을 획득하라는 의미가 아니라, 자신에게 주어져 있는 지성 능력을 계발하고 이용하여 도덕적이고 고차원적인 이성의 목적을 실현하는 인간의 사명에 부응하라는 뜻을 담고 있다.

2. 계몽주의에 부응하는 칸트의 철학적 기획: 세계 개념에 따르는 철학

앞에서 보았듯 칸트는 '이성의 공적 사용'을 "누군가가 학자의 입장에서 독서계의 모든 공중이 지켜보는 앞에서 이성을 사용한다는 것"으로 정의하였다. 이때 원문에서 '학자'에 해당하는 독일어 표현인 'Gelehrte'는 특정 분과의 전문가를 뜻하는 말은 아니고 '많은 지식이 있는 사람', '많이 교육받은 사람' 정도를 뜻한다. 그럼에도 불구하고 이러한 이성의 공적 사용의 기준이 (앞에서 확인하였듯) 다른 곳이 아닌 이성 안에서 이성의 목적에 따라 발견되어야 한다면, 그것은 칸트에게서 철학자의 일일 것이다. 철학이 이성의 사용과 이성의 목적을 다루는 분과이기 때문이다.

실제로 칸트는 이성의 공적 사용을 통해 국가 차원의 이익과 명분을 초월하는 이성의 진리를 공표하는 일을 철학자의 임무로 제시하고 있다. 『학부들의 다툼』은 바로 이런 차원에서 철학자의 계몽적 기능을 천명한다. "국민 계몽은 국민이 귀속하는 국가에 대한 국민의 의무와 권리들에 대하여 국민을 공개적으로 가르치는 일이다. 여기서의 관심사는 오직 자연적이고 보통의 인간 지성에서 기인하는 권리들이기 때문에, 국민에게 있는 이러한 권리들에 대한 자연적인 공포자 및 해석자들은 국가에 의해 임용된, 관직의 법학자들이 아니라, 자유로운 법학자, 다시 말해 제멋대로 하는 바로 이 자유 때문에 언제나 지배하려고만 하는 국가에게는 불쾌감을 주는 철학자들로, 이들은 계몽가라는 이름으로 국가에 위험한 자들이라고 매도된다."[5]

칸트는 『영원한 평화』에서도 철학자의 공적·정치적 기능을 역설한다.

통치자가 "철학자 부류를 사라지게 하거나 침묵하게 하지 말고, 공공연하게 말하게 하는 것은 양자에게 그들의 업무를 빛나게 하는 데에 불가결한 것이다."[6]

칸트는 철학자의 임무를 이러한 공적이고 정치적인 맥락 외에도 한 인간으로서의 철학자 개인의 차원에서도 규정하고 있다.『순수이성비판』과 그 외 이론철학 저술에서 논구되는 '철학' 개념과 그게 상응하는 '철학자' 개념은 도덕적 차원에서의 실천과 철학의 관계를 밀접하게 규정함으로써, 자신이 살았던 계몽주의 시대에서 학문의 실제적이면서도 이상적인 역할에 대한 칸트의 신념을 드러낸다. 그리하여 2장에서는 칸트의 세계 개념에 따르는 철학 및 철학자 개념을 살펴볼 것이다.

1) 계몽 개념에 대한 자신만의 해석을 반영한 칸트의 철학적 기획

칸트 자신도 자신의 시대에 대한 책임을 지고 있는 '학자'로서 자신의 공적 이성 사용의 결과물로 많은 글을 세상에 내놓았다. 앞에서 언급된, 계몽 개념에 대해 직접 다루고 있는 저술 외에도 칸트는 자신의 가장 중요한 저작 중의 하나인『순수이성비판』에서도 자신이 계몽의 시대정신에 충분한 의무감을 갖고 있음을 드러내고 있다.

첫 번째 비판서의 프로젝트를 전체적으로 조망하는 동시에 사실상 칸트의 '비판' 작업 전체의 의도를 최초로 소개하는『순수이성비판』서언 A

---

5   임마누엘 칸트,『학부들의 다툼』(아카넷, 2021), 209쪽.
6   임마누엘 칸트,『영원한 평화』(아카넷, 2013), 154쪽.

판에서 칸트는 "우리 시대는 진정한 비판의 시대요, 모든 것은 비판에 부쳐져야 한다"라고 언명한 후에, 종교이든 법이든 이성의 "자유롭고 공적인 검토"를 견뎌낼 때만이 자신에 대한 존경을 합당하게 요구할 수 있다고 주장한다. 칸트의 비판 철학에서 "비판에 부쳐져야 할" 대상은 바로 인간의 상위 인식 능력들이고, 비판을 하는 주체는 인간의 이성이다. 종교, 법 등 기존의 모든 권위를 검토해야 할 인간의 지적 능력에게 마찬가지의 작업을 시행하여 그것의 한계와 권리를 분명히 함으로써 권위를 바로 세우는 것이 '비판철학'의 목표이다.

그런데 방금 확인했듯이 칸트의 계몽 개념은 비판을 통한 이성의 활동 영역을 규정하는 것을 넘어서서 실천적인 차원을 포괄하고 있고 이것은 우리의 이성 사용이 궁극적으로 추구해야 할 목적과 관련이 있다. 이는 비판 철학을 넘어서는 칸트의 보다 큰 철학적 기획에 반영되어 있다. 이에 대해 알아보자.

2) 세계 개념에 따르는 철학

칸트에 따르면 철학에는 두 종류가 있는데, 강단 개념(Schulbegriff)과 세계 개념(Weltbegriff)에 따르는 철학이 그것이다. 철학의 이와 같은 구분은 『순수이성비판』에도 등장하는데, 강단 개념에 따르는 철학이란 철학적 인식과 앎의 논리적으로 완벽한 체계를 목적으로 하는, 인식과 앎을 다루는 숙련성의 학문이다. 이런 의미에서 칸트는 강단 개념에 따르는 철학을 하는 사람을 '이성 기술자'라 칭한다.

이에 반해 세계 개념에 따르는 철학은 "모든 인식의 인간 이성의 본질적인 목적들과의 관계에 대한 학문"을 기획한다. 여기서 '모든 인식'에는 강단 개념에 따르는 개별 학문들도 포함된다. 세계 개념에 따르는 철학을 하는 사람은 이 목적들과의 관계에서 모든 인식과 강단 개념을 규정함으로써 가치를 부여한다. 이러한 철학을 하는 사람만이 진정한 '철학자'의 이름을 획득할 수 있으며, "인간 이성의 입법자"로 간주될 수 있다. 이때 '입법'이란 앞서 언급한 계몽주의적 이성 사용의 실천적 차원, 즉 이성 사용이 궁극적으로 향해야 할 목적을 제시하고 그 당위성을 세우는 것을 의미할 것이다.

앞서 살펴본 '계몽' 개념의 포괄적 의미를 생각해볼 때, 계몽의 이념에 보다 합치하는 학문은 강단 개념에 따르는 철학이 아니라 세계 개념에 따르는 철학이라는 것을 알 수 있다.

3) 세계 개념에 따르는 철학의 중심에 있는 목적 개념과 최고선

그렇다면 세계 개념에 따르는 철학에서 중심이 되는 인간의 본질적 목적들이 무엇인지를 살펴보자. 『순수이성비판』에 따르면 그것은 최고의 목적인 "인간의 전체 사명"과 그것의 수단으로서 그 아래에 종속된 다른 목적들을 의미한다. 세계 개념이 추구하는 인식 체계의 중심에 있는 목적 개념을 칸트는 다른 저서에서는 인간 이성의 "최종적 목적들"이라고 하기도 하고, 인간 이성의 "궁극 목적"이라고 하기도, 인간 이성의 "최고의 목적들"이라고 칭하기도 한다. 이는 모두 같은 목적들을 가리키는 것으로 앞에서 언급된 "인간의 전체 사명"과 그 사명에 따라 인간이 이루어야 할, "순수한 실천 이성의 대상이자 궁극 목적"으로서의 "최고선"(KpV 5:129)을 중심으로 한 고차원적인 이성 목적들을 의미한다.

칸트의 세계 개념에 따르는 철학이 중심으로 삼는 목적이 '최고선'이라는 것은 철학을 '지혜'와 관련시키는 칸트의 서술들을 통해서도 쉽게 확인할 수 있다. 앞서 보았듯 『순수이성비판』에서는 강단 개념에 따르는 철학자를 '이성 기술자'라고, 세계 개념에 따르는 철학자를 '이성의 입법자'라고 규정했다. 같은 구분이 『논리학』에도 나오는데 여기서는 강단 개념에 따르는 철학이 '숙련성의 학'인 데 반해 세계 개념에 따르는 철학은 '지혜의 학'이다. 그런데 바로 이 '지혜'라는 것은 인간 주체가 '최고선'에 대해 관계를 맺는 상태를 의미한다.

『실천이성비판』이 말하기를 "지혜란 이론적으로 보면 최고선에 대한 인식이요, 실천적으로는 의지의 최고선과의 부합을 의미"한다. 다른 곳에서는 '지혜 연구'로서의 철학에 대해 말하면서 "의지의 궁극 목적(최고선)과의 부합"이 지혜라고 말한다. 세계 개념에 따르는 철학이 '지혜의 학'으로서 의도하는 것은 결국 지혜의 달성이고 그것은 최고선에 대한 이론적인 인식을 바탕으로 의지를 그에 맞게 합치시키는 것, 즉 최고선 달성을 의지 규정의 근거로 만드는 것이다.

여기서 주목해야 할 것은, 세계 개념에 따르는 철학이, 그 자신 '학'이라고 해서 궁극 목적을 중심으로 모든 인식을 합목적적인 체계로 만드는 이론적인 작업에 머무는 것은 결코 아니라는 점이다. 최고선을 의지의 규정 근거로 삼는다는 것은 명백히 실천 차원의 일이다. 개별 주체가 자신의 행위를 위한 준칙을 최고선 실현에 맞춘다는 의미이기 때문이다. 세계 개념에 따르는 철학의 실천적 이상에 관해 좀 더 살펴보자.

4) 세계 개념의 이상에 포함된 실천적 요구

앞에서 보았듯이 칸트의 철학에서는 이성이 자신이 사용되는 규칙이나 기준을 스스로 가지고 있으며, 인간이 행위를 통해 달성해야 할 목적도 이성이 결정한다. 다양한 목적 중 가장 최종적이며 다른 것의 수단이 되지 않는, 그 자체로 목적인 것을 '궁극목적'이라고 하는데, 칸트는 이성의 궁극목적의 내용을 '최고선'이라고 규정한다. 따라서 『실천이성비판』은 최고선 달성이 이성이 우리에게 부여하는 의무라고 규정한다. 즉 이성은 우리에게 "전력을 다해" 최고선 실현을 촉진하라고 명령한다. 이는 우리의 삶에서 습득하게 되는 모든 지식과 그것을 활용하는 숙련성의 기술들을 최고선 실현을 위해서 합목적적으로 이용하라는 의미이다.

최고선의 실현을 위해서 우리의 지식과 기술이 총동원된다는 것은 우리의 이론적 능력이 실천적인 목적을 위해서 사용된다는 것이다. 앞서 '스스로 사고하기'를 설명하며 칸트가 '준칙'이라는 개념을 사용한 것을 보았는데, 칸트에서 '준칙'이란 개념은 지식과 기술을 사용하여 현실에 변화를 만들어내는 실천적인 측면에서도 널리 사용된다. 그리하여 최고선 실현의 명령을 모든 삶의 영역에서 마음에 두고 있는 사람은 삶의 태도와 기본적인 '준칙'에 있어서 최고선에 향하고 있는 사람이라 할 수 있다.

마침 칸트가 철학을 '지혜론'으로 설명할 때에 준칙은 매우 중요한 개념이다. "이 최고선의 이념을 실천적으로, 다시 말해 우리의 이성적 태도(Verhalten)의 준칙을 위해 충분하게 규정하는 것이 지혜론이다". 이 말은, 지혜라는 것이 지식의 수준을 넘어서 우리의 태도와 행실로 드러나야 한다는 것을 의미한다. 바로 이 지점에서 칸트 사상 속의 철학과 실천, 철학과 현실의 밀접한 관계를 발견하게 된다.

세계 개념에 따르는 철학과 그것을 행하는 철학자 또한 스스로 최고선에 부합하는 준칙을 통한 태도와 행실을 자신의 과제로 여겨야 한다는 생각을 칸트는 『푈리츠 형이상학 강의』에서 이렇게 말했다. "우리가 다양한 목적 중에 선택을 내리는 내적인 원리를 준칙이라고 부른다면, 철학은 우리 이성 사용의 최고 준칙들에 관한 학이라고 말할 수 있다. 그렇다면 철학자는 그 자신의 학문에 의해서보다는 그의 행동거지(Betragen)에 따라 수여되는 이름일 것이다." 여기서 우리는, 철학자라면 그에 적절한 '행동거지'를 보여야 한다는 주장을 통해, 위 구절의 '이성 사용'에 이론적 사용뿐만 아니라 행위를 위한 의지 규정의 실천적 사용도 포함된다는 것을 알 수 있다. 이렇게 지혜, 즉 최고선에 부합하는 의지 규정을 몸소 실천하는 것이 철학자의 중요한 덕목임을 의미하면서 칸트는 "실천적인 철학자가 진정한 철학자"라고 말한다.

실천적인 철학자가 진정한 철학자이고 철학자라는 이름을 얻기 위한 자격에 최고선에 부합하는 의지 규정과 행위가 포함된다는 칸트의 생각은 매우 중요한 점을 시사한다. 이에 따르면 철학자의 이상은 도달하기 어려운 것이 되는 동시에, 철학함을 업으로 하는 경우 외에도 모든 인간에게 해당되는 것으로 여길 수 있기 때문이다. 이 점을 칸트의 문장으로 이해해보자.

『순수이성비판』에서는 '철학자'가 "철인의 이상에 있어서의 원형"으로 삼을 만한 것이며, 따라서 자신을 스스로 철학자라고 칭하는 사람은 "자신이 이념에만 있는 원형에 필적할 수 있다고 참칭"하는 것이나 다름없다고 말한다. 즉 이러한 '철학자'는 아무나 가질 수 없는 '높은 이름'이다. 그러나 이렇게 달성하기 어려운 목표인 동시에, 누구나 가지고 있는 이성이 명령하는 궁극 목적의 실현을 위해 노력한다는 것은 모든 인간의 의무이므로, 이 철학자의 "법칙 수립의 이념은 어디서나 모든 인간의 이성 안에서 마주 친다."

이러한 측면에서 칸트는 세계 개념을 일컬어 "어느 누구라도 필연적으로 관심을 갖는 것에 대한 개념"이라고 말한다. 이렇게 이상적이지만 다른 한편으로는 모든 이성 속에 내재되어 있는 보편적 이념으로서의 철학의 세계 개념은 철학과 철학자라는 전문적이고 특수한 집단에만 속하는 것으로 보이는 개념을—즉 강단 개념에 갇혀 있던 개념을— 이성을 가진 인간들 전체의 관심 영역으로 확대시킨다.

이렇게 인간이라면 누구나 무관하지 않은 개념인 '세계 개념에 따르는 철학자'는 구현하기 어려운 목표이긴 하지만 다른 동료 인간에게 모범적인 예로 필요한 존재이기도 하다. 이러한 취지에서 『실천이성비판』은 이렇게 쓴다. "(자기 자신을 통제하고 무엇보다도 우선적으로 보편적 선에 기울이는 확실한 관심에 있어서) 철학의 틀림없는 효과를 자기 인격에서 본보기로 제시할 수 있는 사람만이[7] 철학자라는 이름을 가질 수 있다. 즉 철학이 자기 자신을 (사적이고 보편적이지 않은 이익에 휘둘리지 않도록) 잘 다스릴 수 있는 효과와, 보편적 선에 우선적으로 관심을 기울이게 하는 효과를 가져온다는 것을 동료 인간에게 직접 보여주는 실례로, 우리는 현실에서 철학자를 필요로 한다.

7   임마누엘 칸트, 『실천이성비판』(아카넷, 2002), 235쪽.

3. 맺음말

먼저 살펴본 '이성의 공적 사용'의 주체인 학자, 또한 통치자들에게 대립하거나 조언하는 철학자, 세계 개념에 따르는 철학자, 이 모두는 계몽주의 시대에서 학문의 실질적 역할에 대한 칸트의 사상을 잘 드러낸다. 철학자는 특정 집단의 이익을 초월하는 시각에서 현실을 비판하며, 통치자에 대항하여 개별 국가적 차원을 넘어선 인간의 권리와 의무에 대해 역설하며, 개인적으로는 이성의 궁극 목적 실현을 위해 자신의 지식과 학문을 최대한 이용하는 인간으로서 동료 인간의 귀감이 되어야 한다. 철학자의 이런 다양한 면모를 아우르는 개념으로 칸트는 '세계시민적'이라는 형용사를 사용한다.

「계몽이란 무엇인가」에서 이성을 공적으로 사용하는 학자는 개별 국가에 소속된 시민의 입장마저 초월하므로 '세계시민사회의 구성원'으로 그렇게 하는 것이고, 이러한 의미의 철학이 정치에 개입해서 결국 이뤄야 할 것은 『영원한 평화』에서 무수히 언급되는 세계시민공화국 및 그를 위한 세계시민법이다. 또한 『푈리츠 형이상학 강의』에서는 세계 개념에 따르는 철학을 거듭 '세계시민적'이라고 부른다. 철학의 기능과 철학자의 임무에 대한 이러한 칸트의 생각은 결국 오늘날 국제적 연합 기구 탄생의 바탕을 이루고 있는 그의 세계시민 사상과도 상통하는 것이다.

철학의 정의와 기능에 관한 칸트의 입장은 이처럼 근본적으로 현실에 뿌리내리고 있다. 그의 저작을 이러한 측면에서 조망한다면, 칸트의 철학이 독자들에게 더 친근하게 느껴질 수 있을 것이다.

이혜진

서울대학교 인문학 펠로우, 서울대학교 인문학연구원 객원연구원, 서울대학교 인문대학 미학과 강사. 서울대학교 인문대학 미학과를 졸업하고 독일 튀빙겐대학교에서 칸트 철학을 주제로 철학박사학위를 취득했다. 칸트 철학 및 칸트 전후 독일어권의 사상과 문화를 중심으로 연구하고 있다. 저서로 『세계시민적 관점에서 본 칸트의 취미 이론(*Kants Geschmackstheorie in weltbürgerlicher Absicht*)』(Baden-Baden: Verlag Karl Alber, 2022)이 있다.

칸트와 좋은 죽음의 문제[1]

김양현(전남대학교 철학과 교수)

1. 들어가며

언제부터인지는 정확하지 않다. 나는 내 삶의 모토를 이렇게 정하고 있다. "문제는 잘살고 잘 죽는 것이다." 유기적 생명체인 인간에게 잘사는 것만큼이나 중요한 일이 또 있겠는가! 그러나 기회가 있을 때마다 이렇게 생각한다. 좋은 삶만큼이나 좋은 죽음의 문제 또한 중요하다. 한 번쯤 들어 봤을 것이다. 99881234! 나이 든 사람들은 다 아는 숫자 말이다. 99세까지 88하게 살다가 하루 이틀 삼일 정도 앓다가 죽음을 맞이한다. 인간이면 누구나 원하는 그런 삶이 아닐까 생각한다. 사람들은 그렇게 살기를 바라고 또 죽음을 맞이하길 원한다. 오랫동안 건강하게 잘살다가 쉽고 편안하게 죽고 싶은 것이다.

---

1   이 글은 《철학·사상·문화》 제43집(2023)에 실린 필자의 논문 「칸트와 좋은 죽음의 문제」를 다소간 수정·보완한 것이다.

그런데 쉽고 편안한 죽음을 맞이하는 일이 쉽지 않은 일이 되어버렸다. 무엇보다도 의료 기술적 진보와 사회문화적인 환경 변화가 그 주요한 원인이다. 자기가 살던 집에서 조용하고 편안하게 죽음을 맞이하는 사람이 과연 몇 사람이나 될까? 대부분의 사람은 중환자실에서, 요양병원이나 요양원에서 생의 마지막 시간을 보낸다. 무의미한 생명 연장으로 시간을 보내다가 죽는 일이 다반사가 된 것이다. 그러나 다행히 우리 사회에서도 오랜 논란 끝에 무의한 연명 치료를 중단할 수 있는 의료적 선택과 결정이 합법화되었다. 무척 다행스러운 일이다.

어떤 삶이 잘살고 또 잘 죽는 삶일까? 유감스럽게도 우리는 그에 대한 딱 떨어진 어떤 분명한 답을 가지고 있지 않다. 이런저런 생각과 주장들이 없는 것은 아니다. 그런데 모두가 동의할 수 있는 어떤 답을 찾기란 그렇게 쉬운 일이 아니다. 어쩌면 더이상 그런 답을 찾을 수 있는 세상이 아닌지도 모른다. 다양한 세계관, 가치관, 종교관, 그리고 인생관이 동시에 작동하고, 그에 따라 개인마다 추구하는 삶의 가치와 방식도 매우 다양하기 때문이다.

이 글에서 나는 삶과 죽음에 대한 철학자 칸트의 생각을 바탕으로 좋은 죽음의 문제를 논의해보려고 한다. 이를 통해서 좋은 삶 못지않게 좋은 죽음이 어떻게 가능한지를 현실의 문맥에서 검토해보려는 것이다. 칸트 철학을 참고삼아 자살과 안락사의 문제를 논의해본 다음에, 좋은 죽음에 대한 메시지를 찾아볼 것이다.

칸트는 한 인간으로서, 철학자로서 평생 동안 좋은 삶을 살기 위해서 노력했다. 그는 또한 쉽고 편안하고 존엄한 죽음을 맞이하길 원했다. 잘살고 또 잘 죽기 위해서 자기관리를 철저하게 실천했다. 그는 평생 큰 병에 걸리지 않고 건강하게, 또 자유롭고 활동적인 삶을 살 수 있었던 것을 매우 자랑스럽게 생각했다. 칸트는 마지막 숨이 넘어가는 순간에 "좋다"라고 말했다고 한다.

2. 자유롭고 활동적인 삶을 살다

위대한 철학자 임마누엘 칸트, 그는 원래 매우 왜소하고 허약하게 태어난 아이였다. 성인이 되어서도 키가 1미터 60센티 정도밖에 안 된 데다가, 또 평평한 가슴으로, 신체적으로 보면 많은 것을 갖고 태어난 사람은 아니었다. 그렇지만 칸트는 인생을 매우 자유롭고 활동적으로 살았다. 그뿐만 아니라 아주 건강하게 오래오래 장수한 철학자로 알려져 있다.

칸트는 18세기 사람이다. 1724년에 태어나 1804년에 죽었다. 그런데도 80살을 살았다. 당시 사람들의 평균수명이, 마흔 살 이쪽저쪽이었으니까, 다른 사람들보다 두 배 정도 더 산 셈이다. 오늘날 기준으로 환산하면 100살 넘게 산 것이라고 한다. 체질적으로 아주 허약한 사람이었던 칸트는 어떻게 건강하게 장수할 수 있었을까? 자기관리를 어떻게 했을까? 그것이 무척 궁금한데, 칸트 선생의 하루 일과 속으로 한번 들어가보자.

칸트는 날마다 새벽 5시에 일어났다. 참 부지런한 사람이었다. 5시 5분 전에 집사인 람페가 "선생님! 일어나실 시간입니다"라고 칸트를 깨우면, 대철학자 칸트도 별수없이 보통 사람들처럼 이불 속에서 약간 꼼지락거리다가 일어났다고 한다. 아침밥은 먹지 않았다. 일어나자마자 잠옷을 걸친 채로 곧바로 작업실로 가서 홍차 두 잔을 마시고 파이프 담배 한 대를 피웠다고 한다. 물론 습관적인 흡연자는 아니었다. 전해진 바에 따르면 아침 식욕을 떨어뜨리기 위해서 궐련 한 대를 피웠다고 한다.

칸트는 새벽 5시부터 아침 7시까지 2시간 강의 준비를 하고, 곧바로 아침 9시까지 정장 차림을 하고서 강의를 했다. 삼십대 초반부터 칠십대 초반까지 약 40년을 대학에서 강의했다. 정말 다양한 과목을 강의했는데, 철학, 수학, 자연과학뿐만 아니라, 심지어 인간학, 지리학, 요새 구축과 불꽃 제조술과 같은 주제도 강의했다.[2]

칸트는 오전 시간 내내, 거의 오후 1시까지, 그러니까 4시간 동안 연구와 저술 작업에 몰두했다. 드디어 점심시간! 오후 1시부터 4시까지 장장 3시간 이상을 점심을 먹었다. 엄청나게 긴 시간인데, 물론 칸트가 혼밥을 그렇게 오래 한 것은 아니었다. '혼밥은 철학자에게도 건강에 좋지 않다.' 칸트는 늘 그렇게 생각했다. 초대한 친구들, 다양한 부류의 사람들과 즐겁게 담소를 나누면서 오랜 시간 식사를 했다. 점심을 곁들인 토론회가 연상되기도 한다. 점심식사는 하루 중 유일한 칸트의 식사시간이었다. 칸트는 특별히 대구 요리를 좋아했는데, 그의 고향, 발트해 연안의 항구도시 쾨니히스베르크는 해산물이 풍부하고 대구가 많이 잡히는 곳으로 유명하다. 그리고 식사와 곁들여 언제나 붉은 포도주 한 잔을 마셨다고 한다.

점심식사 후, 오후 시간은 칸트 혼자만의 운동시간이다. 칸트는 오후 4시가 되면 어김없이 혼자서 산책을 나갔는데, 언제나 똑같은 길을 산책했다고 한다. 그런데 칸트 선생의 산책 시간은 유명한 일화로 전해진다. 동네

---

2   O. 회페(이상헌 옮김), 『임마누엘 칸트』(문예출판사, 1997) 참조.

사람들이 칸트를 보고 시계를 맞추었을 정도로 그 시간이 매일매일 정확했다. 어떻게 사람이 시계보다 정확할 수 있을까! 잘 이해가 되지는 않는다. 마치 시계처럼 정확하고 규칙적이었다고 할까! 저녁시간에는 지리책, 여행기, 문학작품 등 철학책이 아닌, 비교적 가벼운 책들을 읽으며 시간을 보냈다. 그리고 밤 10시가 되면 어김없이 잠자리에 들었는데, 절대적인 안정 속에서 잠을 청했다고 한다.

정말 대단한 칸트 선생님이시다! 물론 칸트가 젊었을 때부터 이렇게 규칙적으로 살았는지는 정확히 알 수 없다. 그러나 최소한 교수가 된 40대 중반 이후부터는 이처럼 규칙적으로 생활했을 것으로 짐작된다.

칸트 선생의 하루 일과 중에서 우리는 아주 중요한 몇 가지 단서를 발견할 수 있다. 첫째, 규칙적인 생활이다. 매일 아침 5시에 일어나서 저녁 10시에 잠자리에 들 때까지 정말 규칙적으로 살았다. 물론 7시간의 충분한 수면과 휴식도 중요한 요소라고 말할 수 있겠다. 둘째, 활동적인 삶이다. 직업적인 교수로서 학자로서 날마다 2시간 강의 준비와 2시간 강의, 4시간 연구 활동, 날마다 8시간 동안 일했다. 셋째, 풍부한 인간관계다. 비록 결혼을 하지 않고 평생 독신으로 살았지만, 외롭고 고독한 삶을 선택하기보다는 다양한 친구들, 다양한 부류의 사람들과 주기적으로 만나면서 풍부한 인간관계를 맺었다. 말하자면 사회적 관계를 소홀히 하지 않고, 인간적인 교류를 매우 활발히 한 것이다. 넷째, 꾸준한 운동이다. 날마다 오후 4시부터 산책을 했는데, 오늘날 전문가들이 그렇게 좋다고 추천하는 걷기운동을 비가 오나 눈이 오나 하루도 거르지 않고 꾸준하게 했다. 마지막으로, 소식이다. 칸트는 점심 한 끼만을 먹었는데, 말하자면 간헐적 단식을 실천한 것이다. 식사 메뉴도 근처 발트해 연안 바다에서 잡아 온 신선한 생선과 해산물

위주였을 것으로 짐작된다.[3]

칸트 선생의 일과에서 우리가 발견한 웰빙(Well-Being)의 길은 규칙적인 생활, 활동적인 삶, 풍부한 인간관계, 꾸준한 운동, 그리고 소식, 이렇게 다섯 가지로 정리된다. 이렇게 정리해보니, 오늘날 전문가들이 추천하는 건강 장수법과도 크게 다르지 않다. 그렇다! 예나 지금이나 앞으로도 건강 장수법이 크게 달라질 것 같지는 않다. 여기서 무엇보다도 중요한 점은 칸트 선생이 매일매일 규칙적으로 살았다는 것이다. 말하자면 자기 스스로 정한 삶의 규칙을 날마다 실천하며 살았다. 이 점이 칸트 선생이 건강 장수한 비결이지 않을까 생각한다.

사람들은 누구나 살아 있는 동안에, 가능한 고통과 질병 없이, 건강하게, 컨디션을 잘 유지하면서 자신의 삶을 영위하기를 원한다. 가능한 한 자유롭고 활동적으로 오래오래 장수하기를 소망한다. 칸트 선생님처럼 100% 그렇게 살기란 쉬운 일이 아니다. 또 칸트가 유일무이한 모범 답안이라고 말할 수도 없다. 그렇지만 각자의 처지와 여건에 따라 일정한 방식으로 칸트 선생님을 따라 해볼 수는 있을 것이다. 우리는 칸트 선생의 삶에서 좋은 삶을, 아니 자유롭고 활동적인 삶의 어떤 전형을 발견할 수 있다.[4]

---

3   만프레트 가이어(김광명 옮김), 『칸트 평전』(미다스북스, 2004) 참조.
4   김양현 교수의 철학TV(youtube.com/philosophyTV), 〈칸트 선생은 어떻게 장수했을까?〉 참조.

3. 칸트는 자살에 왜 반대하는가?

1) 그것은 비도덕적인 행위다

우리나라가 자살률 세계 1위 국가라고 한다. 그래서인지 자살은 우리의 일상에서 자주 접하는 문제가 되었다. 어떤 해결책이 요구되는 심각한 사회 문제인 것이다. 자살에 대한 칸트의 생각과 주장을 한번 살펴보자. 칸트의 입장은 매우 확고하다. 또 가장 보수주의적인 입장을 대변하는 것으로도 알려져 있다. 자살은 왜 비도덕적 행위이며, 허용될 수 없는 것일까?

우리는 『윤리형이상학 정초』[5] 이곳저곳에서 자살에 대한 칸트의 생각을 엿볼 수 있다. 어떤 행위가 도덕적인 가치를 갖는가 하는 문제를 논의하는 과정에서 칸트는 자살의 사례를 들어 설명한다. 칸트의 설명은 이렇다. 자기 생명을 보존하는 것은 의무다. 마치 해바라기가 해를 향해서 자연스럽게 기우는 것처럼, 인간은 누구나 자기 생명을 보존하려는 직접적인 경향성을 가지고 있다. 이처럼 인간은 누구나 본능에 따라 자기 생명을 보존하는 방향으로 행동한다. 말하자면 직접적인 경향성에 따라, 생물학적으로 코드화된 본능에 따라 자기 생명을 보전하는 것은 의무에 잘 맞는 일이라고 하겠다.

그런데 자살을 결심하는 사람은 온갖 고통과 절망 속에서 더이상 삶의 탈출구가 없다고 생각한다. 만약 이 사람이 죽는 것이 두려움이나 공포

---

5   임마누엘 칸트(백종현 옮김), 『윤리형이상학 정초』(아카넷, 2019). 텍스트 인용은 본문에 GMS로 축약하여 표기하고 쪽수를 밝힌다.

때문이 아니라, 말하자면 직접적인 경향성에서가 아니라, '자기 생명을 보존하는 것은 의무다'는 도덕의 명령에 따라서, 즉 의무로부터 자살하지 않고 생명을 보존한다면, 바로 그런 행위 속에 도덕의 가치가 있다, 거기에 도덕의 참된 내용이 들어 있다.(GMS Ⅳ398/B10)

칸트의 생각과 주장을 정리해보면 이렇게 된다. 사람들은 누구라도 절망적인 상황에 직면하게 되면, 스스로 자기 목숨을 끊는 것만이 문제를 해결할 수 있다고 생각한다. 그렇게 생각할 수도 있다는 것이다. 그런데 이렇게 결심하고 죽으려고 했는데, 죽는 것이 두려워서가 아니라 자살하면 안 된다는 도덕적인 의무 때문에, 자살하지 않고 자기 생명을 보존한다면, 바로 그 행위가 도덕적이다, 바로 그 행위 속에 도덕의 가치가 있다. 말하자면 의무로부터 말미암아 혹은 도덕적인 동기에서 행하는 행위가 도덕적인 가치를 갖는다는 것이다. 그러니까 도덕 혹은 도덕적 가치는 행위의 결과가 아니라 다름 아닌 행위의 동기를 기준으로 판단될 수 있는 것이다.[6] 여기서 중요한 포인트는 행위자의 의도 혹은 동기다. 도덕적인 의무에 따라, 도덕적인 동기에서 자살하지 않고 생명을 보존한다면, 그런 행위가 바로 참된 도덕의 내용을 갖고 있다는 것이다.

2) 왜 비도덕적인 행위인가?

자살의 문제는 정언명령에 따른 검증 과정에서도 두 차례 정도 더 설

---

6   칸트에 따르면 크게 세 가지 종류의 행위 동기가 있다. 사적인 이익 관심, 직접적인 경향성, 그리고 도덕적 동기가 그것이다.

명의 사례로 등장한다. 한 번은 정언명령의 자연법칙의 정식에서, 다른 한 번은 목적과 수단의 정식의 설명 과정에서 나온다. 자연법칙의 정식은 이렇다. "마치 너의 행위의 준칙이 너의 의지에 의해 보편적 자연법칙이 되어야 하는 것처럼, 그렇게 행위하라."(GMS Ⅳ421/B52) 다소간 복잡하게 들리지만, 정언명령은 준칙과 보편법칙으로 구성되어 있다. 말하자면 정언명령은 한마디로 준칙과 보편법칙의 관계를 나타내는 도덕 명령이다. 여기서 준칙은 주관적인 행위의 원리이고, 법칙은 객관적인 행위의 원리다. 모든 개인은 자신의 주관적인 행위의 원리 원칙, 곧 준칙을 갖고 있다. 각자는 이 준칙에 따라서 각자의 삶을 유지하고 영위한다. 정언명령은 이렇게 요구한다. 각자가 따르는 준칙이 보편적 자연법칙이 되어야 하는 것처럼, 그런 준칙에 따라서 행위하라!

도덕의 최고 원리 원칙인 정언명령에 비추어, 자살이 도덕적으로 정당화될 수 있는가를 검증해보는 것이다. 절망이 극에 달해 삶의 염증을 느낀 어떤 사람이 있다. 그런데 이 사람은 자살을 한다면 그것은 자기 생명 보존의 의무를 위반하는 것이라는 사실을 잘 알고 있다. 만약 이 사람이 자살하려고 한다면, 그때 이 사람이 선택한 행위의 준칙, 곧 행위의 주관적인 원리는 이렇게 될 것이다. '삶을 이렇게 계속 사는 것은 탈출구도 없고 절망이므로, 나는 나를 사랑하기 때문에 차라리 내 생명을 단축해서 여기서 끝내고자 한다.' 그렇다면 검증의 질문은 이러한 선택과 결정이 보편적인 자연법칙이 될 수 있는가, 이 사람이 선택한 주관적인 행위의 원리가 보편적인 자연법칙이 될 수 있는가이다. 과연 자기애의 원리에 따라 자살을 선택하는 것이 보편적인 자연법칙에 합당한 일인가?

이에 대한 칸트의 대답은 매우 분명하고 단호하다. 사람들은 금방 알 수 있다. 생명을 번성하게 하고 촉진하는 것이 아니라 생명을 파괴하는 것이 자연의 목적이고 자연의 법칙이라면, 자연은 자기 자신과 모순될 뿐만 아니라 자연은 존립 그 자체가 불가능하다. 따라서 자살하려는 사람의 주관적 행위 원리인 저 준칙은 결코 보편적인 자연법칙이 될 수 없다. 나아가 생명을 보존해야 한다는 객관적인 도덕의 요구에 정면으로 배치된다.(GMS Ⅳ421/B53)

칸트는 목적과 수단의 정식에 따라서도 자살의 문제를 검증하는데, 이 정식은 이렇다. "네가 너 자신의 인격에서나 다른 모든 사람의 인격에서 인간(성)을 항상 동시에 목적으로 대하고, 결코 한낱 수단으로 대하지 않도록 그렇게 행위하라."(GMS Ⅳ429/B66) 간단히 말해서 이 명령은 자기 자신이나 타인을 대할 때 한낱 수단으로 대하지 말고 목적 자체로 대하라는 도덕적인 요구이고 명령이다. 칸트는 이 명령을 특별히 최고의 실천명령이라고 부르고, 인간 행위의 자유를 규제하고 통제하는 최고의 실천원리라고 특징짓는다. 여기서 목적 그 자체라는 말은 단적으로 또 다른 어떤 목적을 위한 더이상의 수단이 되지 않는다는 뜻이다. 말하자면 이성적인 존재인 인간은 절대적인 목적이요 절대적인 가치를 갖는 존재라는 뜻이다.

그렇기 때문에, 인간의 존재 목적은 도대체 무엇인가, 이렇게는 결코 물을 수 없는 것이다. 이성적인 존재인 인간이 자기 스스로 그렇게 생각하는 것이다. 자기 스스로 자신의 권리를 그렇게 주장하는 것이다. 목적과 수단의 구분 원리의 밑바탕에는 무엇보다도 인간 상호 간의 평등 사상이 근간으로 놓여 있다. 여기에는 또한 모든 특권을 반대하는 도덕적 평등주의가 작동하고 있다. 목적과 수단의 구분 원리를 통해서 우리는 칸트가 우리에게 던지는 근본적인 삶의 메시지를 놓쳐서는 안 될 것이다.

그럼 목적과 수단의 정식에 따라 자살이 왜 문제인가를 검증해보자. 절망이 극에 달해 삶의 염증을 느껴 자살하려는 사람이 있다. 그런데 이 사람은 자살이 자기 자신에 대한 의무, 즉 자기 생명의 보존 의무를 위반하는 것이라는 점을 잘 알고 있다. 이 사람이 선택한 행위의 주관적인 원리는 옳은 것인가? 그것은 자기 자신조차도 목적 그 자체로 대하라는 도덕적인 요구에 반하는 행위는 아닌가?

칸트는 다른 사람에 대한 의무도 강조하지만, 자기 자신에 대한 의무를 매우 중시했다. 만약 자살을 한다면, 유기적 생명체인 자기의 몸을 지금 겪고 있는 어려움에서 벗어나려는 수단으로 희생시키는 것이다. 그것은 현재의 곤란과 역경, 절망을 극복하기 위해서 자기 자신의 목숨을 수단으로 삼는 것이다. 그것은 자기 자신을 대할 때도 목적 그 자체로 대해야 한다는 도덕적인 요구와 명령을 정면으로 거스르는 것이다. 우리는 자기 자신이나 타인을 대할 때 절대적 목적과 절대적 가치를 갖는 존엄한 존재로 대해야 한다. 상대적인 목적과 가치를 갖는 물건이나 수단으로 취급해서는 안 된다. 자살은 자기 자신의 생명을 한낱 수단으로 삼는 것이기 때문에 도덕적으로 옳지 않다.

여기서 다음 논의로 넘어가기 전에 인간 존엄성에 대한 칸트의 통찰을 간략하게 정리해보면 좋겠다. 칸트는 이성적 존재로서 인간은 목적 그 자체이며 존엄한 존재라고 말한다. "목적들의 나라에서 모든 것은 가격을 갖거나 아니면 존엄성을 갖는다. 가격을 갖는 것은 같은 가격을 갖는[同價의] 다른 것으로도 대치될 수 있다. 그러나 이에 반해 모든 가격을 뛰어넘는, 그러니까 같은 가격을 갖는 것을 허용하지 않는 것은 존엄성을 갖는다."(GMS IV434/B77)

사실 이 세상 모든 것들은 둘 중 하나에 속한다. 가격을 갖는 것이거나 아니면 존엄성을 갖는 것이다. 그런데 가격을 매겨 사고팔 수 있는 것들은 다른 물건과 교환되거나 대치될 수 있다. 이와 반대로 가격을 매길 수 없고, 또 가격을 뛰어넘는 것은 존엄성을 갖는다. 인간 이외의 모든 것들은 가격을 매길 수 있고, 또 동일한 가격으로 비교되고 교환된다. 그러나 인간은 가격을 매길 수 없고, 또 모든 가격을 뛰어넘는다. 존엄한 존재인 것이다. 다른 어떤 정의나 설명보다도 칸트의 설명은 듣는 순간 확 와 닿는 그런 느낌이 있다. 인간을 대할 때, 한낱 수단이 아니라 목적 그 자체로, 인격체로 대하라. 인간은 물건이 아니다. 인간을 물건 취급해서는 안 된다. 인간을 존엄한 존재로 대하라! 이러한 요구와 명령은 우리에게 가장 중요한 실천명령이고 요구다. 인간 행위의 자유를 제한하는 최고의 실천원리인 것이다.

4. 칸트는 안락사를 반대하는가?

우리 사회에서도 꽤 긴 시간 동안 무의미한 연명 치료 문제를 둘러싸고 논란이 끊이질 않았다. 그런데 어느 순간에 무의미한 연명 치료 중단에 관한 법이 제정됨으로써 논란은 일단락되었다. 소위 '웰다잉법' 혹은 '연명의료결정법'이 2016년에 제정되었고, 2018년에 전면적인 시행에 들어갔다. 이 법의 공식 명칭은 '호스피스·완화의료 및 임종과정에 있는 환자의 연명의료 결정에 관한 법'이다. 그 내용에 대해서는 아래에서 좀 더 부연하기로 하겠다. 법이 시행되면서 사람들은 자신의 의사에 따라 치료 중단을 선택하고 결정을 할 수 있게 되었다. 무의미한 생명 연장을 하지 않아도 아무런 법적인 제재를 받지 않게 되었다. 오랜 논란 끝에 무의미한 생명 연장 치료의 중단이 합법화된 것이다. 사실 안락사의 관점에서 말하자면 연명 치료의 중단은 일종의 '소극적 안락사'에 해당한다.

그런데 연명의료결정법 시행으로 모든 문제가 해소된 것은 아니다. 여전히 사회적인 논란거리가 남아 있다. 이제 소극적 의미를 넘어 적극적인 의미의 안락사가 문제인 것이다.[7] 적극적 안락사의 문제는 우리 사회가 당면한 중요한 이슈 중에 하나다. 최근의 연구 조사에 따르면, 국민 대다수는 적극적 안락사를 찬성하고 있다. 19세 이상 국민 1,000명을 대상으로 한 조사에서 76.3%가 안락사 혹은 의사 조력 자살을 찬성하는 것으로 나타났다. 연구팀은 지난 2008년과 2016년에도 동일한 조사를 했다고 한다. 당시에는 찬성과 반대 의견이 50대 50이었는데, 이 조사에서는 찬성이 약 1.5배

---

7   여기서 우리는 소극적 안락사(letting die)와 적극적 안락사(killing)를 구분한다. 말하자면 죽도록 내버려두는 것과 죽이는 것에 따른 행위의 소극성과 적극성의 개입 정도에 따른 구분이다. 김상득, 『생명의료윤리학』(철학과현실사, 2000), 295쪽 이하 참조; 구영모 편, 『생명의료윤리』(동녘, 2023), 147쪽 이하 참조. 최근에 장동익은 소극적/적극적 안락사의 구분은 안락사 논쟁의 해결책이 될 수 없다는 주장을 내놓았다. "나는 소위 말하는 소극적 안락사 역시 죽이려는 의도를 가졌다고 생각한다. 죽이려는 의도를 가지고 구하지 않았다고 말하는 것이 온당하다고 생각한다. 그리고 행위와 무행위, 또는 죽이려는 의도의 여부를 통해서 적극적/소극적 안락사를 구분하는 것으로는, 한편에서 적극적 안락사를 허용하려는 결론도, 다른 한편으로 적극적 안락사를 금지해야 한다는 결론도 도출될 수 없다. 그래서 행위와 무행위를 통한 구분도, 죽이려는 의도를 통한 구분도 성공적이지 못하기 때문에 적극적 안락사와 소극적 안락사를 구분하는 것은, 적어도 철학적 논변으로서는 성공적일 수 없다." 장동익, 「적극적/소극적 안락사 구분 논변에 대한 비판적 고찰」, 《인문과학》 제89집, 2023, 227~253쪽, 251쪽.

높게 나타났다고 한다.[8] 이렇게 짧은 기간에 국민의 의식과 태도가 이렇게 변할 수 있다니 놀라울 뿐이다. 머지않은 미래에 동일한 조사를 한다면, 찬성 의견은 더 높게 나타날 가능성이 충분하다고 생각한다.

위에서 우리는 자살에 대한 칸트의 입장이 매우 확고부동한 것임을 확인할 수 있었다. 그럼 안락사에 대해서 칸트는 어떤 입장일까? 물론 칸트 당시에는 안락사와 같은 문제는 없었기 때문에—그것은 1960년대 이후 의학 분야에서 집중치료술이 발달함으로써 대두된 문제다— 그에 대한 칸트의 어떤 직접적인 진술이 있을 수가 없다. 그렇지만 이렇게는 물을 수 있다. 칸트 윤리학 혹은 의무론의 입장에서 안락사는 어떻게 이해되고 해석될 수 있는가? 우리는 칸트의 주장을 추정해서 가능한 어떤 답을 생각해볼 수는 있을 것이다.

그런데 사람들은 무엇을 근거로 안락사를 반대하거나 찬성하는가? 여기서는 그에 대한 자세한 논의 대신에 찬반양론의 주요 논점이 무엇인지만을 확인해보자. 반대의 주요 논거는 안락사가 생명의 신성성, 불가침성, 그리고 인간 존엄성을 침해한다는 것이다. 이와 달리 찬성하는 이유는 삶의 질적 가치나 인간의 존엄성의 측면에서, 그리고 개인의 자율적인 선택과 결정권이 중요한 문제라는 것이다. 생명의 신성성이나 불가침성의 문제인가? 아니면 삶의 질이나 가치 선택의 문제인가?[9]

---

8   https://www.betanews.net/article/1336724, 「서울대학교 병원 윤영호 교수 팀, 안락사 혹은 의사 조력 자살 입법화 설문 및 연구 발표」, 2022. 5. 24.

9   안락사와 의사 조력 자살은 엄밀한 의미로 구분하기도 하지만, 다음과 같은 의미에서 내용적으로 동일한 것으로 생각할 수 있다. "의사 조력 자살이란 면허증을 가진 의사가 다른 사람이 스스로 목숨을 끊도록 정보를 제공하거나 처방

안락사는 자살과는 전혀 다른 맥락과 차원의 문제라는 점을 먼저 분명히 할 필요가 있다. 안락사 문제에 대한 칸트의 입장은 찬성과 반대 두 가지 관점 모두에서 해석되고 이해될 수 있다고 나는 생각한다. 먼저 의무론의 입장에서 말한다면, 즉 자기 생명을 보존하는 것이 의무라는 관점에서 본다면, 칸트의 입장은 안락사를 반대하는 것으로 해석될 수 있다. 왜냐하면 안락사(혹은 의사 조력 자살)는 자기 생명 보존의 의무에 정면으로 반하는 행위이기 때문이다. 여기서 무의미한 생명 연장을 중단하는 치료 중단, 즉 소극적 안락사(혹은 존엄사)는 특별한 문제가 없는 것으로 평가할 수 있다.

칸트의 입장을 안락사에 찬성하는 쪽으로 해석해볼 수 있는 여지는 없는가? 만약 우리가 긍정적인 관점에서 논의를 전개한다면, 다름 아닌 개인의 자유와 자율권의 존중이 가장 강력한 찬성 논거가 될 것이다. 칸트는 개인의 자유와 자율을 중시한 철학자다. 그는 개인의 선택과 결정의 자율권을 이론적으로 정립하는 데 결정적인 역할을 했다. 현대 사회의 중요한 가치 체계인 개인주의와 자유주의는 일정하게는 칸트의 철학적인 노력에 힘입고 있다. 개인주의와 자유주의에 따르면, 삶의 주체는 자유의지를 소유한 개인들이다. 개인의 자율권의 신장과 확대 차원에서 보면, 안락사에 대해 적극적이고 긍정적인 해석의 여지가 충분하다고 하겠다.

다음으로 삶의 가치와 인간 존엄성의 존중이라는 차원을 생각해보자. 안락사를 찬성하는 사람들은 무의미한 생명 연장이 삶의 질적 가치를 훼

을 하거나 또는 죽을 수 있도록 하는 어떤 장치를 주는 것을 의미한다." 김상득, 『생명의료윤리학』(철학과현실사, 2000), 294쪽.

손하고, 인간의 존엄성을 해친다고 주장한다. 삶과 죽음에 대해서 우리가 진정으로 원하는 바는 무엇인가? 그것은 죽음의 순간까지도 존엄성과 품위를 유지해야 하며, 가능한 한 고통을 피하고 안락한 죽음을 맞이할 수 있어야 한다는 점이다. 잘 알려져 있는 것처럼, 칸트는 한편으로는 건강하고 장수하는 삶의 기술에 열광했다. 그러나 또한 다른 한편으로는 쉽고 편하게 안락한 죽음을 맞이하길 원했다. 단지 먹고 마시고 잠자는 동물적인 삶의 형태를 의미 없이 연장하는 것에 대해서는 매우 부정적으로 생각했다. 그래서 그는 한밤에 뇌졸중으로 죽는 것을 최상의 죽음이라고 생각했다고 한다.[10] 이러한 사실을 바탕으로 오늘날 우리가 직면한 죽음의 문제를 칸트가 어떻게 평가할까 상상해보면, 적극적이고 긍정적으로 평가했을 것으로 추측해볼 수도 있다.

나는 종종 이런 생각을 한다. 개인의 자유와 자율권의 신장이라는 관점에서 보면, 네덜란드와 스위스는 매우 진보적인 나라에 속한다. 네덜란드는 벌써 2000년대 초반에 안락사를 법제화했다. 스위스에는 안락사를 시행하는 디그니타스(dignitas)라는 병원이 있다. 이 병원에 대한 얘기를 언론을 통해서 한 번쯤 들어봤을 것이다. 라틴어(dignitas)는 존엄성이란 뜻이다. 병원의 이름으로 인간의 존엄성을 표방하고 있는 셈이다.

만약 우리가 개인의 자유롭고 자율적인 권리의 신장과 확대에 가치를 둔다면, 당연히 임종 중에 있는 환자가 자기 자신의 선택과 결정에 따라 삶을 가치 있고 품위 있게 마무리할 수 있는 권리를 가진다고 생각할 수 있

---

10   만프레트 가이어(김광명 옮김), 『칸트 평전』(미다스북스, 2004), 408쪽, 444쪽 참조.

다. 삶을 무의미하게 연장하는 과정에서 삶의 가치가 매우 낮은 상태로 몇 달을 더 살기를 원하는 사람들은 아마도 거의 없을 것이다. 대부분의 사람은 쉽고 편하고 품위 있는 죽음을 원한다. 이러한 생각과 주장은 삶과 죽음에 대한 칸트의 생각과 태도에 잘 부합한다. 인간은 자유롭고 자율적인 존재다. 이러한 언명은 인간은 각자 자기 법칙과 원리 원칙을 갖는 존재임을 분명히 한다. 자율권의 신장과 확대는 삶의 실천적인 의미에서 매우 중요한 요소다. 이는 삶의 마지막 국면에서조차도 인간이 누려야 할 가장 중요한 권리이며 요구다.

5. 웰다잉의 소극적 가능성을 열다

'연명의료결정법' 혹은 '웰다잉법'이 시행됨으로써, 환자들은 자신의 의사에 따라 치료 중단을 결정할 수 있게 되었으며, 의료인들은 치료 중단으로 인한 법적 제재와 처벌을 피할 수 있게 되었다. 웰다잉의 법적인 가능성이 열림으로써 우리 사회는 미래로 한 걸음 더 진보한 것으로 평가할 수도 있겠다. 그런데 '연명의료결정법'의 제정은 하루아침에 이루어진 것이 결코 아니었다. 수많은 논란과 여러 차례의 입법 시도 끝에 어렵게 이룩한 성과였다. 그 과정에서 가장 결정적인 계기는 김 할머니 사건이라고 말할 수 있다.

이 사건의 개요를 간략하게 정리하면 이렇다. 2008년 2월에 김 할머니는 폐암 조직검사를 받다가 과다 출혈로 식물인간이 되었다. 김 할머니는 지속적인 식물인간 상태로 병원의 중환자실에서 인공호흡기를 부착한 채 생명을 연장하고 있었다. 김 할머니의 자녀들은 병원에 연명 치료의 중단을 요청하였다. 그러나 병원에서는 가족들의 요청을 거부하였다. 이에 2008년 2월, 자녀들은 무의미한 연명 치료를 중단하고 자연스런 죽음을 맞이할 수 있도록 인공호흡기를 제거해달라는 소송을 제기했다. 2009년 5월에 최종 재판소인 대법원은 김 할머니 가족의 손을 들어주었다. 대법원의 판결에 따라 김 할머니는 인공호흡기를 떼었으나 6개월 정도를 더 생존하다가 2010년 1월에 사망하였다.[11]

김 할머니 사건에 대한 대법원의 판결 요지는 다음과 같다. "식물인간 상태인 고령의 환자를 인공호흡기로 연명하는 것에 대하여 질병의 호전을 포기한 상태에서 현 상태만을 유지하기 위하여 이루어지는 연명 치료는 무의미한 신체 침해 행위로서 오히려 인간의 존엄과 가치를 해하는 것이며, 회복 불가능한 사망의 단계에 이른 환자가 인간으로서의 존엄과 가치 및 행복추구권에 기초하여 자기결정권을 행사하는 것으로 인정되는 경우에는 연명 치료 중단을 허용할 수 있다."[12]

한마디로 무의미한 연명 치료는 회복 불능의 사망 단계에 있는 환자의 존엄성과 삶의 가치, 그리고 자기결정권에 반할 수 있다는 것이다. 대법원의 이 판결은 무엇보다도 연명 치료가 무의미할 수 있다는 점, 그리고 존엄사를 법적으로 인정한 첫 판례라는 점에서 중요한 의미를 갖는다. 이는 우리나라 생명윤리의 역사에서 연명 의료 중단에 대한 이정표 판결이며, 내용적으로는 환자의 자기결정권을 존중하는 판결이었다는 점에서 큰 의

---

11   https://ko.wikipedia.org/wiki/김할머니_사건 참조.
12   같은 글.

미를 갖는다고 하겠다.[13]

김 할머니 사건에 대한 법적인 판결을 통해서 우리는 이해관계자들의 입장을 분명하게 확인할 수 있었다. 법조계에서는 무의미한 연명 치료가 환자에게 인간의 존엄과 가치를 해칠 수 있다는 점을 인정함으로써 치료의 주권이 더이상 의사의 절대적 권리가 아니라 제한적 조건 하에서 환자에게로 이동할 수 있다는 점을 높이 평가했다. 의료계에서는 환자와 그 가족의 정신적·육체적 고통을 해소함과 더불어 의료진과의 갈등 해결의 근거를 마련한 점을 크게 환영했다. 법조계와 의료계의 이러한 공통의 인식은 '연명의료결정법'의 제정에 중요한 계기로 작용했다고 평가할 수 있다.[14]

이 법에 명시된 목적에서 우리는 웰다잉의 가능성을 분명히 확인할 수 있다.[15] "임종 중에 있는 환자의 연명의료 결정, 그리고 법적 이행에 필요한 사항을 규정하는 것이고 그것의 구체적인 목적은 환자의 최선의 이익을 보장하고 환자의 자기 결정을 존중하고 인간의 존엄성과 가치를 보호 하는 데 있다." 한마디로 말해서 무의미한 연명 치료의 합법적인 중단을 통해서 회생 가능성이 없는 환자의 존엄성과 삶의 가치를 지킬 수 있게 되었다.

---

13 최경석, 「김 할머니 사건에 대한 대법원 판결의 논거 분석과 비판: "자기결정권 존중"과 "최선의 이익" 충돌 문제를 중심으로」, 《생명윤리정책연구》 제8권 제2호, 2014. 227~252쪽, 228쪽 참조.

14 설민우, 「보라매병원 사건과 김 할머니 사건을 통해 본 국가법과 관습의 상호작용」, 《연세공공거버넌스와법》 제11권 제1호, 2020, 89~103쪽, 98쪽 참조.

15 '연명의료결정법'에 대한 사회적 합의 과정 및 제정 과정에 대해서는 구영모 편, 『생명의료윤리』(동녘, 2023), 196~198쪽 참조.

환자의 명시적 의사 표시가 있는 경우
– 의사와 함께 작성한 연명의료계획서(POLST)가 있거나
– 사전의료의향서(AD)와 담당 의사의 확인이 있을 때
환자의 의사를 추정할 수 있는 경우
– 환자가 평소에 연명의료를 원치 않았다는 가족 2명 이상의 일치하는 진술과 의사 2명의 확인
환자의 의사를 추정할 수 없는 경우
– 가족 전원 합의와 의사 2명의 확인
– 적법한 대리인(미성년자는 친권자)의 결정과 의사 2명의 확인
– 대리인이 없을 경우 병원 윤리위원회의 만장일치 결정

표[16]에서 확인할 수 있는 것처럼, 무의미한 연명 치료를 중단할 수 있는 대상 환자는 극히 제한적이다. 즉 회생 가능성이 없고, 질병의 원인을 치료하는 의료 행위에 반응하지 않으며, 급속한 임종 단계에 있는 환자로 제한된다. 이 법에 따르면 연명 치료의 중단은 4가지 방식으로 가능하다. 즉 ① 환자가 의식이 있을 때, 환자 스스로 명확한 의사를 표시하는 방식으로 연명의료계획서 혹은 사전의료의향서를 작성할 수 있다. 또한, 환자가 평소 명시적으로 "나는 연명 치료를 하지 않겠다"는 의사 표시를 했을 경우도 여기에 속한다. ② 환자가 이미 의식이 없을 때, 환자의 의사를 추정하여 연

16　http://news.chosun.com/site/data/html_dir/2015/12/09/
　　2015120900377.html「연명치료 중단 환자가 선택… '웰다잉法' 小委 통과」,
　　2015. 12. 9.

명 의료를 중단하는 방식인데, 이 경우에는 가족 2명 이상에 의한 환자의 평소 의견 확인과 더불어 의사 2명의 확인이 필요하다. ③ 환자가 의식이 없으며 당사자의 평소 생각 확인이 불가능한 때, 그러한 경우에 환자가 미성년자라면 법정 대리인인 친권자가 결정하고, 환자가 성인이라면 가족 전원의 합의와 의사 2인이 동의하는 방식으로 결정한다. 마지막으로 법정 대리인이나 가족이 없을 경우에는 의료기관에 설치된 생명윤리위원회의 만장일치 의견으로 결정할 수 있다. 생명윤리위원회는 의사, 변호사, 생명윤리 학자, 그리고 종교계 인사들로 구성된다.[17]

연명 의료 중단 절차에서 가장 중요한 선결 문제는 담당 의사의 사실에 입각한 의료적인 판단과 결정이다. 즉 회생 불가능하고 더이상 치료에 반응하지 않는 임종 중의 환자라는 사실이 의료적으로 입증되고 확정되어야 한다. 그러나 치료 중단을 결정했더라도 최소한의 조치, 즉 통증 완화를 위한 진통제 투여 또는 영양분이나 물, 산소 공급 등은 환자가 사망에 이를 때까지 중단해서는 안 된다. 또한, 19세 이상의 성인이라면 누구나 '사전연명의료의향서'를 작성하여 관련 기관에 등록할 수 있도록 규정하고 있다.

6. 웰다잉의 적극적 가능성을 기대한다

'연명의료결정법'이 국회를 통과한 직후였을 것이다. KBS 〈시사기획

---

17   같은 기사. '연명의료결정법'의 주요 내용에 대해서는 구영모 편, 『생명의료윤리 (전면개정 제4판)』(동녘, 2023), 199쪽 이하 참조.

창〉은 관련 문제를 다루는 방송에서 이런 메시지를 던졌다. "웰다잉법, 끝이 아니라 시작입니다." 이 짧막한 문구 속에 문제 사태와 본질이 무엇인지, 그리고 향후 논의가 어떤 방향으로 전개될 것인지가 드러나 있다. 이제 막 제정된 '연명의료결정법'을 두고서, 그것을 웰다잉법의 시작에 불과하다고 한 것이다. 그것이 시작이었다면, 그 끝은 당연히 안락사의 법제화가 될 것이다. 소극적 안락사에 해당하는 무의미한 연명 치료의 중단은 실제로 시작에 불과했다. 안락사에 관한 법의 제정은 이미 당시에 머지않은 미래에 제기될 이슈를 잉태하고 있었다.

여기서 잠깐 개인적인 이야기를 하자면, '연명의료결정법'이 국회에서 한참 논의되는 시점인 2015년 말에 아버지가 돌아가셨다. 나는 당시의 심경을 이렇게 기록했다. "아버지는 80세를 일기로 세상을 떠나셨다. 폐섬유화증이라는 지병 때문에 8년을 고생하시다가 삶의 마지막 몇 달은 차마 말로는 다 할 수 없는 고통을 겪으면서 돌아가셨다. 아버지 삶의 마지막 국면을 곁에서 지켜보며 어떤 깨달음을 얻었다. 인간은 삶의 마지막인 죽음의 순간까지도 존엄성과 품위를 유지해야 한다. 고통을 피해야 하며, 쉽고 편하고 점잖게 죽음을 맞이할 수 있어야 한다. 이러한 삶의 가치가 우리 사회에서도 10년 아니 20년 내에 실현될 수 있기를 간절히 희망한다. 그러나 꽤 긴 시간이 필요할 것이다. 그러나 언젠가는 웰다잉의 적극적인 가능성의 길이 열릴 것이다."

당시에 나는 그렇게 희망하고 예견했다. 그런데 안락사에 대한 국민의식의 변화는 생각보다는 매우 빠르게 진행되고 있다. 위에서 살펴본 것처럼, 대다수 국민은 적극적 안락사에 찬성하고 있다. 특히 65세 이상 노인들을 대상으로 한 조사에서는 찬성 비율이 90%를 훨씬 넘는다고 한다. 최근 국민의 이러한 의식과 태도 변화는 곧바로 국회의 입법 과정에 반영되었다. 2022년 6월에 더불어민주당 안규백 의원은 '조력존엄사법'을 대표 발의하였다. 그 주요 내용을 간추려보면 다음과 같다. 조력 존엄사 대상자 및 조력 존엄사 정의 신설, 조력 존엄사 희망자의 신청 및 심의·결정을 위한 조력존엄사심사위원회 규정, 조력 존엄사 이행에 관한 규정, 조력 존엄사 담당 의사에 대해서는 형법에 따른 자살방조죄의 적용 배제, 조력 존엄사 및 그 이행에 관해 업무상 취득 정보 유출 금지 및 위반에 관한 처벌 금지 조항 등.

이 법은 사실 새로운 법률안은 아니다. 그것은 기존의 '연명의료결정법', 즉 '호스피스·완화의료 및 임종과정에 있는 환자의 연명의료결정에 관한 법률'을 일부 개정하는 법률안이다.[18] 그 핵심 내용은 암이나 불치병 등으로 어려운 고통을 겪고 있는 말기 환자의 요구에 따라 담당 의사의 도움으로 스스로 삶을 마칠 수 있도록 하는 것이다. 여기서 조력 존엄사란 치료하기 어려운 질병으로 인해 임종 중에 있는 환자가 의사에게 약물 처방이나 안내를 받아 스스로 생을 마치는 것을 말한다. 보통은 의사 조력 자살로 불리기도 하는데, 이는 환자 스스로 약물을 주입한다는 점에서는 안락사와 구별된다. 안락사란 의사가 약이나 주사를 주입하여 환자를 죽음에

---

18 의사 조력 자살의 헌법적 의미에 대해서는 엄주희, 「의사조력자살에 대한 헌법적 고찰」, 《헌법학연구》 제27권, 2021, 91~138쪽 참조. 이 연구에 따르면 연명의료 결정 정도가 아니라 의사가 죽음에 적극적으로 개입하는 형태인 의사 조력 자살 혹은 조력 사망을 법제화하는 나라들이 점차 증가하는 추세다. 일례로 이 문제에 매우 보수적인 입장을 견지해 온 독일 연방헌법재판소는 2020년 2월에 조력 자살 서비스를 금지하는 형법 조항(형법 제217조는 조력 자살을 업무상 제공하는 경우 3년 이하의 징역이나 벌금에 처한다는 점을 규정하고 있다)에 대해서 위헌 결정을 내렸다.

이르게 하는 행위를 일컫는다.[19]

안규백 의원은 법률안 발의 배경을 이렇게 밝혔다. 국민의 80% 이상이 안락사에 찬성하는 등 존엄한 죽음에 대한 관심이 매우 높다. 또한, 회복 가능성이 없는 환자의 경우 본인의 의사에 따라 스스로 삶을 마감할 수 있는 권리, 삶에 대한 자기결정권의 부여가 필요하다고 강하게 주장한다.[20] 안규백 의원이 인용한 한국리서치의 여론조사에 따르면, '조력존엄사법' 입법화에 대한 찬성은 82%, 반대는 18%라고 한다.[21] 또한, KBS가 서울신문과 함께 국회의원 299명 전원에게 '조력존엄사법'에 대한 찬반 입장을 직접 물어본 결과, 응답한 국회의원 100명 중 87명은 찬성을, 13명은 반대하는 것으로 나타났다. 대부분이 국회의원이 의사의 도움을 받아 환자 스스로 생을 마감하는 조력 존엄사를 입법화하는 데 찬성하고 있는 것이다. 그렇지만 2022년 국회에서 '조력존엄사법'이 발의됐으나 1년 넘게 별다른 논의의 진전 없이 계류 중인 상태다.[22]

'조력존엄사법' 발의에 대하여 대한의사협회는 사회적 논의 및 합의

---

19 '연명의료결정법'과 의사 조력 자살에 대한 차이에 대해서는 이은영, 「조력존엄사에 관한 철학적 성찰 ─ 연명의료결정법과 차이를 중심으로」,《철학·사상·문화》제40호, 2022. 257~276쪽 참조.

20 https://newsis.com/view/?id=NISX20220616_0001909024&cID=10201&pID=10200「'조력 존엄사법' 첫 발의…'품위 있는 죽음' 논의 본격화할 듯」, 2022. 6. 16.

21 http://www.newsprime.co.kr/news/article/?no=573447「안규백 의원 "조력 존엄사법 국민 82% 찬성"」, 2022. 7. 13.

22 https://news.kbs.co.kr/news/view.do?ncd=7720973&ref=A「여야 의원 87명 조력존엄사법 찬성」, 2023년 7. 11.

가 부족하고, 생명 경시 풍조를 확산시키고 만연시킬 우려가 있다는 이유를 들어서 강력히 반대한다는 입장을 표명했다. 주요 반대 논거는 다음과 같다. 조력 존엄사에 대한 사회적 논의 및 합의 부족, 생명 경시 사회 풍조 만연 우려, '자살예방법'과 상충, 호스피스 완화 의료를 확대할 수 있는 시스템 우선 마련 필요, 조력존엄사심사위원회 구성 문제 및 객관적 평가 근거 미비, 조력 존엄사의 최종 이행 결정 주체인 의사의 보호 방안 미흡 등이다.[23]

보수적인 가치를 대변해온 가톨릭교회와 생명 수호 단체들도 이 법의 제정에 반대하는 성명을 발표했다. 이 법이 제정되면 생명 경시 풍조를 조장하고 자살률을 증가시킬 위험이 있음을 지적했다. 생명에 대한 자기결정권 운운하면서 추진되는 입법 논의는 자칫 생명의 존엄성을 근본에서부터 훼손하고 인간 존재의 근원을 무너뜨릴 수 있다고 비판했다. 이어서 스위스나 미국 등에서 거친 시행착오와 경험을 온전히 반영할 수 있어야 하며, 사회의 성숙도나 문화적 배경 등에 대한 충분한 반성과 성찰이 필요하다고 주장했다.[24]

이상에서 살펴본 것처럼, 안락사(의사 조력 자살) 입법에 대한 찬반의 입장은 매우 극명하게 갈린다. 찬성 쪽의 핵심 논거는 크게 두 가지다. 첫째, 회복 불능 상태의 임종 중에 있는 환자의 자기결정권이 존중되어야 한

---

23 https://www.doctorsnews.co.kr/news/articleView.html?idxno=145316 「의협 "안규백 의원 조력존엄사법 발의 강력 반대"」, 2022. 7. 18.

24 https://news.cpbc.co.kr/article/828658 「가톨릭 생명 수호 단체, 안규백 의원 조력 존엄사법 졸속 입법 반대」, 2022. 7. 29.

다. 둘째, 대부분의 국민과 국회의원들이 안락사에 찬성하고 있으며, 존엄한 죽음을 맞이하기를 원한다는 점이다. 이와 달리 반대하는 쪽에서는 여러 가지 비판점들을 제시하지만, 무엇보다도 안락사에 관한 법이 시행된다면, 생명 경시 풍조가 확산될 것이고, 생명의 존엄성이 크게 훼손될 것이라는 점을 우려하고 있다.[25]

사실 양쪽의 주장은 생각의 차이, 가치관의 차이를 극명하게 드러낸다. 따라서 그만큼 어떤 담론을 통해서 공약 가능한 합의점을 찾을 수 있을 것 같지는 않다. 어쩌면 우리는 이런 종류의 문제에서 옳고 그름의 어떤 기준을 가지고 상대를 설득할 수는 방법을 가지고 있지 않다. 매우 유감스러운 일이다. 시간이 다소간 걸리겠지만 결국은 여론이 우세한 쪽으로 어떤 결론이 날 것이다.

7. 마무리하며

어느 날 점심때, 학교 식당으로 가는 길에 동료 교수에게 앞으로 죽

---

25   고윤석은 의사 조력 자살의 법제화 문제점을 다음과 같이 지적한다. 말기 환자들을 위한 사회 제도나 의료 지원의 필요성을 인정하지만, 노인 자살률이 OECD 국가 1위라는 점을 감안할 때, 의사 조력 자살을 위한 사전 준비가 제대로 되지 않았다. 이런 상태에서 법제화가 된다면, 노인 자살이나 임종 돌봄의 사회 비용 경감의 또 다른 방식으로 오용될 수 있다. 따라서 대안으로 생각해 볼 수 있는 것은 호스피스·완화 의료의 확대와 같은 적정한 돌봄 지원이 보다 확충되어야 한다. 고윤석, 「우리 사회의 의사조력자살 법제화」, 《한국의료윤리학회지》 제25권, 2022, 313~323쪽 참조.

을 일이 걱정된다고 말을 건넸다. 가능한 고통 없이 편하게 죽고 싶다. 잠자다가 그냥 죽고 싶다고 말했다. 평소에 가끔 했던 생각을 그냥 말한 것이다. 그래서 진지한 어떤 답을 기대하지는 않았다. 그런데 "별걱정을 다 한다. 그걸 우리가 어떻게 미리 알 수 있는 일이냐. 나는 아무 걱정 안 한다. 그렇게 건강하던 사람도 고생 고생을 하다가 죽기도 하고, 또 어떤 사람은 건강하게 오래오래 장수하다가 잠들어 편하게 죽기도 하고… 그걸 어떻게 다 알 수 있겠나! 그때 닥쳐서 하면 되지, 미리 걱정할 필요는 뭐 있나!" 듣고 보니 '그렇기도 하네, 그렇게 생각할 수도 있네' 라는 생각이 들었다.

어떻게 살 것인가? 또 어떻게 죽을 것인가? 잘사는 삶, 좋은 삶의 문제만큼이나 좋은 죽음, 편안하고 안락한 죽음의 문제는 중요하다. 특히 연명 의료 기술이 발달하여 쉽고 편하게 죽을 수도 없는 우리 시대에는 더더욱 그렇다. 무의미하게 생명을 연장하는 것은 인간의 존엄성과 품위에 어긋난다. 인간은 존엄한 존재다. 죽는 순간까지도 존엄성과 품위를 지킬 수 있어야 한다. 쉽고 편하고 점잖게 죽음을 맞이할 수 있어야 한다. 이러한 삶의 가치가 우리 사회에서도 머지않은 미래에 실현될 수 있기를 희망한다. 가능한 한 빠른 시일 내에 웰다잉의 적극적인 가능성이 열릴 수 있기를 염원한다.

향후 우리 사회에서 안락사의 법제화를 둘러싼 논쟁은 더욱 뜨겁게 전개될 것으로 전망된다. 아니 그렇게 기대하고 있다. 한편에서는 죽음의 문제에서도 개인의 자유와 자기결정권이 제대로 작동해야 한다고 주장한다. 다른 한편에서는 안락사의 법제화가 생명 존중이라는 공동체의 근본 가치와 질서를 크게 훼손할 것이라고 우려한다. 법과 제도를 잘 만들어야 한다. 왜냐하면 법과 제도는 개인의 이익 관심과 공동체의 이익 관심을 조화롭게 하는 데 결정적인 요소이기 때문이다. 안락사의 법제화는 이제 더이상 미룰 수 없는 사회적 문제가 되었다. 그렇다면 자유와 자기결정권의 확대라는 개인들의 정당한 이익 관심을 반영하면서도 생명 존중이라는 공동체의 가치를 최대한 지켜낼 방안을 찾아야 할 것이다.

나아가 인간의 존엄성과 삶의 가치를 지키는 길이 무엇인지 향후 논의에서 반성적 고민이 필요하다. 이 문제와 관련하여 우리는 어떤 거창한 이념이나 형이상학이 없이도 매우 현실적이고 실천적 관점에서 어떤 결론을 이끌어낼 수 있다고 생각할 수 있다.[26] 말하자면 "인간의 일상적인 필요와 이해관계 등에 따라" 인간의 존엄성을 이해하고 파악할 수도 있다. 말하자면 "인간다운 처우에 대한 규범적 청구권은 공동 사회에서 형성되는 보편화된 필요나 이해관계의 상호 승인으로부터" 가능한 것이다. 또한 "모든 다른 주관적 기본권과 같이 인간의 존엄에 대한 기본권이 당사자의 필요나 이해관계에 기여해야 한다면, 인간다운 죽음은 인간의 존엄의 보호 영역 한으로 편입되어야 할" 것이다. "이와 반대로 인간의 존엄으로부터 고통스러운 삶을 계속 유지해야 할 의무가 추론된다면, 그것은 아마도 자기 결정에 대한 권리로서의 인간의 존엄을 왜곡한 것"이라고 생각할 수 있다.[27]

---

26   김영환, 「인간의 존엄성에 대한 논의의 재구성: "형이상학 없는 인간의 존엄"」, 《법철학연구》 제23권, 2020, 7~36쪽 참조.

27   같은 논문, 29~30쪽.

김양현

전남대학교 철학과 교수. 전남대학교 철학과에서 학사와 석사학위를 마치고, 독일 뮌스터대학교에서 철학박사학위를 받았다. 전남대학교 인문대학 학장과 문화전문대학원 원장, 범한철학회 회장, 한국철학회 회장을 역임했다. 주요 관심 분야는 실천철학, 윤리학, 응용윤리학 등이다. 저/역서로『칸트철학의 인간중심주의와 생태윤리학』,『목적의 왕국』(공역),『규범성의 원천』(공역),『윤리학의 이해』(공저),『윤리학 강의』(공저),『병원인문학』(공저) 등이 있다.

도덕은 어째서 부득불 종교에 이르는가:
칸트의 대중 설교와 프로이센의 검열

이현우(서울대학교 철학과 강사)

1. 들어가며

몇몇 예외를 제외한다면 학자들, 그중에서도 철학자들은 비교적 현실과 거리가 먼 조용한 삶을 살아간다. 이는 대부분의 실천철학 전공, 그러니까 윤리학 내지는 정치철학이나 사회철학과 같이 이상을 꿈꾸는 사람들에게도 마찬가지여서, 그들은 그들의 마음속에 품은 뜻이 아무리 아름답고 거창하다고 하더라도 그러한 뜻을 구현하기 위해서 세상과 부딪히지는 않는 경우가 많다. 이 글에서 다룰 임마누엘 칸트 또한 이러한 학자의 한 전형일 것이다. 그에 대한 잘 알려진 일화들은, 매번 같은 지역에서 같은 시간에 같은 일과를 수행하는, 은둔한 철학자의 모습을 보여준다고 하겠다.

물론 그는 이미 살아생전에 유명한 철학자였고, 사교계에서 명망이 높았으며, 젊은 시절 가정교사로 일할 때의 잠시를 제외하면 평생의 거의 대부분을 보낸 쾨니히스베르크대학의 총장직을 맡기도 하는 등 사회적인 삶을 살아가지 않은 것은 아니었다. 그렇지만 칸트의 이러한 사회적 삶은 대체로 당대의 국가 혹은 사회와 크게 갈등을 빚거나 상호작용을 하지 않는, 조용한 모습이었다고 할 수 있을 것이다. 저명한 철학사가인 코플스톤은, 이러한 칸트의 삶에 대해서 "그의 조용하고 비교적 평범한 생애와 그가 끼친 위대한 영향 사이의 대조 자체가 오히려 극적인 성격을 지니고 있다"고 평하면서, 소크라테스, 라이프니츠, 헤겔 등과 같이 삶에서의 족적을 남긴 사람들과는 구분되는, "지방 도시에 있는 그다지 유명하지 않은 한 대학의 교수"라고 논한 바 있다.[1]

그런데 칸트는 대체로 조용한 그의 삶에서 단 한 번 국가와 직접적으로 충돌하였다. 이러한 충돌을 야기한 저서는 『이성의 한계 안에서의 종교』(이하 『종교』)이다. 그런데 이 저작은 특이하게도 《베를린 월보》라는 당대의 잡지에 칸트가 투고하려 한 논문들의 모음집이다. 일단 해당 저서의 1 논고와[2] 2 논고에 해당하는 두 논문은 1792년에 해당 잡지에 투고되었는데, 이중 1 논고는 프로이센의 검열을 통과하였지만 2 논고는 검열을 통과하지 못하였다. 이에 칸트는 이어지는 논문으로 기획한 것으로 보이는 3 논고와 4 논고를 합쳐서 『종교』라는 하나의 저서로 출간하고자 하였고, 쾨니히스베르크대학의 신학부 및 예나대학의 철학부에서 해당 저서가 종교적 저술이 아니라 철학적 저술이므로 검열 대상이 아니라는 확인을 받은 후 1793년 1판을 출간하고, 1794년에 이를 개정한다. 그러나 책으로 출간된 칸트의 이

---

1   코플스톤 지음(임세진 옮김), 『칸트』(중원문화, 2017), 12~13쪽.

2   해당 저서는 4개의 논문을 묶어 내려고 한 칸트의 의도를 존중하여 일반적으로 쓰이는 1절, 2절이라는 이름 대신 1 논고, 2 논고라는 이름으로 저서를 구성하는 4개의 부분을 편집하였으며, 여기에서도 그러한 명칭을 따른다.

원고 역시 이후 국가의 사후 검열 대상이 되었다. 이에 1794년 10월 칸트는 다시금 해당 저서에 대한 자신의 출간을 철회하고, 종교에 대한 강의 혹은 입장 표명을 금하겠다는 맹세를 하게 된다.

그런데 조용한 철학자인 칸트와 프로이센 정부는 왜 충돌하였을까? 이 질문은 보다 구체적인 두 질문으로 다시 풀어볼 수 있다. 첫째로는, 계몽주의자로 알려져 있는 칸트가 왜 그의 철학 체계에 종교적 논의를 포함시키고 이를 논문과 저서의 형태로 두 번이나 출간했는가의 문제이다. 현대인의 상식에서, 종교적 믿음, 곧 어떠한 신을 믿을 것인가 혹은 신이 존재하는가에 대해서는 철학자가 왈가왈부할 대상이 아니라 각자가 선호하는 바를 알아서 정할 수 있는 자유로운 사고의 영역에 들어갈 것이다. 이러한 입장은 현대인에게 익숙한 신앙의 형태, 곧 불가지론에 기반한 사적 영역에서의 자유로운 믿음에 가까워 보인다.

그러나 칸트는 이러한 자유사상가적인 입장을 취하지 않는다. 그는 심지어 우리의 도덕을 위해서는 신을 요청(postulate), 쉬운 말로는 가정해야 한다는 입장을 받아들이는데, 이러한 입장이 정확히 어떤 입장이고 그의 철학에서 어떠한 역할을 차지하는가의 문제는 주의 깊은 탐구를 요한다.

그런데 칸트의 입장이 무엇이든지 간에, 이 일견 무해해 보이는 철학자의 난해한 저작이 대체 왜 탄압되었을까? 이 의문은 다른 방향으로 우리의 궁금증을 키운다. 즉, 프리드리히 대왕으로 대표되는 계몽주의에 따라 종교의 자유를 받아들인 프로이센이 어째서 칸트의 출간을 탄압했는가이다. 프로이센은 대체로 신교를 지지하는 입장이긴 하였으나, 국가 안에서 다양한 신앙을 인정하는 종교적 관용을 받아들였던 것으로 알려져 있다. 그런데 이러한 관용적 태도를 가진 국가가 어째서 칸트의 종교적 입장을 검열하게 되었을까? 이것은 칸트 종교론의 박해 배경에 대한 두 번째 질문이 되겠다.

이 두 질문 중에서, 철학적으로 보다 중요한 질문은 당연히 첫 번째 질문, 그러니까 칸트가 종교에 대해서 어떠한 입장을 받아들였는가이다. 다만 여기에서는 이 배경이 되는 두 번째 질문을 먼저 논의하여 칸트가 자신의 출간이 문제가 되리라는 것을 충분히 짐작하였다는 점을 먼저 살펴보고, 그의 조용한 삶이 깨질 위험을 명백히 감수하였다는 점을 염두에 두면서 칸트가 설파하고자 했던 대중 설교의 내용이 무엇이었는지를 해석한다. 이를 통해서 우리는, 비교적 현대인의 입장과 유사할 것으로 짐작되는 칸트의 철학적 입장이 실천철학에서 어떻게 다른지를, 그리고 칸트가 이를 어째서 모두에게 알리고 싶어 하였는지를 이해하게 될 것이다.

2. 프로이센의 검열에 대한 두 해석

이제 첫 번째 질문부터 시작해보자. 어째서 종교의 자유를 받아들이는 프로이센이 칸트의 입장을 탄압했는가? 이에 대해서는 통상적인 해석과 현대적인 해석 두 가지가 알려져 있다. 독일의 고전적 철학자인 빌헬름 딜타이로부터 저명한 현대의 영미권 연구자인 앨런 우드에까지 내려오는 통상적인 대답은, 프로이센의 계몽주의가 국가 그 자체에 뿌리내려지지 못했다는 점, 그리고 프로이센의 군주들이 이를 각기 다른 정도로 받아들였으리라는 점에 주목한다. 반면 보다 최근에 나온 해석은 종교적 논의를 사적인 입장에 제한하려는 하나의 계몽주의로 프로이센 정부의 입장을 해석하고, 이러한 입장이 도덕이 종교의 근간에 있어야 한다는 칸트의 또 다른 계몽주의적 입장과 충돌한 것으로, 그러니까 종교에 대해서 현대인이 취할 법한 두 관점 사이의 대립으로 설명한다.[3]

먼저 전통적인 입장이 칸트에 대한 박해를 어떠한 방식으로 다루는지부터 살펴보자. 이러한 입장은, 칸트 생전에 프로이센을 통치한 군주들 간의 계몽에 대한 관점 차이에 주목한다. 칸트의 성인기에 프로이센을 통치하였던 군주는 총 3명이다. 이들 중 가장 잘 알려진 군주는 계몽 군주로 이름 높은, 그리고 칸트 역시 그의 저서에서 종종 언급하는 프리드리히 대왕이고, 그는 칸트의 어린 시절이라 할 수 있는 1740년부터 철학적 원숙기인 1786년까지 프로이센을 통치하였다. 스스로도 종교적 불가지론자였고, 프로이센을 계몽의 이름하에 통치하였던 이 군주의 치세에 칸트는 별다른 고난을 겪은 바 없었지만, 우리가 다루는 프로이센의 검열 사태는 그 뒤를 이어 1797년까지 제위에 올랐던 프리드리히 빌헬름 2세의 통치 기간에 일어나고, 다음 군주인 프리드리히 3세의 통치 기간에는 사라진다. 이러한 설명에 따르면, 프로이센의 검열은 예술적 기질을 가지고는 있지만 많은 면에서 반동적이었던 두 번째 군주의 개인적 취향에 따른 종교적 보수주의에 영향을 받아 일어난 사건이다.

이러한 해석에 따르면, 프리드리히 빌헬름 2세가 보기에 프리드리히

---

3   이러한 연구는 헌터의 입장, 그중에서도 Hunter(2005)에서 제시된 견해를 따랐다. 국내서로는 『강철왕국 프로이센』 역시 동일한 연구자의 견해를 서술하고 있으며, 여기에서의 논의 역시 해당 저서에 서술된 바 및 거기에서 정리된 연구자들의 입장들에 기반한다.

대왕의 종교적 관용주의는 너무 많은 종교적 논의를 허용하였다. 이러한 방종의 결과로 인하여, 그리고 계몽주의적인 당대 대학의 분위기로 인하여 프로이센의 주된 종교인 루터파 교회의 입장은 점차 축소되어갔다. 프리드리히 빌헬름 2세는 이러한 상황을 타개하기 위하여 뵐너라는 엄격주의자를 기용하여 종교적인 보수주의를 지지하는 일련의 칙령들을 발표하게끔 하였다는 것이다. 이러한 해석에서는, 비록 원리상으로는 이러한 칙령들이 프로이센이라는 국가의 검열에 대한 권한에 대하여 무언가를 추가한 것이 아니라, 기존 입장을 재확인한 것에 그치는 것일지라도, 실질적으로 이 칙령들의 반포에 의하여 그러한 검열이 작동하게 되었다고 본다.[4]

반면에 칸트에 대한 프로이센의 잔혹한 검열이 계몽주의로부터 나온 두 관점 간의 충돌이라는 해석은 비교적 최신의 연구자인 이안 헌터에 의해서 제시되었다. 이러한 해석은 먼저 뵐너의 1788년 칙령의 내용에 주목한다. 이에 따르면 해당 칙령은 브란덴부르크-프로이센[5] 시절에 이루어진, 30년 전쟁의 종지부를 찍었던 베스트팔렌 조약(1648)에서부터 내려오는 종교에 대한 프로이센의 전통적인 입장의 연장이다. 그리하여 오래전부터 내려오던 아우크스부르크 화의(1555)의 정신을 계승한 저 유명한 조약에서

---

4   Wood, A. (1996), "General Introduction", in A. Wood and G. di Giovani, (eds.), *Immanuel Kant: Religion and Rational Theology* Cambridge: Cambridge University Press, pp. xviii-xix

5   프로이센 역사에서 이 시기는 브란덴부르크가 주축이 된 브란덴부르크 선제후와 프로이센 공국 간의 동군연합(Personal Union, 국가원수의 공유를 통한 국가간의 연합체계) 시기였으며, 이후 1701년 프리드리히 1세에 의해서 프로이센 왕국으로 이어진다.

로마 가톨릭, 루터교, 개혁교회라는 세 기독교 분파에서의 종교의 자유를 인정한 바와 같이, 뵐너의 칙령 역시 개혁교회, 루터교, 가톨릭교에 관하여 앞선 군주들이 선포한 다수의 칙령이 부여한 조건, 그러니까 이러한 종교 중 무엇을 믿을지에 대해서 선택이 가능하다는 조건을 유지한다는 내용을 첫 번째 조항으로 삼고 있다. 그리고 다음 조항은 이러한 종교의 자유에 대한 보호가 중소 종파들에까지 미친다는 점을 주된 내용으로 하므로, 뵐너의 칙령은 근본적으로 신앙의 자유를 인정한다는 것이다.

다만 새 칙령이 제한하는 바는, 각 시민이 가지고 있는 사적 신앙이 아니라 공적으로 임명된 사람들이 공적으로 표현하는 내용에 대한 것이었다고 논한다. 물론 이러한 사람들도 그들이 사인인 한에서는 종교의 자유를 보장받지만, 종교가 가지고 있는 공공질서에 대한 영향력을 고려할 때 공적인 역할을 수행하는 사람들의 공적인 의견 표명이 각 개인들로 하여금 신앙에 대한 회의로 이어지지 않게끔 하는 제한 사항이 주어져야만 한다는 것이다.

새로운 해석은, 이러한 프로이센의 한정적인 종교적 관용은 이미 150년이 넘는 기간 동안 유지된 기조의 연장선상에 있는 것으로 이해되어야 한다고 본다. 즉 프로이센의 종교적 관용은 사적 영역에서만 적용되는 것이고, 공적 영역에 재직하는 자들의 공적 발언에 대해서는 근대 국가가 국민에게 가지고 있는 의무인 국가의 안정화라는 목적에 따라서 다소 제한된다는 것이다. 그리하여 그들이 사적으로 신에 대해서 어떠한 관점을 가지고 있든지 간에, 그러한 관점을 공적으로 발언함으로써 국민들의 생각이 혼란스러워지고 이에 공공질서를 어지럽힐 수 있다면, 그들의 신앙의 자유를 공적으로 발언하는 행위는 금지된다.

또한, 이러한 설명에서는 프리드리히 빌헬름 2세의 치세 기간의 혼란스러운 정치적 상황이 신앙의 공적인 발언을 제한하는 이러한 프로이센의 입장을 보다 강하게 밀어붙일 요인이라는 점도 지적한다. 이러한 혼란스러운 프로이센의 역사적 상황은 유명한 프랑스 혁명(1789)과 2차(1793) 및 3차 폴란드 분할(1795)에 이르는 일련의 사건들이다. 특히 물론 이러한 일련의 혼란스러운 역사적 사건들은 뷜너의 칙령 반포(1788)보다 다소 이후에 일어난 사건들이기 때문에, 이러한 사건들이 칙령의 반포 자체에 영향을 주었다고는 할 수 없지만, 이 칙령이 점차 엄격하게 적용되게끔 만들었다는 것이다.

일단 이 시기에 벌어진 커다란 역사적 사건들을 보다 자세히 살펴보자면, 가장 먼저 벌어진 사건인 프랑스 혁명에 대해서 프로이센은, 프랑스-오스트리아 동맹을 끝낼 수 있다는 점으로 인해서, 그리고 일부는 혁명이 내세우는 계몽주의적인 이념에 공감한 일부의 입장에 의해서 초기에는 혁명을 지원하기도 하였다.[6]

그러나 혁명의 열기가 점차 뜨거워짐에 따라 프로이센은 1791년 필니츠 선언을 통해 오스트리아와 화해하고 1792년 프랑스가 오스트리아에 선전포고하면서 시작된 1차 대프랑스 동맹 전쟁에 뛰어든다. 그런데 프로이센의 서부에서 이러한 일들이 벌어지고 있을 때, 동부에서는 폴란드가 1차 폴란드 분할(1772)에 저항하는 운동을 벌였고,[7] 이러한 운동에 대한 탄압

---

6 7년 전쟁 이후로 이 시기까지 프로이센은 오스트리아와 적대하고 있었다.

7 1차, 2차, 그리고 3차 폴란드 분할은 러시아, 오스트리아, 그리고 프로이센이 폴란드를 세 번에 걸쳐 분할 점령한 사건이다. 이후 폴란드는 1차 대전 종료 시점

을 통해 2차 및 3차 폴란드 분할이 연속적으로 진행되어 폴란드라는 국가는 오스트리아, 러시아, 그리고 프로이센에 완전히 분할 및 귀속되고, 이러한 영토 확장에 만족하는 한편으로 이에 따른 혼란을 진정시킬 필요를 느낀 프로이센은 뒤이어 반프랑스 동맹에서 탈퇴한다(1795).

이 과정에서 프로이센은 가톨릭교도를 믿는 사람들로 채워져 있는, 기존 영토의 3분의 1에 해당하는 추가적인 영토를 얻게 된다. 그리고 프로이센은 이처럼 혼란스러운 정치적 상황에서 국가를 안정시키기 위해서 종교에 대한 검열을 강하게 유지할 수밖에 없었고, 칸트와 프로이센 간의 충돌은 이러한 맥락 속에서 벌어졌다는 것이다.

3. 칸트가 굽히지 않은 기묘한 주장: 모든 인간이 악하다?

일단 프리드리히 빌헬름 2세 치세 기간 진행된 검열의 목적이나 원인이 전통적 해석에서 제시하는 바에 가까운지, 혹은 최근에 나온 해석에 더 가까운지에 대해서는 여기에서는 다루지 않겠다. 그렇지만 적어도 우리는 칸트의 말년에 국내외의 혼란에 마주한 프로이센이라는 국가가 이를 진정시키고자 하는 강렬한 의도를 명백하게, 그리고 어떤 의미로는 비교적 정당하게 가지고 있었다고 판단할 수 있겠다. 또한, 이러한 국가의 검열이 칸트에게 문제가 된 것은 칙령 반포(1788) 이후 어느 정도 시간이 지난 후라는

(1918)까지 123년간 지도상에서 사라진다.

점에서(1792, 1794) 칸트 본인도 자신의 견해의 출간이 문제가 될 수 있으리라고 충분히 판단 가능했을 것이다.

지금의 맥락에서 우리가 주목해볼 점은, 국가의 검열이 자신의 평안한 삶을 뒤흔들 것이 명백한 이 상황에서도 종교적 논의를 출간하고자 하는 칸트의 일관된 의지이다. 이러한 사실은 그가 여러 번에 걸쳐서 자신의 종교적 논의 및 검열에 대한 불편한 심기를 드러냈다는 점에서는 간접적으로, 또 그가 자신에게 가해진 검열에 관한 사건들을 공적인 기록으로 명확하게 남겼다는 점에서는 직접적으로 파악할 수 있다.

먼저 간접적인 요인은 앞서 본 『종교』의 출간 과정에서부터 알 수 있다. 앞서 말한 바와 같이 이 저서는 원래부터 하나의 저서로 기획된 것이 아니라,《베를린 월보》라는 문예 잡지에 해당 저서를 구성하고 있는 4개의 부분이 논문의 형식으로, 그러니까 비교적 공개적이고 많은 사람이 접근할 수 있는 방식으로 출간되게끔 기획되었다. 또한, 이러한 논문의 출간이 국가의 검열에 걸리자, 칸트는 당시의 검열 과정상 저서의 검열권은 대학에 있다는 점에 착안하여 논문이 아니라 저서의 형식을 빌려서 이를 우회적으로 출간하고자 하였다. 비록 사후 검열에 의해 이 출판은 철회되긴 하지만 이러한 책략에 의해 일단 이 저서는 성공적으로 출간 및 개정된다.

심지어 칸트는, 자신에게 가해진 가혹한 검열의 과정을 출판하기까지 하였다. 이러한 논의는 그가 프리드리히 빌헬름 2세가 사망하고 국가적 검열의 구속이 약해지자마자 출간한 『학부들의 다툼』의 서문에 적혀있다. 거기에서 칸트는 먼저 왕에게 그가 받은 편지를 소개하는데, 그 편지에서 뵐너는 왕의 입을 빌려 칸트를 "청년들의 교사로서 그대의[칸트의] 의무에 반해, 그리고 그대도 익히 알고 있는 우리 조국의 의도들에 반"하고 있는 자로 규탄한다. 이어서 서술된 칸트의 답서에서 칸트는 자신이 결코 청년 혹은 국민의 교사로서 국교를 해하거나 기독교를 비판하지 않았고, 이 책은 오직 이성 신앙에 대한 논의만을 담고 있을 뿐이라고 말한다.

이어서 칸트는 그 자신이 "국왕 전하의 가장 충성스러운 신민"으로서 종교에 대한 어떠한 논의도 장차 제시하지 않을 것이라고 적었는데, 해당 부분에 달려 있는 각주에서 그가 이러한 자신의 표현은 "이 종교 심판에서 나의 판단의 자유를 영구히 단념한 것이 아니라, 국왕 전하의 생전에만 그리하기 위해 신중하게 택"한 것이라는 의도였음을 밝힌다. 이러한 논의에 칸트의 불만이 직접 서술되어 있지는 않지만, 우리는 그가 검열에 관련된 자료들을 직접 서술하는 방식으로 이에 대한 비판을 드러내고 있다고 생각할 수 있겠다.[8]

지금까지 우리는 서문에서 분석한 질문 중 두 번째 질문, 즉 어째서 프로이센이 칸트를 검열하였는가의 문제를 다루었다. 이를 통해 우리는 국가의 검열이 나름의 근거에 따라 장기간에 걸쳐 진행되었다는 점, 그리고 이를 고려할 때 칸트가 종교적 문제를 대중에게 말하고자 하는 욕구를 강하게 가졌으리라고 추측 가능하다는 점까지 살펴보았다.

그렇다면 이제 첫 번째 질문, 즉 대체 칸트의 종교철학적 논의가 정확히 무엇이길래 그가 이를 출간하고자 하였는가의 문제로 돌아가 보자. 앞선 논의를 살펴본다면, 칸트가 대중에게 이처럼 큰 고난을 감수하면서도

---

8   『학부들의 다툼』, 7:5-11. 칸트의 저술을 인용하는 경우에는 이와 같이 저서명 후에 학술원판 전집의 페이지 표기를 통해 인용한다. 『순수이성비판』의 경우에는 일반적인 인용법에 맞춰 A/B판을 나누어 표기한다.

일관적으로 출간하고자 하였던 바는, 그 자신이 생각하기에는 실로 중대하고 철학적으로 유의미한 논의일 것이라 짐작 가능하겠다. 이 저서에 대한 칸트의 자평 역시 이를 뒷받침한다. 그의 서신의 한 구절을 빌려 말하자면, 『종교』는 저 유명한 세 번째 질문, 곧 "나는 무엇을 희망해도 좋은가?"에 대한 답을 주기 때문이다.[9]

그런데 실망스럽게도, 이 저서가 실제로 다루고 있는 핵심적인 논의가 불분명하기에 이 저서가 칸트의 철학에서 차지하는 입장이 무엇인지에 대해서는 의견이 분분하다. 일단 이 저서를 구성하고 있는 4개의 논고의 내용을 간략히 살펴보면 무엇이 문제인지를 이해할 수 있다. 1 논고는 모든 사람은 악하다는, 전체 저서의 핵심이 되는 주장을 담고 있다. 그러나 바로 이 주장이 정확히 무슨 입장이고 어떠한 근거가 있는지가 명확하지 않다. 그리고 이 불명확한 논의에, 책의 나머지 부분이 모두 연관되어 있다. 2 논고와 3 논고는 각각 이러한 악을 극복하기 위한 개인적인 방안과 사회적인 방안이 서술되어 있고, 4 논고는 다소 여러 가지 내용이 들어 있지만 대체로 앞에서 서술한 해결 방안들에 따른 제언, 칸트의 표현을 빌자면 광신에 대한 경계가 주된 내용이기 때문이다.

이 짧은 글에서 이 책에 관련된 논쟁을 모두 다루는 것은 불가능하다. 다만 필자는 이 저서가 다루고 있는 논의 중 가장 큰 논란의 여지가 되고 있는, "모든 인간은 악하다"는 핵심 주장에 대한 하나의 해석을 열쇠로 하여, "나는 무엇을 희망해도 좋은가?"에 대한 칸트의 답을 최대한 간결하게,

---

9   『순수이성비판』, A803/B833, 『서한집』, 11:429.

그러나 이 답이 적어도 칸트에게 있어서는 반드시 해결해야 했을 법한 중요한 문제였다는 점이 드러나게끔, 문헌상으로는 주로 2 논고까지의 논의에 한정하여 재구성해보겠다.

먼저 칸트의 주장이 왜 문제인지를 살펴보자. 『종교』라는 저서에 얽힌 해석적 논쟁에서 많은 사람을 당혹감에 빠뜨리는 주장인, 이 책의 첫 번째 부분에 실려 있는 모든 사람, 보다 정확히 말하자면 "가장 선한 사람"조차도 악하다는 주장과 그처럼 강력한 주장을 뒷받침하기에는 너무나 허약하고 실망스러운 칸트의 근거이다. 일단 이 주장 자체는 『종교』 1 논고 3절의 첫 두 문장에서 제시된다. 이 두 문장에 따르면 "'인간이 악하다'는 명제는 [⋯] '인간은 도덕법칙을 의식하고 있으되, 법칙으로부터 (때때로의) 이탈을 자기의 준칙 안에 채용했다'는 것을 말하고자 하는 것이라 할 수 있다. [⋯] '인간이 자연 본성적으로 악하다'함은 이 사실이 인류의 관점에서 본 인간에게 타당"한 것으로 설명된다.[10] 여기에 바로 이어지는 문장에 따르면, 이러한 인간의 악함은 필연적인 논리적인 사실은 아니지만 "가장 선한 인간"조차도 벗어날 수 없다는 강한 보편성을 가진다고 부연된다.

일단 위에 인용된 문장에 표현된 칸트의 입장을 보다 상식적인 언어로 풀어 보겠다. 일단 인용된 두 문장 중 첫 번째 문장, 그러니까 "인간은 도덕법칙을 의식하고 있으되, 법칙으로부터의 이탈을 자기의 준칙 안에 채용"했는지 여부가 말이 곧 인간의 선악 여부를 결정한다는 문장부터 살펴보자. 즉, 인간은 그가 때로 도덕의 명령을 듣지 않고자 하는 행위 원리, 다른

10   『종교』 6:32

말로 하면 선한 행위가 아니라 때로 악한 행위를 할 수 있는 행위 원리에 따라서 살기로 한다면 악한 인간인 반면, 도덕의 명령을 항상 따르고자 하는 행위 원리에 따라 살기로 하면 선한 인간이다. 다시 칸트에 따르면 인간이 이러한 두 원리 중 어느 하나를 선택할지 여부는 논리적으로 엄격하게 정해져 있는 것이 아니라, 인간 각각이 어떤 행위 원리를 받아들일지에 따라서 결정된다. 이러한 입장은 행위의 법적인 옳고 그름과는 별개로 행위자의 윤리적인 옳고 그름을 구분할 수 있고, 후자는 행위 원리가 무엇인지에 따라서 결정된다는 칸트의 입장에서 따라 나오는 것으로, 행위와 행위자 간의 구분을 받아들인다면 어느 정도는 상식적인 말이겠다.

그런데 첫 번째 문장의 논의는 비교적 상식적인 반면, 두 번째 문장이 담고 있는 주장은 그렇지 못하다. 여기에서 칸트는 모든 인간은 때로 악한 행위를 할 수 있는 행위에 따라서 살아가는 것이 명백하므로, 인간은 예외 없이 악하다는 기묘한 주장을 하고 있다. 물론 많은 사람이 악행을 종종 저지르고 살아가는 것은 거부할 수 없는 사실이다. 그러나 어떻게 모든 인간이, 다른 말로 인간 중에서 가장 선한 인간조차도 악행을 저지르는 준칙을 받아들이고 산다는 것을, 전 인류를 만나 보지도 않았을 한 철학자가 정당하게 주장할 수 있는가?

실망스럽게도 이 문제되는 강한 주장을 뒷받침하기 위해서 칸트가 드는 근거는 경험적이고 너무나 빈약하다. 그는 이어지는 문장에서 "그러한 […] 사실에 관해서는 인간들의 행실에서의 경험이 우리 눈앞에 제시하는 다량의 뚜렷한 실례들"만을 제시하겠다고 서술한다. 칸트가 근거로 제시하는 경험적 사례들은 크게 두 종류이다. 칸트가 드는 첫 번째 종류의 사례는 사람들이 누가 보더라도 명백하게 악한 행위를 종종 저지른다는 것이다. 즉 비문명인들이 저지르곤 하는 식인이나 무자비한 폭력과 같은 끔찍한 종류의 악행, 문명인이라 불리는 사람들이 교양과 예절 속에 숨기고 있는 악의, 그리고 소위 문명국가 간에도 멈추지 않고 지속되는 전쟁을 우리는 광범위하게 관측 가능하다는 것이다.

문제는 이러한 악행의 경험적인 나열이 아무리 길게 이어진다고 하더라도 이는 귀납 추론이고, 귀납 추론의 특징상 이는 악의 보편성을 설명하지 못한다는 데에 있다. 마치 하나의 검은 백조가 발견된다는 사실이 "모든 백조는 하얗다"라고 하는 판단의 보편성을 깨뜨릴 수 있는 것처럼, 악행을 이따금 저지른다는 행위 원리를 받아들이지 않는 사람이 단 하나만 존재한다고 하더라도 칸트가 나열하는 수많은 사례는 모든 사람이 보편적으로 악하다는 주장을 지지할 수 없다. 그가 아무리 많은 예를 들더라도, 그것들은 반례의 가능성을 차단하지 못한다.

그렇다면 두 번째 사례는 어떠한가? 칸트가 제시하는 두 번째 근거는 특수한 도덕적 자기-기만에 근거한다. 이 입장은 짧게 설명하기가 다소 복잡한데, 일단 근간이 되는 칸트의 생각은 어떤 사람이 겉보기에 도덕적으로 올바른 행위를 한다고 하더라도, 그러한 행위가 자신을 만족시키기 위해서 수행하였다면, 사실 그 행위는 옳지 않다는 것이다. 칸트의 유명한 표현을 빌자면, 이러한 올바른 행위는 "의무에 맞는" 행위이긴 하지만 "의무로부터" 일어난 행위는 아니겠다.[11] 의무에 맞는 행위가 의무로부터 행해진 행위이기 위해서는 그 사람이 실제로 선한 행위 원리를 받아들였고, 자신

11   『윤리형이상학 정초』 4:397

을 만족시키기 위해서가 아니라 그러한 도덕적으로 선한 행위 원리에 따른 결과여야 하기 때문이다.

칸트가 악의 근거로 제시하는 보편적 자기-기만은, 모든 사람이 "의무에 맞게" 행위한 경우를 "의무로부터" 행위한 경우로 착각한다는 기묘한 자기-기만이다. 이어지는 그의 말을 빌자면 인간이 악한 근거는 "그의 행위들이 그 준칙들에 따라서 초래할 수 있었던 악을 결과로 갖지만 않으면 [...] 법칙 앞에서 자신을 정당하다고 여기는 간악성" 때문이라는 것이다. 이러한 칸트의 표현을 다시 일상적인 언어로 바꿔 보자면, 사람들은 종종 자신의 행위가 올바른 동기에서 나왔는지와는 무관하게 아무튼 외적으로 보기에 도덕적으로 올바른 행위이기만 하다면, 그 행위의 올바름으로 인하여 자기 자신이라는 행위자가 올바른 행위자라고 잘못 판단한다는 말이겠다. 그리고 이러한 사고는 우리로 하여금 "진정한 도덕적 마음씨를 우리 안에 세우는 것을 가로막고, 또한 밖으로는 타인에 대한 허위와 기만"을 가지게 하는 원인이라는 것이다.

문제는 이러한 설명 역시 첫 번째 설명과 같이 경험적이고 귀납적인 설명일 뿐이기 때문에 칸트가 이로부터 "가장 선한 사람"까지도 악하다는 그의 입장을 증명할 수 없다는 데에 있다. 이처럼 의무로부터의 행위와 의무에 맞는 행위 간의 구분, 그러니까 행위자의 선악과 행위의 선악을 착각한 행위자는 악하다고 불릴 수도 있겠다. 이러한 사람이 수행하고 있는 선한 행위는 그가 선한 행위 원리를 따른 결과가 아니라 단지 그가 놓인 상황이 우연하게도 선한 행위를 할 때에 그가 행복을 얻게 되는 운 좋은 상황이었기 때문에 이루어진 행위이다. 이러한 사람은 조금만 상황이 불리하게 돌아간다면 악행을 저지를 행위 원리를 받아들인 행위자일 것이므로 악한 사람이라 불릴 수도 있겠다. 하지만 악행에 대한 첫 번째 사례와 마찬가지로, 칸트가 관찰하지 않은 인간 모두가 이러한 행위자라고 자신 있게 말할 수는 없다.

4. 도덕에 대한 칸트의 경탄

그렇다면 우리는 칸트에 대한 의문을 다음과 같이 두 가지로 정리해 볼 수 있겠다. 대체 "모든 사람은 악하다"는 주장은 왜 나왔는가? 그리고 칸트는 대체 어떻게 이 질문에서부터 신에 대한 요청에 다다르는가? 이제부터는 이 글의 분량이 허용하는 범위 안에서, 이 두 질문에 답해보고자 한다. 그리하여 칸트의 철학적 종교관을, 『종교』라는 저서에 관한 문헌적 탐구를 통해 보여주기보다는 그의 실천철학의 맥락을 돌이켜볼 때 칸트가 마주해야만 했던 어떤 커다란 문제에 대한 귀결이자 가능한 최선의 해결책이면서, 적어도 칸트가 보기에는 많은 사람이 알아주었으면 하는 그의 실천철학의 어떤 특징을 보여주는 입장으로 서술하겠다.

먼저 칸트가 매우 취약한 논거만을 제시하였던, 그러나 논의의 핵심에 놓이는, 모든 인간은 악하다는 주장으로 돌아가보자. 한편으로 모든 사람이 악하다는 주장은 칸트가 해서는 안 되는 주장인 것처럼 보이면서도 칸트라면 당연히 했을 법한 주장인 것 같다. 즉, 이러한 주장은 인간의 선악 여부는 그가 받아들이는 행위 원리가 도덕과 잘 맞는가 여부에 따라서 결정되며, 우리가 어떠한 행위 원리를 받아들이는지는 결코 결정되어 있지 않으며 전적으로 각자의 자유에 달려 있다는 칸트의 입장에서 보면 부당해 보인다.[12] 인간이 선할지 악할지가 자유에 의해서 결정된다는 입장을 취한다면, 선할 가능성은 인간에게 반드시 있어야 하겠다.

그런데 다른 한편으로 칸트는 매우 꼬장꼬장해 보이는 사람이므로, 그에게 있어 도덕적으로 살아간다는 것은 매우 어려운 일이었는지도 모를 일이다. 이러한 칸트의 엄격한 태도를 잘 보여주는 것은 저 유명한 칸트의 묘비명이 되기도 한, 『실천이성비판』의 맺음말의 서두에 나오는 구절이다. 거기에서 칸트는 "내 위에 별이 빛나는 하늘과 내 안의 도덕법칙"이라는 두 대상들이, 그것들에 대해서 생각하면 할수록 경탄과 외경을 준다고 말한다.[13] 그런데 생각해보면 이것들이 왜 경탄과 외경을 주는가? 이어지는 칸트의 논의에 따르면 이는 이 두 대상 모두 어떤 무한과 연관되어 있기 때문이다. 우리는 이 중 전자의 무한은 쉽게 알 수 있다. 누구든지 당장 오늘 밤이라도 밖으로 나가 별이 빛나는 광대한 밤하늘을 바라본다면 칸트가 느꼈던 감정을 유사하게 느낄 수 있을 것이다. 반면 우리가 주목할 것은 후자, 그러니까 내 안의 도덕법칙에 대한 칸트의 서술이다. 바로 이어지는 문장에서 칸트는 "후자는 나의 볼 수 없는 자아, 나의 인격성에서 시작해서, 참된 무한성을 갖는, 그러나 지성에게만은 알려지는 세계 속에 나를 표상한다"고 서술한다. 즉, 칸트에게서 도덕법칙, 그러니까 도덕이란 외적 대상들과 관련하여 무한을 떠올리게 만드는 밤하늘의 빛나는 별과는 비슷하면서도

---

12   이러한 주장이 정확히 어떤 의미인지는 논란의 여지가 있으나, 적어도 칸트가
      인간이 각자의 행위 원리, 그러니까 준칙 선택에 있어서 자유로운 존재라고 봤
      다는 점은 논란의 여지가 없다.

13   『실천이성비판』, 5:161

다르게, 내 마음속에 있는 어떤 무한한 세계를 떠올리게 만드는 것으로 여겨진다.

그런데 대체 도덕이 무엇이길래 무한을 떠올리게 만드는가? 이 내적으로 알려지는 무한성에 대해서는 『판단력비판』의 숭고를 다루는 부분에서 보다 자세히 서술되어 있다. 거기에 따르면 우리는 하늘을 찌를 듯 솟아올라 있는 커다란 암석, 번개와 천둥소리를 동반하는 먹구름, 폭발하는 화산과 폐허만을 남기는 태풍 등에서 자연의 거대한 힘을 느낀다. 그런데 이어지는 논의에서 칸트는, 사실 이러한 것들이 숭고한 이유는 우리 안에 있는 도덕에 대한 느낌과 연결되어 있기 때문이라는 논의를 제시한다. 즉 그에 따르면 "우리가 이러한 대상들을 기꺼이 숭고하다고 부르는 것은, 그것들이 […] 우리로 하여금 자연의 외견상의 절대권력에 도전할 수 있는 용기를 주는 전혀 다른 종류의 저항하는 능력을 우리 안에서 들춰내주기 때문"이라는 것이다.[14] 이어지는 설명에서, 이 힘은 우리가 염려하는 것들, 그러니까 재산, 건강, 생명과 같은 것을 작게 여기게 만들고, 자연의 위력이 얼마나 크게 다가오든지 간에, 우리가 그러한 위력에 맞서서 지켜야 할 것, 즉 도덕의 명령이 문제가 된다면, 아무리 거대한 역경도 극복 가능한 것으로 여겨지게끔 만드는 힘으로 설명된다. 따라서 칸트에게서 도덕은 우리가 외적으로 관측 혹은 상상 가능한 거대한 그 어떤 것보다도 더 큰 것을 떠올리게 하는 것이기에 어찌 보면 외부 세계의 어떤 거대함보다도 더 거대하게 여겨진다.

14　『판단력비판』 5:261

그런데 대체 왜 도덕의 요구가 이렇게나 큰가? 이는 우리의 상식과 반한다. 도덕적으로 살아간다는 것은, 어려운 일이기는 하지만 우리는 단지 우리가 생각하기에 적절한 도덕적 삶을 살아가는 사람들이 그렇게 거대한 요구를 따르고 있다고는 보지 않는다. 그러니까 일평생 주변 사람들에게 어떠한 해악도 끼치지 않는 한에서 적법한 수단으로 생계를 이어나가고, 자신이 힘닿는 한에서 스스로를 수양하면서 타인을 도우며 살아가는 훌륭한 삶을 살아간 사람들이 도덕적으로 살아간 사람이라고 생각한다. 그리고 그러한 사람들이 때로 어떤 거대한 불운에 맞닥뜨려서 그 곤궁에서 벗어나기 위해 도덕에서 간혹 일탈한다고 하더라도, 우리는 그들을 여전히 선한 사람이라고 말할 것이다.

그러나 이것은 위에서 바라본 도덕관을 가지고 있는 칸트가 보기엔 부적절한 이상이다. 칸트적 도덕관은, 도덕을 따를 때 내 행복이 얼마나 희생되는지와는 상관없이, 우리로 하여금 도덕이 지시하는 바를 행복보다 먼저 고려하라고 명령한다. 이러한 논의는, 흥미롭게도 도덕의 내용이 무엇인가에 대한 칸트적 관점과는 독립적이다. 때로 칸트적인 도덕이 우리에게 부여하는 명령은 우리의 상식과는 매우 다른 내용을 가지고 있는 것으로 여겨진다. 이를테면 "어떤 상황에서도 거짓말을 하지 말라"와 같은 특수한 도덕적 명령이 우리에게 주어진다는 점이 자주 그의 입장의 난점으로 논의되곤 한다. 그러나 지금 우리는 무엇이 올바른 행위라고 믿는가와는 무관하게, 그 올바른 행위의 무게가 어떠해야 하는지를 다루고 있다. 이를 짧은 표어처럼 정리해 본다면, "얼마나 불행해지든지 간에, 네가 옳다고 여긴 것이 있다면, 바로 그것을 하라!"라고 하는, 도덕적 믿음의 내용과는 무관하게 도덕이 중대하다고 느끼기만 한다면 누구에게나 적용 가능한 일반적인 원리가 되겠다.

이 독특한 특징, 네가 무엇을 믿든지 간에, 그것을 어떤 경우에도 하라는 이 특수한 도덕적 명령이 모두에게 적용된다는 특징은, 왜 칸트가 이 저서를 일종의 대중 설교로 여겼을지에 대해서 하나의 좋은 설명을 제공한다. 칸트 스스로도 자신의 도덕적 관점이 가지는 어떤 귀결들은 자신의 이론을 받아들여야만, 혹은 철학적 사고에 능숙한 사람에게만 참이 될 수 있다는 점을 알고 있었을 것이다. 그런데 그는 칸트의 기존 논의들을 잘 알고 있어야만 『종교』를 이해할 수 있지 않느냐는 어느 익명의 서평에 대해서, 『종교』를 이해하기 위해서는 실천이성비판이나 이론이성비판을 알 필요는 없고, 다만 행위에서의 도덕과 행위 원리에서의 도덕을 구분할 수 있기만 하다면 된다는 입장을 재판 서문에 서술한 바 있다.[15] 이 칸트의 자평은 각자가 달리 가질 수 있는 도덕적 올바름에 대한 믿음들의 차이와는 무관하게 그 믿음을 항상 따라야 하는 행위 원리를 가지라는 칸트의 입장을 반영한 것으로 해석 가능하다.

5. 무한한 도덕적 의지력에로 이끄는 두 가정

그런데 자신이 옳다고 믿는 바를 행하라는 이 특수한 도덕의 명령에 따라 내가 희생해야 하는 행복의 크기는, 칸트에 따르면 원칙적으로 제한

---

15   『종교』 6:14

이 없고, 그에 따라 도덕에 맞는 행위 원리를 가진다는 것은 극도로 어려워진다. 즉, 우리는 어떠한 상황에서도 내가 도덕의 요구에 따라 행위할 수 있어야 하고, 이는 나의 도덕적인 의지력이 무한하기를 요구받는 것이다. 그렇다면 이제 우리는 하나의 쉬운 질문을 통해서 칸트적인 의미에서 선한 사람이 있을지를 따져볼 수 있다. 과연, 이러한 무한한 의지력을 가진 사람이 현실적으로 존재할 수 있을까?

이에 대한 답은 간단하게 내려질 것이다. 우리는 그러한 사람을 너무나 손쉽게 상상할 수 있겠지만, 현실에 실제로 존재한다고 여기진 못하리라고 말이다. 여기에서 이상적인 도덕적인 인간이란 자신이 옳다고 믿는 바를, 어떠한 불운이 닥치더라도 항상 따르는 행위자이고, 그러한 사람은 단지 그가 믿는 바를 지속적으로 행하는 사람이기 때문에 이러한 행위자를 상상하는 데에는 어떠한 비현실성도 필요하지 않다. 그러나 이러한 행위자가 현실에 정말로 있을지를 생각해본다면, 우리는 아마도 현실의 인간들은, 너무나 큰 유혹을 마주하게 되면 어떠한 한 지점에서 유혹에 굴복하리라고 판단할 것이다. 그리하여 도덕은 무한한 의지력을 필요로 한다는 칸트의 엄격한 입장을 받아들일 때, 현실의 인간은 무한한 의지력을 가지지 못하리라는 경험적 사실에 근거하여 모든 행위자는 악하다는 점을 받아들일 수 있다.

그런데 이러한 설명이 가지고 있는 문제는, 이러한 관점하에서 악을 극복하는 것이 불가능해진다는 데에 있다. 이것이 바로 칸트의 실천철학적 엄격주의에서 생겨나는 어떤 문제이고, 그가 종교철학적 논의를 실천철학의 연장에서 다루어야만 했던 이유가 된다. 즉, 엄격주의는 도덕의 무한한 크기에 대한 그의 경탄을 설명할 수 있게 해주지만, 우리로 하여금 실질적으로 극복 불가능한 일, 곧 모든 가능한 유혹을 이겨내지는 못하는 유한한 의지력만을 가진다는 자명한 사실을 악의 근원으로 여기게 만든다. 그러나 우리에게 무엇인가가 도덕적으로 요구되기 위해서는, 그 요구되는 무엇인가는 가능해야 한다는 당연해 보이는 원리가 이러한 생각에 제동을 건다.

또한, 칸트 역시 이러한 입장을 잘 이해하고 받아들인 것으로 보인다는 점에서 이 문제는 그에게 중대한 문제이다. 칸트가 종종 사용하는 예를 들자면, 우리는 왕으로부터 어떤 거짓된, 무고한 사람을 해하게 되는 진술서에 서명하지 않으면 죽이겠다는 협박을 받을 때에는, 그것을 거부할 수 있고, 또 마땅히 그렇게 해야 한다고 실제로 느끼면서 도덕의 중대함을 깨닫는다. 반면에 딸꾹질을 멈추는 행위는 우리에게 의무가 될 수는 없다.[16] 이러한 비유는 매우 어처구니없어 보이기는 하지만, 우리에게 무엇이 의무이기 위해서는 그것이 가능한 것이어야 한다는 직관에 맞는 사고를 칸트 역시 가지고 있었다는 점을 보여주며, "당위는 가능을 포함한다"는 칸트의 유명한 표현 역시 이러한 직관을 서술한 것으로 볼 수 있다.

흥미롭게도, "당위는 가능을 포함한다"는 입장과 충돌하는 도덕적 엄격주의는, 통제 가능한 것만이 도덕의 대상이라는 동일한 직관을 공유한다. 이 하나의 직관이 도덕적 요구는 가능한 것이어야 한다는 사고와, 도덕적 엄격주의라는 두 충돌하는 귀결을 낳는 것이다. 이 직관이 엄격주의로 나아가게 되는 근거는 우리의 도덕적 판단에 영향을 주는 다양한 내적·외적 요인 중 사실 엄밀한 의미에서 통제 가능한 것은 우리의 도덕적 의지력

16   전자의 사례는 『실천이성비판』에서, 후자의 사례는 칸트의 강의록에서 제시된다(『실천이성비판』 5:30, 『강의록』 27:244, 261)

뿐이라는 칸트의 또 다른 입장 때문이다.

우리를 둘러싸는 환경이 어떻게 변화할지에 대해서 우리는 완전한 통제력을 가지고 있지는 않다. 칸트에 따르면, 이는 우리가 어떠한 기질을 가질지, 혹은 우리가 무엇에 행복을 느낄지에 대해서도 마찬가지이다. 어느 날 쾌활하였던 사람이 주변의 환경이 불리해지면 우울해질 수도 있는 것과 같이, 각자가 무엇을 선호하는지는 어느 날 갑작스럽게 변할 수 있다. 그리고 이러한 가변적인 것들에 도덕은 영향을 받지 말아야 하므로, 우리가 통제 가능한 유일한 영역인 도덕적 의지력의 고취가 우리에 관한 가변적인 것들이 어떻게 주어지든지 간에 극복할 수 있을 정도까지 나아가야 한다는 것이 칸트의 엄격주의이다. 그리하여 통제 가능한 것만이 도덕의 대상일 수 있다는 하나의 직관에서 도덕적 엄격주의와 도덕적 요구는 가능해야 한다는 입장이 주어지고, 이 둘이 칸트에게서 충돌한다는 것이다.

그렇다면 도덕적 이론의 악 개념이 정당하기 위해, 달리 말해 우리가 거기에서 벗어나도록 정당하게 요구받게 된다고 여기기 위해서는, 그 이론 하에서 우리는 악하지 않을 수 있어야 한다. 그런데 칸트에게서 악이란 우리의 도덕적 의지력이 모든 가능한 유혹들을 극복할 수는 없다는, 극복하기 불가능해 보이는 사실에 근거한다. 그렇다면, 이를 극복하는 방안을 보이기 위해서 칸트는 우리의 의지가 무한하게 되는 방안, 달리 말해 우리에게 닥칠 수 있는 모든 불리한 조건하에서도 우리가 믿는 바에 따라 행할 수 있는 행위자가 될 수 있는 방안을 합리적으로 제시할 수 있어야만 한다. 그러나 이는 불가능하지 않은가?

놀랍게도, 바로 이 도덕적으로 문제되는 불가능을 해결하기 위해서, 우리가 결코 그에 관해서 사실인지 거짓인지를 완벽하게는 알 수 없는 존재, 즉 신과 영혼의 존재가 마치 참인 것으로 가정되어야 한다는 것이 칸트의 종교관이자 그의 요청 이론이다. 상식적으로 지금까지 살펴본 문제를 해결하기 가장 쉬운 방법은 엄격주의를 포기하고 도덕의 요구 사항을 낮추는 것이겠다. 그렇지만, 철학자로서 칸트는 이 길을 택하지 않고 우리가 손쉽게 그려볼 수 있는 마음속의 이상향, 어떠한 강압에도 굴하지 않는 행위자라는 도덕적 이상을 그대로 보존하기 위한 논의를 신과 영혼에 대한 가정을 통해 제시하는데, 바로 이것이 도덕이 참이기 위해서는 신이 필요하다는 논의, 칸트의 말을 빌자면 "도덕은 부득불 종교에 이른다"는 논의의 배경이다.[17]

그런데 왜 우리는 우리의 의지력을 무한한 것으로 여기기 위해서 초자연적 존재들을 가정해야 하는가? 이에 대한 논의는 난해한 원문보다는 현대인인 우리가 보다 쉽게 생각 가능한 수학적 무한에 대한 유비를 통해 더 쉽게 이해해볼 수 있다. 이야기를 더 손쉽게 전달하기 위해서 이러한 의미에서 무한한 의지력을 우리가 가지지 못하는 것처럼 생각되는 이유를 생각해보자. 상식적으로, 양적인 무한에 대해서 우리가 가장 단순하게 표상할 수 있는 개념은 $y=ax(a>0)$이라는 일차함수이다. x축에 한계가 없다고 가정할 때, 이러한 일차함수는 무한으로 발산한다. 그렇다면, 우리가 우리의 의지력이 이와 같은 의미로 무한하다고 말할 수 있는 방안이 있다면, 우리는 어떤 의미로 우리의 의지력이 무한하다고 여길 수도 있을 것이다.

그러나 어떤 사람이 그의 삶 내내 인간이 할 수 있는 최선을 다해 도

17   『종교』6:8

덕적 역량을 점차 발전시켜 나갔더라도 결코 무한한 의지력을 가지지 못하리라고 생각될 수 있는 이유는, ① 한편으로는 그가 유한한 수명을 가진 인간인 한 그의 삶에서 그의 의지력은 유한할 수밖에 없을 것이기 때문이고 (x축의 유한성 조건), ② 또 다른 한편으로, 칸트가 받아들이는 입장에 따르면, 그가 인간인 한에서 그는 결코 자기 자신이 특정한 시점에 정확히 어느 정도의 유혹을 자신이 견딜 수 있는지도 알 수 없기에, 스스로의 의지력의 기울기가 우상향하는지 우하향하는지에 대한 이성적 판단을 내릴 수 없기 때문이다(a)0, 기울기의 양수 조건).

칸트는 이러한 두 문제점, 곧 ① 우리의 수명이 유한하다는 것, 그리고 ② 우리는 우리가 진보하는지 여부를 결코 알 수 없다는 두 장애물이, 이론 이성을 통해서는 결코 해결할 수 없는 것으로 남지만, 실천이성을 위한 요구에 따른 특수한 가정을 통해서는 해결될 수 있다고 본다. 즉, 순전히 과학적 사고를 통하여 얻은 지식만이 유효하다는 관점하에서, 우리는 우리의 수명의 유한성과 우리 마음에 대한 불완전한 지식을 받아들일 수밖에 없다. 그러나 엄밀하게 말하면 수명에 대해 과학적 사고가 알려주는 것은 우리의 육체적 수명의 유한함이다. 그러므로, 칸트는 우리의 육체가 아닌 다른 무엇인가가 영원히 존재할 것이라고, 달리 말해 우리의 행위 원리를 가지고 존속해나갈 존재인 영혼의 존재를 참으로 가정하자고 말하게 된다.

다음으로, 우리의 도덕적 의지력이 점차 커지고 있는지, 혹은 점차 작아지고 있는지를 우리는 결코 알 수 없겠지만, 나의 삶의 매 순간 내가 어떠한 상황과 마주할 때에 어떠한 방식으로 행위할지에 대한 앎, 그러니까 내가 처할 수 있는 모든 가상적인 경우들에 대한 지식을 가지고 있는 존재가 있다면, 그러한 존재는 내가 점차 많은 도덕적 장애물을 극복할 수 있게 변하고 있는지, 혹은 그 반대인지를 정당하게 판단할 수 있을 것이다. 이러한 의미에서 모든 것을 아는 신이 있다고 가정한다면, 적어도 이 신은, 우리 각자는 불가능한, 먼 미래의 나의 도덕적 의지력이 어떠한 상태일지에 대한 정확한 판단을 내릴 수 있다.

그리하여 신과 영혼의 존재 여부는 과학적 근거를 전혀 가지지 않지만, 도덕적인 필요에 의해서 참으로 가정된다. 물론 내 마음을 완전히 아는 존재자인 신과 불멸하는 영혼의 존재 여부는 과학적으로는 결코 알 수 없다. 하지만 이 두 대상의 존재가 사실이라고 가정한다면, 우리의 의지력이 어쩌면 무한한 것으로 여겨질 수 있지 않을까 하는 최소한의 실낱 같은 가능성을 보존할 수 있다. 이로 인해서 칸트는 그의 엄격한 도덕이 불가능한 것을 요구하게 된다는 결론을 피할 수 있게 되고, 신와 영혼은 그러한 도덕을 받아들이기 위해서 참으로 가정되어야 하는 초자연적 대상이다. 그리하여 도덕은 부득불 종교에 이른다.

혹자는 칸트가 정말로 이처럼 기괴하기까지 한 입장을 실제로 가졌는가에 대한 의문을 제기할 것이다. 필자는 이 글에서 칸트의 난해한 원문을 길게 인용하는 것을 최대한 피하고 있지만, 이러한 논의를 집약적으로 나타내는 하나의 문단을 축약하여 인용하고자 한다.

[…] 이 난문[무한한 의지력을 가지는 것]의 해결은, 결함이 있는 선에서 보다 더 선함으로 무한히 연속적으로 전진하는 것으로서의 행실은 […] 시간 조건에 제한받고 있는 우리의 평가에 따라서 보면 언제나 결함이 있다는 사실에 의거한다. […] 저 신성한 법칙과의 부합을 향한 무한한 전진은 […] 순수한 직관에서 마음을 아는 자에 의해 하나의 완성된 전체로서 […] 신에게

흡족하게 될 것을 기대할 수 있는 것이다. (『종교』 6:67)

이러한 칸트의 원문은 비록 난해하긴 하지만, 앞에서 제시한 해석에 따라서 이해될 수 있다. 먼저 우리의 삶은 "시간 조건에 제한"받고 있기에 무한한 의지력을 가지게 될 수 없다. 그러나 도덕적 이상에로 "무한한 전진"을 이루고 있는 것으로 신에게는 생각될 수가 있는데, 이는 "신이 마음을 아는 자"이고, 이 신은 우리가 영원히 산다면 최종적으로 가지게 될 행위 원리에 따라서 우리를 평가해줄 자이다. 그리하여 나의 행위 원리는 내가 삶 속에서 가졌던 어떤 유한한 의지력으로 평가되는 것이 아니라 그 최종 형태, 즉 "완성된 전체"로 신에 의해서 평가된다. 이러한 전제를 전부 받아들인다면, 그리고 누군가가 의지력을 유한한 삶 속에서 중단 없이 키워나갔더라면, 인간의 마음을 관찰 중인 누군가가 보기에는 그 행위자는 선한 자라고 판정될 실낱 같은 가능성이 남는 것이겠다. 그리하여 불멸하는 영혼과 신은 이러한 의미로 가정되어야만 하며, 이 의미에서 종교의 근간은 도덕이다.

6. 나서며

이제 우리는 전체 논의를 정리해볼 수 있다. 역사적 사건들을 보면 칸트가 그의 종교적 논의를 출간하고자 하는 시점에 약간 앞서 계몽 군주로 유명한 프리드리히 대왕을 이어 프리드리히 빌헬름 2세가 프로이센을 통치하게 되었는데, 그는 그의 보수적인 성향으로 인해서, 혹은 프로이센의 전통적인 신앙의 사적 자유 및 공적 통제라는 이념에 따라 그 시기의 혼란스러운 국내외의 상황에 대응하기 위해서 종교적 저술들에 대한 검열을 실시하였다. 이러한 검열이 이미 수년에 걸쳐서 진행되어왔음에도 칸트는 그의 철학적 종교관을 담은 대중 설교적인 일련의 논문들을 출간하기로 결정하고, 두 번째 논문이 국가의 검열에 걸리자 이를 저서로 우회 출판하였다. 그러나 결국 우여곡절 끝에 출판한 그의 대중 설교적인 철학적 종교론은 프로이센의 사후검열에 걸려서 철회되기에 이른다.

내용상 그의 철학적 종교론은, 한편으로는 그의 엄격주의와 도덕의 요구 간의 모순을 해결해줄 뿐만 아니라, 사람들이 무엇을 옳다고 여기는지와 무관하게, 그 올바름을 위해 모든 유혹을 이겨낼 수 있는 무한한 의지력을 가지는 이상적 행위자가 될 수 있다는 희망을 제시한다. 이러한 이상적 행위자가 될 방법은 과학적 이성에 따른 사고에 따르면 없는데, 칸트에 따르면 이는 엄격주의적 도덕의 멸망이다. 그리하여 그는 도덕의 이상을 거짓이 아니게 해주는, 과학적 지식의 범위 밖에 있는 두 존재에 대한 가정, 곧 불멸하는 영혼과 전지한 신의 존재를 참으로 받아들여야 한다고 논한다. 이 입장은 도덕을 참된 종교의 근원으로 여기는 한편 신과 그 섭리에 대한 지식의 가능성을 부정한다. 이같이 다른 종교들을 이성적으로 재단하는 기준을 포함하는 칸트의 계몽적 종교관은 당대 프로이센의 검열과 충돌할 수밖에 없었겠다.

이제 글을 끝내기 전에 『종교』가 글의 중간에 잠시 언급된 칸트의 유명한 질문, 즉 "우리는 무엇을 희망할 수 있는가?"라는 질문에 어떤 답을 주는지를 정리해보자. 우리는 우리의 삶 속에서 유한한 의지력만을 가질 수 있는 행위자, 즉 각자가 무엇을 올바르다고 믿는지와는 무관하게 상황이 불리해지면 믿음에 어긋나는 행위를 하는 원리를 받아들인 행위자이기에 악하다. 그러나 신과 영혼 불멸이라는 가정을 받아들인다면, 그리고 여기에 더하여 평생에 걸쳐서 중단 없이 자신의 도덕적 의지력을 개선했다면, 모든 것을 아는 신의 눈앞에 도덕적으로 중단 없이 스스로를 개선해나간 삶을 살아간 행위자는, 선한 존재로 판정되기를 희망할 수 있다. 그리하여, 현실적으로는 악한 우리가, 신에게서는 선하게 여겨지기를 희망할 수 있다.[18]

이현우

서울대학교 철학과 강사. 서울대학교 철학과를 졸업하고, 동 대학에서 윤리학 전공으로 철학석사 및 박사를 취득했다. 석사 논문에서는 주로 존 롤스의 『정의론』을, 박사 논문에서는 칸트의 『이성의 한계 안에서의 종교』를 연구하였다. 고전적인 학자들의 논의를 현재의 윤리학적인 주제에 대해서 적용해보는 데에 관심이 많다. 논문으로 「칸트에서의 악의 보편성과 자유의 문제」가 있다.

18   이 글에 이 희망이 완전한 형태로 서술되지는 않았다는 점에서 하나의 각주를 추가할 수밖에 없다. 이러한 논의는 『종교』의 2 논고까지의 논의이다. 칸트는 이어지는 3 논고에서, 이러한 개인의 도덕적 발전이 가장 잘 이루어지는 사회인 각자가 선한 만큼 행복을 얻게 되는 사회, 달리 말해 최고선이 이루어지는 사회 건설 역시 전능하고 전지한 신에 대한 가정하에서 희망할 수 있다는 것을 보이고자 한다. 그러나 이러한 논의는 여기에서 허용된 범위를 넘어서는 또 다른 탐구를 필요로 한다.

헤겔의 철학에서
자유로운 주체의 개념

이행남(서울대학교 철학과 교수)

"존재하는 것을 개념에 따라 파악하는 것이 철학의 과제이다. 왜냐하면 존재하는 것이 곧 이성이기 때문이다. 개인에 관해서 이야기한다면 모든 개인은 더 말할 것도 없이 자기 시대의 아들이다. 철학도 마찬가지여서, 자신의 시대를 사상으로 포착한 것이 철학이다."[1] 헤겔은 자신의 철학적 사유의 정신을 풍성하게 담고 있는 원숙기 저작인 『법철학』의 머리말에서 이렇게 쓴다. 동서양의 철학사를 주름잡은 많은 사상가가 그러했듯 헤겔에게도 철학은 모든 학문을 가능케 하는 학으로서의 위상을 갖는다. 철학은 학문적 사유가 무릇 어떤 양태를 띠어야 하는지 그리고 어떤 원칙에 따라 수행되어야 할지를 논구하는 학문이니만큼, 자기만의 배타적 권역을 갖는 여러 개별 분과 학문 가운데 하나에 불과한 것이 아니라, 모든 개별 학문에 앞서 '인식의 원리를 인식'하고자 하는 근본학이다.

---

1   헤겔(임석진 옮김), 『법철학』(한길사, 2008), 50~51쪽.

그러나 **첫째**, 이는 헤겔이 우리 삶의 구체적 현실과 시대 상황에서 완전히 벗어난 '무시간적인 순수 사유'에 전념하는 것을 철학의 과제로 삼는다는 의미가 아니다. 앞선 인용문에서 말하듯, 헤겔은 철학적 사유를 오직 이 세계의 현실 안에서 획득된 질료들을 자원으로 삼아서만 수행 가능하다고 여기기 때문이다. 하지만 **둘째**, 이는 철학이 자기 세계의 현실에 맹목적으로 순응해야 한다는 뜻이 아니다. 세계 안에 현존하는 모든 것이 그러하듯 철학 역시도 자신을 낳고 키운 시대의 산물임은 틀림없지만, 철학은 자기의 세계 안에 현존하는 것들을 '사유'의 시선으로 바라보면서 그 속에 담겨 있는 본디의 실체적 본질을 '파악'하는 일을 과업으로 삼기 때문이다.

　　헤겔에 따를 때 철학은 이처럼 자신이 발 딛고 선 세계의 '현재' 삶 속에 녹아 있는 정신의 본질과 이념을 사유하고 그것의 '실현'을 촉진하는 일, 그래서 이 세계가 그것 본연의 이성적 규범에 더 잘 부합되도록 만드는 일에 복무하면서 '미래'의 전망을 여는 시대의 아들이다. 그러므로 헤겔이 참된 철학의 모습을 묘사하기 위해서 황혼녘이 되어서야 날개를 펼치는 미네르바의 올빼미라는 메타포를 사용하는 것은 우연이 아니다. 전대미문의 규범적 이상이나 유한한 인간의 세상 안에서는 결코 실현될 길이 없는 절대적인 초월적 이념 같은 것에 매달리기를 삼가는 철학, 현재의 우리 세계를 구성하는 특유의 현상과 규범적 이념을 개념적으로 사유하는 철학, 그런 철학은 현실의 정신이 무르익은 다음에라야 비로소 '시작'될 수 있을 것이기 때문이다. 그렇다면 헤겔이 자신의 철학을 써나가기 위해서 대면한 현실은 과연 어떤 풍경의 것이었는가?

　　헤겔은 1770년 독일 슈투트가르트의 비교적 유복한 가정에서 태어나 궁정의 세관에서 일하던 아버지와 학문적 교양이 풍부한 어머니 곁에서 지적으로 충만한 유년기를 보내며 성장했고 인근 도시 튀빙겐대학에서 신학부를 다녔다. 그리고 대학 생활을 마친 후에는 베른, 프랑크푸르트, 예나, 밤베르크, 뉘른베르크, 하이델베르크를 거치며 자신의 학문적 이력을 쌓은 끝에, 베를린대학에서의 교수 생활을 하던 중 뜻하지 않은 전염병으로 생을 마감하게 된다. 헤겔의 철학은 이 모든 도시에서의 삶의 체험들 위에서 형성되고 발전한 것이지만, 그의 '학문적' 생애를 이해하기 위해서는 특히 그의 청년기에서 출발할 필요가 있다.

헤겔의 청년기가 특별히 중요한 까닭은 여러 가지다. **첫째**, 우선 이 시기는 헤겔 '개인'에게는 물론이고 '세계사'의 견지에서 보더라도 그 자체로 중차대한 의미를 갖는 때이다. 헤겔이 튀빙겐, 베른, 프랑크푸르트, 예나를 거치며 본격적인 철학 연구자의 길로 접어들던 1788년부터 1806년 무렵은 프랑스 혁명이 발발해 유럽의 지축 자체를 뒤흔든 시기이기 때문이다. 이 세계사적 사건이 벌어지는 광경을 눈앞에서 목격한 청년 헤겔은 당시의 많은 청년이 그러했듯 혁명에 열광했고, 이 혁명 안에는 '새로운 시대'를 향한 열망, 즉 인간의 '자유'가 합당하게 실현되는 세계를 만들고자 하는 당대인들의 열망이 담겨 있다는 사실을 단박에 간파해냈다. 이 경험에 힘입어 헤겔은 자유의 이념을 평생에 걸친 자신의 철학적 사유의 대상으로 삼게 된다.[2]

둘째, 또한 이 시기에 헤겔은 이제 막 본격적으로 모습을 드러내기 시

---

2   프랑스 혁명이 헤겔에게 무척 큰 영감을 주었음을 보여주는 좋은 논의로는 대표적으로 곤자 다케시(이신철 옮김), 『헤겔과 그의 시대』(도서출판 b, 2014), 19~48쪽을 보라.

작한 새로운 시대인 근대의 본질적 이념을 포착해내려 했던 여러 사상적 흐름과도 깊이 조우하고 대결한다. 특히 헤겔은 보편적 이성의 개화를 중시했던 루소와 칸트의 계몽주의 사상을 자양분으로 삼고자 애쓰면서도 그들 철학 특유의 한계를 비판하고 극복하며 자신의 자유 모델을 만들어나갔다. 그리고 이를 바탕으로 베를린의 말년기에 이르러 마침내 자신의 인륜성 이론을 체계적으로 완성하면서 고유한 자유이론을 제시하게 된다.

1. 자유를 향한 시대의 열망, 프랑스 혁명과 루소의 사상

근대 유럽의 지축을 흔든 프랑스 혁명이 발발한 1789년에 헤겔은 튀빙겐대학의 신학부에 다니고 있었다. 헤겔은 신학자가 되려는 소망에서 튀빙겐대학에 입학하지만 이곳에서 겪은 엄격한 규제와 사상의 검열 등으로 인해 입학한 지 얼마지 않아 신학 대신 철학의 길을 가기로 결심한다. 이는 물론 당시 헤겔이 속해 있던 뷔르템베르크공국의 상황 때문이기도 했다. 헤겔의 고향인 슈투트가르트와 그가 막 입성한 튀빙겐이 속한 뷔르템베르크공국은 근대 입헌 국가의 체제를 갖추지 못한 신성로마제국의 일부였다. 민중들의 직간접적인 정치 참여는 허락되지 않은 채 귀족과 지역 유지 등의 명망가들만이 정치적 의사결정을 전담하는 봉건적인 통치 방식이 유지되고 있던 정치 현실의 봉건성에도 불구하고 이 공국의 시민들은 높은 교육을 받은 도야된 자들로 당시의 계몽 사상을 빠르게 흡수해가고 있었으며 헤겔과 같은 젊은이들의 경우에는 더더욱 그러했다. 이를 감안할 때, 철학이 현실과의 만남 속에서만 꽃필 수 있다고 본 헤겔이, 자기 사회의 애석한 정황을 지켜보면서 시대의 요구를 '사유'하는 데에 복무하겠다는 각성된 결심에 이른 것은 이상한 일이 아닐 것이다.

물론 헤겔의 이 결심에 결정적인 동기를 준 것은 1789년에 발발한 프랑스 혁명이다. 이 혁명은 주지하듯 국왕과 왕실, 제1신분의 성직자들, 제2신분의 귀족 계층만을 실질적인 국가 경영의 주체로 인정했던 프랑스 구체제의 절대주의 국가 경영으로 인해 오랫동안 정치적 불평등과 부정의가 심화된 결과 발생한 것이다. 이 두 특권 계층의 신분에 속하지 않는 지식인부터 상공인, 수공업자, 농민들, 그리고 소작농에 이르는 인구 대다수 시민은 국가의 일들에 관한 결정권을 행사하거나 정치 권력을 공유하는 주권자의 입지를 누리지 못한 채, 오랫동안 피통치자 신분으로 억압되어 오고 있었다. 그럼에도 불구하고 해외 식민지 확장을 위해 벌인 영국과의 오랜 전쟁으로 인해, 그리고 미국 독립 혁명 지원으로 인해 더 나빠질 수 없을 만큼 극심해진 재정 악화의 부담은 이 제3신분의 시민들에게 고스란히 전가되었으며, 왕실과 귀족층은 사치와 낭비로 일관할 뿐이었다.

이런 상황에서 1789년 루이 16세가 당시의 극심한 국가 재정 위기를 타개하기 위해 소집한 삼부회가 곧장 프랑스 혁명의 도화선이 된 것은 놀라운 일이 아니다. 잘 알려진 대로 국왕이 소집한 삼부회는 곧장 '정치적 평등의 실현'과 '헌법의 제정'을 도모하는 '국민의회'의 결성으로 이어지고, 이를 억압하려는 프랑스 왕권의 시도에 맞서 바스티유 감옥 습격 사건이 벌어지면서, 마침내 1789년 8월 26일 인간의 자유, 국민주권, 법 앞의 평등, 과세의 평등과 같은 정치적 정의 실현에 핵심적인 의제들을 원칙으로 하는 인권선언이 천명되기에 이른다.

당시 막 대학 2학년에 접어들었던 청년 헤겔은 자유와 평등의 이념이 현실 사회 안에서 인상적으로 구현되는 사건이었던 프랑스 혁명에 무척 열광했다. 그리고 말년기 작품 『역사철학강의』에도 이 혁명을 "사상에 따라 현실을 세운" 시도라고 치하하면서 "사상이 정신적인 현실을 다스려야 함을 인식"한 덕분에 일어난 "찬란한 일출"[3]에 빗대는 대목이 등장하는 것으로 보아, 헤겔은 청년기에 목격한 이 프랑스 혁명에서 오래도록 깊은 사상적 영감을 얻었음이 틀림없어 보인다. 어떤 의미에서 그의 철학은 이 혁명의 기초를 이룬 사상을 유의미하게 변형하고 재구성하려는 시도로부터 시작되었다고 해도 과언은 아닐 것이다.

1) 루소의 공화주의적 자유의 이념과 일반의지

여기서 헤겔이 프랑스 혁명을 떠받치는 기초라고 명명하고 있는 '사상'이란 잘 알려진 대로 루소의 것이다. 그러므로 어떤 의미에서 프랑스 혁명에 대한 헤겔의 열광은 그것을 가능케 한 사상적 원천이자 정신적 토양인 루소의 철학에 대한 찬사라고도 할 수 있을 것이다. 그렇다면 헤겔은 루소의 무엇을 찬사하는가? "인간의 본질은 자유이며, 자유의 핵심을 이루는 것은 보편을 향한 의지"라는 그의 통찰이다. 루소는 모두가 공히 자신의 본질로 갖는 자유의 권리를 가장 잘 실현할 수 있는 최고의 정치적 모델을 공화주의에서 찾는다. 즉 국가는 왕이나 특정 신분의 소유물이 아니며 국가를 구성하는 사람 '모두'가 함께 소유하는 '공적인 것'으로 규정되어야 한

---

3   Hegel. *Vorlesungen über die Philosophie der Geschichte*(Frankfurt am Main: Suhrkamp, 1986), 529 쪽.

다는 것이다. 이 점에서 루소는 홉스와 로크처럼 '사회계약론' 모델에 따라 자신의 정치철학을 전개하지만 사실상 그들과는 정반대의 규범적 지향성을 표방한다고 볼 수 있다.

홉스는 자연 상태가 '만인의 만인에 대한 전쟁 상태'로 치달을 수밖에 없다는 진단에서 출발한다. 인간은 자기 보존의 목적 때문에 서로를 향한 파괴와 정복을 일삼는 데로 향하지 않을 수 없다.[4] 때문에 서로를 죽일 수도 있을 모두의 힘을 제한하면서 자신의 목숨을 지키려 하는 원자적 개체들은 절대적인 주권자를 창출하는 계약으로 나아간다. 이렇게 홉스에게 국가라는 정치체는 인간이 자기 유지를 도모하는 원자적 본성을 갖는다는 확신 위에 정초되며, 그런 인간의 원자적 본성이 무분별하게 자행되어버리는 임의적 자유를 억압하는 제도적 장치로 그려진다.

로크의 경우에도 사정은 크게 다르지 않다. 자연 상태를 긍정적으로 묘사하며 시작한다는 점이 홉스와 다르긴 하나, 로크도 인간의 본성을 '나의 것'을 지키려는 원자적 성격으로 규정하기 때문이다. 로크에 따르면 자연 상태에는 모든 인간이 생명을 유지할 수 있을 만큼의 충분한 재화가 주어져 있다. 그러므로 자연 상태의 인간은 각자의 손을 이용해 힘을 들이기만 하면 신체적 필요를 충족하며 평화롭게 살 수 있다.[5] 그러나 이런 평화는 모든 사람이 자기의 생명 유지에 '꼭 필요한 정도'만 자연적 질료를 차지하는 선에서 만족할 때에만 유지된다. 인간이 본성적으로 자기의 안위와 유지에만 힘쓰는 존재라면, 꼭 필요한 '최소한의 것'에만 만족하지 않고 나

---

4   홉스(진석용 옮김), 『리바이어던』(나남, 2008), 171~175쪽.
5   로크(강정인·문정인 옮김), 『통치론』(까치, 2019), 34~36쪽.

를 위해 '무엇이든 더 많이 가지고 축적하려는 열망'에 모두가 잠식당하는 시점은 자연스럽게 도래할 것이다.[6] 그러므로 로크는 자연 상태가 이내 '소유' 문제로 인한 전쟁 상태로 접어든다고 진단한다. 필요 이상의 재화를 축적해 둘 수 있는 방책이 생기자마자 인간은 더 많은 것을 획득하려 하고 이렇게 획득된 '자신의 것'을 지키려는 소유의 관심 때문에 타인과의 전쟁 상태로 들어서게 된다는 것이다. 이 전쟁 상태를 끝내고 각자의 것을 안정적으로 지키려는 관심이 모두로 하여금 국가 설립의 '계약'에 나서게 만든다는 것이 로크의 결론이다.

반면에 루소는 인간이 '본디 자유롭게 태어나는 존재'라는 진단에서 출발하는데, 이때의 자유란 한 명의 주체로서의 자립성과 자율성, 즉 자신이 스스로 규정한 법에만 복종할 수 있는 자격과 권한을 뜻한다.[7] 이처럼 루소는 외부의 타자적 힘이나 강제적 규율에 휘둘리지 않고 자신의 중심에 따라 스스로에게 집중하는 상태를 인간 본연의 상태로 상정하기 때문에, 홉스와 로크처럼 '자연 상태'라는 어법을 활용하면서도 그들과 가장 거리가 먼 직관에서 출발하고 있다고 말할 수 있다. 홉스와 로크는 인간이 자신의 것만을 지키려는 관심 때문에 본디 무한한 경쟁과 폭력적인 전쟁으로 기울기 쉽다고 진단한다면, 반대로 루소는 자신을 충실하게 추구하려는 인간 본연의 열망이야말로 권장할 만한 것이며 삶을 바람직하게 만들어주는 덕의 원천이라고 보기 때문이다. 그러므로 루소는 인간이 타자 관계 없이

---

6   로크, 『통치론』, 41~54쪽.
7   루소(김영욱 옮김), 『사회계약론』(후마니타스, 2018), 30쪽.

홀로 살았던 시초의 자연 상태에서 가장 충만하고 행복했다고 진단한다.[8]

그러나 본디 자유롭게 태어났을지라도 인간은 홀로 감당할 수 없는 대자연의 위력 앞에 노출된 채 살기 때문에 필연적으로 타인과의 교섭을 필요로 한다. 그리고 이 세계 안에 태어난 이상 인간이 오직 혼자로만 살아간다는 것은 사실상 불가능하다. 그러므로 루소는, 인간이 본래 자유롭게 태어난다 할지라도, 태어남과 동시에 타인과 나를 저울질하고 세계의 관점에 따라 규정된 타율적인 나를 열망하는 데로 접어들 위험에 곧장 노출될 수밖에 없다는 귀결을 낸다. "인간은 자유롭게 태어나 어디에서나 쇠사슬에 묶여 있"는 채로 이 세상을 살게 된다는 것이다.[9]

그렇다면 관건은 이렇게 세상의 관계들 속에서 혼탁하게 오염된 열망에서 벗어나 다시금 한 명의 자립적인 주체로서의 '자유'를 추구할 수 있는 나를 회복하는 일일 것이다. 이 회복의 길이 바로 국가계약이다. 요컨대 루소에게 국가계약은 인간이 본성적으로 지니고 있는 자유의 소질을 회복하는 '해방'의 계기이자, '본디 자유로운 존재로 태어난 스스로에게 충실한 삶을 실현할 수 있도록 "존재 양식을 바꾸는" 사건이다.[10] 즉 국가라는 정치체를 세우는 계약은 '나만의 것'을 지키려는 원자적 개인의 본성을 제압하고 꺾는 외부의 힘을 모두의 위에 그리고 모두의 바깥에 설립하는 행위가 아니라, 모든 주체가 자신들의 자유를 실현하기 위해서 공적인 제도적 장치를 '나 자신의 것'으로 세우면서 주권자가 되는 데로 함께 옮겨가는 사

---

8   루소(이충훈 옮김), 『인간불평등기원론』(도서출판b, 2020), 97~98쪽.

9   루소, 『사회계약론』, 11쪽.

10   루소, 『사회계약론』, 23쪽.

건이다.[11]

　이런 의미에서 루소는 국가계약이 '일반의지'에서 연원하는 산물이라고 규정한다. 국가계약의 주체들은 나만의 것이 아닌 우리 모두에게 공적인 것을 세우고 운영하려는 스스로의 '의지', 즉 보편적인 공공성을 나 자신의 것으로 삼고자 하는 의지에 힘입어 타인과 함께 우리의 정치체를 세우고 공동의 주권자가 되기 때문이다. 그리고 한 가지 더 중요한 사실은, 루소에게 일반의지란 한 명의 '특수한 개인'이기를 원하는 상태와는 철저히 거리를 두고 그것과 단절하려는 의지이기도 하다는 점이다. 루소는 특수성 추구의 의지에서 인간 불평등의 기원과 불행의 원인을 찾기 때문이다.

　즉 우리가 그동안 사회 안에서 배우고 체득한 기형적이고도 인위적인 욕망, 남들과 다른 '특별한' 차이를 가진 우월한 존재가 되려는 열망 때문에 인간은 자유롭게 태어났으면서도 온통 사슬과 족쇄에 묶여 살아온 것이다. 그러므로 우리 모두의 정치체를 만드는 일반의지를 발휘함으로써 자유로운 나를 회복하는 주체가 된다는 것은, 그동안의 삶 속에서 학습된 온갖 '인위적' 형태의 욕망들, 즉 타인보다 비교우위를 차지하는 특별한 존재가 되려는 '사회적' 욕망의 족쇄에서 '해방'된다는 것을 의미한다. 이렇게 루소의 일반의지는 공적인 보편성을 추구하는 의지, 이를 위해서 그리고 이를 통해서 각자만의 사적인 특수성을 배제하고 극복하려는 의지를 뜻한다.

11　　루소, 『사회계약론』, 25쪽.

2) 우리 모두의 정치체를 향한 일반의지만 갖는 공민의 자유?

그러나 문제는 이렇게 특수성과 차이를 포괄하지 않는 양태로 그려지는 일반의지는 일견 현존하는 사회적 현실과 그 속에서 내면화된 다양한 정황들을 획기적으로 벗어나 전적으로 '새로운 시대'를 여는 '혁명'의 강력한 원천이 될 수 있을 듯 보일지라도 실은 근대 특유의 규범적 구문론이 되기는 부적절하다는 역설적인 대가를 치르게 된다는 것이다. 인간을 단지 공적인 일반의지를 발휘하는 주권자로서만이 아니라, 타인과는 구별되는 자기만의 고유한 욕구와 관심을 추구할 권리를 갖는 사적 개인으로도 인정하는 것이야말로 전근대와 다른 '근대'만의 고유한 특질이기 때문이다. 루소가 일반의지에 따라 설립되고 운영되는 참된 의미의 정의로운 공화정을 고대의 스파르타나 로마를 모범으로 삼아 그리는 것은 그러므로 사소한 문제가 아니다. 이 점이 헤겔로 하여금 루소를 비판하게 만든다.[12]

그런데 이때 중요한 사실은 헤겔의 이 비판이 루소의 철학적 사유 자체의 내재적 정합성이나 논리적 완결성을 문제 삼는 '학문적' 성격의 논쟁이기보다는, 순수한 일반성만을 추구하는 절대적 자유의 이념이 현실에서 구현될 때 초래될 심각한 위험을 경고하는 '실천적' 비판이라는 점이다. 그러므로 헤겔의 비판적 메시지를 충실히 읽기 위해서 우리는 무엇보다도 프

---

12   아래에서 개략적으로만 제시되는 논점들을 포함해 헤겔의 루소 비판의 전모를 상세하고도 풍부하게 보여주는 훌륭한 논의로는 나종석의 「루소와 서구 근대성의 딜레마」를 보라. 아울러 헤겔의 루소 비판에도 불구하고 양자의 사상이 깊은 유사성 관계에 있음을 간과해서는 안 된다는 점을 잘 보여주는 이재성의 논문 「루소의 정치철학에 대한 헤겔의 비판」을 함께 참조하라.

랑스 혁명이 발발한 이후에 차츰 어떤 행로를 걸었는지 되짚어볼 필요가 있다. 루소가 제시한 '자유와 공적 국가의 이념'을 실현하겠다는 목표로 시작된 프랑스 혁명은 놀랍게도 그 이념에 배치된다는 명목으로 수많은 이들을 무차별적으로 죽이는 '공포정치'의 양태를 띠는 수순을 밟았다. 이는 단순한 우연만은 아닐 것이다. 그도 그럴 것이 루소의 공화주의적 사상은 사적 존재로서의 인간이 지닌 고유한 주관적 욕망이나 바람을 일반의지를 따르는 공민의 지위와는 양립될 수 없는 것으로 바라보는 이분법을 전제하기 때문이다. 그러므로 만일 후자의 축을 중심으로 자유가 실현되려면, 전자의 성분이 강하게 억압하거나 부정되는 절대적 '추상'의 작용이 요구되지 않을 수 없다. 로베스피에르의 공포정치가 단행한 죽임과 테러는 바로 이 '추상' 작용의 현실화 버전에 해당한다.[13]

헤겔은 『정신현상학』에서 이런 양태를 띠는 "절대적인 자유"에서 우리는 그저 "상실"만을 경험할 수 있을 뿐이라고 말한다. 여기서 자유를 실현한다는 명목으로 "자기의식이 행하는 부정은 무의미한 죽음", 마치 "배추 밑동을 잘라내는 듯" 죽음만을 양산해낼 뿐이며, "아무런 긍정적인 내실도 갖지 않는 부정의 힘 앞에서의 순수한 공포"만을 초래한다는 것이다.[14]

첫째, 그러므로 헤겔의 루소 비판의 요지는 우선 다음처럼 요약될 수 있을 것이다. 인간의 자유가 오직 공적 일반성만을 지향하는 의지에 따라서만 실현될 수 있다면, 그리고 이를 위해서는 한 명의 사적 개인으로서 내

---

13   나종석, 「루소와 서구 근대성의 딜레마」, 111~115쪽.

14   Hegel, Phänomenologie des Geistes (Frankfurt am Main: Suhrkamp, 1986), 439쪽.

가 가진 각종 특수한 욕구들, 타인들과 구별되는 고유한 존재인 나를 구성하는 다양한 주관적 바람과 열망들을 부정하고 거부해야만 하는 것이라면, 나의 참된 자유의 실현은 언제나 동시에 나의 고유성의 성분들을 억압하는 폭력을 동원해야 할 것이다. 그러나 자기를 강제하는 주체가 어떻게 자유로운 자기 실현에 이를 수 있는가. 게다가 루소의 절대적 자유 이념은 심지어는 누군가를 "강제로 자유롭게 만드는 것"[15]까지도 요구하며 내포한다. 이런 자유의 이념은 모두의 일반의지를 실현한다는 명목으로 폭력적인 혁명가가 자행하는 자의의 횡포와 전횡에 길을 터주는 불운에 열려 있다.

둘째, 이것이 전부가 아니다. 한발 더 나아가 헤겔은 저런 형태의 자유는 사실상 '현실화'될 수가 없다고 말하기 때문이다. 절대적 자유의 이념을 현실 안에서 구현하기 위해서 만들어진 각종 제도도 결국은 '특수한 것'의 양태를 띠지 않을 수 없다. 따라서 특수성이 여하간 절대적 자유 이념과 양립될 수 없다고 보는 이들은, 자신이 추구하는 절대적 자유의 이념에 못 미치는 현재의 문제적인 규범과 제도를 전복하고 '완전히 새로운' 전대미문의 것을 만들고자 시도하는 파괴적 형상의 혁명에 나설 수밖에 없거니와, 한발 더 나아가서는 자신이 추구하는 절대적 자유의 이념을 실현하기 위해 스스로가 새롭게 만들어낸 제도와 규범들 역시도 결국은 다시금 불완전한 것으로 부정할 수밖에 없다. 요컨대 특수성을 부정하는 전면적인 추상을 본질로 하는 절대적 자유의 이념은 자신들이 주장하는 자유와 배치되는 '타자성을 전면적으로 파괴'하는 전복적 양상을 띨 뿐 아니라, 자신이 스

---

15   루소, 『사회계약론』, 29쪽.

스로 만들어낸 것까지도 부정하는 '자기파괴'의 역설을 필연적으로 범하도록 운명 지워져 있다.[16]

셋째, 여기에 한 가지 결정적인 사실을 더 추가해야 한다. 루소는 앞서 보았듯 '인간은 본디 자유롭게 태어났지만' 타인들 속에서 살게 됨에 따라 필연적으로 구속과 사슬에 얽매이는 부자유로 전락한다고 진단한다. 그런데 이런 루소의 진단이 사실이라면, 국가를 탄생시키는 사회계약의 이전에 타자들 곁에서 온갖 구속과 사슬에 매여 부자유를 전전하고 있었을 뿐인 이들이 과연 어떻게 타인보다 우월한 자가 되려는 혼탁하게 오염된 '자기 편애'를 내려놓고 갑작스럽게 '우리' 모두를 아우르는 일반성의 이념에 걸맞은 공적 정치체를 건설하려는 의지를 품는 주체가 될 수 있단 말인가? 루소가 생각하듯이, 일반의지에 따라 국가 설립의 계약을 맺음으로써 공적 정치체의 주권자가 되기 전까지 인간은 (시초의 원시적인 자연 상태에서나 생각해볼 수 있을 '한 명의 온전한 자립적 존재'로서의 자기에게 충실한 상태, 즉 가장 충만한 자유와 행복의 상태에서는 이미 이탈한 지 오래인 채로) 그저 타자들과의 관계 속에서 일그러지고 병든 부자유의 구속 상태에 찌들어 있을 뿐이라면, 공적 정치체의 주권자로서의 일반의지를 발휘하는 존재가 되는 것은 나 자신을 전적으로 단박에 변화시키는 '혁명적 사건', 즉 나 자신을 단박에 변화시키는 '자기 혁명'의 사건과 같이 일어나야 할 것이다. 그러나 보편성의 이념을 추구하는 존재가 된다는 것은 우리가 일상적으로도 잘 알고 있듯이 이런 식으로 '무로부터 유가 창출되듯' 몰역사적으로 문득 일어

---

16   헤겔, 『법철학』, 75~76쪽.

나는 사건이 아니다. 이것이 헤겔이 말하려는 또 하나의 강력한 메시지일 것이다.

인간은 인간들의 사이에서만 주체가 될 수 있으며, 덕스러운 인간은 이미 존재하는 덕스러운 공동체 안에서만 태어나고 자라나 성장할 수 있다.[17] 이 직관에 따라 헤겔은 자유로운 주체에 관해 말하기 위해 현행적인 모든 사회적 현실을 철저한 '부자유의 지평'으로 상정하며 출발하는 혁명과 전복의 모델을 택하는 대신에, 현존하는 윤리적 전통과 규범적인 제도들이 인간을 자유로운 이성적 존재로 길러내는 것이자 이렇게 이성적 존재로 성장한 이들이 자신을 키우고 성장시킨 사회적 현실을 더욱 바람직한 것으로 개선해가는 진보적 공동체의 주체가 된다고 말하는 모델을 개작하게 된다. 이것이 선배 계몽주의 사상가들의 것과는 다른 헤겔의 고유한 '인륜성(Sittlichkeit)' 이론의 핵심적인 직관이다.

2. 독일의 사상적 혁명의 아버지 칸트의 사상[18]

헤겔의 인륜성 이론이 어떤 직관에 따라 설계된 것인지를 깊이 이해하려면, 당대 계몽주의 정신을 대표했던 또 다른 한 명의 걸출한 사상가인

---

17   헤겔, 『법철학』, 313~317쪽.

18   이 2절의 아래 1)과 2)는 《철학연구》 제116집에 수록된 필자의 논문인 「칸트의 도덕적 자율성으로부터 헤겔의 인륜적 자율성으로 — "제2의 자연"에 의해 매개된 두 차원의 "해방"을 위하여」 중 일부인 225~231쪽의 내용을 활용하여 현재 문맥에 맞도록 필요한 만큼 변경한 것임을 밝혀둔다.

칸트를 향한 비판도 살펴보아야 한다. 칸트의 철학은 프랑스에서 일어난 정치적 혁명에 버금가는 독일의 사상적 혁명으로 간주될 수 있는데, 여기에는 응당 그럴 만한 이유가 있다. 잘 알려진 대로 칸트는 인식의 준거를 대상에서 주체로 옮기는 코페르니쿠스적 혁명을 이룩했으며, 실천적 견지에서도 인간이 스스로의 이성을 사용해 미성숙에서 벗어나는 자기 계몽의 혁명을 역설했기 때문이다. 당대 모든 지성인이 그러했듯 헤겔도 칸트가 이룩한 사상적 혁명의 자장 안에서 성장했고, 특히 튀빙겐대학의 신학부를 졸업한 이후 베른과 프랑크푸르트에서 가정교사로 활동하며 종교철학에 몰입하던 시기에는 칸트의 도덕철학에서 유대교의 율법주의와 죽은 실정성의 종교를 넘어서는 참된 이성신학의 원리를 보았을 정도로 칸트 철학에 깊이 공감하기도 했다.[19] 그러나 칸트를 향한 헤겔의 긍정적 찬사의 태도는 그리 오래 가지 못했다.

1) 칸트의 도덕적 자유의 이념과 정언명령

루소처럼 칸트도 자유의 핵심을 자율성에서 찾는다. 그러나 칸트는 "인간이 자신 스스로 부여한 법칙에 복종할 때만 비로소 자유로울 수 있다"는 루소의 통찰을 도덕철학적으로 각색하면서, 스스로에게 보편적인 행

---

19   칸트에 대한 헤겔의 이런 친화적 태도가 가장 잘 묻어나는 청년기의 종교철학적 문헌은 베른 시기에 작성된 「기독교의 실정성」이다. 이 논문은 헤겔의 『청년 헤겔의 신학론집 — 베른/프랑크푸르트 시기』(정대성 옮김, 그린비, 2018), 248~352쪽에 수록되어 있다.

위법칙을 부여하고 이를 엄격히 따르는 "선의지"를 가진 주체를 자유로운 존재로 칭한다. "자신 스스로가 법칙일 의지의 성질, 자율성. 그것 외에 대체 무엇이 의지함의 자유일 수 있겠는가?"[20] 자유로운 주체는 "단지 법칙에 종속되는 것이 아니라", 자기가 법칙을 부여하는 자로서도 간주될 수 있어야 하고, 때문에 그 자신이 "창시자로 간주될 수 있는 법칙"에만 종속된다.[21] 칸트가 여기서 말하는 '법칙'이란 내 행위의 규칙이지만 모두가 그것의 보편타당성을 인정할 수 있는 규칙을 가리킨다. 칸트는 이를 간명하게 고하면서 참으로 자유로운 도덕적 주체라면 "그 준칙이 보편적 법칙이 될 것을 […] 네가 동시에 의욕할 수 있는, 오직 그런 준칙에 따라서만 행위하라"는 명령을 따라야 한다고 밝힌다.[22] 잘 알려진 대로 칸트는 이 명령을 "정언명령"이라고 부른다.

그렇다면 정언명령을 따르는 주체는 어떻게 자신의 행위 준칙이 법칙이 될 수 있을지를 검토할 수 있을까? 칸트는 이 물음에 대해 '모순 없는 일반화 가능성'이라는 규준을 사용할 것을 권한다. 즉 내가 이러저러한 동기나 목적을 위해 만든 현재의 행위 규칙을 모든 사람이 모든 상황에서 예외 없이 따르더라도 모순이 벌어지지 않을 것으로 판정되는지 살펴보라는 것이다. 이런 사고 실험을 통해 나 자신의 '주관적인' 행위 규칙이 (나에게만 특혜를 주거나 나만의 이기심을 위해서 만들어진 편파적인 것이 아니라) 우리 모두에게 보편적으로 적용되는 '객관적인' 법칙이 되기에 합당한 것으로 판

---

20   칸트(백종현 옮김), 『윤리형이상학정초』(아카넷, 2021), 202쪽.
21   칸트, 『윤리형이상학정초』, 180쪽.
22   칸트, 『윤리형이상학정초』, 165쪽.

정되는 경우에만, 그것을 내 규칙으로 삼고 따르라는 것이 칸트의 정언명령의 진의이다.

이를 더 구체적으로 설명하기 위해서 칸트는 『실천이성비판』에서 타인의 기탁금을 횡령하여 내 재산을 늘리겠다는 행위의 규칙을 가진 사람을 예로 든다. 이 사람은 모든 수단을 동원해 나의 재산을 늘리려 하며, 타인이 예치한 재산 또한 그 예치자의 내역을 증명할 수 없고 따라서 문제없이 횡령할 수 있다면 그렇게 하겠다는 규칙을 가지고 있다.[23] 칸트의 아이디어는, 이런 준칙을 가진 사람은 모든 사람이 같은 상황에서 언제나 이 준칙에 따라 행위하리라고 상정해보면, 반드시 이 준칙의 논리적 모순을 발견할 수밖에 없으리라는 것이다. 이 준칙이 정말로 일반적으로, 즉 모두에 의해서 예외 없이 실현된다면, 이 준칙의 실현에 필요한 조건 자체가 폐기될 수밖에 없기 때문이다. 즉 타인들이 자신의 소유물을 예치해야 그것을 횡령하겠다는 준칙이 비로소 실현될 수 있겠으나, 증명 불가능한 타인의 예치물을 횡령하겠다는 준칙을 정말로 모두가 일반적으로 실현한다면 누구도 더이상 자신의 소유물을 예치하지 않을 것이기 때문이다. 따라서 이성적인 사유 능력이 있는 인간이라면, 자신의 행위 준칙이 논리적 모순을 안고 있음을 발견한 이상 그것을 폐기하고 교정하는 쪽으로 갈 수밖에 없다는 것이다.

---

23   칸트(백종현 옮김), 『실천이성비판』(아카넷, 2022), 145~146쪽.

2) 보편타당한 행위법칙을 홀로 짓는 선의지 주체의 자유?

헤겔은 예나 시기에 쓴 청년기 문헌인 「자연법의 학문적 취급 방식에 관하여」라는 장편 논문에서 칸트의 이 접근법을 비판하는 데 긴 지면을 할애한다. 여기서의 헤겔의 논점은, 모순 없는 일반화 가능성이라는 칸트의 규준은 도덕적인 행위법칙을 만들도록 주체들을 '내용적으로' 인도하기에는 역부족이며 동어반복적인 승인이라는 '형식적 효과'를 발휘할 뿐이라는 것이다. 왜 그러한가? 그리고 이 비판을 통해 헤겔이 궁극적으로 강조하고 싶은 바는 무엇인가?

앞선 기탁금 횡령 준칙을 예시로 삼아 말하자면, 헤겔의 논점은 다음과 같다. 칸트의 테스트는 물론 이런 나쁜 준칙을 기각하게끔 만드는 효과를 발휘할 수는 있을 것이다. 그러나 이것만으로는 부족하다. 왜냐하면 칸트는 참으로 자유로운 윤리적 주체는 스스로 자신에게 행위의 법칙을 부여하고 그것에 엄격하게 종속되는 존재라고 정의했기 때문이다. 그러므로 칸트가 표방하는 자유로운 윤리적 주체가 되려면, 칸트적 테스트를 통과할 수 없는 '나쁜 준칙을 기각'하는 데에 그쳐서는 안 되고, 반드시 칸트적 테스트를 통과할 수 있는 행위 준칙을 자신의 것으로 삼는 '자기 입법'에 성공하는 데에까지 도달해야 한다. 그러므로 앞선 사례에서 기탁금 횡령 준칙을 지니고 있던 주체는 이 준칙을 폐기한 이후, 그것과는 다른 혹은 반대되는 새로운 준칙, 즉 보편타당성이 인정될 정도로 올바른 '내용'을 가진 주관적 준칙을 만드는 데까지 더 나아가야 할 것이다. 그런데 이 주체가 이 일련의 과정을 계속 밟아나갈 수 있으려면, 그의 내면에 반드시 이렇게 하도록 그를 추동하는 동기나 목적이 실재해야 한다는 것이 헤겔의 생각이다.

현재의 예시를 가지고 말하자면, 가령 재산의 획득과 소유를 자기 삶의 중대한 목적으로 삼는 주체라야 이 목적을 추구하는 '나쁜' 실행 방식(가령 남의 재산을 횡령해서라도 내 재산을 늘리겠다 같은 나쁜 규칙)을 폐기하는 데에서 끝내지 않고, 그 목적을 추구하는 '올바른' 규칙을 더 생각해보고 그것을 자기 행위의 필연적인 법칙으로 만들어 자신감 있게 실천하는 행위자가 되는 데까지 나아가리라는 것이다.

이로부터 헤겔은 다음의 중간 결론을 얻는다. 칸트의 도덕철학적 자유론이 소기의 목적을 달성할 수 있는가의 관건은 칸트의 생각과 달리, '객관적인 보편타당성에 대한 이성적 사유의 형식'(만)이 아니라, 그보다 먼저 '주관적인 목적과 자연스러운 내면적인 경향성의 내용'에 달려 있다. 그런데 알다시피 칸트의 도덕철학적 모델은, 후자는 배제하고 전자만을 중시하는 강한 이분법적 구도 하에서 설계된다. 그러므로 이 모델은 각 주체가 추구하는 주관적인 목적이나 자연적인 경향성의 내용을 바람직하게 도야하고 교정할 기회를 주기 어렵다. 그것은 각 주체 저마다의 자의에 달린 문제로 치부되면서 배제되기 때문이다.

따라서 헤겔의 최종 결론은 궁극적으로 다음과 같다. 칸트의 윤리적 자유 모델은 칸트의 생각과는 반대로 "공동의 객관적인 법칙들"의 체계적인 결합 위에서 건설되고 운영되는 이상적인 사회 세계를 가리키는 "목적들의 나라"[24]라는 생산적 개념으로 나아가기에는 역부족이다. 무엇을 내 삶의 중요한 목적으로 삼을 것인지를 정하는 일을 칸트처럼 그저 각 주체

---

24   칸트, 『윤리형이상학정초』, 183쪽.

의 자의적 사안인 것으로 남겨둔다면, 모순 없는 일반화 가능성 테스트를 엄격히 적용하라는 칸트의 정언명령을 잘 지킨다손 치더라도, 주체들은 결코 자신들 모두에게 공히 적용될 수 있는 하나의 동일한 객관적 행위 법칙으로 수렴할 수 없기 때문이다.

헤겔의 이 논점이 타당한지 확인하기 위해 다음의 두 주체를 상정해보자. 가령 참된 정의 사회 구현에 일조하는 것을 자기 삶의 중요한 목적으로 삼은 한 개인(S1)이 있다고 하자. 그리고 이 개인은 사적 재산을 증식하려는 열망이 사회 부정의의 원인이라고 생각한다. 이런 진단에 따라 그는 비-소유 사회를 앞당기기 위해서는 어떤 어려움에도 불구하고 소유의 관습과 제도를 해체하는 데에 일조해야 한다고 믿는다. 그리고 이를 위해서 '우선 재산 증식의 열망에서 예치된 타인들의 기탁금을 훼손하겠다'는 준칙을 채택했다고 해보자. 이 개인이 칸트가 요구하는 '준칙의 모순 없는 일반화 가능성 사유'라는 규준을 충실히 지키면서 반성적으로 숙고한다면, 그는 자기 준칙이 일반화된다고 가정할 경우 더 이상 아무도 기탁금을 맡기는 사람이 없게 될 것이고 궁극적으로 기탁금 제도 자체가 사라질 것이라는 귀결에 도달할 것이다. 헤겔은 이 경우에 "그러나 기탁물이 전혀 존재하지 않는다고 해도 여기에 무슨 모순이 있겠는가?"라고 반문한다.[25] 소유 폐지론자, 즉 비-소유의 이념이 관철되는 사회를 앞당기는 것을 자기 삶의 목적과 이상으로 추구하는 개인 S1에게는, 기탁금이 없으리라는 것은 모순이기는커녕 환영할 만한 성취로 간주될 것이다. 따라서 그는 칸트의 모순 없

25   헤겔(김준수 옮김), 『자연법』(한길사, 2004), 46쪽.

는 일반화 가능성 테스트를 통해 자신의 준칙을 타당한 행위법칙으로 확증할 것이다.

반대로 소유와 재산의 증식을 추구하려는 관심이 있으면서도, 이 관심을 합당하고 올바른 방식으로 추구하려는 동기를 가진 다른 주체(S2)를 상정해보자. 이 주체가 가령 '나는 재산을 성공적으로 증식하기 위해서 내가 맺은 계약 내용을 성실하게 이행하겠다'는 준칙을 갖고 있다고 해보자. 이런 준칙을 갖는 (상태에까지 이른) 주체는 당연히, 칸트적 테스트를 통해 이 준칙이 모순 없이 일반화될 수 있다는 사실을 확증할 수 있게 될 것이다. 따라서 그는 이제 자신의 이 준칙이 보편적 입법의 원칙으로 통용될 수 있음을 확신하면서, 재산 증식이라는 본래의 주관적 목적을 자신감 있게 추구해나갈 수 있게 된다.

여기서 우리는, 모순 없음이라는 형식-논리적인 규준에 따라 자율의 자유를 추구하는 칸트의 도덕적 개인들이 과연 공통의 규범 아래로 자신들을 자발적으로 귀속시키는 이상적인 사회 세계의 공동 성원으로 간주될 수 있을지 불투명하다는 사실을 간파하게 된다. 칸트의 절차는, 소유를 추구하려는 주체(S2)의 모순 없는 준칙과 비소유를 촉진하려는 주체(S1)의 모순 없는 준칙을 공히 일반화 가능한 것으로 판정할 소지가 크기 때문이다. 그도 그럴 것이, "형식"의 측면에서만 보자면 이렇게 상반된 내용을 가진 두 대립된 준칙 모두 "동등하게 유효"하므로 말이다.[26] 헤겔은 이런 생각을 담아 다음과 같이 쓴다.

---

26   헤겔, 『자연법』, 44쪽.

소유라는 규정[즉, 소유를 원하는 주관적인 준칙의 내용]이 정립되어 있었다면, 이로부터 '소유는 소유이지 다른 것이 아니다'라는 동어반복의 명제가 산출될 것이다. '소유가 소유일 경우에는 소유이어야만 한다'라는 동어 반복의 명제가 이 실천이성의 입법이다. 그러나 만일 정반대의 규정, 즉 소유의 부정이 [주관적 목적의 내용으로] 정립되어 있었다면, 똑같은 방식의 실천이성의 입법을 통해서, '소유가 없어야 한다면 소유가 지양되어야 한다'는 동어 반복만이 도출될 것이다.[27]

이제 우리는 칸트의 도덕적 자유론에 대한 헤겔의 비판적 논점을 다음과 같이 정리할 수 있다. **첫째**, 칸트의 생각대로 모순 없음이라는 선험-논리적인 형식주의적 원칙에 따라 법칙이 정립되어야 한다면, 개별 주체들이 애초에 어떤 '주관적' 목적을 추구하는지가 그들의 소위 보편타당한 행위법칙의 내용을 좌우하게 된다. 그러나 칸트는 일단 주관적 목적의 형성을 각 개인 스스로의 임의적이고도 자의적인 선택 작용에 맡겨둔 다음, 이렇게 채택된 주관적 목적 실현을 위한 준칙의 논리적 모순 유무를 판단하는 추후의 반성적 숙고 작용만을 자기 입법의 핵심으로 부각시킨다. 그러나 **둘째**, 이렇게 되면 칸트의 자기 입법 절차는 각 주체가 소지한 각자의 상이하거나 심지어 대립되는 주관적 목적 실현의 준칙들을 ―그 내적 모순의 부재를 근거로― 똑같이 일반적 입법의 원칙으로 승인해버릴 소지가 크다. 이는 **셋째**, 칸트가 제시하는 절차에 따라 도출된 소위 일반적인 법칙

27   헤겔, 『자연법』, 46쪽.

들은 해당 주관적 자의의 특정 내용에서 출발한 주체(와 주체 집단)에게만 필연성을 갖는 특수한 법칙에 불과하다는 비판에서 자유로울 수 없음을 시사한다. 그러므로 **넷째**, 도덕적 개인들이 스스로 세우는 행위의 법칙은 "자기 자신의" 것이면서도 "보편적인"[28] 법칙일 것이고, 따라서 그들은 결국 모든 이성적 개인들에게 타당하게 통용될 수 있을 공통의 법칙 아래로 스스로를 자발적으로 귀속시키는 "목적들의 나라에 성원으로서 속한다"[29]는 칸트의 확신은 그의 도덕철학 안에서 온전히 입증되지 못한다. 칸트의 모델은 개인들이 가진 주관적 목적을 합당하게 실현할 길을 열어줌으로써 그들을 더 큰 확신을 가진 개인으로 만드는 데에 일조할 뿐이기 때문이다.

3. 헤겔의 인륜성 이론에서 자유로운 주체의 개념

이상과 같이 헤겔은 자유로운 주체의 좋은 삶과 올바른 행위를 위해서는 '보편성'의 요건이 필요하다는 사실에 깊이 공감하면서도, '보편성'을 특수성이나 주관성과 분리할 경우 심각한 문제가 초래될 수 있다고 보기 때문에 양 항을 '유기적 종합'의 관계로 놓는 관점으로 옮겨간다. 헤겔의 이 관점 변경에는 '보편'과 '특수' 각각에 관한 새로운 이해 방식이 필요하다는 확신이 반영되어 있다.

첫째, 헤겔은 우리 행위와 삶을 참으로 자유롭게 만들어줄 수 있는

---

28   칸트, 『윤리형이상학정초』, 182쪽.
29   칸트, 『윤리형이상학정초』, 184쪽.

'보편'은 루소나 칸트의 생각처럼 전대미문의 절대적 보편이나 선험적 보편이 아니라 우리가 사는 이 세계 안에서 오랫동안 전승되고 공유되어온 보편, 즉 역사성과 현실성을 갖는 '사회적 보편'이라고 본다. 보편의 이념은 공동체를 이루어 살아가는 우리의 삶 속에 이미 스며들어 있으며, 이 세계 안에 객관적 현실성을 지닌 채로 실재한다는 것이다. "이성적인 것은 현실적이며, 현실적인 것은 이성적이다."[30]

둘째, 때문에 헤겔은 '특수'에 관해서도 루소나 칸트와는 다른 관점을 취한다. 인간은 자신이 나고 자란 공동체 안에서 우리 모두에게 보편적으로 통용되는 규범들을 보고 배우며 자신의 주관적인 삶의 목적과 내면적인 마음씨를 만들어나간다. 그러므로 인간이 추구하는 '주관적인' 목적들이나 '내면적인' 심정을 이성의 '타자'로 규정하면서 보편성 바깥으로 밀어내버리는 종래의 계몽주의자들의 이분법적 접근은 합당하지 않다. 전자는 후자의 영향으로 만들어지고 성장하는 것들이기 때문이다.

1) 헤겔의 인륜성 이론

헤겔의 인륜적 자유이론은 이런 직관에서 출발한다. 그러므로 우리는 헤겔의 인륜성 이론이 왜 가족, 시민사회, 국가라는 세 절로 구성되는지를 쉽게 이해할 수 있다. 인간은 가족이라는 삶의 영역 안에서 자기를 인식하고 규정함으로써, 가족 특유의 윤리적 좋음에 부합되는 주관적 목적들을

---

30   헤겔, 『법철학』, 48쪽.

정립하고 실현하려는 심정을 가진 자유로운 주체로 성장한다. 또한, 인간은 시민사회 안에서 벌어지는 경제적 실천들 속에서 "타인의 욕구와 노동"을 고려하면서 "사회성을 띤 구체적인" 동기 체계를 확립하고 자신의 주관적 관심사를 실현해나간다.[31] 마찬가지로 국가 공동체에 속하여 살고 성장하는 경험 덕분으로 인간은 모두에게 보편적인 관심사를 자기 삶의 중요한 목적으로 삼고 추구하는 정치적 존재가 된다.[32]

인간이 **무엇을** 행해야 하는지, 인간이 덕스럽기 위해서 충족해야 할 의무가 **어떤** 것들인지는 인륜적 공동체 안에서 쉽게 말해질 수 있다. 인간에 의해서 행해져야 하는 것은, 인간에게 그의 관계들 안에서 제시되는 것, 말해지는 것, 알려져 있는 것 외의 다른 것이 아니다.[33]

이렇게 헤겔은 가족, 사회, 국가와 같은 객관적인 공동체적 영역이 참된 선의 이념이 현존하며 실현되는 곳이라고 확신하면서, 이런 공동체의 현실적인 정신을 "인륜적 실체"라고 부른다.[34] 요컨대 헤겔에게 참된 자유의 주체는 혁명적 이념이나 추상적 선의 실현에 복무하는 존재가 아니라, 인간의 삶에 핵심적인 인륜적 공동체의 관계 안에서 자신을 규정하며 좋은 삶을 영위해가는 존재이다.

---

31   헤겔, 『법철학』, 370쪽.
32   헤겔, 『법철학』, 452~456쪽 참조.
33   헤겔, 『법철학』, 310쪽.
34   헤겔, 『법철학』, 317쪽.

그런데 주의할 사실은 헤겔의 인륜성이 결코 공동체의 규범에 대한 일방적 순응만을 가리키지는 않는다는 점이다. 헤겔은 주체 스스로가 발휘해야 할 "자기의식"적인 앎과 "의욕" 또한 인륜성의 핵심을 이룬다고 말하기 때문이다.[35] 이렇게 헤겔의 인륜성은 한편으로는 오랜 역사와 전통을 가지며 우리들의 삶 속에 실재하는 인륜적 실체인 공동체의 규범을, 그리고 다른 한편으로는 스스로 사유하고 반추하는 주체의 이성을 두 성분으로 갖는다.[36] 달리 말해 헤겔의 인륜적 자유의 주체는 내가 속한 이 공동체 안에서 오랫동안 받아들여져 왔던 '우리'의 삶의 방식을 따르되, '나'의 이성적 사유를 통해서 그것의 가치와 타당성을 반성적으로 검토하는 존재이자, 우리의 삶의 방식을 나의 고유한 상황 안에서 구현하는 데에 필요한 재해석과 재구성의 실천을 지속하는 자이다.

2) 참으로 자유로운 인륜적 주체의 모습

그렇다면 이런 주체는 구체적으로 어떤 면모를 띠는가? 그의 이성적 반성의 사유는 어떻게 진행되며 무엇을 지향하는가? 그리고 이러한 이성적 반추의 작용을 향한 인륜적 주체의 자유의지는, 루소나 칸트가 보여준 혁명적인 정치체 구성을 향한 일반의지나 자율적인 자기 입법을 향한 도덕적 선의지와 궁극적으로 어떻게 다른 것일까?

가령 가족 안에서 자신을 '윤리적으로' 좋은 엄마로 규정하면서 아이

---

35   헤겔, 『법철학』, 303쪽.
36   헤겔, 『법철학』, 307쪽.

를 향한 책무를 '자유롭게' 수행하려는 의지를 발휘하는 주체를 예로 삼아 이 물음들에 대답해보자. 이런 엄마는 자신의 책무를 외부에서 주어진 강제적 요구나 당위로 보지 않고, 내 자신의 고유한 정체성의 일부로 보면서 적극적으로 수행하려는 바람과 열망을 지닐 것이다. 그런데 이는 그녀가 (a) 가족 '공동체'와 (b) 이 '아이'의 가치와 의미를 '인정'하기 때문에 가능한 일이다. 이렇게 헤겔의 인륜적 자유의 주체는 '우리의 공동체'와 '내 앞의 타자'를 소중히 여기는 두 겹의 '인정'에서 출발하여, (c) '보편과 특수를 유기적으로 종합'하는 양태로 자신의 윤리적 실천의 내용을 정립하며 좋은 삶을 영위해나간다. 이에 관해 조금 더 상세히 살펴보자.

2-1) 공동체의 가치를 인정하는 주체

우선 나의 아이에 대한 책무를 적극적으로 수행하려는 바람과 의지를 갖는 것은 가족의 중요성과 가치를 '알' 때에만 가능한 일이다. 그런데 이때의 '앎'이란 단순한 사실 '인식'을 넘어서는 유형의 앎이어야 할 것이다. 만일 이 주체가, 가족이라는 공동체는 인류 문명사에서 오랫동안 소중히 지켜져왔고 오늘날에도 인간의 삶에 꼭 필요한 영역으로 여겨지고 있다는 '객관적인 사실 인식' 정도를 갖는 데에 그친 상태라면, 그녀는 아직 가족 관계 안에서 발생하는 책무를 '진정으로 나의 것'으로 삼아야 할 이유에까지는 근접하지 못한 것이므로 말이다.

가족 관계 안에서의 의무를 기꺼이 나의 것으로 삼고 자율적으로 실행할 수 있기 위해서는, 한발 더 나아가, 가족이 '나 자신'의 삶에 없어서는 안 될 본질적이고도 실체적인 성분이라고 보는 데에까지 도달해야 한다. 바로 이런 의미에서 헤겔은 가족이나 국가와 같은 공동체는 "주체에게 이질

적인 낯선 것이 아니며", 그들의 "본질"을 이루는 인륜적 실체라고 말한다.[37]
이렇게 헤겔의 인륜적 자유의지는 우리의 이 공동체를 내 삶에 핵심적인
본질적인 것으로 인정하는 심정, 거꾸로 말하면 나를 이 공동체의 일원으
로 적극적으로 규정하는 자기의식을 실체적 성분으로 갖는다. 그러므로 인
륜적 자유의 주체는 궁극적으로 자신을 '우리 안의 나'로 규정하는 존재라
고 할 수 있을 것이다.

2-2) 타자 안에서 자기 자신인 주체

그런데 인륜적 자유의지를 지닌 주체는 '나 자신' 홀로를 위해서만 이
성적으로 사유하고 반성적으로 실천하는 존재가 아니라, 내 삶의 공동체
안에서 맺은 어떤 '관계'가 요구하는 책무를 수행하려는 존재이기도 하다.
즉 헤겔의 인륜적 자유 이념에 충실한 주체의 실천들은, 내 앞의 상대방을
나의 삶에 없어서는 안 될 중요한 존재로 바라보는 타자 인정의 태도 하에
서 이루어진다. 가령 '아이'와의 관계 안에서 내가 무엇을 해야 맞을지 그리
고 좋을지를 고민하는 '엄마'를 떠올려보자. 이 주체는, '아이'를 내 삶의 반
경 안에 깊숙이 들어와 있는 존재, 그를 빼놓고는 내 삶을 정의할 수 없을
정도로 나에게 중요한 의미를 갖는 존재로 규정하기 때문에, 이 아이와의
관계에서 '기꺼이' 윤리적 책무를 다하려 애쓰고 있는 것이다. 그런 의미에
서 '엄마'의 자리에 있는 주체가 엄마로서 해야 할 일들의 내용을 길어내기
위해 하는 반성적 사유의 작용은, 나라는 한 명의 단독자에게 시선을 주는

---

37   헤겔, 『법철학』, 307쪽.

자기 사유의 틀에서 벗어나, "타자 안에서 나"를 보는 자기 사유로 건너가는 이행을 통해서만 비로소 '시작'될 수 있다.

2-3) 보편과 특수를 종합하며 윤리적 실천을 행하는 주체

그런데 우리가 간과할 수 없는 사실은, 여기에서 '시작'한 다음 그녀가 곧 '보편과 특수'의 내용들을 유기적으로 종합하는 반성적 사유의 작용으로 진입하게 될 것이라는 점이다.

첫째, 우선 그녀는 현재 우리 사회에서 일반적으로 흔히 받아들여지는 '좋은 엄마의 윤리적 책무에 관한 객관적 규정들'을 조회하고 고찰해보는 데에서 시작할 것이다. '엄마'라는 규정은 그녀 혼자만이 자기 것으로 삼는 규정, 즉 순수하게 주관적인 자기 규정이 아니라, 세계 안에서 이미 객관적으로 제도화되어 있는 사회적 역할 규정이다. 때문에 나 자신을 엄마로 정의하는 주체가 '엄마'로서의 자기 정체성을 충실하게 잘 실현하고자 한다면, '엄마'의 역할에 대한 우리 사회의 '보편적인' 생각들과 가치 평가의 문법들을 참고하는 작업을 생략할 수 없기 때문이다.

둘째, 그러나 이것이 전부가 될 수는 없다. 만일 여기에만 그친다면, 이 주체는 현재의 사회의 보편적 통념에 따라 '좋은 엄마'로 칭송받는 존재가 될 수는 있을지라도, 한 명의 특수한 존재인 내 아이와의 관계에서 참으로 '좋은 엄마'가 되는 데에는 실패해버릴 수도 있기 때문이다. 자신의 아이에게 좋은 엄마이기를 바라는 주체는 반드시 '특수성'의 성분도 고려해야 한다. 나라는 주체의 고유한 특수성, 내 아이가 지닌 고유한 특수성, 더 나아가서는 나와 내 아이가 부모-자식의 관계를 이루며 함께 속해 있는 현재 우리 가정 특유의 사정과 정황에 대해서도 더 숙고할 수 있어야 한다.

셋째, 그런데 이렇게 보편과 특수의 항 모두를 포괄하기 위해서는 물론 전자를 후자에 단순 적용하는 기계적 작용과는 질적으로 다른 작용, 즉 '보편과 특수의 변증법적인 종합'이라고 불릴 수 있을 고차원적인 작용이 필요할 것이다. 그리고 이런 작용에 성공하기 위해서는 보편과 특수의 양 항 모두를 공히 역동적으로 변형하고 재구성하려는 지속적인 노력이 요구될 것이다. 가령 윤리적으로 좋은 엄마이고자 하는 자기 삶의 정체성을 참으로 완연하게 실현하기를 희구하는 주체라면, 우리 사회 안에서 일반적으로 받아들여지는 좋은 엄마에 관한 보편적인 객관적 규정들을 잘 참조하면서 나와 내 아이가 맺는 특수한 관계가 지나친 예외 사례(비정상성의 사례)가 되어버리지 않도록 적절히 교정하고 재편하고자 노력해야 할 뿐 아니라, 나와 내 아이의 고유한 특수성과 상황적 여건이 적절히 고려될 수 있도록 우리 사회에서 일반적으로 받아들여지는 부모 자식 관계에 대한 규범적 통념들을 확장하고 교정하는 일들에도 적극적으로 참여해야 하듯이 말이다.

넷째, 한 가지 중요한 사실이 더 있다. 헤겔의 인륜적 자유의 이념에 충실한 주체는 자신이 생각한 대로의 책무를 실행함과 동시에 그것을 끝내버릴 수는 없다는 점이다. 이런 주체의 행위는 언제나 자신과 중요한 상관인인 상대를 향해서 이행되기 때문에, 그의 행위는 실행됨과 동시에 역동적인 상호주관적 소통적 정당화의 과정에 노출되기 때문이다. 가령 엄마 주체가 최선을 다해서 아이를 향한 윤리적 책무가 무엇일지 사유했고 자신이 생각한 책무를 완전하게 실행하는 데에 성공한다 해도, 그것으로 끝이 아닌 것이다. 내가 엄마로서 최선을 다해 수행한 윤리적 행위들이 참으로 좋은 것인지에 대한 판정은, 이 의무의 수신인으로 엄마의 행위에 직접적으로 영향을 받는 자녀가 보이는 평가적 반응과 타당성 해석까지를 거친 '후'에야 최종적으로 완성될 수 있기 때문이다. 그러므로 만일 아이가 내 윤리적 책무 실행에 대해 부정적인 반응을 보이거나 비판적인 해석을 내놓는다면, 엄마는 아이의 이런 문제 제기와 비판에 어떤 식으로든 다시금 반응하면서, 내 윤리적 책무 실행의 사건을 아이와 '함께' 다시금 규범적으로 반추하고 검토하는 사후적인 소통적 정당화의 실천으로 진입하지 않을 수 없다. 바로 이런 견지에서 헤겔의 인륜적 자유의 이념에 충실한 주체는, 헤겔의 말처럼, '적합한 인식과 반성적 정당화'의 사유를 반드시 실행하도록 요구된다.[38]

이렇게 헤겔의 철학에서 자유로운 주체는 자신을 우리의 일원으로 규정하고 반추할 줄 아는 존재이자 타인의 곁에서 좋은 삶을 살기를 소망하는 존재이다. "타자 곁에서 자기 자신(im Anderen bei sich selbst sein)"[39]을 바라볼 줄 아는 자기 규정의 역량과 "우리인 나"[40]로서의 삶이 갖는 가치와

38   우리 시대의 대표적인 헤겔 연구자인 악셀 호네트와 로버트 피핀은 "행위의 규범적 의미와 가치를 사후적으로 타자와 함께 반추하는 소통적인 정당화"의 작용이 헤겔의 인륜적 자유 주체의 핵심을 이룬다는 점을 잘 보여준다. Robert Pippin의 *Hegel's practical Philosophy: Rational Agency as Ethical Life*(Cambridge: Cambridge University Press, 2008), 147~163쪽과 Axel Honneth의 *Das Recht der Freiheit*(Berlin: Suhrkamp, 2011), 223~229쪽을 보라.

39   Hegel, *Grundlinien der Philosophie des Rechts*(Frankfurt am Main: Suhrkamp, 1986), 57쪽.

40   Hegel, *Phänomenologie des Geistes*(Frankfurt am Main: Suhrkamp, 1986), 145쪽.

소중함을 아는 반성적인 사유의 역량을 가진 존재. 이런 존재이기 때문에 헤겔의 인륜적 자유의 주체는 우리 공동체의 성원들 사이에서 일반적으로 받아들여지는 좋은 삶의 형식들을 고르게 참조하면서도, 내 삶에 소중한 이 상대방의 고유한 본질과 우리 관계의 특수성을 고려하며 윤리적인 실천들을 적극적으로 그리고 자유롭게 행한다. 그리고 이렇게 행해진 내 윤리적 실천들이 어떤 의미와 가치를 갖는지를 주변 세계의 타인들과 함께 검토하는 소통적 반성의 사유 또한 적극적으로 수행하려는 바람과 의지를 갖는다.

이행남

서울대 철학과 교수이다. 서울대 동양사학과 학사, 서울대 철학과(서양 철학 전공) 석사, 독일 프랑크푸르트대학 박사를 졸업했다. 저서로는 *Dialektik der sittlichen Freiheit. Hegels Auseinandersetzung mit seinen Vorgängern*(Baden-Baden: Nomos Verlag, 2017), 역서로는 『비규정성의 고통: 헤겔의 '법철학'을 되살려내기』(악셀 호네트 저, 그린비, 2017), 공저로는 『근대사회정치철학의 테제들: 홉스에서 마르크스까지』(연구모임 사회비판과 대안 지음, 사월의책, 2021), 논문으로는 「헤겔의 『정신현상학』에서 양심의 변증법과 상호인정의 공동체」, 「헤겔의 인륜성 이론에서 "순수한 자기 사유"」, 「칸트의 도덕적 자율성으로부터 헤겔의 인륜적 자율성으로」 등이 있다.

인간의 자기 인식과 생의 의지

마키아벨리는
왜 권력의 철학자가 되었는가?

1. 마키아벨리는 누구인가?

　누구나 그 이름은 익히 알고 있지만 정작 그 사람의 사상과 철학을 제대로 파악하지 못하는 사상가들이 있다. 사상의 체계가 너무 복잡해서 이해하기 어렵기 때문일 수도 있고, 철학의 역사에 설령 지대한 영향을 끼쳤더라도 정작 우리의 삶과 사회를 이해하는 데는 별 도움이 안 된다고 여겨지기 때문일 수도 있다. 이런 경우 사람들은 교양을 뽐내기 위해 사상가의 이름과 그의 저작을 몇 권 들 수도 있지만 실제로는 읽지 않는다. 그런데 그 내용이 그렇게 어렵지도 복잡하지도 않은데도, 그 사상가의 이름은 널리 알려졌지만 의외로 그 사상을 제대로 파악하지 않는 경우도 있다. 그 사상가가 아니더라도 너무나 잘 알고 있다고 착각하기 때문이다. 하물며 그 사상이 사람들이 속으로는 갈망하면서도 겉으로는 입에 올리길 꺼리는 것에 관한 것이라면 그 사상을 적극적으로 파악하는 것은 더더욱 어려울 것이다.

수수께끼처럼 제시된 문제는 다름 아닌 권력이고, 그 사상가는 이 문제를 도덕적으로 거리낌 없이 천착한 마키아벨리이다. 마키아벨리, 이 사상가의 이름은 그가 사유하는 문제를 대변한다. 여기서 문제는 우리가 일상적으로 경험하는 사태이기는 하지만 해결하기 어렵거나 난처한 까닭에 언제나 논쟁을 불러일으킨다. 분쟁의 쟁점은 바로 '권력'이다. 우리는 자신이 꿈꾸는 이상을 실현하려면 권력이 있어야 한다고 말한다. 그 권력은 개인적 차원에서는 단순한 능력에 불과할 수도 있지만, 능력을 평가하는 주체는 언제나 사회적 제도라는 점을 생각하면 권력은 정치적이고 사회적이다. 자기 뜻과 의지를 관철하려면 남을 복종시키거나 지배할 힘이 있어야 한다. 이처럼 권력은 자유를 실현할 수 있는 행위의 조건임에도 늘 부정적으로 평가되었다.

마키아벨리는 권력의 문제를 누구보다 파고들었다는 사실만으로도 이미 이름을 더럽힐 운명이었다. 마키아벨리의 이름에서 유래한 '마키아벨리즘'은 모욕적인 욕설이 되었다. 누군가를 '마키아벨리주의자'라고 묘사한다면, 우리는 그가 종종 목표를 달성하기 위해 영리하고 비밀스러운 계획을 세우고 사람들에게 정직하지 않다고 비판하는 것이다. 마키아벨리즘은 국정 운영이나 일반적인 행위에서 비도덕적인 계략을 사용하는 것을 의미하기 때문이다. 마키아벨리는 이렇게 목적 달성을 위하여 수단과 방법을 가리지 않는 온갖 권모술수의 대명사가 되었다. 게다가 심리학 분야에서 마키아벨리즘은 높은 이기심을 바탕으로 남을 조종하는 교활함, 기만, 냉담함, 도덕성에 대한 무관심의 특성을 가진 성격을 가리키기도 한다. 간단히 말하면 마키아벨리즘은 우리가 부도덕하다고 여기는 온갖 특성을 투사한 이데올로기이다.

마키아벨리의 사상이 마키아벨리즘이라는 부정적 이데올로기로 발전한 것은 마키아벨리의 문제라고 할 수 있는 권력의 이중성에서 기인한다. 우리는 한편으로 어떤 사람이 정치적 목적을 실현하기 위해 합당해 보이지 않는 수단을 사용하면 마키아벨리주의자라고 힐난하지만, 다른 한편으로 도덕성을 지나치게 우려해 정치적 목적을 달성하지 못하는 정치인을 보면 권력욕이 너무 없다고 비난한다. 이상만으로는 정치를 할 수 없다. 정치적 목적을 달성하기 위해서 필연적으로 권력이 필요하다면, 우리는 권력의 본성을 정확하게 파악해야 한다.

플라톤과 같은 이상주의자들이 권력을 이성으로 통제하려고 하였다면, 현실주의자 마키아벨리는 이성적으로 통제되지 않는 권력의 민낯을 들여다보고자 한다. 이상주의자들이 '이성의 친구들'이라면, 현실주의자들은 '권력의 친구들'이다. 현실주의자들은 '권력이란 무엇인가?'라는 본질적 질문을 던지는 대신에 '권력은 어떻게 작동하는가?'라는 경험적 질문을 제기한다. 이런 점에서 마키아벨리를 유명하게 만든 또는 자신의 이름에 마키아벨리즘이라는 악명을 덮어씌운 『군주론』은 사실 권력 현상에 대한 정교하고 치밀한 연구서이다. 마키아벨리는 16세기 초 혼란스러운 시대에 피렌체의 위기 상황에서 자신이 겪은 정치적 경험으로부터 권력 현상을 분석하였기 때문이다.

마키아벨리는 물론 이러한 과정에서 권력을 결코 이성의 도덕적 관점에서 평가하지 않는다. 권력이라는 문제 자체로 들어가 권력 자체의 법칙을 끌어내려 한다는 점에서 그는 철저하게 현실주의자이다. 물론 마키아벨리의 궁극적 관심은 '국가'이다. 마키아벨리는 사회와 공동체의 도덕은 강력한 국가의 질서가 확립되었을 때 비로소 가능하다고 생각한다. 이탈리아가 여러 세력으로 분열되고 주변의 강대국들에 의해 압박받는 상황에서 무엇보다 필요한 것은 바로 국가를 창조하고 확립하는 것이었다. 마키아벨리는 『군주론』 제18장에서 이 점을 분명히 한다. "군주가 전쟁에서 이기고 국가를 보존하면, 그 수단은 모든 사람에 의해서 항상 명예롭고 찬양받을 만한 것으로 판단된 것입니다."[1] 마키아벨리의 질문은 매우 간단하다. 국가를 건립하기 위해 권력을 어떻게 획득하고 사용할 것인가?

이러한 질문에 답하는 마키아벨리는 정치 사상가로 평가된다. 마키아벨리는 권력의 현실 정치에 관해 엄밀하게 학문적으로 접근할 뿐만 아니라 국가 이성을 주장함으로써 근대 정치 사상과 국가 이론의 창시자가 된다. 마키아벨리가 '국가 이성(ragione di stato)'이라는 용어를 직접 사용하지는 않는다. 그는 '도시', '정부', '공화국', '국가'라는 단어들을 번갈아 사용하는데, 이 용어들은 모두 '군주(Principe)'로 압축된다. 마키아벨리가 로렌초 데 메디치에게 헌정한 『군주론』의 마지막 장인 제26장에서 언급하는 "새로운 군주"는 혼란스러운 이탈리아의 구세주로서 새로운 국가 제도를 건립할 수 있는 군주를 의미한다.

이러한 사실을 꿰뚫어 보고 마키아벨리를 정확하게 평가한 것은 바로 헤겔이다. 헤겔은 『독일 헌법』이라는 글에서 이렇게 말한다. "이탈리아는 국가여야 한다. 이것은 당시에도 여전히 원칙이었다. 그리고 마키아벨리는 이 일반성을 전제로 한다. 이것이 그가 요구하는 것이다. 이것이 자기 나라의 불행에 대한 그의 원칙이다."[2]

---

1   니콜로 마키아벨리(강정인·김경희 옮김), 『군주론』(까치, 1994), 121~122쪽.

2   G.W.F. Hegel, *Die Verfassung Deutschlands*, *Werke*, Bd.1, hrsg.v. E.

그렇다면 마키아벨리는 권모술수의 이론가인가 아니면 국가 이성을 정초한 정치 사상가인가? 마키아벨리에 대한 이중적 평가는 결국 권력의 이중성에서 기인한다. 우리는 권력을 어떻게 볼 것인가? 16세기 초 마키아벨리가 던져놓은 문제들은 오늘날까지 여전히 쟁점이 되어 논의되고 있다. 정치와 도덕의 관계는 어떤 것인가? 정치 행위자는 자신의 행동의 성공에 더 관심을 가져야 하는가, 아니면 일반 도덕 원칙을 준수하는 데 더 관심을 기울여야 하는가? 정치 이론에서 기대할 수 있는 정치적 실천에 대한 행동 지침은 무엇인가? 성공을 보장하는 정치적 행위의 보편적인 규칙이 있는가, 아니면 정치적 성공은 오히려 서로 다른 상황과 조건에 대한 유연한 반응에 더 기인한 것인가? 마키아벨리가 추구한 것은 지금도 여전히 타당한 이러한 질문들에 대한 대답이다. 그의 진지한 대답과 노력이 때로는 마키아벨리즘이라는 악명 높은 이데올로기에 의해 가려지기도 하지만, 이러한 편견을 걷고 마키아벨리를 읽다 보면 권력의 실체를 알게 되는 소중한 기회를 얻게 된다.

2. 르네상스의 위기와 권력의 발견

마키아벨리라는 이름이 너무나 강렬하게 권력을 연상시키기 때문인지 우리는 종종 그가 르네상스 시대를 대표하는 정치 사상가라는 점을 잊

Moldenhauer und K. Markus Michel(Frankfurt am Main, 1979), 554쪽.

는다. 우리는 르네상스를 고대 그리스의 찬찬하였던 문화와 사상을 부활하려는 문예 부흥기로 기억하지만, 15세기와 16세기를 아우르는 르네상스는 중세에서 근대로 넘어가는 시대 전환기로서 큰 사회적 변화로 인한 위기의 시대였다. 위기는 언제나 새로운 문화를 창조하는 기회이다. 그러나 이 시대와 관련하여 찬란한 르네상스 문화를 대변하는 미켈란젤로, 다빈치, 라파엘로와 같은 훌륭한 예술가들만 떠올리면, 우리는 르네상스를 관통했던 시대정신을 올바로 파악하지 못한다.

마키아벨리의 정치 사상을 정확하게 포착하려면, 우리는 르네상스 시대에 어떤 일이 일어났는지를 먼저 알아야 한다. 로마 제국이 동서로 분열한 후 서로마 제국이 476년에 멸망하였을 때, 그것은 지중해 세계로서의 고대 세계의 몰락을 의미하였다. 서로마 제국 멸망 후 약 3세기 동안 유럽 각지는 전쟁으로 황폐해지고 학문적·문화적으로 불모화한 소위 '암흑 시대'가 출현했다. 이미 시민층이 몰락하여 쇠퇴하고 있던 고대 문화는 도시의 폐허화로 괴멸에 직면했다. 1453년 오스만 제국에 의해 콘스탄티노폴리스가 함락되어 동로마 제국이 멸망할 때까지 11세기 말에서 13세기 말 사이 8차에 걸쳐 이루어진 십자군 전쟁은 유럽 사회를 근본적으로 변화시켰다.

중세의 종말을 초래한 십자군 전쟁의 영향은 대체로 세 가지로 압축된다. 첫째로 교황에 의해 제창된 십자군 운동의 실패는 종교적 세계관의 종말과 함께 '개인의 탄생'을 가져왔다. 물질적 생존 토대뿐만 아니라 물질적 생존 조건이 악화하는 상황에서 자신의 생존과 권리를 스스로 책임져야 하는 '개인'에 대한 의식이 증대한 것이다. 둘째로 십자군 운동으로 인해 무역이 활성화됨으로써 근대적 형태의 자본주의가 발전할 수 있는 토대가 구축되었다. 지역의 한계를 넘어서 유통될 수 있는 화폐의 발견이 대표적이다. 셋째로 제국의 붕괴는 도시 국가를 발전시켰다. 십자군 전쟁으로 최대의 경제적 이익을 본 것은 북이탈리아의 여러 도시였다. 무역과 금융을 통해 엄청난 부를 축적한 메디치 가문이 15세기에서 17세기까지 실질적으로 지배하였던 피렌체가 대표적이다.

그러나 이러한 경제적 권력이 정치적 질서와 안정을 가져다주지는 못했다. 야콥 부르크하르트가 『이탈리아 르네상스의 문화』에서 정확하게 지적하고 있는 것처럼 교황들과 신성로마제국 황제 사이의 싸움은 "이탈리아를 서양의 다른 나라들과는 본질적으로 다른 정치 상태에 빠져들게 만들었다."[3] 프랑스, 에스파냐, 잉글랜드에서는 봉건 제도가 생명을 다하고 군주제 통일국가로 넘어갔는데, 이탈리아에서는 여러 도시 국가들이 생존을 위해 서로 싸우고 있었다. 간단히 말하면 피렌체를 비롯한 이탈리아의 도시 국가들은 스스로 통일 국가로 발전하지도 못하면서 미래의 통일 국가를 방해하였다. 이렇게 혼란스러운 상황에서 국가는 비로소 창조되고 건립되어야만 하는 것이었다. 부르크하르트의 표현을 빌리면 "계산되고 의식된 창작물, 곧 '예술품으로서의 국가'"[4]에 관한 의식이 싹튼 것이다.

교황파와 황제파가 대립하는 가운데 수많은 군주가 등장하여 생존 투쟁을 하는 정치적 혼란기에 마키아벨리가 등장한다. 1469년 탄생하여 1527년 사망할 때까지 마키아벨리의 삶의 궤적은 정확하게 피렌체의 위기와 그것을 극복하려는 노력으로 점철된다. 마키아벨리가 태어난 때는 피에

---

3   야콥 부르크하르트(안인희 옮김), 『이탈리아 르네상스의 문화』(푸른숲, 1999), 24쪽.

4   야콥 부르크하르트, 『이탈리아 르네상스의 문화』, 같은 곳.

로 데 메디치가 죽은 바로 그 해였다. 피렌체 공화국을 유지하였던 군주와 평민 귀족 사이의 내부적 균형뿐만 아니라 호시탐탐 피렌체를 노리는 다양한 외부 세력과의 균형을 통해 정권을 유지했던 코지모의 뒤를 이어 피렌체의 시민 군주가 된 피에로의 사망은 이러한 균형의 붕괴를 의미했다. 메디치가가 등장하기 전의 피렌체 공화국은 도덕이 살아 있던 도시 국가였다.

메디치가의 집권은 이러한 공화주의적 정치적 덕성의 파괴를 가져왔다. 정치 문화는 부패하고, 피렌체의 자유는 메디치의 독재 아래 사라져갔다. 시민 계급은 경제적·사회적 지배력을 확보하기 위해 공화주의와 자치권을 희생할 준비가 된 것처럼 행동하였다. 마키아벨리가 태어난 1469년에 피렌체의 군주가 된 일명 '대인(Il Magnifico)'으로 불렸던 로렌초 데 메디치가 1492년에 죽을 때까지의 시기는 실제로 정치적 문화가 부패한 쇠퇴의 시기였다. 그는 종종 예술과 문학에 대한 후원에 힘을 쏟은 위대한 인물로 그려지지만, 실제로는 대대로 내려온 은행업을 제대로 경영하지 못했을 뿐만 아니라 다양한 세력들을 통합할 수 있는 균형의 힘을 상실하였다. 공화주의 아래에서 시민들은 상업적으로 풍요를 누리고, 귀족들 역시 시민 계급이 되어 비교적 자유와 평등이 실현되었던 시대는 쇠퇴하고 있었다. 시민계급은 경제적 부에 따라 다시 귀족화되고, 시민들의 삶은 과거의 봉건주의 시대의 모습으로 변하였다.

메디치가의 독재로 인한 정치적·문화적 부패는 군주에 대한 증오를 불러일으켰다. 로렌초의 부패한 통치에 반기를 들고 지롤라모 사보나롤라(Savonarola) 수도사가 집권한 것은 결코 우연이 아니었다. 로렌초가 1492년에 죽고 이어서 1494년 프랑스 왕 샤를 8세의 이탈리아 침입으로 로렌초의 아들 피에로의 정권이 전복되자, 사보나롤라는 급진적 종교개혁을 통해 신정 정치적 민주정을 도입하려고 시도하였다. 그러나 그는 정치적 개혁을 실질적으로 이뤄낼 힘을 가지지 못했다. 피사 전쟁의 실패와 지속적인 교황과의 갈등과 같은 외부적 압력뿐만 아니라 내부의 다양한 세력을 통합할 수 있는 실질적 권력이 없었다. 한때 그를 예언자로 존경하고 진정한 개혁가로 여겼던 피렌체 시민들은 그를 화형대로 보냈다.

마키아벨리가 새로운 국가를 건립하고 사회 질서를 보장할 새로운 군주에게 무엇보다 필요한 것이 바로 '권력'이라는 사실을 깨달은 것은 그리 놀라운 일이 아니다. 마키아벨리는 이러한 정치적 격변에 대한 경험을 『군주론』 제6장에서 매우 간단한 명제로 표현한다. "무장한 예언자는 모두 성공하지만, 무장하지 않은 예언자는 실패한다."[5] 이때부터 그의 관심은 자신의 무력과 역량에 의해서 얻게 된 신생 군주국이었다.

그는 새로운 형태의 제도를 만드는 것보다 더 어렵고 위험하며 성공하기 힘든 일은 없다는 점을 사보나롤라를 통해 깨달았던 것이다. 오랜 기간에 걸친 메디치가의 독재로 인해 공화국의 정치적 토대가 무너진 상황에서 어떻게 하면 새로운 국가 질서를 확립할 수 있는가가 그의 문제였다. 야콥 부르크하르트가 말한 것처럼 그는 "한 나라를 구성해낼 수 있다고 생각했던 모든 사람 가운데서 마키아벨리는 단연 위대한 사람이었다."[6] 마키아벨리의 생각은 언제나 국가의 치유에 있었기 때문이다.

마키아벨리는 1498년 5월 28일 80인회에서 제2 서기장으로 선출된다. 1498년부터 메디치 가문의 복귀로 공직을 박탈당하는 1512년까지의 기간

---

5   니콜로 마키아벨리, 『군주론』, 44~45쪽.
6   야콥 부르크하르트, 『이탈리아 르네상스의 문화』, 122쪽.

동안 마키아벨리는 현실 정치의 모든 문제를 온몸으로 겪었다. 주로 군사 업무와 외교 업무를 담당하는 제2 서기장으로서 마키아벨리는 국가의 토대와 안위를 위협하는 외부 세력과의 협상을 담당했다. 그중에서도 특히 교황 알렉산드르 6세의 아들로서 교황국의 군대를 지휘하여 로마냐 지방을 정복하고 피렌체를 위협하는 체사레 보르자(Borgia)는 마키아벨리 사상에 영향을 준 인물이었다. 그는 문제가 생길 때마다 프랑스 궁정, 신성로마제국, 교황국으로 달려가 권력의 현장을 분석하였다.

문제는 피렌체 내부에서도 발생했다. 마키아벨리의 공직 활동에 힘을 실어준 피에로 소데리니는 종신직 정의의 기수(Gonfaloniere)로 선임될 정도로 막강한 권력을 가졌지만, 정작 다양한 귀족 세력을 통합할 수 있는 결단력은 없었다. 권력은 가졌으면서도 이를 다룰 수 있는 역량과 권력욕이 없을 때는 훨씬 더 커다란 문제를 야기한다. 이런 관점에서 보면 권력이 마키아벨리의 주요 관심사가 되었다는 것은 지극히 당연한 일이다. 도시에 자유를 보장했던 공화국에 대한 기억은 여전히 남아 있어도 현실적으로는 군주 독재에 의한 부패가 만연한 상태에서 마키아벨리가 꿈꿨던 이상은 강력한 국가였다. 이런 점에서 마키아벨리는 당시 위기로 점철된 "피렌체의 표현이자 상징이었다."[7]

---

7   로베르토 리돌피(곽차섭 옮김), 『마키아벨리 평전』(아카넷, 2000), 35쪽.

3. 인간 본성으로서의 권력욕

마키아벨리의 정치 사상은 철저하게 시대의 도전에 대한 응답이었다. 그는 냉혹한 현실주의자였다. 그의 관심은 온통 피렌체라는 도시 국가의 자기 보존이었다. 현실적으로 불가능해 보이는 국가의 건립이 새로운 군주를 통해 가능할 수 있다고 믿었다는 점에서 낙관주의자이기도 하였지만, 그는 권력을 탐하는 인간의 욕망이 지속적인 권력 투쟁을 가져온다는 비관주의적 인식을 가졌다. 그의 책은 결코 "진공 상태에서 쓴 것이 아니라 상황의 특정 문제에 대한 답변"[8]으로 쓰였다. 마키아벨리는 조국의 몰락이 다가오는 것을 보면서도 동시에 재난을 피하기 위해 그가 할 수 있는 일이 아무것도 없다는 것을 이해한 절박한 애국자였다. 1498년부터 1512년까지 14년간 공직을 수행하는 동안 그는 철저한 현실주의자였다.

사람들은 그가 현실 정치의 경험에서 권력을 획득하고 유지하는 권력 이론을 발전시켰다고 생각하지만, 그는 사실 이러한 권력 게임의 희생자였다. 1492년 메디치가 복귀하였을 때 그의 동료 대부분은 관직을 유지하여 재임된 데 반해 그는 숙청의 희생자였다는 사실은 메디치가 그에게 부여한 정치적 중요성을 보여준다. 그는 메디치가에 반기를 든 공화주의자로 인식되었다. 마키아벨리의 면직과 추방은 많은 관심을 받는 정치가가 고대 작가를 읽고 정치와 역사의 근본적인 문제에 대해 생각할 여유를 가진 이론가가 되기 위한 전제 조건이었다. 마키아벨리는 관직에 있을 때도 다양한 보

---

8   René König, *Niccolo Machiavelli. Zur Krisenanalyse einer Zeitwende*(München/Wien, 1979), 353쪽.

서를 썼지만, 국가와 정치에 관한 생각을 정리하고 체계화할 수 있었던 것은 관직의 박탈로 강요된 은둔 덕택이었다.

『군주론』은 메디치 정부의 공직에 다시 참여하고 싶은 마음에서 1513년 말경에 집필하였으나 우리에게 알려진 이 제목으로 출판된 것은 사후 5년이 지난 1532년이었다. 공화주의 정신으로 가득한 『로마사 논고』[9]는 1513년 쓰기 시작하여 1522년 완성하였다. 용병 문제에 대한 경험과 통찰을 통해 로마 제국의 정치와 군사 전술을 논의한 『전술론』은 1522년 집필되었고, 『피렌체사』는 1525년에 완성되었다. 마키아벨리의 정치 사상과 이론적 작업은 모두 강요된 은둔 시기에 이루어졌다.

우리는 그의 정치 사상을 담고 있는 글들이 현실 정치의 직접적 산물이기보다는 오히려 어느 정도 정치적 현실에 거리를 둔 성찰의 결과였다는 점에 주목해야 한다. 그의 사상이 정치 현실에 직접 적용할 수 있는 권력 기술의 마키아벨리즘이기보다는 인간 본성을 꿰뚫어 보고 권력의 본질을 파악한 철학적 통찰이기 때문이다. 시대 전환의 사상가였던 마키아벨리는 실제로 정치철학의 패러다임을 근본적으로 바꿔놓은 혁명적 이론가였다. 고대부터 중세를 거쳐 마키아벨리에 이르기까지 철학자들은 언제나 '이성의 친구'였다. 우연적 속성이 아니라 보편적 진리를 추구하는 진리는 언제나 변하지 않는 이성을 전제했다.

플라톤은 권력을 일종의 능력으로 파악한다. 이 능력에 기반한 "기술은 그것이 관여하는 바로 그 대상을 지배한다."[10] 의사가 환자에게 편익이

---

9   니콜로 마키아벨리(강정인·김경희 옮김), 『로마사 논고』(한길사, 2003).

10   플라톤(박종현 역주), 『국가』, 342 c8(서광사, 2005), 92쪽.

되는 것에 대한 지식을 전제하고, 키잡이 선장은 선원에게 이익이 되는 것을 알고, 정치적 지도자는 강자의 편익이 아니라 통치를 받는 약자의 편익이 무엇인지를 생각한다. 플라톤은 이런 관점에서 "연설가와 참주들도 국가에서 가장 적은 권력을 갖고 있다"[11]고 주장한다. 그 이유는 그들이 자신이 원하는 것을 아무것도 할 수 없기 때문이라고 말한다. 통치를 받는 국민에게 유익한 것이 무엇인지를 이성적으로 아는 사람만이 진정한 권력자라는 것이다. 플라톤의 권력 개념 속에는 행위가 성공할 수 있는 요소와 계기에 대한 통찰이 들어 있지만, 그는 이러한 계기들이 합리적이라고 전제한다.

마키아벨리가 아니더라도 우리는 현실은 이와는 정반대되는 현상을 보여준다는 것을 잘 알고 있다. 합리적인 자가 권력을 가지기보다는 권력을 가진 자가 훨씬 더 커다란 합리화의 힘을 갖고 있다. 자기 뜻과 의지를 관철하기 위해 다른 사람을 잘 설득하는 연설 능력과 생존을 위해 잔혹한 행위도 마다하지 않는 참주가 오히려 권력의 진정한 모습에 가까운 것처럼 보인다. 현실주의자 마키아벨리는 권력을 이성의 관점에서 평가하고 통제하는 대신에 현실적인 권력이 어떻게 작동하는가를 보고자 한다. 그는 우리가 일반적으로 전제하는 이성을 권력에 덧씌우기보다는 권력 자체의 논리에 집중한다. 플라톤이 '이성의 권력'을 이상으로 전제하였다면, 마키아벨리는 현실 속에서 '권력의 이성'을 찾는다.

이성이 반사실적 이상이라면, 권력은 구체적 현실이다. 우리의 현실이 이성적으로 진행되지 않는다는 점을 인정한다면, 우리는 구체적 현실 속에

---

11 플라톤(김인곤 옮김), 『고르기아스』, 466 d,(이제이북스, 2011), 103쪽.

서 방향을 찾아야 한다. "'인간이 어떻게 살고 있는가'는 '인간이 어떻게 살아야 하는가'와는 너무나 다르기 때문에, 일반적으로 행해지는 것을 행하지 않고, 마땅히 행해야 할 것을 행해야 한다고 고집하는 군주는 권력을 유지하기보다는 잃기가 십상입니다. 어떤 상황에서나 선하게 행동할 것을 고집하는 사람이 선하지 않는 많은 사람에게 둘러싸여 있다면, 그의 몰락은 불가피합니다. 따라서 권력을 유지하고자 하는 군주는 상황의 필요에 따라서 선하지 않을 수 있는 법을 배워야만 합니다."[12]

더이상의 설명이 필요하지 않은 이 인용문은 마키아벨리의 현실주의를 극명하게 보여준다. 이상과 현실의 불일치, 당위와 존재의 불화는 권력을 오직 이성적·도덕적으로만 고찰할 수 없음을 강력히 말해준다. 착하기만 해서는 이 험난한 세상을 잘 살아갈 수 없다는 인식은 동서고금을 막론하고 보편적이다. 그렇다면 우리는 이성을 잠시 접어두고 권력의 민낯을 직시해야 하지 않는가? 권력을 제대로 파악하려면, 우리는 권력이 전개되는 '상황'을 올바로 포착해야 한다. 마키아벨리의 관점에서 보면 선과 악은 상황에 따라 '다르게' 규정된다. 어느 때는 도덕적으로 칭송받는 선이었던 것이 상황이 변하면 생존과 안위를 위협하는 악이 될 수도 있다. 우리는 베푸는 사람을 탐욕적인 사람보다 도덕적으로 높이 평가하지만, 경제적 위기 상황에서는 그 반대일 수도 있다. 탐욕이라는 악덕이 없이는 생존 자체가 어려운 때에는 그 악덕으로 인해 악명을 떨친다고 해도 이를 개의치 말아야 한다는 것이다. 플라톤처럼 미덕과 악덕, 선과 악, 이성과 욕망이 미리 결정

---

12   니콜로 마키아벨리, 『군주론』, 제15장 105~106쪽.

된 것은 아니다. 어느 시대나 선과 악의 구별이 존재하지만, 이러한 구별은 상대적일 뿐이다. "일견 미덕으로 보이는 일을 하는 것이 자신의 파멸을 초래하는 반면, 일견 악덕으로 보이는 다른 일을 하는 것이 결과적으로 자신의 안전을 확보하고 번영을 가져오는 경우가 있기 때문이다."[13]

플라톤은 영원히 변하지 않는 존재의 '본질'을 인식하는 게 중요하다고 했지만, 마키아벨리에게는 시시각각 변하는 '상황'을 파악하는 것이 무엇보다 중요하다. 사르트르식으로 표현하자면, 상황이 본질에 우선한다. 인간의 상황이란 플라톤이 전제하는 이성적 성품들을 전적으로 발휘하는 미덕의 삶을 영위하는 것을 용납하지 않는다. 권력은 그야말로 인간 조건이다. 권력을 추구하는 욕망은 어떤 점에서 인간의 이성을 압도한다. 마키아벨리는 인간의 욕망이 이성을 통해 교화될 수 있다는 이상주의를 회의의 눈길로 바라본다.

마키아벨리는 인간이 선하기보다는 오히려 악한 점이 더 많다는 자신의 확신을 다양한 형태로 주장한다. 마키아벨리가 『피렌체사』에서 기록하고 있는 수많은 사건을 보면 인간은 선보다 악을 행할 준비가 되어 있는 것이 확실해 보인다. 마키아벨리는 사랑을 느끼게 하는 것과 두려움을 느끼게 하는 것 중에서 어느 편이 더 나은가에 관한 질문에 이렇게 답한다. "굳이 둘 중에서 어느 하나를 포기해야 한다면 저는 사랑을 느끼게 하는 것보다는 두려움을 느끼게 하는 것이 훨씬 더 안전하다고 생각합니다."[14] 물론 마키아벨리도 사랑도 느끼게 하고 동시에 두려움도 느끼게 하는 것이 제일

---

13   니콜로 마키아벨리, 『군주론』, 제15장 107쪽.
14   니콜로 마키아벨리, 『군주론』, 제17장 113쪽.

바람직하다는 것을 잘 알고 있다. 그런데 왜 권력 관계에서는 사랑보다 두려움을 선호해야 하는 것일까? "왜냐하면 사랑이란 일종의 감사의 관계에 의해서 유지되는데, 인간은 악하기 때문에 자신의 이익을 취할 기회가 생기면 언제나 그 감사의 상호관계를 팽개쳐버리기 때문이다. 그러나 두려움은 항상 효과적인 처벌에 대한 공포로써 유지되며 실패하는 경우가 결코 없다."[15]

인간의 본성이 근본적으로 악하다면, 권력을 획득하기 위해서는 인간 욕망의 구조를 이용할 줄 알아야 한다. 우리는 일상생활에서도 사랑을 베푸는 자에게 더 많은 사랑으로 보답하는 대신 우리에게 두려움을 불러일으키는 자에게 훨씬 더 신중하게 행동한다. 현명한 군주는 자신을 두려운 존재로 만들어야 하지만, 그렇다고 사랑을 받지는 못하더라도 미움을 받는 일은 피해야 한다. 사랑, 두려움, 증오와 같은 감정들이 우리의 행위에 이성보다 훨씬 더 커다란 영향을 미친다는 사실을 마키아벨리보다 더 냉철하게 인정한 사상가는 없다.

마키아벨리의 인간관은 근본적으로 비관주의적이다. "인간에 관해 일반적으로 말할 수 있는 것은 인간이란 은혜를 모르고 변덕스러우며 위선적인 데다 기만에 능하며 위험을 피하려 하고 이익에 눈이 어둡다는 사실이다."[16] 이러한 인간학적 비관주의는 마키아벨리 정치 사상을 관통한다. 물론 세상에는 악한 짓을 아무런 처벌을 받지 않고 행할 수 있는 상황에서도 선을 행하는 사람들도 있다. 여기서 마키아벨리는 결코 선한 사람과 악한

---

15   니콜로 마키아벨리, 『군주론』, 제17장 114쪽.
16   니콜로 마키아벨리, 『군주론』, 제17장 같은 곳.

사람을 경험적으로 서술하는 게 아니다. 예컨대 권력자가 은혜를 베푸는 동안 사람들은 그 은혜에 대해 온갖 충성을 다 바친다. 은혜를 베푸는 행위도 선이고, 충성을 하는 것도 선한 행위이다. 문제는 권력자가 사람들의 충성이 필요하지만 더이상 은혜를 베풀 수 없을 때이다. 여기서 마키아벨리가 강조하는 것은 국가가 시민들의 평화 관계를 보장할 수 있는 제도로써 오직 강압과 폭력을 통해서만 계속 유지될 수 있다는 점이다. 국민은 정권이란 배를 띄우기도 하지만 배를 엎을 수도 있다는 점을 인정한다면, 우리는 부정적 성향의 인간의 본성을 정확하게 파악해야 한다.

이런 점에서 마키아벨리는 분명하게 전통적 이상주의적 정치관과 단절한다. 중세에는 신뢰와 충성이 정치적 공동체의 토대였다면, 근대 국가는 근본적으로 국민에 대한 불신에 기반을 두고 있다. 한때 자신을 지지했던 국민이 언제 등을 돌려 배반할지 모르기 때문이다. 이러한 근대 국가의 원칙적 불신이 마키아벨리의 비관주의적 인간관에서 처음으로 명료하게 표현된 것이다. 현대 민주주의 국가가 시민의 이성적 역량을 전제하고 정부에 대한 시민의 신뢰에 기반하고 있다고 할지라도 국가의 질서를 보장할 정권이 유지되기 위해서는 시민들에 대해 어떤 태도를 취해야 하는가는 여전히 해결되지 않는 영원한 숙제다.

4. 권력 이성과 정치의 탈도덕화

무한하고 변화무쌍한 욕망이 인간의 삶을 규정하고 또 권력욕이 인간의 본성이라면, 우리는 이러한 욕망과 권력 의지로 움직이는 인간의 행위에도 일반적인 법칙을 전제할 수 있다. 물론 그것은 플라톤과 같은 이상주의자들이 전제한 이성의 법칙과는 다른 것이다. 마키아벨리는 수많은 우연과 상황에 의해 영향을 받는 인간의 권력 행위에서 일반적인 법칙을 끌어내려한다. 그는 어떤 상황에서 어떤 행위를 하면 어떤 필연적 결과를 초래할 것인지를 집요하게 추적한다. 권력도 이성과 다르기는 하지만 일반적인 법칙을 따른다면, 우리는 여기서 '권력 이성'을 말해도 좋을 것이다. 이렇게 르네상스 시대에 마키아벨리와 함께 '이성의 권력'에서 '권력의 이성'으로 정치의 패러다임이 전환된다.

그렇다면 마키아벨리는 어떤 법칙을 염두에 두고 있었던 것인가? 우리는 르네상스를 대변하는 대표적인 예술가 레오나르도 다빈치의 사상에서 그 단서를 발견한다. 어느 사상가의 말처럼 다빈치의 사상적 위대함은 그가 자연 속에 숨겨진 의미를 찾는 일을 포기하고 자연의 내재적 필연성을 자연법칙으로 발견했다는 데 있다. 자연 자체 내재한 법칙을 발견한다는 게 무엇을 의미하는가? 르네상스 시대에 발전하기 시작한 자연과학적 시각은 모든 초월적 상징적 내용에서 벗어나 있다. 신의 섭리가 자연 속에 있다는 초월론은 더이상 통용되지 않는다. 사람들은 자연이 초월적 목적을 추구한다는 고대의 목적론을 포기하고, 오직 있는 그대로의 자연 현상을 탐구함으로써 자연에 내재한 인과적 법칙을 알아내고자 하였다.

자연에 법칙이 있다면, 권력을 추구하는 인간 행위에도 법칙이 있을 것이다. 어떤 상황에서 어떤 행위는 필연적으로 성공하고 어떤 행위는 필연적으로 실패할 수밖에 없다면, 이러한 행위의 필연적 인과관계를 밝히는 것이 마키아벨리의 관심이었다. 피렌체의 공화국을 개혁하고자 하였던 사보나롤라가 모든 것을 신에게 기대하였다면, 마키아벨리는 모든 것을 인간에게 기대한다. 물론 종교가 국가의 보존에 유익하다면, 정치적 지도자는 종교도 이용할 줄 알아야 한다. "종교의 토대를 보존하는 것은 공화국이나 왕국의 통치자들이 지켜야 하는 의무다. 만약 그들이 이를 행한다면, 그들은 쉽게 그들의 국가를 종교적으로 경건하게 할 수 있고, 그 결과 국가를 선하고 단결된 상태로 유지할 수 있을 것이다."[17] 권력이 종교를 이용할 수 있다는 것은 정치가 종교적 초월적 가치로부터 해방되었다는 것을 의미한다.

정치는 필연적으로 진행되는 역사적 과정에서 최선을 얻어내려는 시도이다. 정치는 종교를 이용할 때도 결국 세계 내재적인, 즉 구체적 현실에서 가용한 수단에 만족해야 한다. 정치가 사용할 수 있는 세계 내재적인 수단은 두말할 나위도 없이 '권력'이다. 권력을 추구하는 인간이 역사를 만든다. 역사는 결코 '신의 섭리(providentia Dei)'가 실현되는 필연적 과정이 아니다. 세계를 해석하는 척도가 신에서 인간에게로 옮겨간 르네상스 시대에 인간이 파악할 수 없는 신의 섭리는 '행운(포르투나, fortuna)'으로 축소되었다. 포르투나는 종종 인간사에 하늘의 힘이 작용하고 있다는 증거로 제시된다. 인간은 자신의 능력만으로 권력을 획득하는 것이 아니라 종종 운명과 행운의 도움을 받아야 한다.

포르투나는 인간의 행위와 관련된 운명을 뜻한다. 그것을 포착할 수 있는 능력이 있는 자에게는 '기회'가 되고, 그렇지 못한 자에게는 단순한 '우연'이 된다. 인류의 역사에서 정권을 잡은 자들이 얼마나 많은 우연의 도움을 받았는지를 생각해보면, 우리가 알 수 없는 운명은 여전히 인간 행

---

17   니콜로 마키아벨리, 『로마사 논고』, 제1권 제12장 136쪽.

위에 많은 영향을 미친다. "인간은 운명의 구도라는 실을 짤 수는 있지만 그것을 파괴할 수는 없다. 그렇다고 인간은 아주 패배한 것처럼 체념할 필요는 없다. 왜냐하면 인간은 운명의 목적을 알지 못하고 운명 또한 구부러진 미지의 길을 따라 움직이므로, 인간은 어떠한 운명이나 어떠한 고난에 처해 있든지 항상 희망을 품어야 하고 절망해서는 안 되기 때문이다."[18]

마키아벨리는 운명보다는 이에 대처하고 자신의 의지를 관철할 수 있는 인간의 능력을 높이 평가한다. 권력을 추구하는 정치인의 덕성은 결코 이성의 품성이 아니다. 여기서 마키아벨리는 르네상스 시대의 사고를 지배하였던 낱말 '비르투(virtù)'를 정치 사상의 핵심 용어로 끌어올린다. 라틴어 '비르투스(virtus)'에서 유래한 이 단어는 본래 덕성을 의미하지만 '남성(vir)'과의 연관 관계가 말해주는 것처럼 행운이 제공하는 기회를 활용할 수 있는 역량과 결단력을 뜻한다. 율리우스 카이사르나 케사레 보르자는 마키아벨리에게 비르투의 화신이다. 이러한 역량을 갖춘 정치적 지도자는 운명의 지배를 받지 않고 오히려 자신의 운명을 개척한다.

마키아벨리는 『군주론』 제25장에서 포르투나와 비르투의 관계를 이렇게 설명한다. "인간의 자유의지를 박탈하지 않기 위해서 저는 운명이란 우리의 행동에 대해서 반만 주재할 뿐이며 대략 나머지 반은 우리의 통제에 맡겨져 있다는 생각이 진실이라고 판단합니다."[19] 마키아벨리는 운명의 여신을 험난한 강에 비유하면서, "운명은 자신에게 대항하기 위해서 아무런 역량이 갖추어져 있지 않은 곳에서 그 위력을 떨치며, 자신을 제지하기

---

18   니콜로 마키아벨리, 『로마사 논고』, 제2권 제29장 443쪽.
19   니콜로 마키아벨리, 『군주론』, 제25장 162~163쪽.

위한 아무런 제방이나 둑이 마련되어 있지 않은 곳을 덮친다"[20]고 말한다. 마키아벨리에게 르네상스 시대의 이탈리아는 바로 제방이나 둑이 없는 들판처럼 여겨졌다.

그렇다면 우리는 어떻게 격변하는 역사적 상황에서 제방이나 둑을 세울 수 있는가? 국가를 건립하고 평화를 보장할 새로운 군주는 도대체 어떤 역량을 가져야 하는가? 마키아벨리에게 정치적 지도자의 가장 중요한 역량은 바로 역사적 상황이 요구하는 필연성을 포착하고 행동에 옮길 수 있는 능력이다. 마키아벨리의 독창적 업적 중의 하나는 포르투나와 비르투 개념과 함께 '네세시타(necessità, 필연성)' 개념을 정치적 행위의 주요 요소로 도입하였다는 점이다. 어떤 행동이 그 자체로 매우 좋은 행동이라고 하더라도 시대적 상황에 부합하지 않으면 소용이 없다. 마키아벨리는 이러한 인식을 이렇게 간단히 표현한다. "군주의 대처 방식이 시대와 상황에 적합할 때 성공하고, 그렇지 못할 때 실패하게 된다고 믿습니다."[21] 네세시타는 간단히 말해 상황에서 나오는 강제이다.

국가를 보존하려면 어쩔 수 없이 폭력을 사용할 수밖에 없는 상황인데도 도덕적 이유에서 폭력 사용을 꺼린다면 국가는 필연적으로 멸망한다. 마키아벨리에게 정치적 행위의 중심은 언제나 국가였다. 국가를 보존하고 평화를 보장하려면 때로는 비도덕적 행위도 필요하다는 인식은 마키아벨리 정치 사상을 관통한다. 고대 그리스의 정치 사상에서 정치와 도덕 사이에는 갈등이 존재하지 않았다. 윤리와 국가 윤리는 언제나 일치하였다. 국

20   니콜로 마키아벨리, 『군주론』, 제25장 163쪽.
21   니콜로 마키아벨리, 『군주론』, 제25장 164쪽.

가라는 정치적 공동체의 토대가 윤리적이라고 여겨졌기 때문이다. 물론 인간관계에서의 권리는 권력의 균형이 동등할 때만 효력을 발휘하고, 그렇지 않으면 강자가 언제나 자신의 권력을 관철하고 약자는 복종할 뿐이라고 인식한 투키디데스도 있었다. 그렇지만 고대 그리스에서 시작하여 르네상스 시대에 이르기까지 국가는 윤리적이어야 한다는 사상이 지배적이었다.

그러나 마키아벨리는 권리와 윤리는 국가를 통해 비로소 발생한다고 주장한다. 국가가 부패하거나 쇠퇴하면, 윤리의 토대는 사라진다. 마키아벨리의 정치 이론에서 국가의 자기 보존은 국가에 의해서만 보장되는 윤리와 합법성이 계속 존재하기 위한 전제 조건이다. 모든 정치적 행동의 규범적 기반이 된 것은 더이상 윤리적 의무가 아니라 국가의 자기 보존의 필요성이었다. 권력의 속성을 잘 아는 정치인은 속임수로 정복할 수 있는 곳에서는 결코 무력으로 정복하려 하지 않는다. 영광을 가져오는 것은 승리 자체이지 승리의 방식이 아니기 때문이다. 국가의 자기 보존에 필요하다면 기만과 속임수, 폭력과 책략이 허용된다는 것이다.

이렇게 마키아벨리는 정치의 영역에서 도덕을 추방한다. 그렇다고 마키아벨리가 도덕 일반을 부정하는 것은 아니다. 군주가 신의를 지키며 기만책을 쓰지 않고 정직하게 사는 것이 얼마나 칭송받을 만한 일인지는 누구나 알고 있지만, 위대한 업적을 성취한 지도자들은 신의를 별로 중시하지 않고 오히려 기만책을 써서 인간을 혼란시키는 데 능숙한 인물들이라는 점을 마키아벨리는 강조한다. 마키아벨리는 위대한 군주는 여우와 사자를 모방할 줄 알아야 한다고 주장하면서, "현명한 군주는 신의를 지키는 것이 그에게 불리할 때 그리고 약속을 맺은 이유가 소멸되었을 때, 약속을 지킬 수 없으며 또 지켜서도 안 된다"[22]고 말한다. 이렇게 정치는 도덕과 결별한다.

마키아벨리의 정치적 반도덕주의는 다음의 간단한 명제로 압축된다. "국가를 유지하고자 하는 군주는 종종 선하지 않게 행동하도록 강요당한다."[23]

    이러한 정치와 도덕의 분리는 오늘날에도 여전히 논쟁거리가 되고 있다. 폭력, 배신, 부패, 음모, 기만, 프로파간다 없이는 정말 정치를 할 수 없는 것인가? 이런 질문은 언제나 마키아벨리즘을 초래한 마키아벨리를 꼬리표처럼 따라다닌다. 그러나 권력을 이성으로 통제하고 또 정치를 도덕화하려는 사람도 정치와 도덕 사이에는 일정한 모순 관계가 존재한다는 점을 인정하지 않을 수 없다. 이러한 모순 관계를 의식하지 않는 사람은 결코 정치를 할 수 없고, 또 해서도 안 된다. 권력을 도덕적으로 통제하고자 한다면 더욱더 권력의 본질을 알아야 하기 때문이다. 이것이 마키아벨리즘의 이데올로기의 덤불 숲을 헤치고 마키아벨리 자체을 읽어야 하는 이유이다.

---

22   니콜로 마키아벨리, 『군주론』, 제18장 119쪽.

23   니콜로 마키아벨리, 『군주론』, 제19장 131쪽.

이진우(李鎭雨)

연세대 독문과를 졸업하고 독일 아우크스부르크대学에서 철학석사 및 박사 학위를 받았다. 계명대학교 철학과 교수를 거쳐 동 대학 총장, 포스텍 교수, 한국니체학회 회장, 한국철학회 회장 등을 지냈으며, 현재 포스텍 명예교수이다.

지은 책으로는 『전쟁은 일어나지 않는다는 착각』, 『불공정사회』, 『니체의 인생 강의』, 『한나 아렌트의 정치 강의』, 『의심의 철학』, 『중간에 서야 좌우가 보인다』, 『이성정치와 문화민주주의』, 『탈이데올로기 시대의 정치철학』 등이 있고, 옮긴 책으로는 니체의 『차라투스트라는 이렇게 말했다』, 아렌트의 『인간의 조건』, 『전제주의의 기원』, 알레스데어 매킨타이어의 『덕의 상실』, 하버마스의 『현대성의 철학적 담론』 등이 있다.

유물론과 쾌락주의

들어가며

유물론(唯物論)이란 '사물의 일반적 원인이나 존재의 근원'을 물질로 보는 입장을 가리킨다. 다시 말해, 궁극적인 근본 실재를 물질로 보며, 정신적인 것마저도 모두 물질로 환원할 수 있다고 하는 철학적 입장을 지칭하는 것이다. 그리고 쾌락주의(快樂主義)란 '쾌락을 가장 가치 있는 인생의 목적이라 생각하고, 모든 행동과 의무의 기준으로 보는' 윤리학의 입장을 가리킨다.

그렇다면, 쾌락에는 어떤 종류가 있을까? 보통은 술과 성(섹스), 마약을 든다. 술과 성, 노름(도박)을 아울러 주색잡기(酒色雜技)라 부르기도 한다. 그리하여 '쾌락'이나 '타락'이라는 말을 들었을 때, 보통 사람들의 머릿속에 떠오르는 것은 노름(도박)을 하면서 술을 마시고 담배를 피우며, 나중에는 마약까지 하며 섹스를 즐기는 장면들이다. 그래서 어떤 사람을 놓고 술로 폐인이 되었다느니, 불륜으로 집안에 망조가 들었다느니, 도박으로 패

유물론과 쾌락주의 —————— **402 / 403**

가망신했다느니 하는 말들을 한다. 물론 '아편쟁이'라는 말도 있었다. 이처럼 같은 쾌락이라도 시대마다 사람마다 탐닉하는 대상이 다를 뿐 아니라, 어느 한 가지에 중독이 되거나 또 여러 가지 중독 증세에 한꺼번에 노출되기도 한다.

과거 중국의 가난한 지식인들 가운데에는 고상하게 시나 그림을 쾌락으로 삼은 경우도 있었다. 그러나 글과 그림을 팔아 생긴 돈으로 결국은 술 마시고, 도박하고, 섹스를 즐기는 장면으로 끝나기 일쑤였다. 이 밖에 정원 가꾸기, 불꽃놀이, 연극 관람, 관광 유람, 음악, 골동품 수집, 식도락 등에 빠져든 사람들도 있었다. 대나무 숲에서 술을 마시고 음악을 들으며 청담(淸談)으로 세월을 보냈던 죽림칠현(竹林七賢)도 있었음을 우리는 알고 있다.

그런데 과연 유물론과 쾌락주의 사이에는 어떤 관련이 있을까? 다 알다시피, 대부분 윤리학의 기초는 형이상학이다. 이 세계 안의 존재 구조를 파악한 다음, 인간의 행동 규범이 결정되어야 하기 때문이다. 이러한 면에서 쾌락주의 윤리설은 유물론적 형이상학에 그 근거를 두고 있음을 밝히는 것이 이 글의 목표가 되겠다. 좀 더 정확하게 말하자면, 유물론을 형이상학으로 채택한 철학자(혹은 학파)가 왜 그 윤리학으로 쾌락주의를 내세웠는지 그 까닭을 밝히는 작업인 것이다.

서양 고대 철학의 역사에서 쾌락주의라면 키레네학파와 에피쿠로스학파를 들 수 있다. 먼저 키레네 학파의 아리스티포스는 "가능한 한, 많은 쾌락을 취하는 데 행복이 있다"고 말하였다. 쾌락의 질(質)에 상관없이 쾌락의 양(量)에만 주목한 것이다. 이에 반해, 에피쿠로스는 감각적 쾌락을 부정하고, 지속적이고 정신적인 쾌락을 추구하였다. 쾌락에 질적 차이를 인정한 셈인데, 이 에피쿠로스가 채택한 형이상학이 바로 데모크리토스의 원자론이었다. 고대 인도에서도 철저한 유물론자인 로카야타학파는 쾌락주의자로 알려져 있다. 이 글은 과연 유물론과 쾌락주의 사이에 어떠한 관계가 있는지, 그리고 있다면 왜 그러한지에 초점을 맞추고자 하였다.

1. 데모크리토스의 원자론

고대 그리스의 철학자 데모크리토스는 원자론의 창시자로 알려진 레우키포스의 대표적인 제자이다. 레우키포스는 "이 세계의 모든 존재는 원자로 구성되어 있다. 원자의 결합으로 사물이 생겨나고, 원자의 분해로 사물이 없어진다"고 주장하였다. 그렇다면 어떠한 과정을 통하여 이 이론, 즉 원자론이 나오게 되었을까?

일찍이 파르메니데스는 "이 세상에는 오직 유(有)만 있고, 무(無)란 있을 수도 생각할 수도 없다"고 하여 무(無)의 존재 자체를 부정해버렸다. 그리고 우리가 무(無) 혹은 비유(非有)를 인정하지 않는 한, 운동과 변화를 생각할 수 없다고 주장하였다. 텅 빈 운동장이 있어야만 운동이 가능하다는 논리이다. 이로부터 "이 세계는 움직이지 않고 고정되어 있다"는 엘레아 학파의 고정적인 세계관이 나오게 된 것이다.

그러나 데모크리토스가 보기에(누가 보기에도), 이 세계는 엄연히 움직이고 변화하고 있다. 봄이면 새싹이 나고 여름이면 과실을 맺고 가을에는 낙엽이 지고 겨울에는 눈이 내린다. 새들이 재잘거리며, 동물이 숲속에서 뛰어놀며, 물고기가 물속에서 헤엄을 친다. 이 사실을 어떻게 부정한단 말인가? 그리고 이처럼 우리가 눈앞에서 벌어지는 운동과 변화를 인정한다면, 운동하는 공간으로서의 운동장을 전제하지 않을 수 없다. 즉, 무(無)는 반드시 있어야 함을 인정해야 한다는 말이다. 왜냐하면, 무(운동장)가 없으면 유(운동)가 불가능하기 때문이다.

파르메니데스가 무조건적으로 무를 부정하여 운동과 변화를 부정한 것과 달리, 데모크리토스는 꿈틀거리는 움직임을 먼저 보고 나서 그 전제로서 무를 상정하고 있다. 이 세상에 운동과 변화가 있다면, 반드시 그 공간으로서의 무가 있어야 하는 것이다. 그리하여 "유도 있지만, 무 역시 유 못지않게 있다"고 하는 것이 데모크리토스 철학의 출발점이 된다.

데모크리토스에 의하면, 이 세계는 존재자(존재하는 모든 것)와 그 존재자가 채우고 있는 텅 빈 공간(무)으로 되어 있다. 그리고 이 공간, 즉 무는 물체와 물체 사이에뿐만 아니라 물체의 안에도 존재한다. 왜냐하면, 모든 물체는 그 속에 각각 텅 빈 공간, 즉 구멍을 가지고 있기 때문이다. 속이 단단한 물체는 그 구멍들이 작고 수 역시 적을 것이며, 헐렁한 물체는 그 구멍들이 크고 수효도 많을 것이다.

그렇다면 무를 제외한 나머지 유, 즉 존재는 무엇으로 구성되어 있을까? 이를 알기 위해서는 어떤 물체든지 그것을 계속 쪼개나가면 될 것이다. 어떤 물체를 쪼개고 또 쪼개다 보면 더이상 쪼개지지 않는 가장 작은 입자(알맹이)에까지 도달할 수 있을 것인바, 바로 이것을 데모크리토스는 '더이상 쪼개질 수 없다'는 의미에서 불가분의 것(Atomon), 즉 원자(原子, Atom)라 불렀다. 그러므로 이 세상의 모든 물체는 수많은 원자로 이루어져 있다고 말할 수 있다. 요컨대, 원자의 결합으로 사물이 생겨나고, 원자의 분해로 사물이 없어진다. 그래서 원자야말로 모든 사물의 근본 물질이 되는데, 이것이 바로 원자론이다.

데모크리토스에 의하면, 오래전 과거로부터 수많은 원자가 무한한 공간 안에서 중력의 법칙에 따라서 활동하고 있었다. 그것들은 서로 부딪쳐 퉁겨지면서 공간 가운데에서 움직인다. 때로는 빙빙 돌다가 모여 물체를 만들기도 하고, 때로는 흩어져 그 물체를 없애기도 한다. 그러므로 우주가 발생한 것은 이를 계획하거나 이끌어가는 어떤 정신에 의한 것도 아니고, 신적(神的)인 존재에 의한 것도 아니다. 그렇다고 우연에 지배되는 것도 아니다. 모든 것은 오직 존재자 안에 들어 있는 강인한 법칙성에 의하여 생겨난다.

데모크리토스의 스승 레우키포스 역시 이 우주를 이루는 두 개의 구성 요소로 빈 공간과 원자를 들었다. 이 '원자'는 그 수가 무수히 많으며, 매우 작아 나누어질 수 없고, 또 단단하다. 이 원자론에 의해 레우키포스의 우주론이 세워졌는데, 그 내용은 다음과 같다.

여러 모양의 원자들이 무한으로부터 떨어져 나와 빈 공간으로 이동하고, 이 원자들은 다시 한 곳에 모여 소용돌이를 만든다. 그 회전 속에서 원자들의 충돌과 뒤섞임이 일어나는데, 비슷한 것들은 모이고 그렇지 않은 것은 다시 허공으로 빠져 나가버린다. 그리고 이 모여 있는 원자의 집적물들이 태양과 달, 지구와 같은 별의 성질을 갖게 되고, 계속해서 빙글빙글 돌며 빈 공간인 하늘에 떠 있다. 지구가 우주의 중심 가까이에서 돌고 있다면, 태양은 그 둘레를 가장 큰 궤도로 돌고, 달은 작은 원을 그리며 돈다. 태양과 달 사이에는 다른 별들이 중간 궤도로 돌고 있다. 또한, 집적물들은 처음에는 습(濕)한 것이었으나 지속적인 회전으로 불이 붙고 빛을 갖게 된다. 별들의 빛은 회전 속도가 빠를수록 더 밝아지는데, 달은 불이 적고 빛도 적다. 레우키포스는 이 우주의 생성, 발전, 소멸이 필연적인 힘의 작용이라고 주장했다.

이 세상을 움직이는 힘은 오직 존재자 안에 들어 있는 강인한 법칙성이라고 주장한 점에서, 스승인 레우키포스와 제자인 데모크리토스의 견해는 일치해 있다. 그런데 사물과 마찬가지로 인간의 신체와 영혼 역시 원자로 구성되어 있다. 신체는 어차피 '물질'이기 때문에 새삼스러울 것이 없다. 이에 반하여, 가장 비물질적인 영혼마저 원자로 되어 있다는 주장에서 데모크리토스의 강렬한 유물론적 경향을 엿볼 수 있는 것이다. 그에 의하면, 모든 사물이 어느 정도씩은 영성(靈性) 원자를 포함하고 있다. 다만 인간의 경우 그것을 비교적 많이 포함하고 있기 때문에 다른 물체에 비해 영성이 두드러지게 나타나는 것뿐이다. 결국 보통의 물체와 영혼의 차이란 원자들의 양적(量的) 차이에 지나지 않는다.

애초에 인간이 생겨난 것 자체가 원자의 결합에 의한 것임과 마찬가지로, 인간이 죽는다는 것은 그를 형성했던 원자들이 흩어진다는 것과 다름없다. 육체를 구성했던 원자가 흩어지면 육체가 없어지는 것이고, 정신을 구성했던 원자가 흩어지면 정신 역시 사라져버린다. 그리하여 인간에게 사후(死後)의 세계란 없다. 사람이 죽으면 한갓 무로 돌아갈 뿐, 천국이나 지옥 또는 극락 같은 곳은 없다는 뜻이다. 이와 관련하여, 유물론적 세계관을 피력한 로마의 철학자 루크레티우스는 "우리는 죽음과 절대로 만날 수 없다. 왜냐하면, 우리가 살아 있는 동안에는 죽음이 없으며, 죽음이 올 때에는 우리가 이미 살아 있지 않기 때문"이라고 말한 바 있다. 나아가 이 루크레티우스는 "종교는 미신과 미망(迷妄)의 원천이다"라고 주장하였다.

루크레티우스가 종교를 부정한 것은 인간의 죽음 후에 오는 세계, 즉 사후(死後)의 세계를 인정하지 않는 것과 맥이 닿아 있다. 그리고 인간이 죽은 다음 무(無)로, 흙으로 돌아갈 뿐이라는 입장에서는 "살아 있는 동안에나마 즐겁게 살자!"는 주장이 자연스럽게 나올 수밖에 없다. 현재의 '이 세상'에 몰두하는 대부분의 유물론처럼 데모크리토스의 유물론 역시 쾌락주의 윤리설로 귀착될 수밖에 없는 것이다. 이 대목에서 우리는 왜 쾌락주의자 에피쿠로스가 데모크리토스의 유물론을 기초로 삼았는지 충분히 짐작할 수 있겠다.

2. 키레네 학파의 쾌락주의

사실 에피쿠로스 이전부터 서양 고대 철학자들 가운데에도 쾌락주의의 단초에 대해 언급한 사람이 있었다. 엠페도클레스(기원전 490?~430?)는 "모든 생물은 자연히 쾌락을 지향한다"고 주장했다. 그런데 이 엠페도클레스는 일찍부터 유물론적 사상의 씨앗을 그 자신 가운데 품고 있었다. 그는 만물의 근본 원소가 물과 불, 공기, 흙 등 네 가지라고 주장하였다. 그리고 각각 성질을 달리하는 이 원소들이 여러 가지 비율로 혼합·분리하는 데서 잡다한 자연 현상이 일어난다고 보았다. 이 네 가지 원소는 불생 불멸하며, 아무리 쪼개어도 그 이상의 어떤 것에 도달할 수 없는 근원적인 요소이다. 이 세상의 모든 것은 이 원소들이 섞이고 나누어지는 데에서 새로 태어나거나 죽거나 한다.

이러한 사상에 입각하여 엠페도클레스는 이 세계가 절대자에 의해 창조된 것이 아니라 자연적으로 발생한다고 보았다. 서로 떨어져 있는 원소의 분자들을 '사랑'이 소용돌이 속에 끌어들임으로써 최초의 천체가 만들어졌고, 계속하여 천궁(天窮), 공기, 영기(靈氣) 등으로 나누어졌다. 그리고 이것들이 빙빙 돌아감으로써 흙에서 물이 나누어지고, 드러난 흙 위를 바람과 햇볕이 쪼임으로써 최초의 생물이 생겨났다. 생물은 하등 유기체에서 고등 유기체로 발전해가는데, 처음에 식물과 동물이 발생하고 그다음에 인간이 생겨났다. 그리고 생존하기에 적합한 동물만이 살아남았다. 사실상 다윈이 주장한 진화론에서의 적자생존(適者生存)의 원리가 이미 이때 그 싹을 보이고 있었던 것이다. 어떻든 엠페도클레스의 쾌락주의적 사고에 유물론이 작용하였다고 볼 수 있는 대목이다.

이후 쾌락주의를 본격적으로 제기하여 철학적 쟁점으로 떠오르게 한 것은 소피스트들, 즉 궤변론자로 불리는 사람들이었다. 하지만 쾌락주의가 체계를 갖추고 "쾌락이야말로 인간이 진정 원하는 최고의 선이며, 인생의 목적 자체가 쾌락 즉 행복이다"라고 분명하게 주장한 철학자는 키레네학파와 에피쿠로스이다.

이제부터 키레네학파와 에피쿠로스학파에게서 나타난 쾌락주의 (hedonism)에 대해 살펴보기로 하자. 먼저 키레네학파의 창시자는 소크라테스의 친구인 아리스티포스이다. 그가 북아프리카의 키레네에서 태어났기 때문에 '키레네학파'라는 이름이 생겨났다. 그는 "가장 강하고 가장 영속적인 쾌락을 누리는 일이야말로 인생 최고의 목적이다"라고 주장한다. 물론 그는 이 목적을 달성하는 수단으로써 식견(識見)이 필요하다고 주장하기도 하였지만, 소크라테스의 제자 가운데 처음으로 철학을 가르치는 데 대한 대가(돈)를 요구한 사람이기도 하다. 이 역시 '눈에 보이고 손으로 만져지는 것, 즉 현상적(現象的)인 것'에 집착하고 물질을 숭상하는 태도와 쾌락주의가 매우 닮아 있음을 알 수 있는 장면이 아닐까 여겨진다.

이 대목에서 금욕주의자 디오게네스와 쾌락주의자 아리스티포스 사이에 오간 대화는 암시하는 바가 크다고 여겨진다. 본래 아리스티포스는 디오게네스와 동문수학(同門修學)한 사이였는데, 왕궁에 들어가 호의호식하며 지내는 중이었다. 이 무렵 아리스티포스가 디오게네스를 찾아왔는데, 마침 디오게네스는 저녁거리로 콩깍지를 삶고 있었다. 이를 본 아리스티포스가 혀를 찼다. "쯧쯧, 왕궁에 들어와 고개만 좀 숙일 줄 알았으면, 콩깍지 같은 것은 삶지 않아도 되련만…" 그러나 이에 대한 디오게네스의 답변이 또한 걸작이다. "쯧쯧, 콩깍지 삶는 법을 조금만 배웠어도, 그렇게 굽실거리며 살지 않아도 되는 걸…"

이 에피소드야말로 소(小)소크라테스학파 가운데에서 두 사람이 왜 금욕주의와 쾌락주의로 갈라서게 되었는지를 여실히 보여주는 장면이라 할 수 있겠다. 주지하다시피, 소(小)소크라테스학파 가운데 키니코스학파는 덕을, 키레네학파는 행복을 강조했다. 키니코스학파의 "인간에게 덕이 가장 중요하다"는 사상을 실천에 옮긴 사람이 디오게네스이다. 반면 키레네학파의 아리스티포스는 "덕이 행복이다"라는 소크라테스의 명제로부터 "쾌락이야말로 우리가 추구해야 할 최고의 선"이라는 주장을 이끌어냈다.

그렇다면, 쾌락주의자 아리스티포스와 금욕주의자 디오게네스는 전혀 다른 삶을 살았을까? 사실 디오게네스는 우리에게 가장 널리 알려진 철학자 가운데 한 사람이다. 거지(?) 철학자 디오게네스는 흑해 연안의 항구 상업 도시 시노페에서 환전상(換錢商)의 아들로 태어났다. 그의 아버지는 주화(鑄貨)를 위조하다가 들켜 쫓겨 다녔는데, 디오게네스 역시 아버지를 따라 가짜 돈을 만들었다는 죄목으로 고향에서 쫓겨나야 했다.

그 후 아테네로 망명하여서는 정신적인 의미에서의 위조 화폐를 만들어, '공인된 가치'와 다른 가치를 창조했다고 한다. 디오게네스는 아테네에서 소크라테스를 따라다녔던 안티스테네스(키니코스학파의 창시자)를 스승으로 모신다. 금욕을 강조한 안티스테네스와의 만남 때문에 그는 자연스럽게 세상의 부와 명예, 권력 등으로부터 자유로울 수 있었는지도 모른다.

아테네에 와 살면서 디오게네스는 당대의 기인(奇人)으로 소문이 나기 시작했다. 그가 대낮에도 등불을 들고 다니자, 사람들이 그 까닭을 물었다. 이때 디오게네스는 "내 눈으로는 현자(賢者)를 찾기가 힘들어 그렇다"고 대답하였다고 한다. 그는 "모름지기 사람이란 이성을 갖든지, 아니면 목 매달 끈을 가져야 한다"고 주장하였다. 디오게네스는 '덕이란 모든 육체적 쾌락을 피하는 것'이라고 생각하였으며, 이를 위해서는 결핍과 곤고(困苦), 모욕을 참아내는 강한 정신력을 기르는 것이 중요하다고 보았다.

여러 가지 기행으로 널리 알려진 디오게네스이지만, 알렉산드로스 대왕과의 만남은 특히 유명하다. 그리스 여러 나라 대표가 그리스의 코린트에 모여 알렉산드로스를 장군으로 삼고 페르시아를 정벌하기로 결정하자, 수많은 정치가와 철인(哲人)들이 그를 방문하여 축하 인사를 건넸다. 디오게네스도 당연히 자기를 찾아와 인사할 것으로 생각했으나 오지 않자, 알렉산드로스는 부하들을 거느리고 직접 그를 찾아갔다. 마침 따뜻한 햇볕을 쬐고 있던 디오게네스를 보고, 알렉산드로스가 "내가 알렉산드로스인데, 원하는 것이 있으면 말해보시오. 무엇이든지 들어주겠소!" 하고 말했다. 그러자 물끄러미 왕을 바라보던 디오게네스가 말했다. "저쪽으로 좀 비켜주시오. 당신에게 가려 햇볕이 들지 않거든." 그와 헤어져 돌아온 뒤, 디오게네스의 대구와 행색을 비웃는 부하들에게 대왕은 이렇게 말했다고 한다. "내 생각은 너희와 다르다. 내가 만약 알렉산드로스가 아니었다면, 나는 디오게네스가 되었을 것이다."

세상에 있는 것이라면 무엇이든지 지배하고 정복하려고만 했던 제왕, 그와 정반대로 세상 것들을 무엇이든지 버리려고만 했던 철학자의 절묘한 만남이라고나 할까?

그러나 디오게네스는 단순한 기인이 아니었다. 하루는 길거리에서 신전의 사제(司祭)들이 헌금을 훔쳐가던 사나이를 붙잡아가는 것을 보았다. 디오게네스는 손가락질하면서, "저기 큰 도둑이 좀도둑을 잡아가고 있다"고 소리를 질렀다. 당대의 대철학자 플라톤은 인간을 가리켜 '털이 없는, 두 발 동물'이라고 정의하였다. 이에 대해 디오게네스는 닭의 털을 모두 뽑아버린 다음 플라톤의 제자들에게 던지며, "여기 너희 스승이 정의한 인간이 있다"고 소리쳤다. 그들의 관념 철학을 비웃은 것이다. 그 후 플라톤은 인간을 정의할 때마다, '손톱과 발톱을 가진'이라는 말을 앞에다가 첨가하게 되었다고 한다.

디오게네스 입장에서는 플라톤이 입으로는 항상 "욕망을 버리고 살라!"고 하면서 큰 집에 사는 게 못마땅했던가 보다. 이에 어느 날 디오게네스가 진흙투성이 발로 플라톤의 집에 들어가 침대를 짓밟아놓고 나왔다는 일화도 전해진다. 다만 플라톤은 그를 라이벌로 여기지 않았던가 보다. 사람들이 "도대체 디오게네스는 뭐 하는 놈이오?"라고 물으면, "미친 소크라테스이다"라고 대답했다고 한다.

어떻든 디오게네스에게 이 세상의 부와 명예, 권력은 무가치할 뿐 아니라 귀찮은 것이었다. 그것들은 한순간의 따사로운 햇볕보다도 못했다. 디오게네스는 '아무런 부족도 느끼지 않고, 아무런 것도 필요로 하지 않는 것'이 신(神)의 특질이라 여겼다. 필요한 것이 적으면 적을수록 그만큼 신에게 더 가까워지는 것이 되기 때문에 가능한 한 간편한 생활이 삶의 이상이 되었던 것이다. 그리고 또 그러한 생활을 무엇보다도 자유인이 되기 위해 필요한 것으로 간주했다.

때문에 디오게네스는 무욕(無慾)과 자족(自足), 그리고 무치(無恥)를 생활 목표로 삼았다. 아무런 욕심 없이 현재의 처지에 스스로 만족하며, 부끄러워하지 않는 생활이 그의 이상적인 삶이었던 것이다. 그런데 누구나 인정하듯이, 그러한 삶을 매일 살아가고 있는 동물이 바로 개이다. 개는 아무것도 갖지 않고 남의 눈치를 보는 일도 없이, 주어진 대로 먹고 아무 데서나 잠을 잔다. 이처럼 '개 같은' 생활이야말로 디오게네스가 추구하는 삶의 이상이었던 것이다. '키니코스(Kynikos)'라는 말 또한 'Kyon(개)'이라는 희랍어에서 유래하거니와, 그들을 견유학파(犬儒學派)라고 부르는 것도 개(犬-견)와 관련되어 있음을 나타낸다 하겠다.

특히 디오게네스는 무치(無恥)와 관련하여, 우리가 행복을 얻기 위해서는 인간이 가지고 있는 자연적 욕망을 간단하고도 쉬운 방법으로 만족시키면 된다고 주장하였다. 배고플 때 먹는 행위를 두고 비난할 수 없듯이, 성욕을 채우는 일 역시 비난받아서는 안 된다는 것이다. 인간의 자연적 욕망을 충족시키는 것은 그다지 더러운 것이 아니므로 공공연하게 만족시켜도 된다. 형편이 이러함에도 불구하고, 우리로 하여금 괜스레 수치심을 갖게 하는 것은 도대체 무엇일까? 그것은 자연에 거슬러 인간의 본능을 억압하려는, 잘못된 풍습이나 문명이다. 따라서 우리는 이러한 반(反)자연적인 것에 대항하여 그것들을 없애거나 무시해야 한다.

이와 관련하여, 디오게네스는 코린트시 교외의 크라네이움이라는 곳에서 나무통을 이리저리 굴려가며 그 속에서 잠을 잤는데, 많은 사람이 보는 앞에서 태연히 여성과 성교를 하기도 했다고 전해진다. 심지어 길거리에서 대놓고 자위행위를 하고 나서는, "배고픈 것도 이렇게 문질러서 해결되면 좋을 텐데"라고 말했다고 한다.

이 대목에서 우리는 과연 누가 쾌락주의자이고 누가 금욕주의자인지 알 수 없는 지경에 이르고 만다. 어떻든 키레네학파의 아리스티포스가 주장하는 쾌락은 정신적 쾌락뿐만이 아니고 물질적·육체적 쾌락까지를 모두 포함하고 있다. 그는 쾌락이란 단순한 고통의 부재가 아니라, 먹고 마시고 성행위를 하는 데서 경험하는 적극적인 신체적 감각이라고 생각하였다. 그리고 쾌락은 모두 평등하며 단지 강도(强度)에 있어서만 차이가 난다고 보았으며, 이러한 이유에서 육체적 쾌락이 마음의 쾌락보다 우월하다고 보았다. 지적(知的)인 심사숙고와 관조(觀照)보다는 인간의 육체가 얻을 수 있는 보다 생생하고 강렬한 쾌락을 추구하는 것이 훨씬 더 낫다고 주장하였던 것이다.

그렇다면, 키레네학파의 사상가들이 지금 당장의 감각적·육체적 쾌락을 강조했던 까닭은 무엇일까? 그것은 미래가 우리 인간의 (예측) 능력 범위를 벗어나 있다고 보았기 때문이다. 지금 열심히 일한다고 하여 과연 우리에게 행복한 미래가 보장되는가? 내일 일도 알 수 없는데 어떻게 수년, 혹은 수십 년 후를 내다볼 수 있겠는가? 그러므로 아리스티포스는 현명한 사람, 즉 철인(哲人)은 현재를 즐길 줄 아는 사람이라고 말한다. 현자는 불확실한 미래보다 확실한 현재를 더 믿는다. 다만 미래 역시 언젠가 다가올 '현재'이기 때문에 현명한 사람은 현재에 충실하면서 미래를 도모할 줄 안다. 모름지기 현자란 현재의 쾌락에만 사로잡히지 않고, 미래의 쾌락까지 내다볼 줄 알아야 한다. 그러므로 진정한 쾌락주의자들은 현재의 육체적인 욕망을 추구하되 미래의 쾌락까지 내다보는 지혜를 갖추어야 한다.

이와 관련하여, 그는 "쾌락을 추구하면 쾌락의 노예가 된다"는 이른바 '쾌락주의의 역설'을 강조했다. 쾌락이란 직접적이고 적극적으로 추구하면 추구할수록 그 충족에서 멀어지는 역설적 경향이 있다. 때문에 '인간의 강력한 욕망을 조절하기 위해 현명한 판단을 내리고, 자신을 통제할 수 있어야 한다'고 생각했던 것이다.

아리스티포스의 뒤를 이은 무신론자 테오도루스에 이르러 키레네학파의 쾌락주의는 이기주의적인 형태로 바뀌게 된다. 테오도루스는 정치적·종교적인 모든 종류의 이타적(利他的)인 행동과 제도를 거부하고, 개인의 감각적 쾌락을 추구하는 데에만 몰두했다. 쾌락의 추구를 최고선으로 보는 한, 그 쾌락은 어디까지나 자기 자신의 쾌락일 뿐이다. 따라서 공동체나 타인에 대한 이타적 행위는 그것들이 나의 쾌락 추구에 도움이 되지 않는다면 언제든지 무시될 수 있어야 한다.

헤게시아스는 쾌락주의를 염세주의적인 방향으로 발전시켰다. 그는 쾌락을 인생의 목적으로 보는 키레네학파의 기존 입장에 동조하면서도, 행복은 인생의 목적이 될 수 없다고 보았다. 왜냐하면, 완전한 행복은 존재하지도 않을뿐더러 인간이 얻을 수 없는 것이기 때문이다. 인간은 본질적으로 감각에 사로잡혀 있기 때문에 아무리 정신이 감각에서부터 벗어나려 노력한다 하더라도 그것은 불가능하다. 그러므로 적극적으로 행복을 추구하기보다 고통과 슬픔에서 벗어나는 것을 목표로 삼는 것이 더 현명하다. 즉, 우리가 아무리 쾌락을 추구해도 그것을 얻기 어렵다면, 차라리 고통 없는 상태에 머무는 것이 더 낫다고 본 것이다.

또한, 인생에는 굳이 살아야 할 도덕적 의무 따위가 있을 수 없다. 따라서 스스로 목숨을 끊는 일은 아무런 문제가 되지 않는다. 다시 말하면, 우리가 적극적으로 쾌락을 얻지 못할 때 할 수 있는 최선의 방법은 고통을 피하는 일인데, 고통을 피하기 위한 가장 확실한 방법은 바로 죽음이라는 것이다. 결국 헤게시아스에 있어서 가장 행복한 사람은 고통이 없는 상태에 이른 사람, 곧 죽은 사람이 된다. 이리하여 그는 '자살 권유자'라는 별명까지 얻게 된다. 결국 키레네학파의 쾌락주의는 헤게시아스에 들어와 염세주의로 바뀌었으며, 이리하여 처음의 목표와는 정반대로 흘러가고 말았다.

3. 에피쿠로스의 쾌락주의

에피쿠로스는 "쾌락은 행복한 삶을 형성하는 알파요 오메가"[1]라고 주장한다. 그는 "우리는 쾌락이 우리의 첫 번째 선천적인 재산임을 알고 있으며, 우리의 추구와 회피를 쾌락에 의해 조종하며, 모든 재화를 쾌락을 기준으로 측정한다"[2]고 말하고 있다.

에피쿠로스에 의하면, 인생의 목적은 행복이다. 이것은 대부분의 철학자가 동의하는 바이다. 그러나 과연 무엇이 행복이며, 인간은 어느 때 행복하냐 하는 것이 문제의 초점이다. 이에 대해 에피쿠로스는 인간이 즐거울 때, 즉 유쾌할 때 행복하고 불쾌할 때 불행하다고 주장한다. 모든 행복은 즐거움과 관계되어 있다. 그렇다면 인생의 궁극적 목적인 행복에 이바지하는

---

1   에피쿠로스(조정옥 엮음), 『에피쿠로스의 쾌락의 철학』(동천사, 1997).
2   위의 책, 99쪽.

쾌락(즐거움)은 좋은 것(선)이 되고, 불행을 가져오는 불쾌는 나쁜 것(악)이 될 수밖에 없다. 감각적인 개념인 쾌, 불쾌가 어느새 도덕적인 개념인 선악(善惡)으로 바뀌어 있는 것이다.

사실 고통을 버리고 쾌락을 원하는 것은 모든 생명체의 본성이다. 따라서 그것은 인간의 본성이기도 하다. 그러므로 본질적으로 우리에게 쾌감을 주는 것은 선이 되고, 고통과 불쾌를 주는 것은 악이 된다. 학문이나 도덕도 그 자체가 목적이 아니라, 쾌락이라는 목적을 위한 하나의 수단에 지나지 않는다. 정치와 경제, 문화와 예술 역시 마찬가지이다.

그러나 에피쿠로스는 과연 무엇이 우리에게 진정한 쾌락을 가져다주느냐고 묻는다. 그리고 스스로 답하기를, "향락 자체에 관심을 주는 사치스러운 쾌락이나 무분별한 욕구의 충족에서 오는 쾌락은 그 자체는 악이 아니지만, 순간의 쾌락이 사라진 후 긴 고통을 남기기 때문에 억제되어야 할 것으로 본다. 요컨대, 그것들은 불완전한 쾌락이다"[3]라고 한다. 키레네학파와는 달리, 쾌락에도 질적(質的) 차이가 있음을 주장한 것이다. 쾌락에는 육체적 욕망을 충족시킴으로써 얻어지는 강하고 순간적인 쾌락이 있는가 하면, 정신적 욕구를 충족시키는 데에서 오는 약하고 지속적인 쾌락이 있다. 모두가 다 그렇다는 것은 아니지만, 대개 육체적 쾌락은 강력한 반면 짧고 정신적 쾌락은 약한 대신에 길다.

쾌락이 최고의 선(善)이고 지상(至上) 과제라고 한다면, 우리가 사는 동안 되도록 많은 쾌락을 누리는 것이 상책일 것이다. 우리가 하루살이라

---

3   류지한, 「고대의 쾌락주의」, 《철학논총》 제50집 제4권(새한철학회, 2007), 99쪽.

고 가정한다면 하루 동안 짧고 강한 쾌락을 누리며 살면 된다. 그러나 우리 인간은 보통 몇십 년을 살기 때문에 인생의 모든 기간을 통하여 쾌락의 양을 조절할 필요가 있다. 되도록 쾌락의 양이 고통의 양보다 많도록 해야 하는데, 일상생활에서 경험하듯 육체적 쾌락 뒤에는 더 큰 고통과 불쾌가 따라오기 쉽다. 그러므로 인생 전체를 고려한다면, 강하고 짧은 육체적 쾌락보다는 차라리 약하고 지속적인 정신적 쾌락을 선택하는 편이 더 현명한 처사일 수 있다. 이 때문에 우리에게는 지속적인 행복을 위하여 크고 작은 고통을 참아야 할 때가 있는가 하면, 작은 쾌락을 희생해야 하는 경우도 생기는 것이다.

결국 에피쿠로스의 쾌락주의는 이성에 의한 분별력 있는 쾌락을 추구해야 한다고 촉구하고 있는 셈이다. "이성이 없다면 참된 쾌락에 도달할 수 없다. 이성적 분별을 통해서만 불완전한 쾌락의 늪에 빠지지 않고, 참된 쾌락을 추구할 수 있다."[4]

여기에서 등장한 개념이 안정된 마음, 즉 아타락시아(ataraxia)이다. 흐트러지지 않은 채 인생 전체를 조망할 수 있는 능력이 필요하다고 본 것이다. 에피쿠로스는 참된 쾌락을 무한히 큰 쾌락으로 보지 않고 고통의 부정, 즉 고통이 없는 상태로 보았다. 참으로 완전한 쾌락은 적극적으로 추구하는 데서 오는 것이 아니라 소극적으로 고통을 피하는 일, 즉 고통의 부재(不在) 상태이다.

그렇다면, 과연 우리는 어떤 쾌락이 필연적·필수적이고 어떤 쾌락이

---

4   류지한, 위의 논문, 100쪽.

선택적이라고 말할 수 있는가? 주지하다시피, 인간은 동물이다. 동물은 최소한의 음식을 먹어야 하고, 최소한의 공간을 차지하며 살아가야 한다. 따라서 인간에게 최소한의 음식이나 주거 공간은 필연적이다. 그것은 생명을 유지하기 위해 필수적이라고 말할 수 있다. 이에 대한 욕구가 충족되지 않으면 커다란 고통을 일으키기 때문이다. 이에 반해, 성적(性的) 욕구나 식도락(食道樂)에 대한 욕구는 자연스럽기는 하되, 그것이 충족되지 않았을 경우 이렇다 할 고통이 따르는 것은 아니다. 부나 명예, 권력에 대한 욕구도 마찬가지이다.

따라서 우리가 고통에서 벗어나기 위해 최소한의 음식이나 주거 공간은 충족시켜주어야 하지만, 그 밖의 욕구는 굳이 충족시키려고 애쓸 필요가 없다. 물론 별다른 노력 없이 충족되는 것을 반대할 것까지는 없으되, 그것을 붙잡으려고 다른 것들을 희생시키고 포기할 필요까지는 없는 것이다. 오히려 불필요한 욕구를 충족시키고자 하는 시도는 정작 필요한 것들을 희생시킬 뿐 아니라 우리의 평정심을 해칠 가능성까지 있다. 나아가 비자연적 욕구는 완전하게 채워질 수 없기 때문에 그것들에 탐닉하는 것은 해로울 수 있다. 따라서 우리는 비자연적 욕구를 가급적 절제하거나 제거해야 하며, 우리의 에너지를 자연적이고 필연적인 욕구를 충족시키는 데 쏟아야 한다.[5]

그렇다면, 과연 인간에게 육체적 쾌락보다 정신적 쾌락을 더 낮게 보고 그것을 기꺼이 선택할 능력이 있는가? 동물은 그때그때의 쾌락과 고통

---

5   류지한, 위의 논문, 101~102쪽 재정리.

의 본능에 따라 움직인다. 하지만 인간은 (과거에 대한) 기억력과 (미래에 대한) 상상력에 의하여 과거와 미래를 통찰할 수 있다. 그리하여 정신적 쾌락이 그 강도(强度)에 있어서 육체적 쾌락보다 더 강할 수 있음을 통찰할 수 있다. 이러한 통찰력으로써 인간은 육체적 고통을 제압할 수도 있고, 육체적 쾌락을 절제할 수도 있는 것이다.

쾌락주의자 에피쿠로스는 데모크리토스의 원자론을 받아들였다. 그런데 앞에서 말했듯 원자론에 의하면, 존재하는 것은 오직 빈 공간(無)과 그 안에서 운동하는 원자뿐이다. 그리고 세계 만물은 원자가 모이고 흩어지는 것에 불과하기 때문에 이 세상에는 (인간에게 공포감을 안겨주는) 불가사의한 요괴 같은 것은 있을 수 없다. 신들이 이 세계를 지배한다는 것 또한 헛된 망상이다. 이 때문에 에피쿠로스는 심지어 무녀(巫女, 무당)였던 자기 어머니의 주술마저도 부인하였다. "에피쿠로스는 모든 초자연적 힘을 우주와 인간의 삶에서 추방해버림으로써 죽음, 사후의 삶, 미신, 운명 등에 대한 잘못된 믿음에서 오는 불안을 원천적으로 제거하려 하였다."[6]

먼저 그는 인간에게 어떤 운명 같은 것이 필연적으로 작동한다는 사실을 인정하지 않았다. 어떤 의미에서 운명이란 '신'의 다른 이름일 수 있다. 원자의 결합과 분해로 모든 것이 결정된다는 입장에서 '어떤 의지적인 존재'가 이 세상을 통치하고 섭리해나간다는 사실은 도저히 인정할 수 없는 일이다. 같은 맥락에서, 에피쿠로스는 다른 대부분의 유물론자처럼 사후(死後)의 세계를 인정하지 않는다. 인간 세계는 이 세상 질서로 끝나야 한

6 위의 논문, 103쪽.

다. 원자들의 활동이 끝난 이후에까지 '어떤 힘'이 인간을 지배한다는 것을 에피쿠로스는 받아들일 수 없었던 것이다.

보통 사람들은 두 가지를 가장 두려워하는데, 그것은 바로 신과 죽음이다. 그러나 에피쿠로스에 의하면, 신과 사후의 세계는 존재하지 않기 때문에 이를 두려워할 필요가 전혀 없다. 그렇다면, 신과 죽음 후의 세계가 없다는 에피쿠로스 주장의 논리적 근거는 무엇인가? 첫째, 만일 신이 있다면 그 개념상 가장 완전한 존재일 것인바, 가장 완전한 존재가 무엇 때문에 새삼스럽게 세계를 창조해서 그것을 지배하는 무거운 짐을 지겠는가? 완전한 존재는 그 자체로서 완전하기 때문에 새로이 '다른' 세계를 만들 필요가 없다. 번거롭게 불필요한 일을 하나 더 만드는 셈이 되기 때문이다. 다시 말해, 신은 지극히 자족적(自足的)이고 가장 행복한 존재이기 때문에 (자신의 일이 아닌) 인간사에 관심이나 미련을 가질 까닭이 없다.

또 만일 신이 이 세계를 창조하였다고 한다면, 완전한 신이 왜 이 세계를 불완전하게 만들었을까? 신은 자신의 속성대로 완전한 세계를 창조해야 옳다. 그럼에도 이 세계에는 얼마나 많은 악과 불행, 불완전함이 존재하는가 말이다. 따라서 우리는 이 흠 많은 세계를 신이 만들었다고 도저히 생각할 수 없다. 그러므로 신이 이 세계를 지배하고 인간의 일에 간섭한다는 것은 어리석은 생각이며, 따라서 우리는 (존재하지도 않는) 신을 두려워할 필요가 전혀 없다.

둘째, 인간은 무엇보다도 죽음을 가장 두려워한다. 사실 병이나 가난, 갑작스런 사고 등에 대한 우리의 공포는 결국 죽음에 대한 공포로부터 유래한다. 그러나 에피쿠로스에 따르면, 이런 공포는 근거가 없다. "죽음은 아무것도 아니다. 왜냐하면, 죽음이 찾아오면 아무런 감각도 없어지기 때문이다. 그리고 아무 감각도 없으면, 죽음에 대해 걱정할 필요도 없다."[7] 이러한 주장은 '사람이 죽으면 한갓 무로 돌아갈 뿐, 천국이나 지옥 또는 극락 같은 곳은 없다'는 데모크리토스의 입장과 궤를 함께한다. 또한 "우리는 죽음과 절대로 만날 수 없다. 왜냐하면, 우리가 살아 있는 동안에는 죽음이 없으며, 죽음이 올 때에는 우리가 이미 살아 있지 않기 때문"이라고 말한 유물론적 사상가 루크레티우스의 주장과도 일치한다.

그럼에도 불구하고, 왜 인간은 죽음에 대한 공포를 극복하지 못하는 걸까? 그 원인 중의 하나가 죽음 후의 세계에 대하여 제대로 알지 못하기 때문이 아닐까? 즉, 사망 후 벌을 받거나 지옥에 가지 않을까 은연중 염려하기 때문이 아닐까?

그러나 에피쿠로스에 의하면, 사후의 세계는 없다. 그 근거는 역시 원자론에서 찾을 수 있다. 그 이론에 의하면 존재하는 것은 원자와 공간뿐이어서, 죽음이란 우선 먼저 육체를 형성했던 원자가 흩어지는 것에 불과하다. 다음으로 인간의 영혼 역시 불과 같은 성질의 원자(火性原子, 화성원자)로 되어 있으며, 그리하여 뜨거운 숨결(일종의 물질적인 것)에 지나지 않는다. 죽음이란 육체와 더불어 영혼의 원자가 흩어져버리는 것일 뿐이다. 때문에 육체가 죽은 후에도 영혼이 계속 살아남아 내세에 머문다고 하는 것은 있을 수 없는 일이다. 죽은 후에는 상도, 벌도 받을 수 없다. 결론적으로, 인간은 죽음과 함께 무로 돌아갈 뿐이기 때문에 우리는 죽음을 두려워할 필요가 없다.

---

7   에피쿠로스, 앞의 책, 36쪽.

에피쿠로스는 쾌락에 지나친 욕심을 내지는 않았던 것 같다. 물질적으로 크게 모자라지 않고 육체적으로 큰 고통을 당하지 않으며 정신적으로 크게 번민할 일이 없는, 그야말로 평온한 상태 그것을 추구한 것이다. 우리가 일생을 살아가는 동안 이러저러한 고통을 당하기도 하고 즐거움을 경험하기도 하겠지만, 전체적으로 안정되고 평범한 소시민적인 행복, 바로 그것을 추구했던 것이다.

4. 고대 인도의 유물론과 쾌락주의

고대 인도에는 일찍부터 "인간 역시 하나의 물질적 존재"임을 주장하는 학파가 있었다. 먼저 로카야타[8]라고 하는 이름을 가진 학파의 주장은 다음과 같다. 첫째, 이 세상의 만물을 구성하는 요소는 땅과 물, 불과 바람 등 네 가지이다. 둘째, 우리 인간의 몸과 감각기관 및 감각의 대상들은 이 4대 요소들이 여러 가지 모양으로 서로 다르게 결합한 결과이다. 셋째, 우리의 의식이란 물질로부터 생겨난 것이다. 마치 발효된 누룩(물질)으로부터 (사람의 정신을 취하게 만드는) 술의 성분이 생겨나는 것과 같은 이치이다. 넷

---

8   로카야타파(Lokāyata派): 산스크리트어로 '세상에 순종하는 사람'이란 뜻으로, '순세파(順世派)'라고 번역하기도 한다. 후세에는 차르바카(Cārvāka)라고 불렸다. 『베다』 성전(聖典)의 권위를 인정하지 않았기 때문에 인도의 정통 브라만 입장에서 이단파로 간주되었다. 대표적인 사상가로는 육사외도(六師外道, 불타와 같은 시대에 살았던 6명의 사상가와 그 유파를 불교의 관점에서 이단으로 간주하고 부르는 호칭)의 한 사람이자 유물론자로 유명한 아지타 케사캄발라가 꼽힌다.

째, 우리 인간의 영혼이란 의식이 있는 몸에 지나지 않는다. 다섯째, 향락만이 인생의 유일한 목적이다. 여섯째, 죽음만이 해방이다.

이러한 관점에서, 이 학파는 우리가 직접 지각(知覺)할 수 없는 모든 것들을 부정한다. 신의 존재라든가 영혼의 존재, 그리고 업(業, karma, 중생이 몸과 입과 뜻으로 짓는 선악의 소행. 전생의 소행으로 말미암아 현세에 받는 응보를 가리키기도 함)의 법칙이나 생전(生前)이나 사후(死後)의 존재 등을 인정하지 않는 것이다. 이런 것들은 사제 계급, 즉 종교 지도자들이 무지몽매한 사람들을 속여 자기들의 이익을 추구하기 위해 의도적으로 만들어낸 이론에 불과하다고 말한다.

로카야타파와 마찬가지로, 고대 인도의 유물론자들은 당시 유행하던 종교와 그 지도자들을 비웃으며, 물질적 차원을 넘어서는 모든 철학적 내지 종교적 사색을 형이상학적 난센스(무의미한 어떤 것)라고 뿌리쳐버렸다. 그들에 의하면, 아트만(ātman, 인간 존재의 영원한 핵. 자아, 영혼, 나아가서는 본체 등을 의미)에 대한 이론도 다만 기만일 뿐이며, 흔히 영혼이라 부르는 것은 존재하지도 않는다. 이 세상에는 네 가지 원소(공기, 불, 물, 흙)의 형태를 가진 물질만이 존재한다. 그들 이론에 따르면, 우리 인간은 전적으로 물질로 만들어졌을 뿐, 그 안에 영혼과 같은 비물질적인 것은 어떤 것도 존재하지 않는다.

물론 인간에게 의식이 존재하긴 한다. 하지만 그 의식의 속성이란 것도 따지고 보면, 물질로 이루어진 육체일 뿐이다. 우리는 물질 자체에 의식이 없다고 하여 그것들이 결합된 어떤 새로운 물체에도 의식이 없다고 생각해서는 안 된다. 예컨대, 구장(후추과의 식물)의 잎과 열매, 과일을 함께 빻아 원래 그들 구성 성분에는 없었던 붉은 색을 얻을 수도 있고, 당밀(糖蜜, 제당

과정에서 설탕을 뽑아내고 남는, 검은빛을 띠는 시럽상의 액체)을 발효시켜 원래 그 속에는 없던 취기(醉氣)의 성분을 얻을 수도 있다. 마찬가지로 물질의 요소들이 특별한 방법으로 결합함으로써 의식을 지닌 어떤 생명체가 나타나게 되고, 이 의식은 육체 가운데 머물다가 결국 육체의 소멸과 더불어 없어지고 만다.

이 원리를 인간에게 적용해보면, 여러 가지 육체적 기관들이 따로따로일 때에는 한갓 물질에 지나지 않았다. 그러나 이것들이 모여 한 몸을 이루었을 때에는 영혼이라고 하는 독특한 존재가 생겨난다. 때문에 그 영혼은 육체의 죽음과 더불어 사라질 수밖에 없다.

그런데 로카야타파를 비롯한 유물론자들은 어김없이 쾌락주의자 윤리설을 주장한다. 그들은 도덕을 부정하고, 현실적 쾌락이 인생의 목적임을 주장하였다. "인생의 최고 목표란 이 세상에서 육체의 고통을 최소한으로 줄이고, 쾌락을 최대한으로 늘리는 데 있다"고 하면서, 이 이상 다른 어떠한 도덕법칙도 존재하지 않는다고 주장한 것이다.

그 이론에 따르면, 이 세상에서 고통을 완전히 극복하려는 해탈(解脫) 같은 것은 하나의 이상일 뿐, 결코 달성할 수 없다. 우리가 이 세상을 살아가는 동안 쾌락과 고통은 반드시 뒤섞여 나타나게 마련이며, 그러기 때문에 우리가 어느 한쪽을 배제하고 어느 한쪽만을 추구한다는 것은 불가능하다는 것이다. 그렇다고 하여 그 두 가지가 모두 배제된 열반(涅槃)의 상태, 즉 쾌락과 고통으로부터 완전히 벗어난 피안(彼岸)의 세계를 추구하는 것 역시 어리석은 일에 지나지 않는다. 왜냐하면, 그것은 삶의 고통을 벗어나기 위해 삶 전체를 포기하는 일, 다시 말하면 마치 껍데기 때문에 알맹이까지 내다버리는 일과 같기 때문이다.

따라서 보통 인간이 추구해야 할 네 가지 목표로 욕망과 부, 의무와 해탈을 들고 있으나, 순세파(로카야타파)는 이 가운데 욕망만을 인정한다. 부(富)란 어디까지나 욕망을 충족시키기 위한 수단에 지나지 않고, 의무는 성가신 일일 뿐이다. 이런 점에서, 인도의 정통 철학 학파들이 앞다투어 이 학파의 견해를 논파하려고 한 것은 매우 당연해 보인다. 당시(기원전 5~3세기) 불타와 같은 시대의 인도에는 브라만교와 『베다』의 권위를 부정하는 자유로운 사상가들이 많이 등장하였다. 이로 인하여 인생관·세계관·우주관 등 여러 학설이 성립되었는데, 불교에서는 이들 가운데 가장 중요한 여섯 개의 학설을 '육사외도(六師外道)'라고 불렀다. 그 여섯 가지 유파란 푸라나 카사파, 마칼리고살라, 산자야벨라지푸타, 아지타 케사캄발라, 파구타카자야나, 니간타나타푸타를 가리킨다. 그리고 이 가운데 아지타 케사캄발라(이 이름은 '모발의 옷을 두른 사람'이라는 뜻)가 순세파에 속해 있었던 것이다.

유물론자들은 어떠한 윤리 이론도 가지고 있지 않았을 뿐만 아니라, 윤리적인 세계 질서가 있다는 사실조차도 부정하였다. 다시 말해, 눈으로 보고 손으로 만질 수 있는 세계에 집착하는 유물론자들 입장에서는 눈에 보이지도 않고 손에 잡히지도 않는 세계, 즉 칸트가 가상계(可想界), 혹은 예지계(叡智界)라고 불렀던 세계를 이해할 수 없었던 것이다. 그러는 가운데 인간의 유일한 목표는 감각적 욕망이라고 서슴없이 주장하게 되었던 것이다.

그렇다면, 과연 그들의 쾌락주의가 어느 정도였는가? 그들은 이렇게 말한다. "빚을 내어서라도 인생을 즐겨라!" 어떤 유물론자가 임금에게 올린 말 가운데 다음과 같은 내용이 전해져오고 있다.

"라마[9] 왕자시여, 종교에서 주장하는 계율이란 어리석은 자를 속이기 위한 것에 불과합니다. 나는 가소로울 뿐인, 이른바 도덕적 의무를 다하고 자 하는 사람들을 보면 딱한 생각이 들곤 합니다. 그들은 하염없이 신들이나 상제[10]에게 공물(供物)을 바칩니다. 이것이야말로 성찬(盛饌)을 낭비하는 것에 불과합니다. 왕자시여, 피안(彼岸)의 세계란 존재하지도 않으며, 희망이나 믿음이란 것도 헛된 것입니다. 오직 지금 당신의 삶을 즐길 뿐, 덧없이 현혹하는 모든 것들을 멸시하십시오!"

요컨대, 신적 존재란 아예 없기 때문에 그들에게 제물을 바칠 필요도 없고 도덕에 얽매여 살 필요도 없으며, 오직 인생을 즐기라는 뜻이다. 브리하스파티[11]는 이보다 더 직접적으로 삶을 즐기라 충고한다. "기름진 것을 맘껏 들이마시고, 설령 남에게 빚을 지는 일이 있다 할지라도 이 짧은 삶의 세월을 즐길지어다."

다른 사람에게 피해 주는 일, 세상으로부터 욕을 먹는 일 등이 일으키는 양심의 가책마저 거추장스러웠든지, 하르바카스(유물론자)는 이렇게 부

---

9   라마: 본래는 학덕이 높은 중이나 장로를 가리키는 말임. 이 가운데 최고위층에 있는 사람이 달라이라마이다. 그는 정치와 종교 두 가지 권력을 모두 장악하는바, 본문에서는 당시 최고의 권력자, 즉 왕을 가리키는 것으로 보아야 할 것 같다.

10   상제(上帝): 하느님. 우주를 창조하고 주재하며 불가사의한 능력으로 인간의 선악을 판단하고, 그에 따른 화복을 내린다고 믿어지는 신. 기독교에서는 하나님, 천도교에서는 한울님, 대종교에서는 한얼님, 민간에서는 천신(天神) 혹은 옥황상제라 부르고, 천주교에서는 천주 등으로 불린다.

11   브리하스파티(Brihaspati): 힌두교에서 신성시되는 인물. 신들의 스승이자 모든 지식에 통달해 있는 성자 중의 성자. 주문과 의식의 신. 사제들의 마법을 상징하기도 한다.

추기고 있다. "향락에는 반드시 고통이 함께 따르게 마련이다. 그렇다고 하여 이를 멀리하려는 사람들은 참으로 어리석도다." 그 까닭에 대해, 그는 이렇게 설명하고 있다. "가령 희고 통통한 쌀알에 작은 껍질이 씌어 있다고 해서, 이를 마다할 필요가 있는가? 껍질 때문에 과일의 속살을 거부하고, 일하는 가축이 불쌍하여 봄에 씨 뿌리기를 그만두어서야 되겠는가? 우리는 할 수만 있으면 고통의 시간을 줄여나가면서, 현재의 삶 속에서 쾌락을 즐기는 데 최선을 다해야 한다."

나오며

지금까지 고대 그리스의 유물론과 쾌락주의, 고대 인도의 유물론과 쾌락주의에 대해 살펴보았다. 그렇다면, 근대 이후 유물론은 어떻게 발전하였을까?

프랑스 유물론의 대표자인 라메트리에 따르면, 물론 영혼이 존재하긴 한다. 하지만 그것은 육체적 성장에서 유래한, 물질적인 것에 지나지 않는다. 발이 걷는 근육을 갖고 있는 것처럼 뇌수는 생각하는 근육을 갖고 있다. 영혼이라는 것은 물질로 구성되어 머릿속에 들어가 있을 뿐이다. 그곳에서 '생각하는 일'만을 담당하였다가 그것을 둘러싼 몸, 즉 조직체가 죽으면 동시에 사라져버린다. 따라서 죽음 이후에 간다고 하는 천국이나 지옥은 종교의 지도자들이 꾸며낸 거짓말에 지나지 않는다. 죽음 뒤엔 영원한 무(無)만 있을 뿐이기 때문이다.

다음으로, 헤겔 좌파의 가장 급진적인 사상가이자 마르크스와 엥겔스에게 지대한 영향을 끼쳤던 포이어바흐가 있다. 그는 "우리가 한쪽(정신)만 보고 다른 쪽(물질, 육체)을 보지 못하면 안 된다. 왜냐하면, 우리 인간은 정신 외에 육체를 갖고 있으며, 살아가는 데 있어서도 물질을 반드시 필요로 하기 때문이다. 심지어 정신이 육체를 의식적으로 규정하는 방향 역시 이미 무의식적으로 육체에 의해 규정되고 있는 바로 그 방향일 수가 있다"고 주장하였다. 그리고 헤겔의 변증법과 포이어바흐의 유물론을 결합하여 변증법적 유물론을 창출한 카를 마르크스 역시 헤겔이 강조하는 절대정신 자리에 물질을 갖다 놓았다. 이념과 의식을 앞세운 관념론적 변증법 대신에 물질과 생활, 실천을 강조하는 유물론적 변증법을 주창한 것이다. 그리고 주지하다시피, 그는 공산주의 사상의 원조가 되었다.

마르크스주의자들은 인간을 물질적 존재로 본다. 단세포의 아메바에서 인간이 되기까지의 모든 발전 단계는 물질적 과정에 의해 이루어진 것이고, 결코 창조에 의한 것이 아니라는 것이다. 인간은 물질 가운데서 가장 발달된 물질 형태라는 점에서 다른 동물과 차이가 있을 뿐이다. 인간과 동물의 근본적인 차이는 이성이나 인격에 있는 것이 아니고 노동에 있다. 원숭이가 노동 도구를 사용하면서 언어가 생겨났고, 언어에 의하여 비로소 이성이 발달하였다. 나아가 인간의 노동력이 인간 서로 간의 유기적 관계를 맺어줌으로써 사회를 구성하였으며, 이 사회를 유지하기 위해 도덕과 규범, 법률과 종교가 생겨났고 이러한 과정을 통하여 비로소 인격이 형성된 것이다. '눈에 보이지 않는 세계'를 인정하지 않고 오직 '눈에 보이는' 이 땅에 집착한다는 점에서 유물론과 쾌락주의는 닮아 있다.

유물론 사상을 뿌리에 둔 공산권 국가들에서 '지상 낙원'을 건설한다는 미명하에 수많은 악들이 저질러지고 있는 한편, 오늘날 한국을 포함한 자유 민주 국가에서는 자본주의 경제 체제하에서 '돈'이 최고의 가치라는 믿음이 공고화되어 있다. 사람들은 돈을 벌기 위해 수단 방법을 가리지 않으며, 심지어 돈을 위해서라면 어떠한 비도덕적 행위도, 범죄도 서슴지 않는다. 국제사회의 경우 자국의 '경제적 이익'을 위해서라면 어떠한 음모나 배신, 조약 위반, 약속 파기, 전쟁, 테러도 마다하지 않는다. 국가 차원에서도 '경제가 우선'이라느니 '미래의 먹거리'라느니 '국가 경쟁력'이라니하는 명분을 내세워 정신적 가치들을 도외시하는 경향이 있다. 대학에서마저 '돈'이 되지 않는 학과들을 통폐합하며, 정부 보조금에 목을 매는 지경에 이르렀다. 이러한 모든 일이 인간 세계에 더 높은 가치가 있음을 부인하고 오직 '이 땅'에만 집착하는 천박한 풍조에서 유래하거니와 그러한 풍조는 역시 유물론적 사상에 그 뿌리가 닿아 있는 것으로 보인다.

그리고 지금까지 살펴보았듯이, 그 유물론은 '사후의 세계는 없으니, 이 땅에 살아 있는 동안 즐겁게 살자!'라고 하는 쾌락주의로 연결되어 성적 쾌락 추구 및 도박 중독, 마약 범죄 등의 '악'으로 연결되지 않는가 하는 것이다. 천민(賤民)자본주의라 비판받는 물질주의와 황금만능주의, 외모지상주의 또한 그 원천이 일부 유물론적 사고에 닿아 있음을 인식할 필요가 있다고 사료된다.

강성률

광주교육대학교 명예교수. 전남대학교 철학과 및 동 대학원을 졸업하고, 전북대학교에서 철학박사학위를 취득했다. 광주교육대학교 윤리교육과 학과장, 학생생활연구소장, 교육정보원장을 역임하였고, 사회 활동으로 민주평화통일 자문회의 상임위원, 한국 산업인력공단 비상임이사를 지냈다. 각종 문학상을 받으며 소설가(한국문인협회 정회원)로 등단하였고, 풍향학술상(2회), 대통령상, 녹조근정훈장을 수상하였다. 저서로는 『청소년을 위한 동양철학사』(문광부 우수도서, 베트남 언어로 출판), 『칸트, 근세철학을 완성하다』(청소년 교양도서), 『거꾸로 읽는 철학이야기』(세종 우수도서), 『철학의 세계』 등 철학 도서 21권, 『복숭아꽃, 성은 공정한가?』를 비롯한 6권의 장편 소설 외에 40여 편의 연구 논문이 있다.

현재 《경제포커스》, 《영광신문》, 《광전매일신문》, 《호남교육신문》에 '강성률 교수의 철학 이야기'를 연재하고 있으며, 유튜브 '강성률 철학 티비'를 통하여 대중과 만나고 있다.

마르크스,
자본주의를 분석하고 비판하다

손철성(경북대학교 윤리교육과 교수)

1. 중요한 것은 세상을 변혁하는 것이다

마르크스(Marx)라는 이름을 들으면 아마도 공산주의, 사회주의, 자본론, 노동자 계급, 프롤레타리아트 혁명 등을 떠올리면서 과격한 공산주의 혁명가의 모습을 연상할 것이다. 그렇지만 마르크스는 단지 혁명가로서의 삶만 살았던 것은 아니며 철학, 경제학, 정치학 등 여러 학문 분야에 커다란 영향을 끼친 사상가로서의 삶도 살았다. "지금까지 철학자들은 세계를 다양하게 해석해왔지만 중요한 것은 세계를 변혁하는 것이다"라는 자신의 말처럼 마르크스는 세상을 변혁시키기 위해 현실을 분석하고 비판하면서 열정적인 삶을 살았다.

마르크스주의는 19세기 후반부터 20세기 후반에 이르기까지 거의 100여 년 동안 이론적·실천적으로 가장 커다란 영향력을 발휘했던 철학 사상 중 하나였으며 이를 체계화시킨 인물이 바로 마르크스와 그의 사상적 동반자인 엥겔스(Engels)이다. 그들은 인간과 사회, 자연에 대한 철학 이론으로 소외론, 역사적 유물론, 변증법적 유물론을 체계화했을 뿐만 아니라, 자본주의의 운동 방식을 분석하고 그 문제점을 비판한 경제학 이론, 그리고 사회주의 혁명의 주체와 방법에 대해 다룬 사회주의 이론을 체계화했다.

사상은 그 시대의 정신일 수밖에 없듯이 마르크스의 사상도 19세기 독일을 비롯한 유럽의 시대적 상황과 문제의식을 바탕으로 형성되었다. 마르크스가 본격적으로 활동하기 시작했던 19세기 중반의 독일 사회는 낡은 봉건적 잔재를 청산하지 못했다. 영국과 프랑스는 시민혁명을 통해 근대 시민사회를 수립했지만 그렇지 못한 독일은 여전히 낡은 봉건 체제가 지배하고 있었다. 독일은 프로이센, 헤센 등 여러 군주 국가로 분열되어 있었으며 산업화도 뒤늦게 시작되었고 시민들의 정치적·경제적 자유도 전제 군주들에 의해 통제되고 억압되었다. 그래서 마르크스는 청년기에는 계몽주의적 전통을 계승하여 독일도 이웃 국가인 프랑스처럼 시민 계급의 혁명을 통해 자유와 평등이 보장되는 근대 시민사회로 진보하기를 원했다.

그런데 마르크스는 독일의 시민 계급이 낡은 봉건 세력과 타협하여 혁명 의식을 상실한 모습을 보고 그들에게 더이상 사회 변혁을 기대하지 않게 되었다. 그 대신에 마르크스는 독일의 낡은 질서를 타파할 새로운 세력에 관심을 갖게 되었는데 그것이 바로 프롤레타리아트, 즉 노동자 계급이다. 그 당시 독일에서는 산업화가 진척되면서 자본주의 경제가 확산되자 노동자 계급이 증가하기 시작했으며 마르크스는 이 계급의 혁명적 성격에 주목했다. 토지나 공장 같은 생산 수단을 갖고 있지 않은 노동자들은 열악한 노동 환경에서 적은 임금을 받으면서 장시간 노동을 하는 비참한 생활을 하고 있었다.

마르크스는 모든 사회적 모순이 그들에게 집중되어 있기 때문에 노동자 계급이 해방되면 모든 인간이 해방될 수 있다고 보았다. 그래서 그는 인간 해방을 위한 혁명의 주체로 노동자 계급을 상정하고 적극적으로 사회주의 혁명에 뛰어들었다. 계몽주의적 전통을 이어받은 마르크스가 급진적 자유민주주의자에서 이제 혁명적 사회주의자로 바뀐 것이다.

2. 현실과 맞부딪치며 철학 사상을 만들다 —
급진적 민주주의에서 혁명적 사회주의로

1) 급진적 민주주의자로 출발하다

사회 변혁을 위한 실천 철학의 성격을 강하게 띠고 있는 마르크스의 사상은 억압적인 현실과의 치열한 싸움을 통해 형성되었다. 19세기 서부 유럽은 급속한 산업화와 자본주의의 확산으로 인해 여러 사회적·정치적 문제가 발생했고 그 과정에서 사회적 갈등과 혁명도 빈번하게 일어났는데 마르크스는 그러한 현실을 날카롭게 분석하고 비판하면서 이를 타개할 새로운 사회를 모색했다. 그가 현실과 맞부딪치면서 자신의 철학을 어떻게 형성했는지는 그가 살아온 삶의 궤적에 잘 드러난다.

마르크스는 1818년에 독일의 트리에서 태어났다. 그의 집안은 원래 유대교를 믿었지만 그의 아버지는 유대인에 대한 탄압을 피하기 위해 개신교로 개종했다. 그의 아버지는 변호사였으며 사상적으로는 이성을 힘을 신뢰하는 계몽주의자이자 자유주의자였다. 마르크스는 중산층 집안에서 유

복하면서도 자유로운 생활을 하면서 유년 시절을 보냈으며 중고등학교에서
는 고전 문학과 계몽주의를 배웠다.

마르크스는 베를린대학의 법학부에 입학했지만 법학보다는 철학과
역사학에 더 많은 관심을 갖고 있었다. 그는 당시에 독일에서 영향력이 컸
던 헤겔 철학에 많은 관심을 갖고 있었으며 그래서 청년헤겔학파가 주도하
는 모임에도 가입했다. 청년헤겔학파는 헤겔의 변증법이 지닌 부정과 비판
의 정신을 강조하면서 헤겔 철학을 진보적인 관점에서 해석하여 받아들였
다. 마르크스는 철학 공부를 계속하여 예나대학의 철학부에서 「데모크리
토스와 에피쿠로스의 자연 철학의 차이」(1841)라는 논문으로 철학박사학
위를 받았다. 이 논문은 헤겔의 영향을 강하게 받았지만 헤겔의 관념론을
비판하는 내용도 담고 있었다. 그런데 보수적인 프로이센 정부가 사회 현실
에 대해 비판적이었던 청년헤겔학파를 감시하고 탄압하자 마르크스는 대
학에 남아 학자의 길을 가는 것을 포기하고 현실 정치에 뛰어들게 되었다.

그는 고향인 트리에로 돌아가서 정치 신문인《라인 신문》을 발행하는
일에 전념했으며 나중에 편집장까지 맡았다. 마르크스는 처음에는 군주제
에 반대하고 공화제, 민주적 보통선거, 시민 기본권 등을 주장하는 급진적
민주주의자였는데 점차 공산주의자, 유물론자로 기울기 시작했다. 마르크
스는 나중에 『정치경제학 비판』(1859)의 서문에서 그 시기를 회상하며 "나
는 처음으로 이른바 물질적 이해관계를 다루지 않을 수 없는 곤혹스러움
을 경험했다"고 밝히고 있다. 그는 이전에는 정치를 독자적인 영역으로 간
주하여 순수한 정치적 이념을 중심으로 정치를 이해했는데 그 시기부터는
정치가 경제와 긴밀하게 연관된 영역이라는 점을 깨닫고 경제적 이해관계
나 계급 투쟁에 대해 본격적인 관심을 기울이기 시작했다는 것이다.

급진적 변혁을 추구하던 《라인 신문》은 보수적인 프로이센 정부에 의해 1843년에 폐간되었으며 마르크스는 아내와 함께 프랑스의 파리로 이주했다. 그 당시 파리는 독일과는 확연히 다른 모습이었다. 프랑스는 영국을 이어 19세기 초반부터 산업화가 급속히 이루어지면서 도시 곳곳에 공장이 들어섰고 상업도 활발했으며 노동자들도 크게 늘어났다. 또한, 1789년 프랑스 혁명을 거치면서 시민들의 정치의식이 높아졌고 1830년 7월에는 퇴행적인 왕정 복고에 반대하여 시민들과 더불어 노동자, 학생들이 봉기를 일으키는 등 정치에 대한 관심도 매우 높았다. 마르크스는 파리에서 급속한 산업화의 생생한 모습과 함께 노동자들의 빈곤한 삶을 목격했으며 여러 공산주의 조직과도 접촉하면서 조직적인 노동 운동의 현장을 직접 보게 되었다.

파리에서의 그러한 경험은 마르크스에게 노동자 계급에 대해 새로운 시각을 갖도록 하는 계기가 되었다. 그러한 시각의 변화는 그가 《독불 연보》라는 잡지에 기고한 논문에 잘 드러난다. 그는 「유대인 문제에 대하여」(1844)에서 사적 소유와 개인주의를 타파하는 혁명만이 진정한 인간 해방을 가져다준다고 보았다. 「헤겔 법철학 비판 서설」(1844)에서는 "철학이 프롤레타리아트 안에서 물질적 무기를 발견하듯이 프롤레타리아트는 철학 안에서 정신적 무기를 발견한다"고 하면서 "해방의 머리는 철학이고, 해방의 심장은 프롤레타리아트이다"라고 말했다. 독일의 부르주아 계급은 기득권을 지키기 위해 봉건 세력과 타협함으로써 혁명성을 상실한 반면에 온갖 예속과 억압에 시달리는 프롤레타리아 계급은 현실을 근본적으로 변화시키려는 혁명성을 갖고 있기 때문에 보편적인 인간 해방을 위한 혁명의 주체가 될 수 있다는 것이다. 프롤레타리아트 혁명을 통해 공산주의 사회를 세워야 한다는 주장에서 알 수 있듯이 그의 사상은 급진적 민주주의에서 혁명적 공산주의로 점차 바뀌기 시작한 것이다.

마르크스는 스미스(Smith), 리카도(Ricardo) 등의 경제학 저서를 연구하면서 그들을 비판하는 『경제학 철학 수고』(1844)를 썼다. 흔히 『경철 수고』라고 불리는 이 책은 초고의 형태로 보관되다가 1932년에 처음으로 출판됐는데, 여기에는 헤겔 철학의 영향이 여전히 남아 있지만, 인간론 및 소외론과 관련된 중요한 철학적 내용이 담겨 있다. 마르크스는 인간을 '유적 존재'로, 즉 자유롭고 의식적인 활동인 노동을 통해 자신의 본질을 실현하는 사회적 존재로 규정하면서, 그러한 인간의 본질적인 존재 양식이 자본주의의 사적 소유에 의해 왜곡되고 억압되어 인간 소외가 발생한다고 보았다. 이 책이 1932년에 출판되자 마르크스주의를 역사적 유물론과 같은 과학주의적 입장이 아니라 인간론이나 소외론과 같은 철학적 입장에서 새롭게 해석하려는 시도가 이루어지면서 이를 둘러싸고 많은 논쟁이 벌어지기도 했다.

마르크스는 1844년에 파리에서 엥겔스와 처음 만나게 되었으며 두 사람은 오랫동안 우정을 쌓으면서 서로 협력하는 사상적·실천적 동반자가 되었다. 그들은 최초의 공동 작업으로 『신성 가족』(1844)을 썼는데 여기에는 청년헤겔학파의 관념론적 견해를 비판하는 내용이 담겨 있다. 마르크스는 파리에서 독일 망명자들과 프로이센 정부를 비판하는 신문을 발행하면서 반정부 활동을 펼쳤는데 이에 프로이센 정부는 프랑스 정부에 압력을 가해 마르크스와 그의 동료들을 파리에서 추방하도록 만들었다.

마르크스는 가족과 함께 벨기에의 브뤼셀로 이주했으며 거기서 활동을 계속 이어갔다. 마르크스는 11개의 테제로 이루어진 「포이어바흐에 대한 테제」(1845)를 작성하여 포이어바흐(Feuerbach)의 인간학적 유물론의 한계를 비판하고 실천적 유물론을 옹호했다. 마르크스는 포이어바흐가 인간의 본질을 불변하는 것으로 전제하고 사랑과 같은 인간의 감성적 본성을 바탕으로 철학 이론을 전개하고 있다고 비판하면서 인간의 본질은 고정 불변하는 것이 아니라 사회적 관계에 따라 변화한다고 보았다.

그리고 그는 널리 알려진 11번째 테제에서 "지금까지 철학자들은 세계를 다양하게 해석해 왔지만 중요한 것은 세계를 변혁하는 것이다"라고 말하면서 변혁적 실천의 중요성을 강조했다. 인간은 환경의 영향을 받지만 다른 한편으로 실천을 통해 그러한 환경을 변화시킬 수도 있다는 것이다. 즉, 인간과 환경은 서로 영향을 주고받으면서 발전하는 변증법적 관계에 있다는 뜻이다. 따라서 현실이 인간에게 미치는 영향을 이해하고 해석하는 것도 중요하지만 이에 못지않게 그러한 현실을 변화시키려는 실천적 활동도 중요하다는 것이다.

2) 혁명적 사회주의자가 되다

1846년경에 마르크스는 엥겔스와 함께 역사적 유물론을 이론적으로 체계화한 『독일 이데올로기』(1846)의 초고를 작성하기 시작했다. 이 책은 '독일 이데올로기', 즉 현실을 제대로 인식하지 못하고 관념론적 태도를 취하고 있는 기존의 독일 철학이나 사상을 비판하기 위해 쓴 것이다. 마르크스는 포이어바흐를 비롯한 바우어(Bauer), 슈티르너(Stirner)와 같은 청년헤겔학파의 관념론적 견해를 비판했으며, 또한 그륀(Grün), 쿨만(Kuhlman)이 내세우는 '진정한 사회주의'가 사회주의를 건설하기 위한 과학적 방안을 제시하지 못한다고 비판했다.

마르크스는 역사적 유물론의 관점에서 역사와 사회를 물질적인 생산 활동을 토대로 이해할 것을 주장하면서, 공산주의 혁명을 위한 물질적 조건이 자본주의 사회의 내부에 존재하며 나아가 그러한 혁명은 프롤레타리아 계급이 주체가 되는 혁명적 방법을 통해 달성될 수 있다고 강조했다. 그래서 이 책은 마르크스가 초창기의 관념론적 철학에서 완전히 벗어나 과학적인 방식으로 자신의 유물론적 역사관을 체계화하는 데 분기점이 되었다고 평가받기도 한다. 이 책은 오랫동안 초고의 형태로 보관되다가 1932년에 소련에서 처음으로 출판되었다.

마르크스는 엥겔스와 함께 정치 활동에도 직접 뛰어들어 사회주의자들의 비밀 단체인 '의인 동맹'의 주도권을 차지하고 그 단체를 공개적인 혁명 조직인 '공산주의자 동맹'으로 바꾸었다. 그들은 그 동맹의 강령을 밝히는 선언문을 쓰게 되었는데 그것이 바로 그 유명한 『공산당 선언』(1848)이다. 마르크스는 "지금까지의 모든 역사는 계급 투쟁의 역사이다"라고 하면서 "프롤레타리아 혁명에서 잃을 것은 쇠사슬뿐이며 얻을 것은 세계 전체이다. 만국의 노동자들이여, 단결하라!"라고 주장했다. 그는 프롤레타리아의 계급 투쟁을 역사적으로 분석하여 그 성격을 규명하고 생시몽(Saint-Simon), 푸리에(Fourier), 오웬(Owen)과 같은 공상적 사회주의자를 비롯하여 다른 사회주의 사상가들을 비판했다. 이 책은 마르크스의 사상을 처음으로 대중들에게 널리 알리는 계기가 되었으며 나중에 가장 많이 읽히는 대표적인 공산주의 문헌으로 자리를 잡았다.

1848년에 프랑스를 비롯하여 유럽 각국에서 왕정에 대항하여 공화정을 세우려는 혁명이 일어났다. 프랑스에서는 1789년의 대혁명을 거치면서 공화정이 수립되었지만 1799년에 나폴레옹(Napoleon)이 쿠데타를 통해 집권하면서 공화정은 무너지기 시작했다. 나폴레옹은 대혁명의 이념을 확산하기 위해 유럽의 여러 국가와 전쟁을 벌여 그 나라들을 정복하고 여러 개혁을 단행했지만 다른 한편으로 자신의 권력을 강화하기 위해 언론의 자유를 비롯한 시민의 자유를 탄압하고 권위주의적 정책을 펼치면서 황제의 자리에 올랐다. 그 후 전쟁에 패배하면서 나폴레옹 제국이 무너지자 프랑스는 다시 왕정으로 되돌아갔으며 귀족을 비롯한 기득권 세력은 대혁명의 이념에 반하는 보수적인 정책을 펼치고 부정부패는 심화되었다. 이에 1848년 2월 프랑스에서는 노동자와 학생이 중심이 되어 공화제 수립, 보통선거 등을 요구하는 봉기가 일어났다. 그리고 이로부터 영향을 받은 독일에서도 같은 해 3월에 시민과 노동자가 중심이 되어 자유주의적 개혁과 독일 통일 등을 요구하는 시위가 일어났다.

유럽 각국에서 시위가 격화되자 마르크스는 독일로 돌아가서《신라인 신문》을 창간했다. 마르크스는 1848년 혁명을 급진적 민주주의 혁명으로 규정하고 그 혁명의 확산과 성공을 위해 관련 소식을 신속하게 전달했다. 하지만 그 혁명은 성공을 거두지 못하고 실패했다. 프랑스에서는 혁명의 주동자들이 체포되고 노동자와 사회주의 세력에 대한 탄압이 강화되었으며 진보적인 신문의 발행도 금지되었다. 새로운 공화정이 세워졌지만, 권력을 차지한 나폴레옹의 조카 보나파르트(Bonaparte)가 반자유주의 정책을 펼치고 쿠데타를 통해 황제의 자리에 오름으로써 다시 제정으로 되돌아갔다. 독일에서도 프랑스와 마찬가지로 혁명은 실패했으며 보수적인 프로이센 정부는 마르크스를 비롯한 급진주의자들을 독일에서 추방했다. 결국 마르크스는 파리를 거쳐 영국의 런던으로 이주하여 거기서 남은 삶을 살게 되었다.

정치 현실에 개입하여 변혁을 추구했지만 실패를 경험한 마르크스는 그 혁명의 성격과 전개 과정을 집중적으로 연구하여 『1848년에서 1850년까지의 프랑스 계급 투쟁』(1852)과 『루이 보나파르트의 브뤼메르 18일』(1852)이라는 책을 썼다. 그는 부르주아지가 주축이 된 공화국 정부에 의해 노동자들의 봉기가 분쇄되고 혁명이 아무런 성과도 없이 무산되는 것을 목격하면서 이제 부르주아지와 봉건 세력 간의 투쟁보다는 부르주아지와 프롤레타리아트 간의 투쟁이 더 심각한 문제가 되었다고 보았다. 그는 1848년 파리의 노동자 봉기를 "근대 사회를 양분하는 두 계급인 부르주아지와 프롤레타리아트 간의 최초의 대전투"라고 보았다. 자본주의 경제가 발전함에 따라 새로운 지배 세력으로 부상한 부르주아지는 급진적인 개혁에 대해 불안감을 갖게 되었으며 자신들의 이익과 권력을 유지하고 강화하기 위해 보수 세력과 결탁하여 노동자 계급과 사회주의 운동을 탄압했다는 것이다.

자본주의 사회의 주요 계급인 부르주아지와 프롤레타리아트는 서로의 이해관계가 근본적으로 대립하기에 두 계급의 갈등과 투쟁이 중요한 정치적·사회적 문제로 부각될 수밖에 없다는 것이다. 그는 "혁명적 사회주의를 위해서는, 즉 모든 계급 차별을 폐지하고 그러한 계급 차별을 낳는 모든 생산 관계를 폐지하기 위해서는 그 과정에서 프롤레타리아 계급의 독재가 불가피하다"라고 보았다. 모든 억압과 차별을 타파하는 급진적인 혁명은 이제 부르주아지가 아니라 프롤레타리아트가 주도해야 한다는 것이다. 이렇게 1848년 투쟁의 경험은 마르크스가 프롤레타리아트 혁명이 왜 필요한지를 확신하게 되는 결정적 계기가 되었다.

3) 자본주의 경제의 모순을 드러내다

1850년대 초반부터 마르크스는 수십 년 동안 영국의 대영박물관을 드나들면서 경제학과 관련된 서적들을 집중적으로 읽었고 정치경제학 책을 쓰기 위한 연구에도 몰두했다. 영국은 유럽에서 가장 이른 시기인 18세기 후반부터 산업화가 진척되어 자본주의 경제가 크게 발전했을 뿐만 아니라 학문적으로도 스미스, 리카도와 같은 뛰어난 고전 경제학자를 많이 배출한 국가였다. 따라서 영국은 마르크스에게 자본주의 경제를 연구하기 위한 최적의 장소였다. 마르크스는 수많은 경제학 저서들을 읽으면서 그 내용을 발췌하여 요약하고, 나아가 이에 대한 자신의 견해를 이론적으로 정리하여 초고를 쓴 다음에 그것을 다시 세밀하게 수정하는 작업을 부단히 반복했다.

마르크스는 죽을 때까지 자신이 계획했던 '경제학'을 완성하지는 못했지만, 몇 권의 경제학 저술을 출판했고 이와 더불어 경제학과 관련된 많은 분량의 초고를 남겼다. 그 당시 마르크스는 안정적인 직장이나 수입이 없었기 때문에 외투를 전당포에 맡길 정도로 매우 가난한 생활을 했다. 마르크스는 엥겔스로부터 지속적으로 도움을 받았지만 경제적 어려움에서 벗어나지는 못했다. 그렇지만 그는 그러한 가난과 고통에 굴복하지 않고 경제학 연구에 더욱 정진했다.

드디어 마르크스는 상품과 화폐를 중심으로 자본주의 경제를 분석한 『정치경제학 비판』(1859)을 출판했다. 그는 책의 서문에서 자신의 사상의 발전 과정을 설명하고 이와 더불어 자신의 이론적 연구에서 길잡이가 되었던 역사적 유물론의 개괄적인 내용을 한 쪽 정도의 분량으로 요약해 서술했다. "국가 형태나 법률 관계는 그 자체로부터 이해될 수는 없으며 물질적 생산 관계를 토대로 이해될 수 있다. 생산 관계는 경제적 토대를 이루며 그 위에 법적·정치적 상부 구조가 세워진다. 그리고 여러 사회적 의식도 그 토대에 상응하여 형성된다. 물질적인 생산양식이 사회적·정치적·정신적 삶을 결정한다. 인간의 의식이 사회적 존재를 규정하는 것이 아니라 사회적 존재가 인간의 의식을 규정한다."

마르크스는 사회가 경제적 토대와 상부 구조로 이루어져 있으며 생산 관계와 같은 경제적 토대가 정치, 법, 사상, 종교와 같은 상부 구조를 규정한다고 보았다. 특정한 사회에서 정치나 법률, 사상이 어떤 형태를 취하는지는 그 사회의 경제 형태에 의해 결정된다는 것이다. 예를 들어 근대 시민 사회의 법률은 자본주의 경제 질서를 유지하고 부르주아지의 이해관계를 옹호하는 형태로 만들어진다는 것이다. 마르크스는 역사적 유물론의 관점에서 사회와 역사를 생산양식과 같은 경제적 요인을 바탕으로 이해하려고 했던 것이다.

마르크스는 『자본론』의 전체적인 내용과 구성 방식에 대한 윤곽을 확정한 다음에 본격적으로 집필에 들어갔으며 1867년에 『자본론』 제1권을 출판했다. 『자본론』의 제2권과 제3권은 초고의 형태로 보관되다가 마르크스 사후에 엥겔스에 의해 1885년과 1894년에 각각 출판되었다. 정치경제학 저서로 널리 알려진 『자본론』은 상품에 대한 분석에서 출발하여 자본을 중심으로 자본주의 경제가 어떻게 운영되고 있는지를 밝히고 나아가 자본주의가 내적 모순에 의해 붕괴될 수밖에 없음을 규명하고 있다.

마르크스는 "상품의 가치는 그 상품을 생산하는 데 투입된 노동 시간에 의해 결정된다"라고 하면서 노동이 가치의 원천이라고 주장했다. 또한

"생산 과정에 투입된 노동력은 자신의 가치보다 더 큰 가치를 창출한다"라고 하면서 노동이 잉여 가치나 이윤을 만들어내기 때문에 그러한 잉여 가치나 이윤을 자본가가 차지하는 것은 착취라고 주장했다. 그는 이와 같은 노동 가치설 및 착취 이론과 함께 과잉 생산, 이윤율의 경향적 저하, 실업자 증가, 공황 발생 등 여러 경제적·사회적 문제점을 지적하면서 자본주의 사회를 비판했다.

마르크스는 영국에서 경제학 연구에 매진하면서도 여러 유럽 국가들과 연계된 국제 공산주의 운동에도 지속적인 관심을 기울였다. 1864년에 노동자들의 국제적 협력과 연대, 투쟁을 위해 '국제노동자협회(제1인터내셔널)'가 세워졌는데 마르크스는 그 협회의 창립 선언문과 규약을 작성하고 행정 업무도 담당하면서 실질적인 지도자 역할을 했다.

그 당시 프랑스에서는 보나파르트가 나폴레옹 3세 황제로 취임하여 통치하고 있었다. 그런데 1870년에 프랑스는 프로이센과의 전쟁에서 패배했으며 그로 인해 제정은 무너지고 다시 공화정이 들어섰다. 하지만 1871년에 치러진 의회 선거에서 보수적인 왕당파가 다수파가 되어 집권했으며 또한 독일과의 강화 조약에서 알자스와 로렌 지방을 넘겨주고 엄청난 배상금의 지불을 약속하는 등 굴욕적인 조약을 맺게 되자 민중들의 불만이 고조되었다. 이로 인해 1871년 노동자들이 중심이 된 민중들이 정부에 항의하여 파리에서 봉기하고 '코뮌(commune)'을 선포했다. 하지만 급진적인 민중들의 봉기를 두려워한 프랑스 정부는 수만 명의 정부군을 동원하여 민중들을 학살하고 봉기를 진압했으며 그 결과 파리 코뮌은 해체됐다. 파리에서 봉기가 일어나자 마르크스는 그 투쟁을 지지하면서 이를 분석한 『프랑스 내전』(1871)이라는 책을 썼다.

마르크스는 "지배 계급은 프롤레타리아의 위협적인 대두를 목도하자 자본을 옹호하기 위해 국가 권력을 전쟁의 수단으로 사용했다"고 하면서 국가 권력이 자본주의 질서를 유지하고 노동자 계급을 탄압하기 위한 도구로 전락했음을 비판했다. 또한 "코뮌은 본질적으로 노동자 계급의 정부이자 노동 해방이 이루어진 완전한 형태의 정부이다"라고 하면서 파리 코뮌을 노동에 대한 착취와 억압이 사라지고 자유롭고 협동적인 노동이 실현된 이상적인 노동자 계급의 정부라고 높게 평가했다.

마르크스는 독일을 비롯한 유럽 각국의 사회주의 운동에 지속적인 관심을 기울이면서 「고타 강령 비판」(1875)이라는 문건을 작성하기도 했다. 고타 강령은 독일의 노동자 정당들이 통합을 위해 새로 만든 강령이었는데 마르크스는 그것이 문제점을 갖고 있다고 비판했다. 그는 자본주의 사회에서 공산주의 사회로의 이행과 관련하여 과도기적 단계에서는 프롤레타리아트 독재가 필요하며, 또한 공산주의의 낮은 단계인 사회주의와 높은 단계인 공산주의를 구분해야 한다고 주장했다. 그는 "능력에 따라 일하고, 필요에 따라 분배를!"이라고 주장하면서 공산주의의 낮은 단계, 즉 사회주의에서는 '능력에 따른 분배' 원리가 적용되며 반면에 공산주의의 높은 단계에서는 '필요에 따른 분배' 원리가 적용된다고 보았다.

자본주의 사회가 무너지고 이로부터 바로 생겨난 사회주의 사회는 생산성이 낮으며 사람들이 여전히 이기적인 소유욕을 갖고 있기 때문에 노동의 양에 따른 분배가 이루어져야 한다는 것이다. 하지만 그는 그러한 노동에 따른 분배는 기본적으로 부르주아적 권리 개념, 즉 자신이 생산한 것은 자기 소유물이라는 생각을 바탕으로 하고 있으며 서로 다른 가정 환경이나 개인의 사정을 고려하지 않은 것이라고 그 한계를 지적했다. 높은 단계인 공산주의 사회에서는 생산력이 향상되고 소유욕이 사라지며 자아실현을 위한 노동이 확산되기 때문에 필요에 따른 분배가 가능하다고 보았던 것이다.

이처럼 마르크스는 19세기 유럽에서 산업화, 자본주의의 발전, 노동자 계급의 빈곤, 계급 투쟁의 격화 등을 목격하면서 그러한 현실의 문제점을 지적하고 사회적 모순을 해결하기 위해 끊임없이 고민하고 성찰하는 과정에서 자신의 철학 사상을 만들었다. 그는 당시에 발생한 정치적 투쟁과 노동자 운동에 실천적으로 개입하면서 그리고 관념론자나 공상적 사회주의 이론가들과의 치열한 이론적 논쟁을 벌이면서 자신의 철학 사상을 체계화했다. 혁명가이자 이론가로서 노동자 계급의 해방을 위해 열정적인 삶을 살았던 마르크스는 1883년 영국에서 삶을 마감했다. 비록 마르크스는 자신이 그토록 원했던 사회주의 혁명이 성공하는 것을 보지 못하고 세상을 떠났지만, 그의 철학 사상은 20세기에 러시아, 중국 등 세계 각국에서 발생한 사회주의 혁명을 통해 역사를 뒤흔드는 강력한 힘을 발휘했다.

3. 자본주의 사회를 분석하고 비판하다

1) 역사철학으로 자본주의를 비판하다

마르크스가 살았던 시대는 19세기 산업 사회인데 그 당시 서부 유럽은 산업 혁명을 거치면서 급속한 산업화, 도시화의 과정을 겪고 있었다. 18세기 후반 영국에서 시작된 산업 혁명은 전통적인 농촌 사회와 수공업을 붕괴시키고 도시와 기계제 대공업을 급격하게 발전시키는 원동력이 되었다. 농촌에서 쫓겨난 농민들은 도시로 몰려들어 공장에서 임금을 받고 일을 하는 임금 노동자로 바뀌었으며, 직장을 구하지 못한 사람들은 부랑자 신세로 전락했다. 노동자들은 하루 12시간이 넘는 장시간 노동에 시달려야 했으며, 그들이 받는 임금은 겨우 생계를 유지할 정도에 불과했다. 자본가들은 더 많은 이윤을 남기기 위해 부녀자와 어린이를 아주 적은 임금을 주고 고용했다. 공장의 작업 환경은 매우 열악했으며, 많은 노동자가 공장에서 사고로 사망하거나 부상을 입었다. 노동자들이 거주하는 주택은 아주 비좁고 불결했으며, 영양실조에 걸린 노동자들도 상당히 많았다. 열악한 환경으로 노동력이 고갈되고 노동자들의 저항도 거세지면서 노동 조건을 개선하기 위한 노동법이 제정되기는 했지만 그 내용은 매우 빈약했을 뿐만 아니라 제대로 지켜지지도 않았다.

마르크스는 그러한 비참한 현실을 목격하고 분노했다. 그는 노동자들이 노동의 대가를 제대로 받지 못하고 착취를 당하고 있다고 보았다. 노동자들이 세상의 부를 창출하는 주인임에도 불구하고 그들은 인간다운 대접을 받지 못하고 노예와 같은 삶을 살고 있다는 것이다. 마르크스는 그런 문제가 근본적으로 자본주의적 생산 방식 때문에 발생한다고 보았다. 자본주의 사회에서는 공장이나 토지와 같은 생산 수단의 사적 소유가 인정되기 때문에 빈부 격차 심화, 노동 소외와 같은 여러 문제가 발생한다는 것이다. 그래서 그는 착취를 근절하고 노동 해방을 성취하기 위해서는 사적 소유를 철폐하여 공산주의 사회를 건설해야 한다고 주장했다. 이처럼 마르크스주의는 근대 산업 사회를 배경으로 형성된 사상이며, 자본주의 사회에 대한 분석과 비판, 저항을 핵심 내용으로 하고 있다.

마르크스는 자본주의 사회를 여러 측면에서 비판했는데 그중의 하나가 역사적 유물론에 입각한 비판이다. 역사적 유물론은 그의 역사관이자 역사철학으로 사회가 어떻게 존재하며 어떤 방식으로 운동하고 발전하는지를 거시적 차원에서 근본적으로 탐구한다. 역사적 유물론은 '유물론적 역사관' 또는 '유물 사관'이라고도 불리는데 이것은 말 그대로 역사와 사회를 유물론적 관점에서 이해하는 것이다. 헤겔이 관념론적 역사관의 입장에서 정신, 이성과 같은 관념이 역사를 발전시킨 원동력이라고 본다면, 마르크스는 유물론적 역사관의 입장에서 물질, 즉 물질적 생산 활동이 역사를 발전시키는 원동력이라고 본다. 인간은 생존하기 위해서 물질적 생산 활동을 해야 하며, 그러한 생산 활동이 경제적 토대가 되어 정치, 법, 종교, 사상과 같은 상부 구조를 결정한다는 것이다. 경제적 활동이 사회 구조와 사상의 형태를 결정하며 계급이나 계급 의식도 경제적 이해관계에 따라 형성된다는 것이다. 그래서 마르크스의 그러한 견해를 '경제 결정론'이라고 부르기도 한다.

마르크스는 경제적 토대가 되는 생산 양식을 기준으로 삼아 인류의 역사를 구분했다. 그에 따르면 인류의 역사는 원시 공동체 사회에서 출발하여 고대 노예제, 중세 봉건제, 근대 자본주의를 거쳐 사회주의 또는 공산주의로 발전한다. 인류의 역사에는 그러한 필연적인 발전 법칙이 존재하며, 우리는 그 법칙을 거스를 수 없다. 봉건제 사회가 무너졌듯이 자본주의 사회도 일정한 발전 단계에 이르면 그 자체의 내적 모순으로 인해서 불가피하게 무너질 수밖에 없다. 자본주의 경제는 사회적 생산과 사적 소유의 모순이라는 근본 문제를 안고 있으며, 이로 인해 빈부 격차의 심화, 이윤율의 경향적 저하, 무정부적 생산, 불황과 공황, 실업자의 증가 같은 여러 문제가 발생해 위기를 맞이한다. 이렇게 마르크스는 역사에 필연적인 발전 법칙이 존재한다는 역사철학을 바탕으로 자본주의 사회를 비판하고 공산주의 사회를 옹호했다.

2) 규범 이론으로 자본주의를 비판하다

마르크스는 또한 규범 이론에 입각하여 자본주의 사회를 도덕적으로 비판했다. 자본주의 사회는 비효율성, 착취, 소외 같은 도덕적 문제를 안고 있다는 것이다. 우선 마르크스는 자본주의가 생산력의 발전이나 자원의 활용이라는 측면에서 비효율적이라고 보았다. 그에 따르면 자본주의에서는 사적 소유와 경쟁으로 인해서 무정부적 생산이 이루어진다. 정부가 경제를 관리하거나 통제하지 않기 때문에 국가 전체의 차원에서는 생산이 무계획적으로 혼란스럽게 이루어진다. 자본가들은 다른 자본가들과의 무한 경쟁에서 살아남기 위해 끊임없이 새로운 생산 설비를 도입하여 생산 규모를 확대하지만, 그 과정에서 생산물이 수요에 비해 과잉으로 생산되어 재고가 쌓이고 이로 말미암아 불황과 공황이 주기적으로 발생한다. 애덤 스미스가 말하는 시장의 '보이지 않는 손'이 제대로 작동하지 않음으로써 수요와 공급에서 불균형이 발생하는 것이다. 이처럼 자본주의는 무정부적 생산 때문에 생산력의 발전이 정체되고 자원이 낭비되며 경제가 혼란에 빠진다는 점에서 효율성이 떨어진다. 그래서 마르크스는 그러한 자본주의가 지닌 비효율성의 문제를 해결하기 위해서는 사회주의 혁명을 통해 생산 수단을 공동으로 소유하고 관리함으로써 계획적인 생산을 해야 한다고 보았다.

그리고 마르크스는 빈부 격차의 심화, 노동자의 빈곤화와 같은 문제는 착취에서 기인한다고 비판했다. 그에 따르면 잉여 가치나 이윤을 자본가가 가져가는 것은 노동자를 착취하는 것이다. 가치의 원천은 노동이며, 상품의 가치는 그 상품을 생산하는 데 투입된 노동 시간에 의해 결정된다. 자본가들이 가져가는 잉여 가치, 즉 이윤은 노동자들의 노동을 통해 만들어진 것이다. 자본가들은 기계 설비나 원료를 구입할 때 자본을 투입하지만 그러한 자본은 새로운 추가적인 가치, 즉 잉여 가치를 만들어내지는 못한다. 반면에 자본가들이 노동력을 구입할 때 들어간 자본은 새로운 추가적인 가치, 즉 잉여 가치를 만들어낸다. 노동자들은 자신의 노동력에 대한 대가로 임금을 받지만 실제 노동을 통해서는 그보다 더 많은 추가적인 가치를 만들어낸다. 그런데 자본가들은 노동력에 대한 대가만을 노동자들에게 임금으로 지급하고 노동자들이 생산한 잉여 가치에 대해서는 아무런 대가도 지급하지 않는다. 그래서 마르크스는 자본가가 잉여 가치나 이윤을 가져가는 것은 노동자에 대한 착취이기 때문에 부당하다고 보았다.

마르크스는 자본주의 사회에서 인간 소외가 발생한다고 비판했다. 마르크스가 자본주의를 비판하고 공산주의를 높이 평가하는 이유는 인간 해방이 실현된 공산주의 사회에서는 소외 문제가 극복되어 인간이 자신의 본질을 실현할 수 있다고 믿었기 때문이다. 그렇다면 그가 말하는 인간의 본질, 즉 인간의 참된 모습은 무엇인가? 마르크스는 근대 산업 사회, 특히 자본주의 사회에 대한 탁월한 분석가이자 비판가였는데, 그의 인간관은 그런 시대적 상황을 반영하고 있다.

마르크스는 근대 산업 사회를 움직이는 원동력인 프롤레타리아의 노동에 주목하여 인간을 '노동하는 존재'로 규정했다. 인간의 이성에 주목하여 인간을 호모 사피엔스(homo sapiens)로 규정할 수도 있고, 언어 사용에 주목하여 호모 로퀜스(homo loquens)로 규정할 수도 있으며, 놀이나 유희에 주목하여 호모 루덴스(homo ludens)로 규정할 수도 있다. 그런데 마르크스는 노동과 제작의 측면에 주목하여 인간을 호모 파베르(homo faber)의 관점에서 이해했다. 그에 따르면 사회적 존재로서 인간은 자유로운 활동인 노동을 통해서 자신의 본질을 드러내며, 이렇게 노동을 통해 생산된 대상물 속에서 자기를 의식한다. 노동은 단지 생계의 수단이 아니라, 인간이 자신의 본질을 실현하고 그것을 확인하는 계기이다. 노동은 인간이 인간답게 살기 위한 본질적 행위인 것이다.

그런데 마르크스는 자본주의 사회에서는 인간 소외가 불가피하게 발생한다고 보았다. 그에 따르면 사적 소유와 분업 그리고 이로 인한 계급적 사회관계는 자유로운 노동을 억압하고 왜곡시킴으로써 인간이 자신의 본질을 실현하는 것을 가로막고 인간 소외를 발생시킨다. 소외란 인간이 만든 생산물이 인간으로부터 분리되어 자립하면서 인간에게 낯선 존재, 대립적 존재가 되고 나아가 인간을 억압하여 종속시키는 힘으로 작용함으로써 인간이 주체성과 자율성을 상실하게 되는 현상이다. 인간은 노동을 통해 자아를 실현하는데, 자본주의 사회에서는 노동 소외 때문에 사람들이 자아 실현의 기회를 상실하고 비인간적인 삶을 살게 된다. 그래서 마르크스는 노동 소외를 극복하기 위해서는 사적 소유와 분업을 폐지하고 모든 사람이 자유롭고 창의적인 노동을 통해 자아를 실현할 수 있는 공산주의 사회를 건설해야 한다고 주장했다.

4. 인간 해방을 위한 사회주의 혁명을 추구하다

1) 급진적 사회 변혁을 옹호하다

마르크스는 자본주의를 비판하고 이에 대한 대안으로 사회주의 또는 공산주의 사회를 추구했다. 고대부터 많은 사상가와 철학자들이 새로운 이상 사회를 그려보거나 이상 사회를 건설하기 위한 방안을 제시했다. 예를 들면 플라톤(Platon)은 『국가』에서, 모어(More)는 『유토피아』에서 자신들이 추구하는 이상 사회의 모습을 제시했다. 19세기에 활동했던 생시몽, 푸리에, 오웬과 같은 초기 사회주의자들은 사적 소유, 계급이 철폐되어 모든 사람이 자유롭고 평등하게 사는 공동체를 이상 사회로 내세웠다.

그런데 마르크스는 초기 사회주의자들이 사회주의 사회를 건설하기 위한 현실적 방안을 제대로 인식하지 못했다고 비판하면서 그들을 '공상적 사회주의자'라고 불렀다. 그는 사회주의가 평화적이고 점진적인 방법이 아니라 강제력을 동원한 급진적 방법을 통해 건설될 수 있다고 보았다. 즉, 혁명을 통해서만 사회주의 사회를 건설할 수 있다고 보았던 것이다. 그는 사회주의 혁명에서 중심이 되어야 하는 세력은 프롤레타리아트, 즉 노동자 계급이라고 하면서 프롤레타리아트 혁명을 주장했다. 마르크스는 자신의 주장이 사회주의를 건설하기 위한 현실적이면서도 과학적인 방법이라고 보았으며 그래서 자신의 이론을 '과학적 사회주의'라고 불렀다.

마르크스는 사회주의와 공산주의라는 용어를 특별히 구분하지 않고 거의 동일한 의미로 사용했다. 물론 한때는 사회주의보다는 공산주의라는 용어를 더 선호하여 1848년에 출판된 책에 『공산당 선언』이라는 제목을 붙이기도 했는데 그 이유는 다음과 같다. 그 당시 점진적인 사회 변화를 추구하던 오웬, 푸리에 같은 사상가들은 자신들의 사상을 '사회주의'라고 불렀으며 반면에 근본적인 사회 변혁을 추구하던 일부 노동자들은 자신들의 사상을 '공산주의'라고 불렀다. 그래서 그 시기에 '사회주의'는 부르주아 운동을, '공산주의'는 노동자 운동을 의미하는 것으로 사용되기도 했다. 하지만 마르크스는 나중에 두 용어를 특별히 구분하지 않고 함께 사용했다.

마르크스는 공산주의 혁명이 성공하기 위해서는 자본주의의 발달과 더불어 경제적 모순이 심화되고 혁명적 노동자 계급이 형성되어야 한다고 보았다. 그에 따르면 자본주의 사회에서 발생하는 착취, 소외 같은 문제를 해결하기 위해서는 생산 수단을 소유하지 못한 다수의 빈곤한 노동자들이 하나의 계급을 형성해야 한다. 그리고 노동자 계급이 자본주의 질서에 불만을 갖고서 이에 대해 저항하여 싸워야 한다. 노동자 계급은 자본주의 사회에서 아무런 이익도 향유하지 못한 채 그 사회의 모든 짐을 도맡아 지고 있다. 자본주의 사회에서 노동자 계급은 철저하게 착취와 억압을 당하고 있다. 바로 그러한 이유 때문에 마르크스는 노동자 계급이 자본주의 질서에 가장 대립적이고 저항적인 혁명적 세력이 된다고 보았다.

마르크스는 자본주의에서는 지배 계급인 자본가 계급이 사회의 모든 분야를 장악하고 있다고 보았다. 자본가 계급이 경제적 토대에서 생산 과정과 노동 생산물에 대한 통제력을 갖고 있을 뿐만 아니라, 또한 상부 구조에서도 법, 국가와 같은 사회 제도뿐만 아니라 이데올로기, 사상과 같은 사회적 의식도 지배하고 있다고 보았다. 그래서 마르크스는 공산주의 사회를 건설하기 위해서는 점진적 방법이 아니라 급진적인 혁명적 방법이 요구된다고 보았다. 만약 공상적 사회주의자처럼 점진적·평화적 방법을 통해 새로운 사회를 건설하려고 시도한다면 막강한 힘을 갖고 있는 기득권 세력의 반항에 막혀 실패할 수밖에 없게 된다는 것이다.

2) 공산주의 사회의 모습을 대략적으로 그리다

마르크스는 자본주의를 폐지하고 사회주의 또는 공산주의를 건설할 것을 주장했지만 의외로 공산주의 사회의 모습에 대해서는 자세하게 묘사하지는 않았다. 그는 주로 자본주의의 문제점을 비판하는 데 관심을 기울였으며 공산주의 사회의 구조와 운영 원리를 체계적으로 제시하지는 않았다. 그는 자본주의 사회가 붕괴되면 필연적으로 공산주의 사회가 도래하기 때문에 기존 질서인 자본주의 사회를 무너뜨리는 데 집중하면 되지 굳이 유토피아 사상가나 공상적 사회주의자처럼 미래 공산주의 사회의 구체적인 모습에 대해 논할 필요는 없다고 보았던 것이다.

그렇지만 마르크스가 여러 저술에서 단편적으로 언급하고 있는 내용들을 바탕으로 그가 추구했던 공산주의 사회의 모습을 대략적으로 그려볼 수 있다. 우선 마르크스는 공산주의의 가장 중요한 사회 원리로 사적 소유의 폐지를 주장했다. 그에 따르면 공산주의 혁명은 사적 소유를 바탕으로 한 자본주의적 노동 형태와 더불어 계급 관계도 완전히 폐지함으로써 근본적인 사회 변화를 추구한다. 고대 노예제, 중세 봉건제, 근대 자본주의는 생산 방식에서는 차이가 있지만 공통적으로 생산 수단에 대한 사적 소유와 계급 관계를 기반으로 하고 있다. 그런데 공산주의는 이를 완전히 폐지하고 공동 소유를 도입함으로써 억압과 착취, 소외가 없는 자유롭고 해방된 사회를 지향한다.

또한, 마르크스는 분업의 문제점을 지적하면서 이를 철폐할 것을 주장했다. 사회가 발전하면서 사회적·기술적 분업이 심화되는데 분업은 노동 소외, 계급 대립 같은 여러 문제를 낳는다는 것이다. 그는 공산주의 혁명을 통해 분업이 폐지되면 사람들은 자신이 원하는 분야에서 자신의 능력을 개발하고 자기 발전을 자유롭게 추구할 수 있다고 보았다.

마르크스는 공산주의 사회가 유지되기 위해서는 높은 생산력이 필수적이라고 주장했다. 공산주의 혁명을 통해 사적 소유를 폐지하더라도 생산력이 낮으면 궁핍 때문에 분배를 둘러싼 갈등과 대립이 다시 발생하며, 사람들은 기본적 욕구를 충족시키기 위해 노동에만 매달리게 되어 자유롭고 창의적인 노동을 할 수 없게 된다는 것이다. 그래서 마르크스는 공산주의 사회에서 필요에 따른 분배와 완전한 인간 해방이 실현되기 위해서는 생산성이 매우 높아져야 한다고 보았다.

마르크스는 공산주의 사회에서는 세계적 차원의 교류가 확대된다고 주장했다. 그에 따르면 공산주의 혁명은 세계적 차원에서 국제적 연대가 형성되고 여러 국가에서 동시에 혁명을 일으킬 때 성공할 수 있다. 그리고 계급으로 인한 대립과 갈등이 사라지기 때문에 세계적 차원에서 자유로운 교류와 협동도 가능하다.

마르크스는 공산주의 사회에서는 계획적 생산이 이루어진다고 주장했다. 자본주의 사회에서는 무정부적 생산으로 경제적 낭비와 혼란이 발생하지만 공산주의 사회에서는 공동 소유와 계획적 생산으로 생산물의 낭비를 막고 생산력을 더욱 발전시킬 수 있다는 것이다. 그리고 그러한 생산력의 발전은 필요에 따른 분배를 가능하게 해준다고 보았다. 마르크스는 공산주의 사회를 자유로운 개인들의 연합체라 간주했다. 공산주의 혁명을 통해 계급이 폐지되고 국가가 사라지면 사람들은 자유롭고 평등하게 사회관계를 맺으면서 진정한 공동체를 만들 수 있다는 것이다. 물론 공산주의 사회에서도 생산과 분배를 통제하고 계획하기 위한 행정 조직은 존재하지만 특정 계급의 이익을 옹호하는 국가는 소멸한다는 것이다.

마르크스는 자신이 살았던 19세기 산업 사회를 배경으로 자본주의 체제와 치열하게 맞부딪치면서 자신의 사상을 만들었다. 따라서 그의 사상은 21세기의 새롭게 변화된 사회 현실을 분석하고 이해하는 데 한계를 지닐 수 있다. 복지 국가의 등장, 중산층의 확대, 세계화, 정보 기술의 발달과 같은 새로운 사회 현실은 이를 반영하는 새로운 사상의 출현을 요구할지도 모른다. 하지만 우리가 상품과 자본이 지배하는 자본주의 사회에서 살고 있으며 노동 소외, 빈부 격차, 계급 갈등, 경기 침체와 불황, 지구적 차원의 양극화와 같은 문제들이 여전히 해결되지 않고 있다는 점을 고려한다면 그의 철학 사상은 아직도 현실을 분석하고 비판하기 위한 개념적 틀로서 의의를 지닌다고 볼 수 있다.

손철성

경북대학교 윤리교육과 교수. 서울대학교 철학과를 졸업하고, 같은 대학원에서 철학박사학위를 받았다. 사회철학 및 사회윤리를 연구하고 있으며 근래에는 응용윤리학에도 관심을 갖고 있다. 주요 관심 주제는 비판적 사회이론, 유토피아, 분배적 정의, 평등, 인권, 세계시민주의, 해외 원조, 난민, 국제적 간섭, 미래 세대 등이다. 지은 책으로『유토피아, 희망의 원리』,『고전과 논리적 글쓰기』,『허버트 마르쿠제: 마르크스와 프로이트를 결합시키다』,『자본론: 자본의 감추어진 진실 혹은 거짓』,『헤겔 & 마르크스: 역사를 움직이는 힘』,『베이컨의 신기관: 근대를 위한 새로운 생각의 틀』,『프랑크푸르트학파의 테제들』(공저),『인간에 대한 철학적 성찰』(공저),『멀티플 팬데믹』(공저) 등이 있다. 옮긴 책으로『자유주의』,『테러 시대의 철학: 하버마스, 데리다와의 대화』(공역) 등이 있다.

쇼펜하우어의 인생론:
인생은 고통과 권태 사이에서 오가는 시계추다

박찬국(서울대학교 철학과 교수)

1. 사는 게 고통이다

누구나 한 번쯤은 '사는 게 고통이다'라고 생각해본 적이 있을 것이다. 쇼펜하우어는 인생을 고통이라고 보면서 고통의 원인과 고통에서 벗어날 수 있는 방법에 대해서 평생에 걸쳐서 사색한 철학자다. 인생을 고통이라고 보는 철학적 입장은 흔히 염세주의(厭世主義)라고 불린다. 염세주의라는 단어에서 염은 미워하고 싫어하는 것을 의미한다. 따라서 염세주의는 세상을 악과 고통이 지배하는 것으로 보면서 싫어하고 부정하는 철학적 입장을 가리킨다.

어떤 일이 뜻대로 풀리지 않을 때 우리는 보통 고통을 느낀다. 대학 입시에 떨어졌을 때, 주식 투자에 실패했을 때, 사랑하는 이성이 자신의 사랑을 받아주지 않을 때, 우리는 고통을 느낀다. 이러한 일들이 자주 계속되다 보면 우리는 삶 자체가 고통이라고 느끼게 된다.

그러나 쇼펜하우어는 설령 모든 일이 뜻대로 이루어져도 인생은 고통이라고 본다. 누구나 한 번쯤은 모든 일이 뜻대로 잘 풀리는 것처럼 보이는 사람을 부러워한 적이 있을 것이지만, 쇼펜하우어는 다른 사람을 부러워할 필요가 없다고 말한다. 사람들의 삶을 잘 들여다보면, 누구에게나 사는 건 고통이기 때문이다.

쇼펜하우어는 왜 사는 게 고통이라고 보는 것일까? 그리고 이러한 고통에서 어떻게 하면 벗어날 수 있다고 생각하는 걸까? 이러한 문제를 본격적으로 다루기 전에 쇼펜하우어의 생애를 간략하게 살펴보겠다. 이는 쇼펜하우어의 철학적 문제의식은 그의 삶과 불가분리의 관계에 있기 때문이다.

2. 쇼펜하우어는 누구인가?

쇼펜하우어는 1788년 2월 22일 지금은 폴란드 영토지만 당시에는 프로이센의 영토였던 단치히에서 태어났다. 아버지는 부유한 상인이었고, 어머니는 1810년대 말부터 1830년대 초까지 독일에서 가장 유명한 여성 작가였을 정도로 지적인 여성이었다. 어머니는 사교를 좋아하는 자유분방한 성격이었던 반면에, 아버지는 고지식했다고 한다. 이러한 성격 차이로 인해 두 사람의 관계는 그다지 좋지는 않았던 것 같다.

성격적으로 아버지와 비슷했던 쇼펜하우어는 평생 아버지는 존경했지만 어머니를 싫어했다. 어머니 역시 인생에 대해서 끊임없이 부정적인 언사를 일삼았던 쇼펜하우어를 견딜 수 없어 했다. 아버지가 자살로 추정되는 죽음을 맞은 후에, 쇼펜하우어와 어머니 사이의 관계는 더욱 악화되었다. 쇼펜하우어는 아버지가 병이 들었을 때 제대로 돌보지 않은 어머니가 아버지의 죽음에 책임이 있다고 생각했다.

쇼펜하우어는 「여성론」이라는 에세이에서 여성을 노골적으로 비하하고 있는데 이러한 여성 혐오는 상당 부분 어머니와의 불화에서 비롯되었다고 할 수 있다. 아울러 쇼펜하우어가 염세주의자가 된 것도 그 원인의 상당부분은 그다지 밝지 않았던 가정 분위기에서 찾을 수 있을 것 같다.

쇼펜하우어가 상인이 되기를 바랐던 아버지는 쇼펜하우어가 상인이 되는 조건으로, 15살이었던 쇼펜하우어에게 유럽 여행을 제안한다. 쇼펜하우어는 유럽 여행을 하고 싶은 욕망 때문에 아버지의 제안을 받아들였고 여행을 하면서 세계에서 일어나고 있는 갖가지 참상을 직접 목격하게 된다. 그는 무엇보다도 프랑스 툴롱(Toulon)에서 갤리선에서 노를 젓는 6,000여 명의 흑인 노예를 감금해 놓는 곳을 보면서 큰 충격을 받았다. 그는 그곳이 단테가 묘사하고 있는 지옥과 흡사하다고 느꼈다.

이러한 경험과 함께 쇼펜하우어는 그의 나이 불과 17세 때 인생을 고통으로 가득 찬 것으로 보게 되었다. 그는 자신이 이러한 인생관을 갖게 된 것을 부처가 병든 사람과 노인 그리고 괴로워하는 사람과 죽은 사람을 보고 인생의 본질을 고통으로 보게 된 것과 동일한 사건으로 간주하고 있다. 쇼펜하우어는 삶은 고통이라는 사실을 자각하면서 기독교에서 벗어나게 되었다. 쇼펜하우어는 만약 이 세상을 창조한 존재가 정말로 있다면, 그 존재는 자비로운 하나님이 아니라 오히려 피조물의 고통을 즐기는 악마와 같은 자일 것이라고 생각하게 된다.

23세 때 쇼펜하우어는 철학자가 되려는 자신의 결심을 다음과 같은 말로 피력했다.

삶은 추악한 것이다. 나는 그것에 대해서 숙고하려는 것으로 내 생애를 보내기로 결심했다.

유럽 여행을 마친 후 쇼펜하우어는 아버지의 뜻에 따라서 함부르크에 있는 상점의 직원이 되었지만, 사실은 철학자가 되고 싶어 했다. 쇼펜하우어가 17세일 때 아버지가 세상을 떠나자, 쇼펜하우어는 본격적으로 학문의 세계에 뛰어들게 된다. 쇼펜하우어는 26세부터 4년 동안 『의지와 표상(表象)으로서의 세계(Die Welt als Wille und Vorstellung)』를 저술하는 데 몰두했으며 이 책을 1819에 발간했다.

쇼펜하우어는 이 책에 대해서 "낡아 빠진 관념들을 단순히 반복하는 것이 아니라 독창적인 사상을 담은 책으로서 지극히 성공적이며 수미일관된 체계를 갖추고 있고 명료하고 이해하기 쉬우며 매우 아름답게 쓰였다"라고 자평하였다. 그러나 이 책은 거의 주목을 받지 못했으며 출판된 지 16년이 지난 뒤 대부분이 휴지 값으로 팔렸다.

그러나 63세라는 늦은 나이에 발간한 『여록(余錄)과 보유(補遺)(Parerga und Paralipomena)』라는 수필집이 영국에서 주목을 받게 되면서 쇼펜하우어는 독일에서도 유명해졌다. 이렇게 유명해지면서 쇼펜하우어는 자신을 다루는 모든 신문 기사를 찾아서 탐독했다. 쇼펜하우어는 세기의 철학자가 되었고 염세주의자였던 그는 만년에는 거의 낙천주의자처럼 보일 정도로 자신의 삶에 만족했다고 한다. 1860년에 아침상을 받은 쇼펜하우어는 의자에 앉아서 조용히 72세의 나이로 죽었다.

3. 인생은 고통과 권태 사이에 오가는 시계추다

1) 욕망은 왕이고 이성은 외무부 장관이다

서양 철학에서 인간은 흔히 이성적 동물이라고 불려왔다. 그러나 인간은 이성적 존재이기 이전에 욕망의 존재이다. 우리는 흔히 부와 명예에 대한 욕망, 사랑하는 상대방을 자기 것으로 삼고 싶은 욕망, 자식을 갖고 싶은 욕망, 죽고 싶지 않다는 욕망, 재미에 대한 욕망 등에 사로잡혀 있다. 인간의 이성은 이러한 욕망을 마음대로 통제하는 주인이라기보다는 오히려 이러한 욕망을 충족시키기 위해서 이용되는 노예에 불과한 경우가 많다. 예를 들어 부와 명예에 대한 욕망을 충족시키기 위해서 이성은 부와 명예를 얻을 방법을 고안해내는 역할을 한다.

이런 의미에서 쇼펜하우어는 욕망이 왕이라면 이성은 외무부 장관이라고 말하고 있다. 왕은 외무부 장관에게 A라는 나라와 협상해서 B라는 결과를 이뤄야 한다는 목표를 제시해준다. 그러면 외무부 장관은 이러한 목표를 실현할 수 있는 구체적인 방법을 강구해야 한다. 이는 욕망이 돈을 많이 벌어야 한다는 목표를 이성에게 제시하면, 이성은 그러한 목표를 실현할 방법을 모색해야 하는 것과 같다.

쇼펜하우어는 욕망은 "절름발이를 어깨에 메고 가는 힘센 장님"이라고도 말하고 있다. 앞이 보이지 않는 장님이 자신이 어깨에 메고 있는 절름발이에게 어디를 향해서 가야 할지를 말하면, 절름발이는 그 장소로 장님을 안내한다. 여기서 절름발이는 이성을 가리키고 장님은 욕망을 가리킨다.

식욕이나 성욕처럼 본능적으로 일어나는 욕망은 맹목적으로 어떻게

든 자신을 충족시키고 싶어 한다. 이 점에서 욕망은 자신이 어디로 가는지를 모르면서 어떻게든 어디론가 가고 싶어 하는 장님과 같다.

이러한 욕망에게 이성은 욕망이 자신을 충족시킬 수 있는 합리적인 방법을 마련해준다. 이성은 합리적인 방법은 고안해내지만 그것을 실현할 힘을 갖고 있지는 않다. 이러한 힘은 욕망에서 비롯된다. 이런 의미에서 이성은 어디로 갈지 방향은 알고 있지만 스스로 그곳까지 갈 수는 없는 절름발이와 유사하다.

허기가 지면 우리는 먹고 싶은 욕망으로 가득 차서 우리의 이성을 동원해서 먹을 것을 마련할 수 있는 방법을 강구한다. 그리고 이성이 방법을 알아내면, 식욕에 내몰려서 우리는 그 방법을 추진한다.

쇼펜하우어는 어떤 사람과 이해관계를 둘러싼 다툼이 있을 때 상대방을 논리에 의해서 설득하려고 하는 것은 불가능하다고 말한다. 상대방을 설득하려면 상대방의 이익이나 욕망에 호소해야 한다. 쇼펜하우어는 이렇게 말한다.

가장 어리석은 사람의 지성도 그의 욕망과 밀접하게 관련이 있는 대상이 문제가 될 경우에는 날카롭게 된다.

쇼펜하우어는 철학이나 신학처럼 이성에만 의지하는 것으로 보이는 학문도 결국은 욕망의 산물이라고 본다. 우리는 죽음에 대한 두려움과 불멸에 대한 욕망 때문에 인간을 구원해줄 신이나 불멸의 영혼 그리고 죽어서 갈 천국과 같은 것을 만들어낸다. 그러고서는 거꾸로 생각한다. 신이나 천국이 참으로 존재하기 때문에 신에게 구원을 빌고 천국에 가기를 기원한다고 생각하는 것이다. 이런 맥락에서 쇼펜하우어는 이렇게 말한다.

우리는 어떤 것을 욕구할 이유를 찾아냈기 때문에 욕구하는 것이 아니라 욕구하기 때문에 욕구할 이유를 찾아낸다. 우리는 욕망을 감추기 위해서 철학이나 신학을 만들어낸다.

쇼펜하우어는 욕망을 의지라고도 부르지만, 의지라는 단어보다는 욕망이라는 단어가 쇼펜하우어가 말하려고 하는 바를 보다 분명히 전달할 수 있을 것 같다. 따라서 우리는 의지라는 표현보다는 욕망이라는 표현을 더 많이 사용할 것이다.

2) 사는 게 왜 고통인가?

인간의 욕망은 아무리 채워도 채워질 수 없는 밑 빠진 독과 같다. 인간은 아무리 많은 것을 가져도 만족할 줄 모른다. 재산에 대한 욕망에 사로잡혀 있을 때 1억 원을 가졌든 10억 원을 가졌던 우리는 보통 만족할 줄 모르고 더 많은 돈을 원한다. 따라서 우리는 아무리 많은 것을 가져도 결핍감 때문에 항상 고통을 느낀다.

충족되지 않은 욕망으로 인해 우리가 느끼는 고통에 비하면, 욕망이 충족되면서 우리가 느끼게 되는 만족감과 행복감은 극히 짧은 순간에 그친다. 만족감과 행복감은 욕망이 충족되는 상태에 불과하고, 욕망이 충족되는 것과 함께 사라지기 시작한다. 짜장면을 먹고 싶었을 때 짜장면을 먹게 되면 우리는 행복감을 느끼게 되지만, 이러한 행복감은 짜장면을 먹고

포만감을 느끼자마자 곧 사라지기 시작한다.

결핍감과 욕망이 충족되는 것과 함께 행복감이 사라지기 시작하면서 우리는 새로운 결핍감과 욕망이 느껴지기 전의 순간적인 중립 상태로 들어가게 된다. 이러한 중립 상태가 조금이라도 더 지속되면 그것은 곧 권태로 전환된다. 그런데 권태라는 것도 잠깐이면 모르지만, 오래 지속되면 견딜 수 없는 고통이 된다. 우리 인간은 권태를 참을 수 없어서 사냥이나 도박과 같은 갖가지 오락을 만들어내고 심지어는 전쟁을 일으키기도 한다. 1차 세계대전이 일어났을 때 유럽의 많은 사람이 환호했다고 한다. 마침내 지긋지긋한 권태에서 벗어날 수 있게 되었기 때문이다.

인간은 물질이 풍족하면 권태에 시달리고, 풍족하지 않으면 결핍감에 시달린다. 이런 의미에서 쇼펜하우어는 귀족의 고통은 권태고, 평민의 고통은 궁핍이라고 말하고 있다. 쇼펜하우어는 죽어서 천국에 가도 크게 좋은 것은 없다고 말한다. 모든 고통이 사라진 천국에서는 권태가 지배할 것이기 때문이다.

쇼펜하우어는 "인생은 고통과 권태에서 오가는 시계추다"라고 말하고 있다. 인생은 채워지지 않은 욕망으로 인해 느끼는 고통과 권태 사이를 오가는 것에 불과하다는 것이다. 이러한 삶의 실상은 어린아이들이 노는 모습을 보면 극명하게 드러난다. 어린아이들이 보통 갖고 싶어 하는 것은 장난감이나 인형이다. 어떤 장난감을 갖고 싶어서 애가 닳을 때 어린아이들은 결핍감에 시달린다. 부모님을 조르고 졸라서 천신만고 끝에 그 장난감을 갖게 되지만 만족감은 오래 가지 않는다. 아이는 얼마 안 가 싫증을 느끼고 권태에 빠지거나 새로운 장난감에 대한 욕망에 사로잡히게 된다.

그런데 어린아이만 그럴까? 어른이 되어도 우리는 어린아이들과 동일한 패턴으로 사는 것은 아닐까? 장난감이나 인형에서 돈이나 집 혹은 매혹적인 이성이나 명예와 높은 직위 등으로 욕망의 대상이 바뀔 뿐이다. 그토록 갖고 싶어 했던 집이었지만 그 집에서 몇 달만 살면 우리는 그것에서 아무런 감흥도 느끼지 못하게 되고 더 넓고 좋은 집을 원하게 된다. 그토록 함께 살고 싶어 했던 이성이지만, 막상 결혼해서 함께 살다 보면 머지않아 권태를 느끼게 된다.

인간은 만물의 영장이라고 거들먹거리지만, 고통을 느낄 수 있는 능력이 가장 예민하게 발달해 있는 동물에 지나지 않는다. 인간은 과거와 미래를 생각할 수 있는 이성을 가지고 있기 때문에, 현재 겪고 있는 일보다는 오히려 현재 일어나고 있지 않은 일을 생각하면서 고통이나 기쁨을 느낀다. 사람들은 과거의 기분 나빴던 일 때문에 괴로워하거나, 미래에 대한 불안 때문에 잠을 못 이룬다.

우리말에 "매도 먼저 맞는 것이 낫다"라는 말이 있다. 선생님에게 매를 맞아야 할 때, 매를 맞는 순간의 고통보다 더 견디기 힘든 것은 자신이 매 맞을 차례를 기다리는 것이라는 사실은, 체벌이 허용되던 시절에 학교를 다녔던 사람은 누구나 한 번쯤 경험했을 것이다. 또한, 우리는 지난날의 기쁨을 기억하면서 현재의 평안함을 사소한 것으로 간주하고, 항상 미래에는 더 나아질 것이라고 기대하기 때문에 우리가 현재 느끼는 기쁨을 제대로 누리지 못한다.

아울러 인간은 인식 능력으로 인해서 항상 남과 자신을 비교하게 되는데, 이러한 비교의식이 인간의 고통을 더욱 증대시킨다. 다른 사람이 행복하게 사는 모습을 보면서 우리는 더욱 결핍감을 느끼게 되고, 타인이 결핍과 곤궁으로 시달리는 모습을 보면서 우리는 행복을 느낀다. "타인의 불행은 나의 행복이다"라는 말처럼, 사람들은 남의 불행을 자기 행복의 소재로 삼는다.

이러한 고통에서 벗어나기 위해서 인간은 끊임없이 자신의 환경을 변화시켜 왔지만, 욕망은 한이 없기에 결핍감과 불만은 끝이 없다. 그리고 일시적으로 욕망이 채워져도 곧 권태를 느낀다. 물질이 풍족하지 않으면 궁핍해서, 풍족하면 권태로워서, 욕망이 있으면 그 욕망을 채우지 못해서, 욕망이 없으면 욕망의 부재로 인해 삶이 지루해서 시달리게 되는 것이 인생이다.

이렇게 고통과 권태 사이를 오락가락하다가 죽는 것이 삶의 본질임에도 인간이 고생스럽게 삶을 영위하는 것은 생이 주는 즐거움 때문이 아니라 죽음에 대한 두려움 때문이다. 생은 암초가 도처에 깔려 있고 거친 파도가 일렁이는 바다와 같다. 인간은 갖은 노고를 다하면서 암초와 파도를 헤치면서 생명을 유지하지만 결국은 파선하여 죽음에 이르게 된다.

쇼펜하우어는 철학은 세계 안에 존재하는 고통과 악에 대한 경이감에서 비롯된다고 본다. 철학은 세계의 고통을 직시하고 이러한 고통이 어디에서 비롯되고 그것을 어떻게 극복할 것인지를 고뇌해야 한다는 것이다.

4. 이 세계는 생각할 수 있는 세계 중에서 가장 악한 세계다

1) 자기 보존과 종족 보존을 향한 욕망 그리고 우주적 의지

쇼펜하우어에 따르면 인간뿐 아니라 모든 것이 욕망의 존재이다. 인간과 동물의 세계에서 가장 현저하게 보이는 현상이지만 모든 개체가 자신의 욕망을 충족시키기 위해서 서로 투쟁한다. 개체들은 자신의 신체를 자유롭게 움직일 수 있는 공간과 먹을 것을 둘러싸고 서로 싸운다. 동물은 식물이나 다른 동물을 먹이로 삼고, 인간은 식물과 동물을 먹이로 삼는다. 특히 인간은 가장 위험한 무기인 인식을 통해서 각종 기술을 개발함으로써 자연을 자신의 욕망을 실현시키는 수단으로 만든다. 우리는 자연의 도처에서 투쟁과 갈등을 본다.

기독교에서는 이 세계를 인격 신이 창조했다고 말한다. 그러나 쇼펜하우어는 그러한 인격 신은 공상의 산물일 뿐이라고 본다. 쇼펜하우어는 개체들이 비롯된 궁극의 근원적인 존재는 개체들과 유사하게 맹목적인 욕망의 존재일 것이라고 추측한다. 우리가 지각하는 세계는 개체들로 이루어져 있는 세계이다. 이러한 세계를 쇼펜하우어는 현상계라고 부른다. 그것은 우리에게 그렇게 나타나 보이는 세계, 다시 말해 표상되는 세계일 뿐, 실재 자체는 아니라는 것이다. 실재 자체는 개체들로 이루어져 있는 현상계의 이면에 존재하는 하나의 통일적인 우주적인 욕망 내지 의지이다.

쇼펜하우어는 우리가 경험하는 모든 욕망은 궁극적으로는 자기 보존과 종족 보존을 위한 욕망으로 환원될 수 있다고 본다. 재산을 쌓고 이성을 자기 것으로 하려는 모든 욕망은 결국은 자기 보존과 종족 보존을 목표로 갖는다. 자기 보존과 종족 보존을 향한 욕망을 쇼펜하우어는 '생을 향한 의지(Wille zum Leben)'라고 부르고 있다. 이러한 욕망은 자기 보존과 종족 보존 이외의 어떤 것도 목적으로 갖지 않는 욕망이다.

사람들은 자기 보존과 종족 보존은 무엇을 위한 것이냐고 물을지도 모른다. 이에 대해서 쇼펜하우어는 모든 개체는 자기 보존과 종족 보존을 궁극적인 목적으로 여기면서 그것을 맹목적으로 추구한다고 답한다. 사실

많은 경우 우리는 자신이나 자식의 생존이 위험에 처해 있는 순간에는 자신이나 자식을 살리기 위해서라면 못 할 것이 없다고 생각한다.

이런 맥락에서 쇼펜하우어는 실재 자체로서의 우주적인 의지도 생을 향한 맹목적인 의지라고 부르고 있다. 이러한 의지는 만족을 알지 못한 채 끊임없이 갈망하는 의지이다. 쇼펜하우어는 이러한 의지가 우주의 본체라고 보았고 모든 개체는 이러한 의지가 나타난 것이라고 보았다.

쇼펜하우어는 자기 보존에 대한 욕망보다 종족 보존에 대한 욕망이 훨씬 강하다고 본다. 이러한 사실은 많은 부모가 자식을 위해서라면 죽어도 좋다고 생각하는 데서도 나타난다. 쇼펜하우어는 남녀 간의 사랑이란 것도 결국은 종족 보존에 대한 욕망의 표현이라고 본다. 남성이 여성을 아름답게 보는 것도 사실은 성욕의 작용이고, 이러한 성욕은 결국 종족 보존을 향한 욕망이다. 종족 보존을 향한 욕망이 남성으로 하여금 여성을 아름답게 보도록 현혹함으로써 여성과 결혼하여 자식을 낳도록 몰아대고 그 여성과 자식을 위해서 노동을 하게 만든다.

아울러 종족 보존을 향한 욕망은 부모로 하여금 자신의 자식들을 세상에서 가장 귀중한 존재로 보이게 함으로써 자식들의 생존을 위해서 모든 희생과 헌신을 다 하게 만든다. "고슴도치에게도 자기 자식은 예쁘게 보인다"는 말이 있듯이, 부모의 눈에 자기 자식은 세상에서 가장 귀하고 소중한 존재로 보인다. 따라서 부모는 기꺼이 자식을 위해서 온갖 희생을 다한다.

그런데 종족 보존에 대한 욕망은 왜 이렇게 상대 이성이나 자식들을 객관적으로 보지 못하게 하고 그것들에 대해서 환상을 갖게 만드는 것일까? 이는 일차적으로 모든 개체에게는 자기 자신의 보존이 가장 중요한 관심사이기 때문이다. 모든 개체는 이기적인 존재이기에, 개체로 하여금 이러한 이기심을 넘어서 종족의 유지에 자신을 헌신하게 하기 위해서는 자연은 상대 이성이나 자식에 대한 환상을 심어줄 필요가 있었던 것이다.

개체는 이러한 환상에 속아 넘어가 사실은 종족에게만 이로울 뿐 자신에게는 온갖 노역만을 강요하는 결혼과 출산을 스스로 원하게 된다. 그러나 사실은 개체는 종족의 노예로 존재한다. 사람들은 흔히 동물은 본능에 따라서 살고 인간은 본능을 넘어섰다고 생각하지만, 인간에게도 종족보존의 본능은 동물 못지않게 강력하다.

성욕과 같은 본능적 욕망에 따를 때 우리는 자신의 욕망에 따른다고 생각하지만, 사실은 그러한 본능적 욕망은 우리 자신을 위한 것이 아니다. 성욕을 충족시킬 때 개인은 자신의 욕망을 채웠다고 생각하지만 실은 종족이 득을 보고 있는 것이다. 이러한 사실은 인간에 대해서 타당할 뿐 아니라 동물에 대해서는 더욱더 타당하다. 새가 둥지를 짓는 것이나 꿀벌이나 개미가 식량을 모으는 것도 모두 후세를 위한 것이다.

2) 세계는 전쟁터다

쇼펜하우어는 우리가 경험할 수 있는 이러한 종족 보존에의 의지의 근저에는 결국은 실재 자체로서의 우주적인 의지가 존재한다고 본다. 이러한 우주적인 의지는 개체들로 이루어진 현상계에서 종족 보존에 대한 욕망으로 나타나면서, 개체들로 하여금 끊임없이 짝을 찾아서 성관계를 맺도록 몰아대면서 개체들을 번식시키게 하는 방식으로 자신을 표현한다.

쇼펜하우어가 말하는 근원적인 실재로서의 우주적 의지와 종족과 개체 사이의 연관을 우리는 바다와 파도 그리고 물방울에 비유할 수 있다. 개체는 자신이 영속할 수 있을 것처럼 생각하면서 자신이 자신의 독자적인 힘으로 살아간다고 생각한다. 그러나 그것은 사실은 바다에서 파도가 칠 때 일어나는 물방울과 같은 것에 불과하다. 물방울이 순식간에 나타났다가 사라지는 것처럼 개체들은 영원의 시간에 비하면 그야말로 눈 깜짝할 순간보다도 더 짧은 시간을 살다가 사라진다. 또한, 그것은 독자적인 힘으로 존재하는 것이 아니라 바닷물이 튀어서 순간적으로 나타났다가 다시 바닷속으로 사라지는 것이다.

종족을 물방울에 비하면 훨씬 더 거대하고 오래 지속되는 파도에 비유할 수 있다. 그러나 그것 역시 영원한 것도 독자적으로 지속하는 것도 아니며 바닷물 일부가 일시적으로 솟아났다가 다시 바닷속으로 사라지는 것에 불과하다. 물방울이나 파도가 독자적으로 존재하는 것이 아니라 바다의 나타남에 불과한 것처럼, 개체나 종족도 우주적 의지가 일시적으로 혹은 조금 더 긴 시간 동안 나타났던 것이다.

쇼펜하우어가 말하는 우주적 의지는 물론 우리가 직접적으로 경험할 수 있는 것은 아니며 어디까지나 사변적인 추론에 의해서 도달할 수 있는 것이다. 그러나 이러한 우주적인 의지야말로 진정한 실재이며 자기 보존에의 의지나 종족 보존에의 의지 그리고 개체들의 신체나 이성 등은 모두 진정한 실재로서의 우주적 의지가 자신을 표현한 것에 지나지 않다.

우주적인 의지가 영원 불변한 반면에, 현상계의 모든 것은 생성 소멸한다. 현상계의 어떠한 개체도 유한한 시간을 사는 것에 지나지 않으며 개체들에 비하면 종족은 훨씬 오래 존속한다. 따라서 종족은 실재 자체에 더 가까우며 우주적 의지의 직접적인 표현에 해당한다. 이에 반해 개체는 종족에 비해서 우주적 의지에서 더 멀리 떨어져 있다. 따라서 그것은 우주적 의지 자체의 간접적인 표현에 해당한다.

우주적 의지는 무한하면서도 분해 불가능한 통일자이다. 따라서 그것이 각 개체에게 나타날 때도 조금씩 나뉘어서 나타나는 것이 아니라 전체로서 나타난다. 따라서 각 개체의 욕망도 우주적 의지와 마찬가지로 무한하다. 쇼펜하우어는 이렇게 욕망이 끝이 없다는 사실은 인간에게서뿐 아니라 모든 자연 현상에서도 볼 수 있다고 말하고 있다. 중력은 끊임없이 아래로 끌어당기려 하며, 고체는 자신의 화학적 힘의 해방을 위해서 용해되거나 분해되어 액체가 되려고 한다. 그리고 액체는 끊임없이 기체가 되려고 한다. 식물 역시 씨앗에서 시작하여 보다 높은 형태를 통과하면서 다시 씨앗이 될 때까지 쉬지 않고 애쓰며 이를 무한히 반복한다.

욕망은 결국 결핍감에서 비롯되는 것이기 때문에 욕망이 한이 없다는 것은 결핍감이 한이 없다는 것을 의미한다. 따라서 모든 개체는 한없는 결핍감에 시달리며 그러한 결핍감을 극복하기 위해서 끊임없이 노력할 수밖에 없게 된다. 따라서 개체들의 삶이란 한없는 결핍감과 무한한 노고의 연속이다.

이렇게 모든 개체가 한없는 결핍감에 사로잡혀 욕망에 쫓기면서 그러한 욕망을 충족시키기 위해서 서로 투쟁하는 모습이 우리가 사는 세계의 실상이다. 따라서 쇼펜하우어는 이 세계는 존재할 수 있는 세계 중 최악의 세계라고 보았다. 쇼펜하우어의 이 말은 "이 세계는 완전하고 자애로운 신이 만든 세계이기 때문에 존재할 수 있는 세계 중 최선의 세계"라는 라이프니츠라는 철학자의 말을 패러디한 것이다.

이렇게 모든 개체가 충족되지 않는 욕망에 사로잡혀 서로 투쟁하는 현상계를 보면 우리는 그러한 현상계의 근저에 있는 우주적 의지 자체도 자체 내에서 불만과 고통에 시달린다고 보아야 할 것이다. 우주적 의지 자체가 자기 자신에 대한 내적인 갈등과 불만으로 가득 차 있다. 따라서 이러한 우주적 의지가 현상계에 자신을 나타낼 때도 그것은 개체들 사이의 투쟁과 대립으로 나타나게 된다. 물론 근원적인 의지는 유일한 일자이기에 현상계의 무수한 개체들과 종족들이 서로 투쟁하더라도 현상계에는 일정한 통일성과 조화가 존재한다.

우주적 의지는 스스로 내적인 갈등과 대립에 가득 차서 고통을 스스로 야기하고 그 스스로 고통을 받고 있다. 쇼펜하우어의 염세주의는 결국 세계의 근원인 우주적인 의지마저도 자체적인 갈등과 불만에 사로잡혀 있는 비합리적인 것으로 보는 것으로 귀착된다.

5. 쇼펜하우어가 말하는 고통의 늪을 벗어나는 법

현상계의 근원인 우주적인 의지가 결국 이러한 성격을 가진 것이라면 우리는 어떻게 고통의 늪에서 벗어날 수 있을까? 전통적으로 우리의 욕망을 통제하는 능력으로 알려진 이성도 쇼펜하우어가 말하는 것처럼 의지의 도구에 지나지 않는다면 우리를 고통에서 구할 수 있는 것은 아무것도 없지 않을까?

그럼에도 쇼펜하우어는 우리가 고통에서 벗어날 길이 있다고 보았다. 쇼펜하우어는 인간의 이성은 의지의 지배를 받기도 하지만 이성을 통해서 의지를 통제하고 더 나아가 의지를 부정할 수 있다고 말하고 있다.

나는 이 점에 쇼펜하우어 철학의 모순이 있다고 생각한다. 쇼펜하우어는 그동안 이성은 의지의 노예라고 말하다가 갑자기 이성이 의지를 압도하고 부정할 수 있다고 주장하고 있는 것이다. 이러한 모순에 대한 비판이 쇼펜하우어의 철학에 대해서 자주 제기되었다.

그러나 어떻든 쇼펜하우어는 인간은 욕망에 사로잡힌 존재이긴 하지만 순수한 인식의 주체가 될 수도 있다고 본다. 쇼펜하우어는 이성이 의지를 지배할 수 있는 여러 방법을 제시하지만, 동정과 심미적 관조 상태 그리고 금욕주의적인 의지 부정에 대해서만 살펴보겠다.

1) 심미적 관조 상태

모든 '욕망'은 결핍감에서 생긴다. 하나의 욕망이 채워지더라도 적어도 열 가지 욕망은 채워지지 않은 채로 남는다. 따라서 우리가 욕망에 사로잡혀 있고 이성이 욕망의 도구로 존재하는 한, 우리는 결코 지속적인 행복도 평안도 누릴 수 없다. 그런데 이성이 욕망을 위해서 일하던 상태에서 벗어나서 사물을 모든 욕망을 떠나 아름다운 것으로 관조하게 되면 마음에 저절로 평안이 깃들게 된다.

격정이나 근심으로 괴로워하다가 갑자기 아름다운 자연을 바라보게 되면서 마음이 밝아지고 평온해지는 경험을 누구나 한 번쯤은 했을 것이다. 욕망과 근심 그리고 격정과 모든 고뇌가 놀랍게도 순식간에 사라져버린다. 우리가 그동안 욕망을 채우는 방식으로 획득하려 해도 주어지지 않았던 안식과 평안이 사물을 아름답게 보는 심미적 관조 상태에서 우리에게 갑자기 저절로 주어지게 된다.

이러한 심미적 관조 상태에서 사물들이 자신의 아름다움을 드러내는 것은 우리가 그것들을 아름답게 보려고 노력했기 때문이 아니다. 오히려 그런 노력조차도 하지 않고 무심(無心)하게 사물들을 바라보는 가운데, 사물들 자신이 자신의 아름다움을 드러낸다. 이때 우리에게 요구되는 것은 사물들이 자신의 아름다움을 스스로 드러내도록 우리 자신을 완전히 비우는 것이다. 다시 말해서 그것들을 소유하고 우리 마음대로 하려는 모든 욕망에서 벗어나 사물들을 있는 그대로 반영하는 거울처럼 되는 것이다. 이 상태에서 우리는 마법에 홀리듯 대상의 아름다움에 사로잡히게 된다.

이렇게 사물을 아름다운 것으로 관조하는 상태에서 개체는 모든 욕망에서 벗어난 순수한 인식 주관으로 높아지게 된다. 순수한 인식 주관으로 존재할 때 우리가 왕인지, 거지인지, 죄수인지는 전혀 중요하지 않게 된다. 교도소에 갇혀 있는 죄수도 쇠창살을 통해 석양을 보면서 자신의 현재 처지를 잊어버리고 석양의 아름다움에 빠질 수 있다. 심미적 관조 상태는 개인적 관심과 욕망으로부터 초연해 있는 상태이기에 그러한 상태에서는 석양을 감옥에서 보든 궁전에서 보든 차이가 없다. 순수한 심미적 관조 상태에서 우리는 '밝고 영원한 세계의 눈'으로 존재하게 된다.

그러나 인간은 항상 세계 속에서 개체로 살고 있고 개체로서의 자신의 생존을 확보해야 하기 때문에 현실적인 욕망과 고민에 사로잡히기 쉽다. 이 점에서 우리는 맹목적인 의지라는 철삿줄에 의해서 끊임없이 움직이는 인형 같은 존재다. 의지는 보통 이성보다는 항상 더 강하기 때문에 언제든지 심미적 관조 상태를 파괴할 수 있다. 이런 의미에서 쇼펜하우어는 심미적 관조 상태는 의지의 노예로 존재하는 상태로부터 극히 일시적인 해방만을 가져다준다고 말하고 있다. 쇼펜하우어는 의지로부터의 지속적인 해방은 의지의 부정, 즉 불교가 말하는 열반에 의해서만 가능하다고 본다. 이런 의미에서 심미적 관조 상태는 열반의 전(前) 단계라 할 수 있다.

2) 금욕주의적 의지 부정

쇼펜하우어에게 행복이란 어디까지나 고통이 사라진 소극적인 상태에 지나지 않는다는 사실을 우리는 앞에서 보았다. 쇼펜하우어는 우리가 욕망에서 벗어나려고 하는 것도 어떤 적극적인 행복을 획득하기 위한 것이 아니라 자기 자신의 욕망을 최소한도로 감소시킴으로써 고통을 줄이기 위한 것이라고 보고 있다. "의지가 덜 흥분할수록 고통도 적다"는 것이다. 의지는 결국 모든 현상의 원천이기에 의지를 부정하는 것은 결국 무로 돌아가는 것을 의미한다.

이러한 의지 부정의 수단으로 쇼펜하우어는 금욕주의적인 고행을 들고 있다. 쇼펜하우어에 따르면 생에의 의지는 주로 자기 보존을 향한 욕망과 종족 번식을 향한 욕망 그리고 이기심으로 나타난다. 따라서 자기 보존 욕망이 가장 강하게 나타나는 식욕을 억제하는 소박한 식사와 종족 번식 욕망을 억제하는 정결(貞潔) 그리고 이기심의 표현인 탐욕을 억제하는 청빈(淸貧)이 금욕주의적인 고행의 3대 요건이 된다. 그리고 이 세 가지를 엄수하는 자가 성자(聖者)라 불린다. 쇼펜하우어는 이렇게 의지를 부정함으로써 그것의 속박에서 벗어나 있는 상태가 바로 진정한 자유라고 본다.

그런데 쇼펜하우어는 이러한 금욕주의적인 의지 부정도 결국 의도적인 목적을 통해서 추구되기 때문에 금욕주의를 의지가 완전히 사라진 무의 상태와 동일시해서는 안 된다고 말하고 있다. 의지가 완전히 사라진 무의 상태는 그러한 금욕주의적 의지마저도 사라지면서 흡사 외부에서 주어지는 것처럼 우리에게 닥쳐온다.

그것은 '갑작스러운 은빛 섬광'처럼 예기치 않게 발생한다. 이렇게 의지가 온전히 사라진 상태가 우리가 예기치 않은 순간에 주어지는 것을 기독교에서는 은총이라고 부르고 불교에서는 깨달음이라고 부른다. 진정한 구원은 우리의 의도나 계획을 통해서 이루어지지 않는다. 불교에서도 깨닫기 위해서는 깨달으려는 욕망조차도 버려야 한다고 말한다. 깨달으려는 욕망 역시 하나의 욕망이기 때문이다. 그렇게 모든 욕망을 버리고 마음이 정적 속으로 들어가는 순간에 우리는 말로 표현할 수 있는 환희를 경험하게 된다.

이 점에서 쇼펜하우어가 말하는 '의지가 사라진 무의 상태'는 아무것도 존재하지 않는 공허의 상태라기보다는 오히려 신비주의적인 환희의 상태를 가리킨다. 쇼펜하우어는 이러한 신비주의적 환희의 상태가 모든 위대한 종교에서 가장 이상적인 상태로서 공통적으로 설파되고 있다고 본다.

쇼펜하우어에 따르면 이렇게 은총처럼 주어지는 무의 상태 속에 있는 사람만이 온전히 이기심을 극복했기에, 기독교에서 말하는 것처럼 이웃을 제 몸같이 사랑할 수 있고 불교에서 말하는 것처럼 보살의 자비행을 행할 수 있다고 본다. 쇼펜하우어는 기독교와 불교 사이에는 본질적인 차이가 없다고 본다. 두 종교는 마리아상이나 부처상에서 보이듯이 고통이 완전히 사라지진 평온하면서도 은은한 기쁨이 넘치는 얼굴을 실현할 것을 사람들에게 촉구한다는 것이다.

쇼펜하우어는 초기 글에서부터 '보다 훌륭한 의식(das bessere Bewußtsein)'에 대해서 말하고 있다. 이는 우리가 갖는 보통의 의식을 넘어서는 의식을 말한다. 보통의 의식은 이기적인 생존 의지와 종족 보존 의지에 의해서 규정되어 있다. '보다 훌륭한 의식'이란 예술가와 성자의 의식을 가리키는 것으로 이기적인 생존 의지와 종족 보존의지를 넘어서 있는 의식이다.

6. 맺음말

쇼펜하우어의 사상은 극단적인 면도 있고 앞에서도 약간 언급했지만 모순점도 있는 것이 사실이다. 그럼에도 쇼펜하우어의 사상이 인생의 본질과 방향에 대해서 우리가 곱씹어볼 만한 중대한 통찰을 담고 있다는 것은 부정할 수 없다.

오늘날 우리나라를 비롯한 많은 나라가 전대미문의 물질적 풍요를 구가하고 있다. 그럼에도 불구하고 삶에 대한 불만과 개인들과 집단들 사이의 갈등과 투쟁은 갈수록 심화되고 있는 것 같다. 쇼펜하우어는 이러한 불만과 갈등과 투쟁이 통제되지 않는 우리의 욕망에서 비롯된다고 본다. 우리는 자신의 삶에 만족하고 감사하기보다는 불만을 느끼기 쉽다. 이렇게 불만을 느낄 때 쇼펜하우어는 우리가 자신의 처지가 정말로 곤궁해서가 아니라 만족할 줄 모르는 욕망 때문에 그런 것은 아닌지 돌이켜보라고 말한다.

박찬국

　서울대학교 철학과를 졸업하고 동 대학원에서 석사학위를, 독일 뷔르츠부르크대학교에서 철학박사학위를 받았다. 니체와 하이데거의 철학을 비롯한 실존철학이 주요 연구 분야이며 최근에는 불교와 서양 철학 비교를 중요한 연구 과제 중 하나로 삼고 있다. 저서로는 『들길의 사상가, 하이데거』, 『하이데거는 나치였는가』, 『내재적 목적론』, 『하이데거의 《존재와 시간》 강독』, 『니체와 하이데거』, 『니체와 불교』, 『사는 게 고통일 때, 쇼펜하우어』 등이 있고, 주요 역서로는 『니체 Ⅰ, Ⅱ』, 『아침놀』, 『비극의 탄생』, 『안티크리스트』, 『우상의 황혼』, 『상징형식의 철학 Ⅰ, Ⅱ, Ⅲ』 등이 있다.

문화 전사 니체:
『비극의 탄생』에서 초인까지

김주휘(한국교원대학교 윤리교육과 교수)

1. 니체, 문화 전사로서의 초상

이 글은 니체에 대해 하나의 초상을 제시할 것이다. 사실 니체에 대해서는, 니체를 읽는 이들에게는 모두 저마다의 니체가 있다고 할 정도로, 극단적으로 다른 해석들이 존재한다. 영화 〈투모로우〉에는 갑자기 찾아든 빙하기에 살아남은 이들이 뉴욕도서관의 장서를 불태우며 몸을 덥힐 때, 니체만은 남겨두어야 한다고 호소하는 인물과 여동생을 사랑한 철학자 정도로 그를 폄하하는 인물의 대화 장면이 나온다. 세간에는 부드러운 니체와 잔인한 니체, 우생학과 반여성주의와 반민주주의의 옹호자인 니체와 불교적이고 도교적인 니체, 생태주의자이자 포스트모던하고 급진 민주주의적인 니체가 있다. 니체가 널리 소개되고 읽히기 시작한 처음부터 그는 언제나 이렇게 상반된 방식으로 받아들여져 왔다.

필자는 이 글에서 소위 '더(the) 니체'를 제시하겠다고 주장하지는 않을 것이다. '더(the) 무엇'이라는 것은 없다는 게 니체의 주요한 사상 가운데 하나이기도 하다. 위대한 철학자는 대개 위대한 '하나의 생각'을 갖고 있지만, 거기에는 매우 다채로운 면들이 있어서 매 시대의 모든 독자는 그것들 가운데 어떤 것을 더욱 중점적으로 흡수하고 이용하고 실컷 제 것으로 만들 수가 있다. 하지만 이것이, 텍스트의 심대한 왜곡은 말할 것도 없이 어떤 해석이든 똑같이 옳고 정당하다는 것을 뜻하지는 않는다.

니체는 그의 관점주의, 즉 사실 자체는 없고 해석만이 있으며 모든 해석은 관점을 전제한다는 생각을 언제나 위계에 대한 사유와 더불어 전개했다. 그는 여러 관점과 해석들 가운데 일종의 등급이 있으며, 더 훌륭하거나 못한, 혹은 더 건강하거나 그렇지 않은 관점과 해석이 있다고 여겼다. 여기서 훌륭함의 기준 가운데 하나는 '다양성 속의 통일성'이다. 말하자면 니체 사유의 다양한 측면을 함께 더 잘 설명할 수 있는 해석이 좋은 해석이다. 다른 기준으로는 그것이 우리 시대와 사회에 의미 있는 측면을 비추고 우리를 고양하는 역할을 해야 한다는 점을 꼽을 수 있다. 이는 니체가 촉망받는 젊은 고전학자로서 연구하던 때부터 고민하던 바이기도 하다.

그는 당대의 고전 연구가 실증주의적 고증과 자구 해석에 치우치며 고전의 정신을 놓치는 방향으로 나아가는 것을 크게 우려했다. 니체는 역사 연구와 고전 연구가 당대의 삶에 어떤 메시지를 줄 수 있는지를 함께 고려해야 한다고 생각했고, 그런 의미에서 살아 있는 학문을 하기를 열망했다. 니체의 이런 생각은 오늘날 우리의 니체 읽기에도 그대로 적용될 수 있고, '앎을 위한 앎'과 '삶을 위한 앎'의 문제는 바로 이 책의 출판 의도와 맞닿아 있기도 하다.

우리가 이 글에서 조명하고자 하는 것은 '문화 전사(戰士)'로서의 니체의 면모이다. '전사'라는 표현은 『비극의 탄생』 서문에서 니체가 바그너를 위해 썼던 것이기도 하다. 그는 이 책을 함께 문화 투쟁을 전개하는 동지로서 '앞서 나간 전사' 바그너에게 바쳤었다. 니체는 오랫동안 서구 정신을 지배해온 기독교적 가치가 무너지고 그 빈 자리를 물질주의와 향락주의, 이기주의가 채우는 문화적 상황에서 새로운 가치와 이상을 모색했던 인물 가운데 하나이다. 그는 참된 정치란 권력 다툼이 아니라 가치와 이상을 둘러싼 투쟁이라고 보았기 때문에 인류를 위해 새로운 이상과 가치를 제시하는 일이야말로 '위대한 정치'라고 여겼다.

사실 니체는 그의 비판을 통해 잘 알려져 있다. 그는 마르크스와 프로이트와 더불어 3대 '의심의 대가'로 칭송되며 망치를 든 철학자로 유명하다. 니체는 그의 대변자 차라투스트라를 통해 이중의 전선에서 전투를 벌이는데, 한편으로는 낡은 가치를 겨냥하고 다른 한편으로는 가치의 부재를 겨냥한다. 니체는 우선 이원론적 형이상학과 그것에 근거한 반자연적 도덕과 가치들을 비판하는데, 여기에는 서구 사회를 오랫동안 지배해온 기독교적 가치와 이상 및 소크라테스적 이성 중심주의가 모두 포함된다.

그는 또한 초월적 형이상학을 버리면서 물질주의와 쾌락주의로 탐닉해 들어가는 근대인들의 상태를 신랄하게 비판한다. 그가 보기에 기독교인들이 그릇된 가치로 자신을 다스렸다면, 근대인들은 자신을 다스리는 것 자체를 모르는 이들이다. 이들은 가치가 무엇인지 알지 못하며, 그저 안락함과 쾌락을 끝없이 추구하고 있다. 니체는 삶의 긍정을 안락한 생존의 추구로 오해하는 이들을 '최후의 인간' 혹은 '인간 말종'이라고 불렀다. 이 후자의 전선에서는 쾌락주의와 실증주의, 자유주의, 사회주의, 민주주의 등의 근대적 이념과 가치들이 비판된다.

니체의 비판은 전방위적으로 보이지만, 자세히 살펴보면 이렇게 크게 두 부류로 나뉜다. 그런데 그의 신랄한 비판의 함의는 그의 관점을 구성하는 적극적인 이상 및 윤리에서 비로소 온전히 드러난다. 니체는 '비판을 위한 비판'을 혐오했고 비판이 건설과 창조에 기여해야 한다고 여겼다. 이 글에서 우리는 니체의 적극적 이상으로 잘 알려진 초인과 영원 회귀 긍정의 사유가 형성되고 제안되는 과정을 간략히 소개하고자 한다. 지면 관계상 니체의 최초 저작인 『비극의 탄생』을 중심으로 하되, 그의 삶과 사유를 이해하는 데 필수적인 몇 가지 계기들을 소개하는 것부터 시작하겠다.

2. 니체와 기독교

니체는 루터교 목사의 아들로 태어나 네 살에 아버지를 여의고 여동생과 함께 신앙심 깊은 어머니와 고모들의 손에서 자랐다. 그는 어린 시절 '꼬마 목사'라는 별명을 가졌는데, 하굣길에 갑자기 비가 쏟아져도 뛰지 않았고 친구들에게 목사님처럼 성경 이야기들을 곧잘 들려주었기 때문이다.

그러던 그는 김나지움 '슐포르타'를 다니면서 점차 기독교 신앙으로부터 멀어지게 된다. 슐포르타는 철학자 피히테와 시인 횔덜린의 모교이기도 한데 엄격한 규율과 수준 높은 고전 교육으로 유명했다. 이 학교는 니체의 인격 형성에 큰 역할을 한다. 그는 후에 '사슬을 매달고 춤추기'에 대해 노래하는데, 자유가 질서와 규율을 전제로 얻어지는 것임을 여기서 배웠다. 또한, 니체는 이곳에서 고전 텍스트를 엄격하게 비판적으로 읽는 훈련을 받았고, 그것은 자연스럽게 성서에도 같은 태도를 적용하도록 만들었기 때문에, 그가 유년기의 신앙을 그대로 유지하는 것은 거의 불가능했다. 김나

지움 졸업 후 그는 어머니의 뜻에 따라 본대학의 신학과에 입학하지만 한 학기 만에 전격적으로 신학 대신 고전학에만 전념할 것을 결정하게 된다.

니체는 기독교에 대한 신랄한 비판으로 워낙 유명하지만, 니체가 그러한 모든 비판의 원조인 것은 아니다. 니체가 살았던 19세기 말 독일에서는 이미 많은 이들이 성서를 비판적으로 읽고 기독교의 문제들을 지적하면서 대안적 종교 혹은 종교 자체의 대안을 모색하고 있었다. 이들 가운데에는 대표적으로 『기독교의 본질』을 쓴 포이어바흐와 『예수의 생애』를 쓴 슈트라우스가 있다.

니체는 신이 인간을 만든 것이 아니라 인간이 신을 만들었다고 주장하는 포이어바흐의 글을 슐포르타 시절에 접했다. 『예수의 생애』는 1835년에 출간되어 큰 반향을 불러일으켰는데, 니체는 1864년 축약본으로 재발간된 것을 읽었다. 이 책의 독서는 그가 궁극적으로 신학을 포기하는 결정을 내리는 데 영향을 주었다. 니체가 그의 생각의 출처를 밝히는 방식으로 글을 쓰지 않기 때문에 독자들은 그가 말하는 모든 것이 그로부터 시작되었다고 오해하기 쉽지만, 사실은 그렇지 않다. '신의 죽음' 역시 니체가 처음으로 그것을 말한 것도 아니고, 니체 자신이 신을 죽인 것은 더더욱 아니다. 그것은 기독교적 신앙과 가치가 이미 힘을 상실해가고 있던 문화적 현실을 가리키는 말이었다.

하지만 니체는 당대의 비판들을 창조적으로 결합했고 거기에 자신의 날카로운 심리적 통찰을 더했다. 그의 비판은 후기로 갈수록 맹렬해지는 경향을 띤다. 『차라투스트라는 이렇게 말했다』에서 니체는 자신에게 성직자의 피가 흐르고 있음을 의식하며, 기독교가 인간을 동물적 존재에서 인간으로 만드는 과정에서 큰 역할을 했음을 부인하지 않는다.

니체의 기독교 비판이 가장 중요하게 겨냥하는 것은 그것이 내포하는 초월적 형이상학과 반자연적 도덕이다. 플라톤주의와 더불어 기독교는 우리가 사는 이 세계와 다른 저 세계를 상정하고, 저 세계를 더 순수하고 더 아름다운 것으로 여기는 대신, 이 세계와 이 세계의 삶의 원리를 가치 절하한다. 이 세계의 삶은 더럽고 불결한 것으로 여겨지며, 이 세계의 삶의 원리를 구현하는 건강한 이들은 오히려 악마화되고 죄악시된다.

니체는 기독교의 영향 아래 지속되어온 금욕주의의 역사, 감각성이 부정되어온 역사를 염두에 두고 있다. 그의 관심은 이러한 도덕, 이러한 이상이 도대체 어떻게 생겨났는가 하는 문제로 향했다. 그는 삶이란 힘에의 의지이며, 건강한 생명체는 무엇보다도 자기를 긍정하고 자기를 성장시키려는 의지를 갖는다고 보았다. 그렇다면 자기 자신을 부정하는 의지의 출현은 해명되어야 할 하나의 문제가 된다.

니체는 결국 지상의 삶의 가치와 원리를 부정하는 것은 노예의 원한 감정에서 비롯된다고 결론을 내리게 된다. 즉, 이 세계의 건강한 삶을 누릴 수 없는 이들이 원한 감정으로부터 그들이 승리하는 저 세계를 만들어 상상 속에서 복수하고 그들의 무능을 미덕으로 포장한다는 것이다. 그들은 자신들이 누리지 못하는 이 세계의 좋은 것들을 악으로 만들고, 대신에 자신들의 무능을 선한 의지로 탈바꿈시킨다. 그런데 이러한 가치 전환 자체는 노예들의 힘에의 의지의 소산, 즉 그들이 이 세계에서 존속하고자 하는 노력의 일환이었던 것이다.

니체는 노예의 손에서 이루어진 이러한 가치 전환의 결과에 주목한다. 노예들은 자신의 무능을 덕으로 탈바꿈시킴으로써 당장의 무력감을 회피하지만 그들의 복수는 상상 속의 것일 뿐, 그들을 실제로 강하게 만들어주는 것은 아니다. 니체는 이러한 가치 전환과 그것의 지배가 장기적으로 인류에게 매우 해로운 결과를 가져왔다고 비판한다. 왜냐하면 그것은 이 세계의 좋은 것들과 건강한 이들을 죄악시함으로써 결국 인간 자체를 타락시키고 병들게 하기 때문이다. 그것은 건강한 삶의 일부를 이루는 육체와 감정과 욕망과 의지들을 죄스러운 것으로 만듦으로써 가장 건강한 이들이 오히려 강력한 죄책감에 시달리며 스스로 죄인으로 여기도록 만들었다.

니체는 기독교가 지상을 정신병원과 같은 곳으로 만들어버렸다고 신랄하게 비판한다. 그래서 그는 또 한 번의 가치 전환이 필요하다고 여긴다. 노예들의 원한 감정에 의해 한 차례 가치 전환이 일어났고, 그래서 가장 건강하고 자연스러운 것들이 죄악시되었다면, 이제 다시 한번 가치 전환을 하여 건강하고 자연스러운 것들을 좋은 것, 바람직한 것으로 되돌리는 일이 필요하다는 것이다. 이것이 기존의 모든 가치를 재평가하는 작업이 필요한 이유이며, 니체는 이를 자신의 필생의 과업으로 여겼다.

3. 니체와 쇼펜하우어

니체의 사유에 대해 말할 때 빼놓을 수 없는 것이 니체와 쇼펜하우어의 관계이다. 니체가 라이프치히의 중고 책방에서 우연히 쇼펜하우어의 『의지와 표상으로서의 세계』를 발견하고 밤을 새워 읽은 후 쇼펜하우어주의자가 되었고 친구들에게 열렬히 전파했다는 것은 아주 잘 알려진 이야기이다. 니체는 거의 새로운 종교처럼 쇼펜하우어에게 열광했으며, 이러한 열정을 매개로 음악가 바그너와도 깊은 친교를 맺었다. 쇼펜하우어 사유와의 만남은 고전학자 니체를 철학의 길로 안내했으며, 니체의 첫 저작인 『비극의 탄생』은 자타가 공인하듯 그것의 강력한 영향 아래에서 씌었다.

하지만 니체는 곧이어 쇼펜하우어의 철학을 강력하게 비판하고 거리를 두게 되는데, 그래서 니체가 쇼펜하우어에게 매료되었던 지점과 이유는 무엇인지, 또 멀어진 이유는 무엇인지, 둘의 사유에서 공통점과 차이점 등을 이해하는 문제가 대두된다. 먼저 청년 니체가 쇼펜하우어의 철학에 끌렸던 이유를 생각해보자.

쇼펜하우어는 26세에 『의지와 표상으로서의 세계』를 쓰기 시작하여 발표했지만 별로 주목을 받지 못하다가 말년에 쓴 「삶의 지혜를 위한 잠언」이 큰 인기를 얻으면서 널리 알려졌다. 그의 철학은 흔히 '염세주의'라는 말로 요약되곤 하는데 쇼펜하우어의 영향으로 독일에서는 삶의 가치의 문제가 한동안 지적 사유의 중심 논제가 되었다.

쇼펜하우어는 칸트를 따라 우리가 경험하는 세계는 단지 표상일 뿐이며 그것의 이면에 물 자체가 있다고 말한다. 하지만 물 자체에 대한 앎이 근본적으로 불가능하다고 말한 칸트와 달리, 쇼펜하우어는 꿈틀거리는 삶에의 의지야말로 현상 세계 이면의 물 자체임을 우리가 몸을 통해 알 수 있다고 주장한다. 그의 염세주의는 물 자체에 해당하는 맹목적인 삶에의 의지와 그것의 표상으로서의 세계가 존재하는 전부라는 것, 그리고 이러한 세계에서 사람들이 흔히 추구하는 행복이란 절대 가능하지 않다는 테제에 있다. 그에 따르면 의지는 맹목적이며, 우리는 결핍감과 지루함이라는 두 종류의 고통을 시계추처럼 오갈 수밖에 없고, 서로 다른 개체적 의지들의 이기성으로 인해 홉스적인 만인의 만인에 대한 투쟁 상태를 벗어날 수가 없다. 쇼펜하우어는 이러한 근거들을 가지고 삶이 근본적으로 고통일 수밖에 없음을 논증한다.

하지만 다행스럽게도 우리는 예술을 통해 잠시나마 저 의지의 악다구니로부터 해방될 수 있다. 예술작품 앞에서 우리는 의지에 예속된 상태에서 벗어나 순수한 주체로서 순수한 대상을 마주하기 때문이다. 독자가 전시회의 그림 앞에서 그것이 얼마짜리일지를 궁금해하는 동안에는 여전히 의지의 계산적인 노예로 머물러 있지만, 어느 순간 그림 속으로 빠져들어 자신과 주변 세계를 잊고 예술가가 전하는 진리를 온전히 인식하는 체험을 한다면 아주 잠깐이나마 의지로부터 '해방'되는 순간을 가져본 것이다. 보통 사람들의 삶에서는 예술적 체험을 통한 해방조차 드물고 귀한 것이지만, 쇼펜하우어는 궁극적으로 성인의 삶이 보여주는 의지의 완전한 부정이야말로 가장 높은 단계의 해방이라고 칭송했다. 윤리적 삶에서도 그는 동정심을 중요하게 생각하고 높이 평가하지만, 그것보다 더 높은 단계는 의지 자체를 부정하는 금욕에 있다고 여긴다. 다른 존재들과 달리 인간이 자유롭다고 말할 수 있는 것은 오직 인간만이 의지를 부정할 수 있기 때문이다. 그는 오랫동안 금욕을 실천한 성인이 죽을 때에는 단지 현상 세계의 한 개체가 아니라 그 너머에 있는 의지 자체가 사멸한다고 생각했다.

그렇다면 니체는 쇼펜하우어 철학의 무엇에 그토록 매료되었던 것일까? 사실 니체는 쇼펜하우어를 알게 된 후 얼마 지나지 않아 그의 체계의 치명적 결함을 깨닫게 된다. 칸트와 달리 쇼펜하우어가 물 자체에 대한 앎을 주장한 것은 커다란 논리적 모순이기 때문이다. 하지만 체계의 결함을 인지했음에도 불구하고 그는 여전히 쇼펜하우어주의자로 남았다. 니체의 편지들은 이것이 쇼펜하우어의 '세계관'에 대한 강력한 지지였음을 말해준다. 그것은 우선 무신론을 함축했다. 의지와 그것의 표상으로서의 세계에는 기독교적 신이 존재하고 개입할 여지가 없다. 쇼펜하우어의 염세주의에는 인간의 삶에 의미와 목적을 제공할 신이 존재하지 않는다는 점이 큰 몫을 한다.

하지만 쇼펜하우어의 철학은 무신론임에도 불구하고 매우 강한 윤리적 색채를 띠고 있다. 쇼펜하우어는 기독교적 신을 도입하지 않고도 동정과 금욕의 윤리를 도출하고 있으며, 당대의 물질주의적이고 쾌락주의적인 삶의 방식을 강력하게 비판한다. 쇼펜하우어는 욕망의 충족으로서의 행복이 불가능하다는 점을 인간 실존 자체의 문제로 제기했지만, 이러한 행복 추구는 특히 근대에 지배적으로 된 삶의 양식의 문제이기도 했다.

아마도 한편으로 낡은 기독교로부터 해방되기를 원하면서 다른 한편으로 당대의 물질주의적인 삶의 방식에도 동의할 수 없었던 니체에게 쇼펜하우어는 매력적인 대안으로 다가왔을 것이다. 니체에게 쇼펜하우어는 무신론적이면서도 고귀한 삶을 영위할 가능성을 보여주었다. 즉 쇼펜하우어는 기독교에 의지하지 않고도 그것의 도덕적 핵심을 유지하는 길, 그리고 근대적 삶의 양식을 비판하는 길이 있을 수 있음을 보여주었던 것이다.

그런데 니체를 쇼펜하우어에게로 이끈 것이 무신론적이면서도 고귀한 삶의 가능성이었다면, 그가 쇼펜하우어를 떠나게 만든 것은 고귀한 삶에 대한 다른 이해였다. 니체는 쇼펜하우어와 달리 동정심과 금욕의 삶에 고귀함이 있다고 생각하지 않으며, 그것들이 결국 기독교와 마찬가지로 삶을 부정하는 또 다른 방식이라고 여기게 된다. 니체는 고대 그리스인들을 모범으로 고귀한 삶의 다른 모델을 구축할 것이다. 그러나 비록 비판적으로 되었지만, 니체는 자신과 마찬가지로 반시대적 사상가로 살아간 쇼펜하우어에 대한 예우를 놓지 않는다. 니체와 쇼펜하우어의 관계에서 이 점을 기억해 두는 것이 좋겠다.

4. 니체와 바그너

니체는 24세의 나이에 박사학위를 받기도 전에 스위스 바젤대학의 고전학과 교수로 부임하게 되었는데, 여기에는 그의 재능을 높이 평가했던 스승의 역할이 컸다. 니체가 홀어머니의 슬하에서 자라며 언제나 경제적 곤궁에 시달렸기 때문에 독자들은 커다란 명예일 뿐만 아니라 경제적으로도 안정된 삶을 제공해줄 교수직의 제안에 그가 망설임 없이 환호했을 거라 예상하기 쉽지만, 사실은 그렇지 않다.

니체는 과학 분야의 지식을 넓히기 위해 파리로 가서 공부할 계획이 틀어진 데에 실망하기도 했고, 교수직에 매여 '기계의 부품'으로 살아가게 될 미래를 우려했다. '기계의 부품'으로 살아야 하는 삶에 대한 니체의 혐오는 일찍부터 시작된 것이다. 그는 나중에 '하루에 네 시간 이상의 자유시간을 갖지 못하는 자는 누구나 노예'라고 말할 것이다. 니체는 끔찍하고 오랜 고통에도 불구하고 자신의 지병이 그를 노예 상태에서 벗어나게 해준 것을 고맙게 여기기도 했다.

니체가 부임 후 건강 문제로 사임하기까지 십 년간 바젤대학에 있을 때 그의 삶의 큰 즐거움은 바그너와의 교류에 있었다. 라이프치히에서 만나 쇼펜하우어 철학에 대한 열정을 매개로 호감을 품게 된 두 사람은, 바그너 부부가 스위스의 트립쉔에 거주하고 니체가 바젤대학에서 가르치던 동안 아버지와 아들 같은 친밀한 관계를 이어갔다. 이 관계는 결국 파탄에 이르지만, 거인 같은 존재인 바그너와의 교제는 니체의 삶에 끝까지 영향을 미쳤다. 이는 니체가 정신을 잃기 전 마지막 글들에서까지 바그너에 대해 말하고 있었다는 사실에서도 잘 드러난다.

바그너는 어떤 사람인가? 그는 젊은 시절 프루동을 신봉하는 무정부주의적 사회주의자로서 드레스덴의 궁정 음악가였음에도 불구하고 러시아 무정부주의자 바쿠닌과 함께 1849년 노동자 봉기를 조직하기도 했다. 하지만 그는 스위스로 망명한 후에는 정치적 활동을 그만두었고, 특히 쇼펜하우어의 철학을 접한 후에는 그것에 크게 감화되어 열렬한 쇼펜하우어주의자가 되었다. 사회주의자였던 바그너는 기독교의 형이상학 및 윤리학뿐만 아니라 당대의 자본주의와 산업주의, 물질주의를 강력하게 비판하면서 예술이 한낱 엔터테인먼트로 전락해버린 상황을 바로잡고자 했다. 그는 과거에 그랬던 것처럼 예술이 사회적 역할을 회복하여 신화를 통해 공동체를 형성하고 유지하는데 기여해야 한다고 여겼고, 자신의 '미래의 음악'이 그리스 비극처럼 공동체를 위한 진정한 축제의 장이 되도록 구상했다. 바그너가 쇼펜하우어주의자가 된 이후 그의 음악에는 염세주의적인 체념의 요소가 더해지게 된다.

니체의 최초 저작인 『비극의 탄생』은 한편으로는 그리스 고전 비극의 탄생과 소멸을 다루는 고전학 연구서이지만, 다른 한편으로는 바그너 음악의 현재적 의의를 밝히고 홍보하는 글이기도 했다. 그래서 이 책은 고전학자로서의 니체의 커리어를 상당한 위험에 빠트렸다. 이후 니체는 아예 교수직을 그만두고 바그너의 바이로이트 프로젝트를 위해 헌신할 생각까지 하기도 한다. 그렇다면 니체는 『비극의 탄생』을 통해 무엇을 말하려 했는가?

5. 『비극의 탄생』

『비극의 탄생』은 앞서 말했듯이 쇼펜하우어와 바그너의 압도적인 영향 아래에서 씌었고, 고전 문헌학 연구서로서 고대 그리스 아티카 비극의 구조와 역사를 다루고 있다. 니체는 소포클레스와 아이스킬로스에게서 정점에 이른 아티카 비극이 원래 사튀로스 합창단에서 출발한 것이라고 설명한다. 즉 처음에는 합창단만이 있었고, 이로부터 나중에 영웅들을 주인공으로 하는 드라마가 나왔다. 그래서 그리스 고전 비극은 (디오니소스적) 음악과 (아폴론적) 드라마가 종합된 형식을 취하는데, 니체는 이것을 최고의 예술 형식이라고 극찬한다. 독자들이 이를테면 『오이디푸스왕』을 읽어보면 오이디푸스를 비롯한 주인공의 대사들 사이에 합창단이 개입하여 노래하는 대목이 있음을 확인해볼 수 있다. 고대에 실제로 연극을 상연할 때 합창단은 배우들이 연기하는 무대의 전면에서 디오니소스의 시종 사튀로스의 탈을 쓰고 노래했다.

이 책에서 니체는 쇼펜하우어와 바그너를 따라 예술을 두 종류로 구분하는데, 음악은 대표적인 디오니소스적 예술이고, 조형 예술은 대표적인 아폴론적 예술이다. 아폴론적 예술은 이미지와 형상을 만들지만, 디오니소스적 예술은 그렇지 않다. 아티카 비극은 아폴론적-디오니소스적 예술로서 디오니소스적 지혜를 아폴론적 형식을 통해 보여주며 두 예술 신의 형제적 결합의 산물로 여겨진다.

니체의 『비극의 탄생』은 두 가지 점에서 신기원을 이루었다고 할 수 있는데, 하나는 고대 그리스에서 디오니소스적인 것의 발견이고, 다른 하나는 비극의 살해자로서 소크라테스의 발견이다. 우선 첫 번째를 보자. 『비극의 탄생』은 그때까지 독일 지성계가 고대 그리스 문화를 이해하던 방식에 커다란 반기를 드는 것이었다. 1755년에 빙켈만이 그리스의 정신을 '고요한 위대함과 고귀한 단순성'으로 묘사하고 괴테가 그것을 승인한 이래로 이 규정은 독일인들이 그리스 문화를 이해하는 표준이 되어 있었다.

하지만 니체는 빙켈만과 괴테를 포함한 독일인들이 그리스를 일면적으로만 이해했다고 비판한다. 그들은 그리스 문화의 외양만을 볼 뿐 뿌리를 보지 못한다는 것이다. 니체는 그리스 아폴론 문화의 아름다운 외양 아래에 삶의 비극성에 대한 무서운 통찰이 있다고 생각한다.

고대 그리스인들 사이에는 민담으로 떠도는 '실레노스의 지혜'에 관한 이야기가 있었다. 그리스의 왕 미다스가 디오니소스의 친구 실레노스를 숲에서 사로잡아 인간에게 가장 좋고 훌륭한 것이 무엇인지를 물어보았는데, 그의 마지못한 답변은 '인간에게 가장 좋은 것은 태어나지 않는 것이고, 차선은 가능한 한 일찍 죽는 것'이었다. 그러니까 그리스인들, 그토록 찬탄을 불러일으키는 아름다운 문화를 창조한 그리스인들은 실은 태어나지 않는 편이 더 낫다고 생각할 정도로 삶의 고통을 잘 알고 있었던 것이다.

니체는 이 두 가지, 즉 고통에 대한 인식과 아름다움의 창조 사이에 모종의 필연적 관계가 있음을 깨닫는다. 삶의 끔찍함에 대한 인식은 그리스인들이 그 인식을 견딜 수 있기 위해 아름다운 문화를 창조하도록 만들었다. 즉 그리스인들은 고통에 대한 인식에도 불구하고, 좀 더 정확하게는 바로 그러한 인식 때문에, 아름다운 문화를 창조한 것이다. 빙켈만과 괴테를 비롯한 이들은 그리스 문화의 아름다움만을 보았지만, 니체는 바로 그러한 아름다움을 낳게 한 동력으로서의 삶의 고통에 대한 인식에 주목한다.

『비극의 탄생』에서 삶의 고통에 대한 이러한 인식은 디오니소스적 지혜로 간주된다. 그러므로 니체에 따르면 고대 그리스의 아폴론 문화의 저변에는 삶의 고통에 대한 비극적 인식, 디오니소스적 인식이라고 할 수 있는 것이 이미 있었다. 그리고 그리스의 역사에서 동방으로부터 디오니소스 숭배의 물결이 밀려왔을 때, 그것은 그리스인들이 원래 가지고 있었던 비극적 통찰을 더욱 심화시켜 원래의 올림포스 신화를 대체하는 비극 신화를 만들어냈다. 소포클레스와 아이스킬로스에게서 정점을 이루는 아티카 비극의 드라마가 바로 그러한 신화를 보여준다. 즉 아티카 비극은, 그리스인들이 원래 가지고 있던 삶의 고통에 대한 인식을 디오니소스 숭배가 더욱 심화시키고, 그리스인들이 그러한 인식을 예술적으로 승화시킨 결과물이다. 니체에게서 아티카 비극은 이렇게 디오니소스적 요소와 아폴론적 요소의 결합으로 이해된다.

『비극의 탄생』이 이처럼 그리스 문화에 대한 이해의 일면성을 교정한다면, 그것은 소크라테스에 대한 이해와 평가에서도 하나의 신기원을 이룬다. 소크라테스의 이성주의가 비극의 몰락에 일조했다는 주장과 소크라테스주의 자체에 대한 니체의 날카로운 비판은 당시 학계를 술렁거리게 했다. 니체에 따르면 소크라테스는 그리스 역사에서 아티카 비극을 사멸시킨 인물이기도 하고, 인류 역사의 전환점이 된 인물이기도 하다. 소크라테스가 이러한 지위를 갖는 것은 그에게 고유한 지적 낙관주의 덕분이다. 아티카 비극의 원천은 디오니소스적인 비극적 지혜, 즉 삶에 고통이 필연적이라는 인식이었다. 소크라테스는 저 지혜에 반하여 우리가 이성을 통해 세계를 인식할 수 있고, 또 세계를 교정할 수 있다는 믿음을 설파한다. 소크라테스는 '단지 본능만으로!'라는 구절로 본능에 의해 행위하고 창조하는 이들을 비웃으며, 이성적 앎과 덕과 행복을 동일시했다. 그는 이러한 믿음을 지키기 위해 스스로 죽어감으로써 '이론적 인간'의 이상을 만들어냈다.

니체는 소크라테스주의를 형성하는 것이 세계의 인식 가능성과 교정 가능성에 대한 '믿음'이며, 그런 한에서 그것이 하나의 '이즘'이고 삶을 살아가는 하나의 양식, 혹은 삶의 양식으로서의 (넓은 의미의) 예술이라고 주장한다. 즉, 과학'주의'는 하나의 신화이자 예술이다. 소크라테스가 이론적 인간의 이상을 주창한 이래로 서구 문명은 진리에의 의지가 삶을 이끌고 추동하는 '알렉산드리아 문화'가 되었다. (고대의 알렉산드리아 도서관을 떠올리면 이 명칭이 이해될 것이다.) 소크라테스는 이러한 맥락에서 역사의 한 분수령을 이룬다.

니체는 그의 당대 문화가 알렉산드리아 문화임을 보여주는데, 그가 지금 살아 있다면 오늘날 우리 문화가 여전히 그렇다고 말할 것이다. 그것은 거대한 지식의 집적을 통해 삶으로부터 고통을 제거하고 행복을 구현할 수 있다는 믿음 위에 건설되는 문화이다. 그것은 과학기술의 발전이 궁극적으로 유토피아를 가져올 수 있다고 믿는 문화이기도 하다. 아티카 비극의 역사에 대한 니체의 주장을 요약해보면, 아티카 비극이 디오니소스적인 비극적 지혜, 말하자면 음악 정신으로부터 나왔으며, 소크라테스의 지적 낙관주의가 그것을 죽였다는 것이다. 이성주의와 낙관주의가 비극을 사멸시켰다.

6. 『비극의 탄생』의 문화 투쟁

독자들은 여기서 궁금할 것이다. 소크라테스가 비극을 죽인 것이 무엇이 문제인가? 그저 한 예술 형식이 다른 것으로 대체된 것이 아닌가? 하지만『비극의 탄생』에서 니체의 생각은 그렇지 않다. 소크라테스의 지적 낙관주의는 단지 하나의 예술 형식을 죽인 것이 아니라 최고의 예술 형식을 죽였으며, 예술 자체를 죽였으며, 음악 정신과 음악 정신만이 낳을 수 있는 고귀한 삶의 양식을 죽였다. 그래서 니체는 아티카 비극을 사멸시키고 지금까지도 군림하고 있는 소크라테스주의를 비판하며 새로운 비극의 탄생을 고대한다.

니체는 쇼펜하우어의 페시미즘이 고대의 디오니소스적 지혜의 부활에 해당하고, 바그너의 음악극이 새로운 비극에 해당한다고 생각했다. (그는 나중에 자신이 바그너와 쇼펜하우어를 과대평가했고 잘못 평가했다고 크게 후회한다.) 니체에게서 새로운 비극의 탄생에 대한 기대는 소크라테스의 '이론적 인간'의 이상을 대체하는 새로운 이상, 새로운 삶의 양식에 대한 기대이기도 했다. 그는 바그너의 음악극이 좁은 의미의 예술의 범위를 넘어 문화 일반과 삶의 양식 자체의 변혁을 가져올 것을 희망했다. 그래서 그는『비극의 탄생』서문에서 바그너를 낙관주의와 싸우는 비관주의의 문화적 전사로 칭하는 것이다.

독자들은 계속해서 궁금할 것이다. 소크라테스의 지적 낙관주의가 무엇이 문제인가? 왜 이성주의가 문제이며, 왜 낙관주의가 아니라 비관주의여야 하는가? 왜 비극적 인식이어야 하는가? 니체는 소크라테스적 낙관주의가 무엇보다도 사람들을 이기적으로 만들고 자기 행복만을 추구하도록 만든다고 여겼다. 쇼펜하우어는 이 두 가지가 모두 그릇되었음을 보여주었다. 개체화된 자아는 단지 가상일 뿐, 우리는 결국 하나의 삶에의 의지의 표상들이기 때문이다. 그리고 결핍감과 권태라는 두 가지 고통을 오가는 욕망의 삶에서 영속적 행복이란 애초에 불가능하기 때문이다.

니체는 여기에 소크라테스의 이성주의가 자기 모순적이라는 점을 덧붙인다. 소크라테스는 본능을 부정하고 이성만을 따른다는 점에서 외눈박이 키클롭스와 같다. 그런데 소크라테스주의는 하나의 '이즘'으로서 그것 자체가 삶에의 의지에 의해 삶의 가능성을 위해 만들어진 '신화'일 뿐이다. 니체는 소크라테스가 삶의 인식 가능성과 교정 가능성, 즉 이성을 통해 삶의 본질을 인식할 수 있다는 믿음과 궁극적으로 삶의 고통을 제거할 수 있다는 믿음 두 가지를 앞세워 실천적 무기력에 빠진 그리스인들이 계속해서 살아갈 수 있도록 해주었다고 주장한다. 만약 이러한 주장이 옳다면 소크라테스주의 자체가 삶에의 의지에서 나온 것이므로, 그것이 삶의 근원적인 본능과 충동을 부정하는 것은 결국 자신의 모태를 스스로 부정하는 것일 뿐이다.

이러한 낙관주의와 달리 삶이 근본적으로 고통이라는 인식과 '나'라고 하는 개체가 하나의 가상에 불과하다는 인식은 우리에게서 저 이기적인 의지를 약화시킬 것이다. 니체는 삶의 고통에 대한 깊은 통찰을 가지고 '나'의 가상성을 자각한 이들은 전혀 다른 새로운 삶의 양식을 취하게 된다고 생각한다. 그래서 니체는 고대 그리스인들의 역사에서 아티카 비극의 단계가 단지 하나의 예술 형식이 아니라 더 고귀한 삶의 양식의 출현을 의미했다고 생각한다.

『비극의 탄생』을 쓰던 때에 니체는 바그너와 랑에 등의 영향으로 신화가 공동체의 삶에서 수행하는 역할에 큰 관심을 가졌다. 그래서 이때 니체가 염두에 둔 더 고귀한 삶의 양식은 신화를 중심으로 한 공동체적 삶으로 구상되고 있었고, 니체는 이러한 구상을 통해 쇼펜하우어와 바그너의 사상을 종합하고자 했다. 『비극의 탄생』에서 니체는 신화를 잃어버린 근대 사회를 강력하게 비판하며 신화, 특히 비극 신화의 재탄생을 열망한다.

『비극의 탄생』은 저자 자신도 인정하듯이 읽기가 쉬운 책이 아니다. 그것은 여러 지점에서 모호하고 모순적이며, 여러 의도를 동시에 갖고 있었다. 그것은 고전학적 연구서이지만 또한 바그너 음악극의 의의를 알리는 팸플릿이자 당대의 지배적 문화에 맞서는 전쟁 포고문이었다. 그것은 지적 낙관주의가 지배하는 알렉산드리아 문화의 삶의 양식에 맞서 새로운 삶의 양식을 가져오기 위한 전투의 일환으로 기획되었다. 이러한 취지를 충분히 의식하지 않는다면 『비극의 탄생』을 부분적으로만 이해하는 셈이 될 것이다.

니체는 이 책을 통해 바그너와 함께 자신을 한 명의 문화 전사로 의식하고 문화 투쟁을 전개하고자 했으며, 단지 구경꾼이 아닌 자로 현실에 참여하고자 했다. 이러한 시도는 고전학자로서의 니체의 커리어를 위험에 빠뜨리기도 했지만, 『비극의 탄생』 이후에도 그의 관심은 삶의 양식으로서의 철학에 있었다.

프랑스의 철학사가 피에르 아도는 고대 철학이 삶의 양식으로서의 철학이었음을 보여준 것으로 유명하고, 미셸 푸코 또한 후기에 삶의 양식으로서의 철학에 따른 주체의 형성에 관심을 둔 것으로 잘 알려져 있다. 니체는 이들에 훨씬 앞서 고대 그리스인들에게서 삶의 양식으로서의 예술과 철학에 주목하며, 우리에게서도 예술과 철학이 그러해야 한다고 생각했다. 특히 그는 철학자란 마땅히 삶을 바꾸는 자이어야 하고, 그런 점에서 동시에 예술가이자 입법가여야만 한다고 여겼다.

7. 디오니소스적 그리스와 미적 세계관

니체는『비극의 탄생』을 쓰고 바이로이트 프로젝트를 위해 교수직을 던질 생각까지 할 정도로 문화 전사로서의 바그너에게 큰 기대를 걸었다. 하지만 기대는 곧 실망으로 바뀌고 마는데, 결정적인 계기는 바이로이트 축제의 현장에서 만들어졌다. 새로운 문화를 가져올 고귀한 지지자들의 참다운 축제를 기대했던 니체가 현장에서 목격한 것은 여느 극장에서와 다른 바 없는 상류층의 과시와 떠들썩하고 천박한 소란이었다. 그는 며칠을 견디지 못하고 서둘러 현장을 떠났고, 바그너와의 관계는 곧바로 청산된 것은 아니지만 급격히 냉각되었다.

니체는 몇 년 안에『비극의 탄생』이 전제로 했고 그가 바그너와 공유했던 쇼펜하우어의 형이상학과 윤리학을 전면적으로 비판하게 된다. 그는 건강의 악화로 교수직을 사임하고 자유 정신으로서 코스모폴리탄적인 개인의 삶을 살게 되며, 이제『비극의 탄생』에서 고귀한 삶의 양식의 일부로 보였던 자기희생과 체념, 동정의 윤리학과 민족주의의 색채는 사라진다.

그렇다고 해서 고귀한 삶의 양식에 대한 요구 자체가 폐기되는 것은 아니며, 그것을 이루는 요소에 대한 이해가 수정될 것이다. 니체는 계속해서 삶의 가치의 문제와 삶의 양식의 문제에 천착한다. 앞에서도 말했듯이 그의 비판은 두 방향을 향하는데, 하나는 낡은 가치의 원천으로서의 기독교와 형이상학이고, 다른 하나는 가치 부재의 근대적 삶이다. 단적으로, 니체가 보기에 기독교는 삶을 부정했고 근대인들은 삶을 잘못 긍정하고 있다. 그렇다면 삶의 긍정의 올바른 방식은 어디에 있는가? 삶을 긍정하는 모범 사례는 어디에 있는가?

다른 많은 독일 사상가들과 마찬가지로 니체는 그리스에서 모범을 찾는다. 근대 독일의 사상가들이 고대 그리스의 유산을 어떻게 이해하고 수용했는지를 비교하여 살펴보는 것은 흥미로운 작업이 될 것이다. 괴테와 실러, 횔덜린, 헤겔, 마르크스 등이 모두 나름의 방식으로 고대 그리스에 주목했다. 니체는 앞서 말했듯이 그의 그리스가 빙켈만과 괴테의 그리스와 다르다는 점을 강조한다. 니체의 그리스는 디오니소스적인 그리스이며 철학자들, 그러니까 소크라테스와 플라톤의 그리스와도 다르다. 니체는 그리스인들이 디오니소스 축제를 통해 단지 아름다운 것만이 아니라 온갖 흉하고 끔찍하고 소름 끼치는 것들을 적극적으로 드러내고 즐겼던 시기에 주목한다. 비극 시대의 그리스인들은 삶이 포함하는 추하고 끔찍한 면을 기꺼이 인정하고 수용한 것으로 보이는데, 이 사실이 말해주는 것은 무엇인가? 니체는 이것이 당시 그리스인들에게서 삶의 힘 혹은 조형력의 과잉과 풍요, 흘러넘침의 징표라고 생각한다. 이것은 무슨 말인가?

독자들은 아마도 이런 경험을 해보았을 것이다. 아프고 피곤하고 기운이 쇠잔해져 있을 때 우리는 편안하고 다감하고 아름다운 것들을 찾는다. 하지만 기운이 넘쳐흐를 때 우리는 자신의 힘을 시험해볼 수 있는 위험한 것에 기꺼이 도전해보려 한다. 스스로 아름다움을 창출할 능력이 없을 때 우리는 이미 만들어진 아름다운 것들에 집착한다. 하지만 우리 자신이 뛰어난 예술가라면, 예를 들어 기타의 줄이 하나 끊겨 있어도 여전히 멋진 음악을 연주할 수 있다거나 어떤 재료를 가지고도 근사한 음식을 만들어낼 줄 안다면, 우리는 자신의 실력을 뽐내기 위해 오히려 줄이 끊긴 낡은 기타와 평범하거나 심지어 혐오스럽기까지 한 재료들을 가져와 보라고 호통칠 것이다. 디오니소스 축제에서 삶의 끔찍한 면을 드러내고 즐겼던 고대 그리스인들에게서는, 저 호기로운 음악가와 요리사처럼, 삶이 끔찍하고 어두운 면을 가지고 있다는 것이 그들이 삶을 훌륭하게 살아내고 삶을 긍정하는 데에 아무런 장애가 되지 않았던 것으로 보인다. 그래서 니체는 그리스의 디오니소스적 시대가 그리스인들의 넘치는 힘과 활력을 말해주며, 반대로 그리스인들이 아름다움에 집착할 때 그것이 오히려 힘의 약화와 쇠퇴를 입 증한다고 생각한다.

니체는 여러 맥락에서 '디오니소스적인 것'에 대해 말한다. 그는 끊임 없이 변화하고 생성하는 자연, 끊임없는 삶과 죽음의 연쇄를 포함하는 자연을 디오니소스적이라 칭하며, 이러한 자연과의 일체감을 느끼는 도취 상태를 디오니소스적 상태라 부른다. 디오니소스적 상태에서 우리는 자연과 하나가 되어 그 안에서 일어나는 개체의 파멸, 이를테면 영웅의 죽음에 오히려 환호하게 된다. 우리는 개체의 파멸이 끝이 아니며 그것이 새로운 탄생으로 이어진다는 것을 알기 때문이다. 그리스인들은 무한한 정력을 소유한 사튀로스를 자연의 상징으로 보았는데, 그만큼 자연은 창조적이고 생산적인 힘의 원천으로 간주된다. 디오니소스적 지혜는 이처럼 끊임없이 창조하고 파괴하고 생성하는 자연에 대한 이해, 그리고 개체적 존재의 가상으로서의 성격에 대한 이해를 포함한다.

니체는 또한 저 자연의 힘이 최고도로 발휘된 창조를 디오니소스적이라 부르기도 한다. 그는 창조적 힘들의 위계에 대해 생각하는데, 최고의 창조력은 삶의 가장 끔찍한 부분들마저도 오히려 필수적이고 바람직한 것으로 만들어버리는 그러한 창조에서 구현된다. 니체는 우리가 창조를 통해 과거를 구원할 수 있다고 생각한다. 과거의 구원은 이미 일어나버린 '사태는 그러했다'를 '우리는 사태가 그러하기를 원했다'로 바꿀 수 있을 때 일어난다. 구원하는 힘을 가진 창조는 끔찍한 것을 오히려 바람직한 것으로 바꾸어버리는 마법을 발휘한다. 조금 전에 든 예에서 최고의 기타리스트와 최고의 요리사는 낡은 기타와 형편없는 재료를 가지고 멋진 음악과 요리를 만들어냄으로써 악기의 낡음과 재료의 형편없음을 오히려 바람직한 것으로 바꾸어버릴 것이다. 이러한 구원적 창조는 매우 다양한 차원에서 이루어질 수 있는데, 니체는 실존 전체의 차원에서 이러한 구원을 가져오는 창조를 디오니소스적이라고 불렀다. 또한, 그는 이러한 방식의 미적 세계 긍정과 세계 해석 자체를 디오니소스적이라고 칭한다.

8. '예술가-형이상학'

니체가 『비극의 탄생』 재판의 서문에서 '디오니소스적'이라고 부르는 미적 세계 해석과 세계 긍정은 원래 『비극의 탄생』의 본문에서 '예술가-형이상학'의 형태로 처음 등장했다. 이 책은 앞서 말했듯이 쇼펜하우어와 바그너의 압도적 영향 아래 씌었지만, 그 안에서도 니체가 진작부터 자신의 저작권을 자랑하던 대목이 있었으니 그게 바로 '예술가-형이상학'이다. 니체는 후에 쇼펜하우어의 철학과 거리를 두면서 형이상학을 폐기하지만 미적 세계 해석과 세계 긍정의 정신만큼은 끝까지 유지한다.

『비극의 탄생』에서 예술가-형이상학은 고대 아폴론 문화의 구조를 설명하는 과정에서 도입되었다. 니체는 우선 하나의 가정의 형태로 예술가인 신을 상정한다. 즉, 칸트와 쇼펜하우어의 물 자체에 해당하는 '근원적 일자'가 있다. 그는 원초적인 고통과 모순들에 신음하며, 자신의 고통을 구원하기 위해 아름다운 가상, 즉 우리의 경험 세계인 현상 세계를 창조한다. 여기서 근원적 일자의 고통은 제거될 수 없는 필연적인 것으로 여겨진다. 그리고 고통의 구원은 고통이 의미를 갖게 만듦으로써 그것의 존재를 정당화하는 데에 있다고 이해된다. 근원적 일자에 대한 이러한 가정은 세계 창조에 대한 일종의 대안적 설명이다. 이에 따르면 애초에 고통받는 신이 있었고, 그는 자신의 고통을 구원하기 위해 아름다운 가상으로서 인간의 경험 세계를 창조했다.

이러한 '예술가-형이상학'에는 중요한 전제가 포함되어 있는데, 그것은 바로 아름다움이 고통을 구원한다는 생각이다. 니체는 신이 아름다운 가상을 창조함으로써 자신의 고통을 무의미하지 않게 만든다고 말한다. 고통을 구원하는 길은, 만약 그것이 제거될 수도 없는 것이라면, 그 고통이 값지고 가치 있는 것에 기여하도록 만듦으로써 그것을 무의미하지 않게 하는 것이며, 아름다운 가상이 바로 고통에 의미를 부여하는 값지고 가치 있는 것의 역할을 한다. 그래서 '예술가-형이상학'에는 가상이 실재보다 더 가치 있고 아름다우며 가상이 실재를 구원한다는 발칙한 생각이 담겨 있다. 말하자면, 신이 인간을 구원하는 것이 아니라 인간이 신을 구원하는 셈이다. 독자들이 혹시 플라톤의 철학에 대해 들어본 적이 있다면, 거기서는 인간의 경험 세계가 가상이고 이데아가 실재이며, 실재로서의 이데아가 경험 세계보다 더 아름답고 순수하고 가치 있다고 여겨짐을 잘 알고 있을 것이다. '예술가-형이상학'을 통해 니체는 플라톤과 반대로 실재로부터 멀어질수록 더 아름답고 더 가치 있게 된다고 말한다. 그는 자신의 이런 생각이 '플라톤주의의 역'이라고 직접 언급하기도 했다.

즉, 이 형이상학에 따르면 우리의 경험 세계는 고통받는 신이 만들어낸 아름다운 가상이며, 인간은 신을 구원하기 위해 만들어진 예술 작품이 된다. 그리하여 우리가 보기에 추함을 포함하는 이 세계는 신의 구원을 위해 만들어진 작품으로서 미적으로 정당화된다. 그런데 니체의 사고 실험은 여기서 멈추지 않는다. 만약 신이 자신의 고통을 구원하기 위해 가상을 창조한다면, 그가 만들어낸 인간은 어떤가? 인간은 그 역시 자신의 경험 세계에서 고통받고 있지 않은가? 그렇다면 이번에는 인간이 그 자신의 고통을 구원하기 위해 가상을 창조할 수 있지 않겠는가? 그런데 인간은 이미 하나의 가상이므로, 만약 그가 가상을 창조한다면 그것은 '가상의 가상'이 될 것이다.

니체는 그리스인들이 정확히 이러한 맥락에서 올림포스 세계를 창조했다고 생각한다. 그리스인들은 자신들의 고통을 구원하기 위해 찬란한 올림포스 신들의 세계를 만들었는데, 이는 근원적 일자가 가상을 만들어낸 것과 동일한 성격의 것이다. 앞서 말했듯이 '실레노스의 지혜'는 그리스인들이 이미 크게 고통받고 있었음을 말해준다. 니체는 그리스인들이 유독 고통에 예민한 족속이었다고 생각한다. 그런데 그들이 고통에 대응한 방식은, 올림포스 신들을 통해 실존을 더욱 찬란하고 완전한 것으로 변형시켜 보여줌으로써 실존을 그 자체로 가치 있는 것으로 만들어버리는 것이었다. 이렇게 하여 그들은 실레노스의 지혜에 반해 오히려 죽는 것을 안타깝게 여기고 삶을 긍정하고 희구하게 되었다.

니체는 그리스인들이 삶의 긍정을 위해 종교를 이용하는 방식을 흥미롭게 주시한다. 그리스인들의 종교는 의무나 금욕주의, 정신성의 종교가 아니라 삶의 종교였으며, 아무것도 요구하지 않고 그저 실존하는 모든 것을 신성하게 변형시켜 보여주었다. 올림포스 세계는 실존의 정상을 보여줌으로써 실존으로 유혹하는 장치의 역할을 했던 것이다. 그것이 보여주는 완전한 세계는 명령하지도 비난하지도 않으면서 다만 실존이 얼마나 찬란할 수 있는지를 제시함으로써 삶을 긍정하도록 유혹했다. 니체가 보기에 그리스인들은 결국 자신들의 삶을 긍정하기 위해 신들을 만들어냈다.

9. 인간에 의한 인간 실존의 구원

『비극의 탄생』의 '예술가-형이상학'에서 이 세계가 포함하는 고통과 추함은 신을 구원하는 예술 작품으로서 미적으로 정당화되었다. 하지만 만약 신이 존재하지 않는다면 어떻게 되는가? 그렇다면 이제 인간 자신에 의한 인간 실존의 구원이라는 과제만이 남지 않겠는가? 니체는 『인간적인 너무나 인간적인』 등의 소위 실증주의 시기를 거치면서 형이상학적 사유와 단절하고, 『차라투스트라는 이렇게 말했다』에서 초인과 영원 회귀의 긍정을 설파하기에 이른다.

니체에게서 '동일한 것의 영원 회귀'에 대한 사유가 어떤 의미와 지위를 갖는가에 대해서는 많은 해석이 있다. 한 가지 분명한 점은, 이 사유가 초월적 세계의 부재 및 이 세계의 유일성을 확언한다는 것이다. 영원 회귀의 가정은 이 세계 이외의 다른 초월적 세계나 초월적 신의 존재 및 개입의 여지를 완전히 봉쇄한다. 그래서 니체는 이 사유가 우리가 가진 삶의 힘의 크기를 측정하는 시금석이 될 수 있다고 여긴다.

위에서 예로 들었던 기타리스트와 요리사의 경우로 가보자. 실력이 충분하지 않은 기타리스트와 요리사는 낡은 기타와 형편없는 요리 재료 앞에서 연주와 요리를 포기하고 좀 더 근사한 기타와 요리 재료가 자신들을 기다리고 있을 다른 세계를 고대하고 꿈꿀 수 있다. 그런데 영원 회귀의 사유는 이들에게 이 세계가 유일한 세계이며 그들이 고대하는 다른 세계는 없음을, 게다가 낡은 기타와 형편없는 요리 재료가 똑같이 무한히 반복하여 그들에게 주어질 것임을 말해주는 것이다. 이 사유 앞에서 그들은 어떻게 되겠는가? 그들은 이 사유를 견디지 못하고 까무러치지 않겠는가? 반면에 낡은 기타와 형편없는 요리재료를 가지고도 근사한 음악과 음식을 만들어낼 수 있는 이들은 그것이 무한히 반복하여 주어지는 것을 조금도 두려워하지 않을 것이다. 그들에게는 기타의 낡음과 요리 재료의 형편없음을 구원할 힘이 있기 때문이다.

그래서 니체는 영원 회귀의 사유가 삶의 힘과 조형력, 혹은 힘에의 의지의 크기를 판별하는 시금석이 된다고 보는 것이다. 삶의 힘으로 충만하고 넘쳐흐르는 조형력을 가진 이들은 어떤 사태 앞에서도 그것을 재료로 예술 작품으로서의 삶을 만들어낼 것이며, 그리하여 영원 회귀를 긍정할 수 있을 것이다. 이러한 이유에서 니체는 인간의 창조력에 대한 확신과 예술가로서의 자긍심을 영원 회귀 사유를 견딜 수 있는 조건으로 꼽는다.

니체가 『차라투스트라는 이렇게 말했다』에서 소개하는 초인의 이상은 영원 회귀의 긍정과 밀접한 관계를 맺고 있다. 초인은 무엇보다도 '대지의 의미'이자 실존을 정당화하는 자로 소개되었다. 영원 회귀의 사유가 함축하듯 초월 세계의 부재와 이 세계의 유일성을 전제할 때, 초인은 인간의 삶에 의미를 부여해주는 일종의 구원적 목적에 해당하는 존재이다. 초인은 그것에 이르기까지의 모든 순간을 정당화해주는 더 완전하고 충만한 실존의 지위를 가지며, 그리하여 영원 회귀의 긍정을 가능하게 해준다. 니체는

『차라투스트라』를 쓰던 시기에 남긴 노트에서 초인의 출현 가능성이 주어져야만 영원 회귀설이 견딜 수 있는 것이 되며, 그래서 차라투스트라가 저 전망을 확보한 후에야 비로소 영원 회귀설을 선포한다고 말하고 있다.

그런데 초인이 정당화하고 구원하는 자라고 할 때, 그것은 예수가 재림하여 선한 인들을 구원한다고 믿어질 때의 그런 구원이 아니다. 초인은 호머와 그리스인들에게서 올림포스 신들이 인간 실존을 정당화했듯이 그런 방식으로 구원하고 정당화한다. 초인은 인간 실존의 더 찬란하고 완전한 상으로서 인간 실존의 내재적 가치를 입증하는 존재, 인간의 실존에 의미를 부여하고 그것을 가치 있는 것으로 만들어주는 상으로서의 역할을 한다. 초인은 인간 존재와 대립하는 의무나 당위의 성격을 갖지 않으며, 대신에 인간의 자기실현과 성장과 발전을 상징한다.

목적이나 완전성이라는 단어가 마치 정해진 하나의 완전한 인간상이 존재하는 듯한 인상을 주지만, 그것은 니체의 의도가 아니다. 니체는 인간을 포함한 생명체의 성격이 '힘에의 의지'에 있다고 보는데, 이의 핵심은 자신의 관점에서 세계를 해석하고 만들어나가는 조형력에 있다. 초인이라는 단어, 즉 'Übermensch'라는 단어에서 중요한 것은 현재의 상태에 머물러 있지 않고 끊임없이 자기를 극복하며 성장해나간다는 의미의 'Über'라는 글자, 즉 '너머'라는 글자이다. 니체는 이 글자를 통해 인간이 결코 '끝', 그러니까 종착지가 아님을 말하고자 했다. 여기서 건강한 인간의 넘쳐흐르는 조형력이 도달해야 할 단 하나의 형상이 있는 것은 아니다. 오히려 니체는 초인의 여러 종류와 여러 상이 있을 수 있다고 생각하며, 또한 초인과 관계 맺는 여러 방식이 있을 수 있다고 생각한다. 중요한 것은 오직 초인이야말로 인간 실존이 의미를 획득하게 되는 매개라는 점이다. 그는 신의 부재의 조건에서 인간이 초인을 지향함으로써만, 초인을 통해서만, 자신의 실존을 긍정하고 정당화할 수 있다고 여겼다.

니체는 그가 저급한 이기주의와 향락주의가 지배하고 안락한 생존의 보장이 지상의 과제로 추구되는 시대에 살고 있음을 잘 알고 있었다. 그는 이러한 시대의 사조에 강력하게 반발했다. 그는 좀 더 안락한 삶의 영위가 삶에 가치와 의미를 더해주지는 않는다고 생각한다. 그는 우리가 생존을 위한 노동과 휴식과 안락함의 추구가 전부인 삶을 넘어서야 한다고 생각한다. 페시미스트로서 니체의 시선은 삶의 가치의 문제와 구원의 문제를 향하고, 인간이 어떤 존재이며 어떤 존재가 되어가고 있는지를 살핀다. 니체는 차라투스트라가 인간의 운명에 관심을 가진 유일한 자라고 말하기도 한다. 그는 무엇이 가치 있고 고귀한지를 집요하게 묻는데, 그것이 실존에 의미를 부여하고 실존을 구원하는 것과 직결된다고 생각하기 때문이다.

10. 인간에 대한 사랑, 초인에 대한 사랑

그런데 초인에 대한 이러한 요구가 가능한 것은 니체가 형이상학과 더불어 모든 종류의 본질주의를 폐기하고 이 세계의 모든 '존재', 그러니까 고정된 것으로 보이는 사물과 생명체가 실은 오랜 생성의 결과물이자, 여전히 언제나 생성 가운데 있다고 여기기 때문이다. 인간을 불변의 본질을 가진 실체로 여기는 것은 낡은 형이상학의 잔재일 뿐이다. 디오니소스적 자연 안에서 인간은 생성되어왔고 생성 중인 존재이며, 만약 인간이 동물적 존재에서 현재의 인간으로 변화해온 것이라면, 앞으로 인간은 더욱 변화하여 초인이 될 수도 있고 혹은 다시 동물적 존재가 될 수도 있을 것이다. 말하자면 인간은 '아직 결정되지 않은' 존재로서, 원숭이가 될 수도 있고 초인이 될 수도 있는 '다리'와 같은 존재이다.

이러한 이유에서 니체는 다른 어떤 사상가들보다도 인간의 '빌둥 (Bildung)', 즉 인간의 형성과 교육, 문화에 직접적인 관심을 쏟는다. 그는 차라투스트라와 철학자 디오니소스를 통해 인간 양육의 문제, 즉 인간을 형성하는 문제를 최대의 과제로 제시하고, 이 과제를 수행하기 위해 철학자가 예술가이자 입법가가 되어야 한다고 여겼다. 니체의 초인 사유는 현재의 인간이 그 자체로 목적이고 끝이 아니라 오히려 극복되어야 하는 존재라고 여기기 때문에 자족적 휴머니즘이 아니라 초-휴머니즘이라 할 수 있다. 혹은 그것은 인간주의가 아니라 인간-초극주의라 불릴 수도 있겠다. 그것은 인간의 완성과 더불어 끊임없는 자기 극복과 성장을 촉구한다는 점에서 오늘날 자유주의와 결합한 의무론이나 공리주의와는 다른 윤리적 요청을 불러일으킨다. 이 점에서 니체의 사유는 완전주의와 덕-윤리의 전통에 가깝게 위치하지만, 앞서 말했듯이 그에게서 완전성은 주어진 본질의 완성을 의미하지는 않는다.

우리는 니체의 초인에게서 '초인됨'의 내용을 다양한 맥락에서 규정해 볼 수 있지만, 분명한 것은 앞서 말했듯이 니체가 두 개의 전선에서 전투를 벌였고, 초인의 이상에 그러한 전투의 결과물들이 반영되어 있다는 것이다. 우리는 그 전투가 낡은 가치들과의 싸움이자 가치의 부재와의 싸움이라고 말했었다. 그래서 초인의 이상은 한편으로 기독교의 반자연적 도덕에 대한 비판의 내용을 포함한다. 니체는 기독교 도덕을 '길들이기'의 도덕이라 비판하며 '양육'으로서의 도덕을 주장했다. 기독교 도덕이 반자연적인 이상에

니체의 실존적 고뇌가 낳은 산물, 의지 철학[1]

백승영(홍익대학교 미학대학원 초빙교수)

1. 이성인가 의지인가

'의지의 철학자 니체.' 이 명칭에 니체가 서양 철학의 역사에서 차지하는 독특한 위치가 담겨 있다. 니체 당대까지의 서양 철학의 주류는 이성 철학, 이성 중심주의 철학이었다. 비록 쇼펜하우어라는 예외적 경우가 있기는 했지만, 철학의 큰 흐름을 바꿀 만한 파괴력과 호소력을 갖지는 못했다. 데카르트 이후 전개된 소위 '이성의 시대'는 말할 것도 없고, 소크라테스-플라톤이라는 서양 철학의 모범에서부터 이성은 늘 철학적 문제 해결의 단초이자 키워드였다. 로크나 흄 그리고 실증주의 경향이 경험이라는 측면의 중요성을 부각시키기는 했어도, 경험은 이성의 자리를 온전히 대체할 수는 없었다. 이성은 이렇듯 인간에게 있는 가장 훌륭한 문제 해결 장치로 여겨

---

1   이 글은 저자의 『인생교과서 니체』의 일부, 『처음 읽는 독일 현대철학』의 「니체가 제시한 미래철학의 서곡, 관계론」의 일부를 빌려왔다.

졌고, 근대라는 이성의 시대에 이성에 대한 낙관적 신뢰는 정점을 찍었다. 이성의 힘으로 세상의 실체와 본질을 밝힐 수 있고, 이성의 힘에 의해 인간 역시 도덕적 주체가 되고 행복해질 수 있으며, 정의로운 세상도 가능하다는 믿음, 인간은 가장 이성적일 때 가장 인간적이며, 이성적 존재이기에 세상의 중심이자 주인일 수도 있다는 믿음이 지배했던 것이다.

이런 상황에서 니체는 '이성 대신 의지!'를 선언한다. 니체 철학이 보여준 '현대성으로의 전환점'이라는 특징 또한 그 선언이 있었기에 가능했다. 탈형이상학적 전회, 본질주의나 절대주의 모델과의 결별, 다원주의 모델을 통한 일원론 극복 프로그램, 실체론으로부터 관계론으로의 전환은 의지 철학이라는 토대 위에 구축되었던 것이다. 이렇듯 의지 철학은 철학적 다이너마이트로서 현대성을 정초했던 니체의 기폭 장치이자 건축 장치다.

'이성 대신 의지!'라는 선언은 이성 능력 자체에 대한 이의 제기일 뿐만 아니라, '이성 그리고 비이성'이라는 이성 중심주의의 견고한 프레임에 대한 반박이기도 하다. 그 프레임에서 이성은 비이성과 구분되고 분리되어, 비이성을 통제하는 역할을 부여받는다. 제어와 통제와 억제의 대상이 된 비이성에는 감성과 육체성 그리고 자연적 욕망과 욕구 및 충동 등을 포괄하는 의지가 속하며, 이것들은 이성의 활동을 방해하는 것으로 간주된다. 이런 '비이성에 대한 이성의 우위', '의지에 대한 이성의 우위'에 니체는 고개를 젓는다. 어째서 '이성과 비이성', '이성과 의지'를 나눠야 하며, 게다가 의지는 어째서 그런 대우를 받아야 하는가? 의지야말로 인간을 인간으로 만들고, 세상을 세상으로 만들며, 더 나아가 인간과 세상을 하나로 묶는 결정적인 요소가 아닌가? 니체가 던지는 의문이다. 이 의문이 "이 세계는 힘에의 의지다. 그 외의 다른 것이 아니다. 너희 역시 힘에의 의지다. 그 외의 다른 것이 아니다"[2]라는 단언으로 이어지면서, 니체는 헤겔의 시대에 쇼펜하우어가 감당해야 했던 시대적 냉담과 외면이라는 숙명을 자신도 짊어질 것임을 예감했고, 그 예감이 적중하는 것을 바라보며 "내 시대는 아직 오지 않았다. 멀리 떨어져 있는 시대로 빛을 비추는 운명은 시대가 외면하는 위대한 정신의 몫이다"라는 말로 스스로를 위로해야 했다.

2. 그리스도교 도덕에 대한 회의,
  『의지와 표상으로서의 세계』와의 만남

니체의 철학적 의문은 어떤 계기에서 생긴 것일까? 우선 그리스도교 도덕에 대한 회의다. 니체는 대대로 이어진 목사 가문의 아이였고, '꼬마 목사'라고 불릴 정도로 신실한 신앙의 소유자였다. 그가 신학(그리고 문헌학)으로 본(Bonn)대학에서 학업을 시작한 것은 당연한 일이었다. 하지만 그는 곧 신학을 포기하고, 나중에는 "신은 죽었다!"라는 선언으로 그리스도교에 선전포고를 한다. 여기에는 신을 포함한 초월 세계의 존재 자체에 대한 철학적 의구심과 불신, 유럽 교회와 사제들이 보여준 권력 의지에 대한 실망도 한몫했지만, 무엇보다 유럽인의 삶에 규율처럼 작용했던 그리스도교 도덕에 대한 회의가 큰 역할을 했다. 그리스도교 교회는 모세의 십계명이나 예수 그리스도의 산상 설교를 모태로, 금욕과 절제, 동정, 겸손, 복종 등을

2   『유고』KGW Ⅶ 3 38[12], 436쪽.

지복을 약속하는 도덕으로 권유한다. 이 도덕을 니체는 인간의 자유로운 삶을 구속하여 노예처럼 만드는 감옥처럼 여긴다. 인간의 현세적 욕구와 욕망, 자기 성장의 동력인 자율적 의지를 억제하고 약화시키기 때문이다.[3]

니체의 철학적 의문을 촉발시킨 또 다른 계기는 『의지와 표상으로서의 세계』와의 운명적 만남이다. 스승 리츨 교수를 따라 옮긴 라이프치히대학에서 고전 문헌학 공부에 집중하던 어느 날(1865년 10월), 니체는 헌책방에서 쇼펜하우어의 그 주저를 발견한다. 세상의 실제 모습은 결코 이성적이지도 논리적이지도 않고, 물론 도덕적이지도 않다는 것. 오히려 고통과 싸움, 모순과 부조리의 향연이고, 그것은 의지라는 근원적 힘 때문이어서 결코 해소될 수 없다는 것. 하여 인간 삶 역시 의지 때문에 고통의 장이지만, 예술과 미적 의식은 그 고통을 잠시라도 잊게 만들 수 있다는 것. 쇼펜하우어의 이런 탈이성주의적-의지 중심적 세계 해명에 젊은 니체는 고개를 끄덕인다.

물론 젊은 니체가 공감한 것은 이것뿐만은 아니다. 아이러니하게도 쇼펜하우어가 『우파니샤드』의 영향을 받아 설파했던 고통 타개책에도 그는 고개를 끄덕인다. 신비주의적 색채를 띤 그 고통 타개책의 내용은 이렇다. 인간은 개별 존재로서는 이기적인 생명 의지 때문에 고통을 받을 수밖에 없다. 이때 각자의 개별 의지는 나와 너, 나와 세상을 분리된 주체-객체 관계로 본다. 하지만 세상 전체, 아니 우주 전체의 실상은 주체-객체 관계로 단절되지 않는 거대한 하나의 생명 의지 자체다. 이렇게 세상 전체가 분리

---

3   이 생각은 『도덕의 계보』, 『안티크리스트』에서 완결된 형태로 제시된다.

되지도 단절되지도 않은 '하나'라는 사실을 인식하는 것이 '더 나은 의식'이자 '고양된 의식'이고, 이런 의식 상태에서 우리는 이기적으로 움직이는 개별 의지를 스스로 잠재울 수 있다. 고통으로부터의 온전한 자유와 해방은 이때 가능해진다. 이런 '더 나은 의식' 및 '고양된 의식'이 곧 '성스러운 의식'이다.

이 내용은 쇼펜하우어의 언어로는 다음처럼 표출된다. "그 순간 우리는 불행한 의지의 억압으로부터 해방된다. 이제 우리는 의지의 형벌인 노예 상태에서 벗어나 안식을 축하한다. 익시온의 수레바퀴가 멈춘 것이다. […] 불교에서의 니르바나 혹은 무의 상태, 스토아적 평정의 상태, 그리스도교의 은총과도 같은 것 […] 고귀한 평화가 느닷없이 저절로 나타난다. 망망대해와도 같은 고요한 심정의 상태 […] 라파엘로가 묘사했던 인간 얼굴에 피어오르는 하얀 광채 […] 온전하고 확실한 복음 […] 다른 개별자에게 고통을 준다면 항상 그 자신도 상처를 받는다는 사실에 대한 인식 […] 가해자의 고통과 피해자의 고통이 결국 하나라는 인식 […] 개를 죽이면 개로 태어난다는 불교의 교리를 보라. 괴롭히는 자와 괴롭힘을 당하는 자는 결국 동일한 의지의 가시화이고 결국 하나라는 점에 대한 통찰. 이런 통찰을 하는 자는 자신이 영원히 삶에의 의지와 관계하고 있다는 위안이 생겨난다 […] 일반인들은 표상 세계인 이 세계를 '존재'로 보고 그 세상에서 살아가기를 원하지만, 더 나은 의식 상태의 사람들은 표상적인 이 세계를 무로 본다."[4]

4   『의지와 표상으로서의 세계』, 54쪽, 70쪽, 71쪽.

표상적 의식이 주체-객체의 이분법과 인과율을 사용하는 일반적 의식이고 이기적 욕망의 장소라면, 그런 표상적 의식과 이기적 욕망을 아무것도 아니라고 보는 고양된 의식은 곧 개별인식의 저편이자 개인 욕망에서 해방되는 상태라는 것이다. 이 상태를 쇼펜하우어는 '니르바나', '불교의 반야바라밀다', '금강경에 나오는, 언어로 표현될 수 없는 의식 상태'라고, 서양의 그리스도교가 말하는 '은총'의 상태나 '복음'의 메시지와 다를 것이 없다고 하는 것이다. 그런데 이런 신비주의적 고통 타개책은 이성주의라는 틀로부터 완전히 벗어나 있지는 않다. '고양된' 의식이든 '더 나은' 의식이든, 의식은 이성의 장소이기 때문이다. 이렇듯 쇼펜하우어는 탈이성주의적 면모뿐만 아니라 이성주의적 면모도 동시에 보여주고 있지만, 젊은 니체는 그 점에는 전혀 주목하지 않는다. 어떤 동의도 어떤 비판도 젊은 니체는 내놓지 않는다. 아마도 그런 점보다는 '의지의 자기 부정이 일어난다'라는 생각 자체가 니체의 마음을 강하게 사로잡았기 때문일 것이다. 의지의 힘은 자기 자신에 대해서마저 반기를 들 수 있다는 것, 의지는 그토록 큰 상승적 힘을 갖는다는 것. 의지의 이런 면모는 젊은 니체에게 깊이 각인된다. 니체가 청년기를 지나면서 쇼펜하우어 철학을 외면할 때에도, 의지의 도도한 자기 극복 및 상승 운동이라는 측면만큼은 계속 그에게 견지되어 '힘에의 의지로서의 세계'라는 구상 속으로 스며든다.

3. 살아 있는 자연과 우주는 힘에의 의지 덕분이다

쇼펜하우어가 그러했듯 니체 역시 인간도, 자연도, 아니 우주 전체가 유기체라고 한다. 유기체이기에 살아 있는 것이며, 그 생명성은 내적으로 그리고 외적으로 형성되는 '관계' 덕분이라고 한다. 이렇듯 우주 속에 존재하는 것, 도대체가 '있다'라고 할 수 있는 것은 모두 '서로 얽힌 채로 살아 있다.' 그렇다면 그 유기적 생명성을 가능하게 하는 '관계'의 정체는 무엇일까? 관계를 맺는 것은 또 무엇일까? 성숙한 니체의 궁극적 대답은 이렇다. "생명이 있는 것에서만 의지도 있다. 하지만 생존 의지가 아니라, 내가 가르치노니, 힘에의 의지다!"[5] 의지, 그것도 힘에의 의지가 바로 그것이다. 힘에의 의지란 '항상 힘 상승과 강화와 지배를 추구하는 의지 작용'이다. 의지는 비록 추상명사로 표현되지만, 실제로는 동사다. 이런 살아 있는 의지는 자연 전체, 세상 전체, 아니 우주 전체에 내재하는 에너지이자 힘이다.

니체는 그 살아 있음의 양태를 ① 현 상태의 유지나 보존은 아니라고 생각한다. 오히려 의지가 활동하고 작용하는 한, 늘 '~이상(以上)'을, '좀 더'를 원한다고 한다. 자신이 갖고 있는 힘보다 좀 더 많은 힘과 좀 더 강한 힘을 추구한다는 것이다. 이것은 의지가 늘 불만족 상태에 있기 때문이다. 만족하지 않기에 원하고 바라고 추구하는 활동도 생기는 것이다. 물론 ② 의지의 좀 더 강해지려는 움직임은 다른 의지들과의 관계 때문이기도 하다. 세상 전체에 흐르는 의지의 힘은 각각의 개체들 속에서는 개체의 의지로

5 『차라투스트라는 이렇게 말했다』, 236쪽.

표출된다. 사자에게서는 사자의 의지로, 얼룩말에게서는 얼룩말의 의지로 말이다. 그런데 사자와 얼룩말의 의지는 늘 힘겨루기를 한다. 사자는 얼룩말을 사냥하려 하고 얼룩말은 사자에게 사냥당하지 않으려고 하는 것이다. 물론 그 둘은 다른 동·식물들 및 인간과도 또 다른 힘겨루기를 하고 있다. 그 힘겨루기, 그 힘 싸움에서 사자도 얼룩말도 인간도 모두 상대를 누르고 이기고자 한다. 이렇듯 개체의 의지는 결국 승자가 되려고, 승자가 되어 상대에게 힘을 행사하고 상대를 지배하려 한다. 의지의 이런 모습에 대해 니체는 '힘에의 의지'라는 명칭을 붙이는 것이다.

니체는 이 세계 전체, 온 우주 전체를 힘에의 의지들의 거대한 힘 싸움 관계로 본다. 그래서 온 세상이 힘에의 의지 세계, 즉 거대한 갈등과 싸움의 장이다. 그래서 "이 세계는 본질적으로 관계 세계다"[6]는 니체의 단언은 '이 세계는 힘에의 의지의 싸움 세계'라는 뜻이다. 우리 인간도 예외가 아니다. 인간 역시 내부적으로나 외부적으로나 힘에의 의지들의 각축 장소다. 그렇다면 인간은 세상의 다른 존재들과 본질적 차이를 갖지 않는다. 사자나 나무와 마찬가지로 힘에의 의지의 담지자일 뿐이다. "이 세계는 힘에의 의지다. 그 외의 다른 것이 아니다. 너희 역시 힘에의 의지다. 그 외의 다른 것이 아니다"[7]라는 니체의 표현처럼 말이다.

---

6 『유고』 KGW Ⅷ 3 14[93], 83쪽.
7 『유고』 KGW Ⅷ 3 38[12], 436쪽.

4. 힘에의 의지, 상생(相生)을 말하다

그런데 힘에의 의지들이 얽히고설켜 싸워대는 세상은 과연 어떤 모습일까? '만인은 만인에게 늑대'여서, 피비린내 나는 약육강식과 침탈과 압제가 횡행하는 모습일까? 이런 세상이라면 '네가 죽어야 내가 살고, 네가 약해져야 내가 이긴다!'가 싸움 원칙이겠지만, 그런 모습은 니체에게서 '병들었다'라는 진단이 내려진다. 반면 '네가 살아야 나도 살고, 네가 강해져야 나도 강해진다'가 싸움 원칙이어서, 윈-윈과 상생이 이루어지는 세상은 '건강한' 세상이다. 이런 건강한 세상을 니체는 꿈꾸며, 그것이 어떻게 가능한지를 힘에의 의지의 본성 및 운동 방식을 통해 설명한다.

① 우선 힘에의 의지는 독자적으로 존립할 수 없다. '나', '너', '사자', '나무'처럼 특정한 개체라는 틀 속에서 활동하는 의지가 '항상 힘 상승과 강화와 지배를 추구'할 수 있으려면, 다른 개체들의 힘에의 의지와 싸움 관계를 맺어야 한다. 자신의 힘을 행사하고 힘 상승의 느낌을 얻게 해주는 적수의 존재, 그리고 그 적수들과의 경쟁 관계를 필요로 하는 것이다. 이렇듯 힘에의 의지 A가 힘에의 의지일 수 있는 것은 다른 힘에의 의지들 덕분이다. 홀로 존립할 수 있는 힘에의 의지란 불가능하다.

그런데 ② 힘에의 의지 A의 운동은 A의 내부와 A의 외부(나머지 힘에의 의지들 B, C, D… 등 전체)와의 '동시적'이고 '쌍(다)방향적'인 상호관계(힘 싸움)의 결과다. A에 고유한, A만의 내적 원인이 따로 있어서 그것만이 A를 움직이게 하거나, A가 맺고 있는 외적 관계만이 원인으로 작용하여 A를 촉발시키거나 하지 않는다. 또한 A의 이른바 내적 원인이 시간상으로 먼저 움직이고 그것이 외부의 움직임을 촉발하는 일 같은 것은 생기지 않는다. 그 반대의 경우, 외적 원인이 먼저 촉발해서 A의 움직임이 일어나는 일도 마찬가지다. 오히려 A의 운동은 나머지 전체와의 동시적이고 쌍(다)방향적인 상호작용으로서의 힘 싸움 관계가 불러일으킨다. 따라서 A는 전적으로 내부로부터만 나오는 운동을 할 수도 없고, 전적으로 외부에 의해 촉발되는 운동을 할 수도 없다. 게다가 A의 이른바 '내적 원인'이라는 것도 이미 형용모순이다. 내적 원인이라는 것 또한 외부 세계와 동시적으로 일어나는 상호관계의 산물이기 때문이다. 이런 동시적 상호관계는 곧 A에게서 내부와 외부의 구분 자체를 말할 수 없게 만든다. 내부와 외부의 구분 자체가 형용모순인 것이다. 작용과 반작용, 능동과 수동이라는 구분도 마찬가지다. 시간상으로 먼저 작용하고, 그 작용에 대응하는 반작용으로서의 운동이라는 것, 순수한 능동 운동과 수동 운동이라는 것은 동시적이고 쌍방향적인 상호관계로서의 힘 싸움에서는 불가능하다. 이렇듯 힘에의 의지의 운동은 외적 관계와 내적 관계, 작용과 반작용, 능동과 수동이 분리 불가능하게 혼융되고 융합되어 있는 매우 독특한 운동이다.

이런 운동 방식, 동시적—쌍(다)방향적— 상호작용으로서의 힘 싸움방식은 힘을 매개로 하는 역동적인 것이다. 니체는 이 운동 방식을 전통적인 운동 설명 장치와 언어를 사용하지 않고 철학적으로 설명해야 하는 부담을 안게 된다. 운동에 대한 전통적인 설명의 기본 모델이었던 인과론이나 기계론은 힘에의 의지의 역동성을 설명할 수 없었기 때문이다. 니체는 새로운 철학적 개념들을 고안해내려 고민하지만, 완전히 새로운 언어를 창출해내는 것은 결코 쉽지 않았다. 니체가 힘에의 의지를 설명하면서 서로한데 얽혀 안으로 침투해 들어가는 '상입(Ineinander)', 모든 에너지가 한데로 응축되었다가 단번에 분출되는 '폭발(Explosion)', 혹은 서로 간의 '협응

(Cooperation)' 같은 단어를 동원하기도 한다. 하지만 그 단어들의 선택에는 다른 이유도 있다.

③ 힘에의 의지의 싸움이 끝없이 계속 이어지기 때문이다. 달리 말하면 한 번 결정된 승자와 패자의 관계는 결코 고정적이지 않다. 승자와 패자가 결정된 바로 그 순간 힘에의 의지의 힘겨루기 싸움은 다시 시작된다. 물론 그 싸움에서 승자와 패자가 달라지지 않을 수도 있지만, 힘에의 의지는 결코 저항을 멈추지 않는다. 이런 방식의 힘겨루기 싸움과 운동에서 힘에의 의지 A는 결코 힘에의 의지 B와 C의 무화나 멸절을 의도할 수 없다. 물론 A의 B에 대한 명령과 지배가 압제적이거나 폭압적으로 이루어질 수는 있다. 하지만 A는 B를 완전히 패퇴시키거나 멸절시키기를 의도하지 않는다. 만일 완전한 패퇴나 멸절을 의도한다면 그것은 A와 B의 힘 싸움 관계를 종결시키겠다는 것이나 다름없으며, 이것은 곧 B 없이 A만의 홀로서기를 의미하게 되는데, 이런 홀로서기는 A가 힘에의 의지임을 포기하는 것과 같기 때문이다.

이렇듯 A가 힘에의 의지인 한에서, 즉 늘 힘의 강화와 상승과 지배를 추구하는 의지 작용인 한에서 대적하는 힘(의지)의 존재는 필수불가결하다. 게다가 A의 힘 상승에 대한 추구는 그것에 대적하는 B의 힘이 크면 클수록 더 커진다. 그러니 B의 대적하는 힘을 강화시키고 고무시키고 촉발시키는 것이 A에게 더 유리하다. 경쟁자가 훌륭할수록 나를 발전시키려는 욕구가 더 강해지는 것과 마찬가지인 상황이다. 그래서 힘에의 의지의 세계에서는 A가 B의 진정한 적이라면, A는 B의 진정한 벗이다. 이런 모양새이기에 A는 B의 존재를 인정하고, B의 지속적인 힘의 상승을 꾀하지 않을 수 없다. 그 역도 마찬가지다. 일종의 윈-윈 게임이 벌어지는 것이다. 힘에의 의지가 벌이는 이런 싸움을 니체는 이렇게 표현한다. "그대들은 증오할 만한 적만을 가져야 한다. 경멸스러운 적은 갖지 말아야 한다. 그대들은 자신의 적을 자랑스러워해야 한다. 그래야 적의 성공이 곧 그대들의 성공이 되는 것이다."[8] "자신의 벗 안에는 적도 있으니 그 적에 경의를 표해야 한다 [⋯] 자신의 벗에게서 자신의 최상의 적을 가져야 한다. 그리고 그에게 대적할 때 그를 가슴으로부터 가장 가깝게 느껴야 한다."[9]

힘에의 의지들이 이루어내는 관계 세계는 바로 이런 모습, A가 있어야 B도 있고, B가 있어야 A도 있으며, A가 강해져야 B도 강해지고 B가 강해져야 A도 강해지는 모습이다. 니체가 '협응'이라는 말에 담고자 했던 것이 바로 이런 상생의 모습, 서로의 존재 자체에 대한 인정과 존중이 전제되는 모습이다. 니체 철학을 대변하는 말, "있는 것은 아무것도 버릴 것이 없으며, 없어도 좋은 것이란 없다"[10]는 이런 모습에 대한 표현이다. 거기서는 당연히 '하나의 중심과 그 외의 부수적인 나머지'를 말할 수 없다. 오히려 "중심은 어디에나 있다."[11] 즉 모든 것이 각자의 위치에서 중심의 역할을 한다. 힘이 세든 약하든 간에 힘 싸움 관계의 한 축으로서 그 싸움에 동등한 자격으로 참여하는 것이다. 이런 모습이 바로 니체가 꿈꾸는 '건강한' 세상이다.

---

8   『차라투스트라는 이렇게 말했다』, 「싸움과 전사에 대하여」, 90~91쪽.
9   『차라투스트라는 이렇게 말했다』, 「벗에 대하여」, 110쪽.
10   『이 사람을 보라』, 「나는 왜 이렇게 좋은 책들을 쓰는지-비극의 탄생 2」, 392쪽.
11   『차라투스트라는 이렇게 말했다』, 「건강을 되찾는 자」, 441쪽.

5. 힘에의 의지로서의 나

우리 인간 역시 자연과 세계 전체와 마찬가지로 힘에의 의지의 관계체라는 것. 이 생각은 인간에게서 가장 핵심적인 부분이 의지라는 점을 이미 누설한다. 실제로 니체는 인간 유기체의 모든 부분, 우리의 행위 일반을 규제하는 것이 힘에의 의지라고 한다. 이성 능력이나 감각 작용도 마찬가지다. 그래서 '순수' 이성 인식이라는 것도, '순수' 감각 작용이라는 것도 있을 수 없다. 이성 인식과 감각 경험의 내용과 방향은 이미 힘에의 의지에 의해 결정되는 것이다. 우리의 행위 일체도 마찬가지다. 영양 섭취라는 생명 유지 행위도, 남을 돕는 도덕적 행위도 예외일 수 없다. 인간이라는 유기체 전체가 힘에의 의지의 지배를 받으며, 인간의 모든 면이 힘에의 의지의 현상인 것이다. 그런데 힘에의 의지는 상승 의지이자 지배 의지이고, 힘 싸움 관계에서 승자가 되려는 의지다. 그래서 힘에의 의지가 정상적으로 활동하는 한, 인간 유기체의 모든 활동과 운동은 상승 운동이자 지배 운동이며, 이런 모습이야말로 니체에게는 진정한 삶이자 건강한 생명성의 표출이다.

힘에의 의지로서의 나. 이런 나는 이성성과 비이성으로 구분되고 분리되어, 이성만을 핵심으로 하거나 본질로 하는 그런 존재일 수 없다. 오히려 정신성과 육체성과 의지가 유기적 결합을 통해 구성해가는 존재이며, 그렇기에 순수한 물리적 도식이나 정신적 도식으로 환원될 수도 이원화될 수도 없다. 여기서 육체성이나 자연성, 그리고 의지와 구분되고 분리되는 이성이라는 것은 힘에의 의지의 규제를 받는, 힘에의 의지의 도구이자 수단일 뿐이다. 그래서 니체는 오랫동안 비이성 및 의지와 대립되었던 이성을 '작은 이성'으로, 의지를 포함한 비이성과 이성의 통합체로서의 인간 전체를 '신체'이자 '큰 이성'으로 부르기도 한다. "내 형제여, 그대가 '정신'이라고 부르는 그대의 작은 이성, 그것 또한 그대의 신체의 도구, 그대의 큰 이성의 작은 도구이자 놀잇감이다."[12]

6. 이성적이기를 바라는 의지

인간을 의지의 인간으로 상정하는 것은 이성의 문제 해결 능력에 대한 이의 제기이자 인간이 이성적이고도 합리적인 존재라는 사실에 대한 회의다. 니체는 이성적이고도 합리적인 존재가 되기를 '바라고 추구하고 원하는' 존재라는 것이 인간에 대한 더 적절한 설명이라고 생각한다. 이성성을 그토록 강조하고 이성적인 사람이 되기를 그토록 권유하는 것은 역설적으로 인간이 결코 이성적이거나 합리적이지 않다는 점을 방증하는 것이며, 이성에 대한 강조는 곧 이성적이기를 '원하는' 우리의 의지에 대한 강조라는 것이다. 여기엔 이성적 판단의 현실적 수행 능력에 대한 니체의 불신이 들어 있다.

우리의 이성은 잘 알고 있다. 무엇을 하고 무엇을 하지 말아야 하는지를. 이성주의 철학자 칸트의 정언명법을 거론하지 않아도 인간을 목적으로 삼는 것이 수단으로 삼는 것보다 더 낫다는 것을, 그래야 도덕적이라는 것을 우리는 안다. 타인의 행복감을 고려하는 행위가 그렇지 않은 행위보다

---

12   『차라투스트라는 이렇게 말했다』, 「신체를 경멸하는 자들에 대하여」, 62쪽.

더 낫다는 것을, 어려운 상황에 처한 사람을 돕는 것이 그냥 지나치는 것보다 더 낫다는 것도 알고 있다. 그런데 우리 이성의 한 부분을 차지하는 그 앎의 내용들이 실제로 수행되는 경우는 매우 제한적이다. 이성과 실천 사이에 심각한 괴리가 발생하는 것이다. 오로지 나만이 사람인 것처럼, 타인은 전혀 사람이 아닌 것처럼 수단화시키고 인격적 모독을 가하며 비뚤어진 마음으로 비방하거나 괴롭히고, 사적 이득을 위해 누군가에게 불이익을 주거나 제거하는 일은 작게는 일상사에서 크게는 정치적 행위에 이르기까지 다반사로 일어난다.

우리의 이성은 분명, 그런 일은 '옳지 않다'고 한다. 하지만 '옳지 않으니 하지 말아야 한다'는 것이 행위로 이어지지 않는 경우가 다반사다. 그것이 추구되지 않는 까닭이다. 행위로 옮기려는 의지가 너무나 약한 것이다. 행위로 옮기지 말라는 의지가 더 강했기 때문일 수도 있다. 그러니 이성이 알고 있는 옳은 행위의 실제적 수행은 오로지 의지의 문제다. 타인을 존중하려는 좋은 의지, 타인을 배려하려는 좋은 의지들이 힘을 얻어야, '인간을 수단으로 삼지 말아야 한다'는 이성적 판단은 머릿속 관념이 아니라 실제 행위가 된다. 상황이 이렇다면 의지가 갖고 있는 문제 해결 능력을 인정하지 않을 수 없다. 이성적이기를 원하는 의지가 비로소 이성적인 사람을 만드는 것이다.

7. 정의와 정의를 원하는 의지

이성과 의지의 관계는 니체가 정의의 문제를 다룰 때에도 그대로 반영된다. 정의는 인류가 보편적으로 추구하는 가치 중 하나로, 개인 덕목으로서나 사회의 덕목으로서도 그 가치에 필적할 만한 것은 그리 많지 않다. 그래서 정의가 '무엇'인지에 대한 논의도 시대를 막론하고 활발하며 철학의 주요 주제로 자리를 견고히 지키고 있다. 니체 역시 예외는 아니어서 세 가지 정의 개념을 제시한다. 분배 정의와 교환 정의 그리고 관계 정의가 그것이다. 니체에게서 분배 정의와 교환 정의는 공속적이고, 관계 정의는 분배 정의와 교환 정의가 처할 수 있는 위험 요소를 제거해주는 역할을 한다. 달리 말하면 관계 정의가 전제되어야 분배 정의와 교환 정의의 현실적 구현이 비로소 가능하다. 그런 의미에서 관계 정의는 분배 및 교환 정의의 토대이기도 하다. 그렇다면 니체에게서 분배 정의와 교환 정의는 어떻게 해명되고 있을까?

1) 분배 정의와 교환 정의

분배 정의는 '합리적 차별을 전제한 비례적 분배'로 규명된다. 니체는 사회 질서 및 법질서에서 산술적-기계적 평등에 입각한 분배는 부정하지만, 비례적 분배와 합리적 차별만큼은 적극 옹호한다. 여기에는 인간을 병리적 존재와 건강한 존재로 구별하는 니체의 시선이 전제되어 있다. 물론 그 구별이 확정된 인간 유형론을 의미하는 것은 아니다. 인간은 결코 확정될 수도 고정될 수도 없는 존재이기 때문이다. 오히려 인간은 힘에의 의지의 싸움터 그 자체로, 병리성을 지향하는 의지와 건강성을 지향하는 의지가 늘 서로 다투고 있다. 그 싸움에서 영원한 승자는 원칙적으로 없다. 하지만 그 싸움 자체가 일어나지 않거나, 그 싸움에서 병리성을 지향하는 의지가 계속 이기는 인간이라면 '병들었다'고 할 수 있다. 예컨대 '이기려는 싸움이지만 동시에 상대의 분발을 촉구하는 건강성'과 '서로의 안위를 도모하는 타협이나 굴복으로 평화를 선택하는 병리성'과의 싸움에서, 쉽고도 편하다는 이유로 아예 그 싸움 자체를 벌이지 않거나, 병리성이 계속 이기거나 하는 경우처럼 말이다.

그래서 니체에게서 병리성이 득세하는 개인과 건강성이 득세하는 개인의 '차이'는 불변의 전제다. 그가 "사람은 평등하지 않다. 평등해져서도 안 된다. 내가 달리 말한다면 위버멘쉬에 대한 나의 사랑은 도대체 무엇이란 말인가?"[13]라고 하면서, 그 둘 사이에 산술적-기계적 평등이나 동등 및 이것을 전제한 기계적 분배를 부정하는 것은 이 때문이다. 니체에게 분배의 원칙이 되는 것은 "동등한 자에게는 동등을, 동등하지 않은 자에게는 동등하지 않음을"[14]이며, 이것은 곧 아리스토텔레스가 분배의 원칙으로 제시했던 "같은 것은 같게, 다른 것은 다르게 (취급하라)"에 대한 니체식 버전이다. 합리적 차별과 비례적 평등이 아리스토텔레스에게서 분배 정의의 한 측면이듯, 니체도 비례적 평등을 전제한 분배 정의를 제시하고 있는 것이다.

물론 니체는 비례적 분배의 대상으로 일반적으로 고려되는 재화 같은 것을 직접적으로 문제 삼지 않는다. 그의 직접적인 관심은 인간의 조건(conditio humana)으로 이해되는 자유, 평등, 약속, 책임 같은 권리로 향한다. 이것들은 니체에게는 '누구라도 가질 수 있지만, 아무나 가질 수는 없는 것', 즉 자격을 갖춘 사람만이 요청하고 주장할 수 있는 획득 권리다. 니

---

13   『차라투스트라는 이렇게 말했다』, 「타란툴라에 대하여」, 205쪽.
14   『우상의 황혼』, 「어느 반시대적 인간의 편력」, 48쪽, 191쪽.

체의 분배 정의는 이런 권리에 주목하며, 그 권리를 '합리적 차별을 전제한 비례적 배분' 원칙을 적용해 부여하라고 하는 것이다. 하지만 이런 분배 정의가 왜곡되어 제대로 구현되지 않을 가능성은 늘 열려있다. 자격 없는 사람이 권리를 요청하고 권리를 차지하는 정의롭지 않은 사태가 말이다.

니체가 고려하는 두 번째 정의는 교환에서의 정의다. 그는 개인과 개인 사이의 근본적 관계를 서로에게 필요한 것을 주고받는 교환 관계로 상정한다. 그 교환에서는 물론 서로가 서로를 만족시켜야 한다. 교환 당사자들의 기대 가치가 충족되는, 달리 말하면 '가치의 등가 원칙'이 지켜져야 하는 것이다. 그럴 때 교환은 정의로운 교환이 된다. 그런데 이런 교환 정의에는 두 가지 조건이 충족되어야 한다. 하나는 가치의 등가 교환에 대한 '약속' 및 그것의 '실행'이고, 다른 하나는 상대를 동등한 계약 당사자이자 약속의 주체로, 그리고 약속이 파기된 경우에는 보상할 수 있는 주체로 인정하는 것이다. 그렇지 않으면 교환에서 정의를 구하는 일은 공허한 말장난에 불과하게 된다.

2) 관계 정의

분배 정의와 교환 정의가 구현되지 않고 공허한 말장난으로 끝나버릴 가능성 때문에 니체는 세 번째 정의인 관계 정의를 상정한다. 니체의 표현으로는 이렇다. "정의는 '각자에게 그 자신의 것'이 아니다. 오히려 '네가 내게 ~이듯(하듯), 나도 네게'일 뿐이다. 상호관계 속에 있는 두 힘이, 힘에의 의지의 제멋대로 사용을 억제하면서 서로를 동등한 존재로 허락할 뿐만 아니라 서로 등등하기를 원하는 것, 그것이 지상의 모든 좋은 의지의 시작이다. 계약은 힘의 기존 양을 긍정하는 것뿐만 아니라, 양측에 존재하는 그 양을 지속하는 것으로 시인하고 그렇게 함으로써 일정 정도 스스로 유지할 수 있게 하려는 의지도 담고 있는 것이다."[15] 여기서 제시된 정의의 새로운 측면은 니체 스스로 해명하고 있듯이 '서로를 동등한 존재로 허락하고 동등한 존재이기를 원하고 바라는 것'이다. 힘에의 의지의 관계망 속에서 특정 힘에의 의지의 '제멋대로의 사용', 즉 방임과 폭력과 임의적 사용을 제한하고, 힘에의 의지의 관계 법칙을 준수하는 것, 그래서 개인과 개인, 개인과 사회 사이의 대등성을 '실제로' 인정하는 것이다. 그것은 곧 상대를 자신과 마찬가지로 계약 권리와 등가 교환에 대한 의무의 주체이자 권리의 주체로 실제로 인정하는 것이다. 이렇게 서로에 대한 승인과 인정이 있어야 개인과 개인, 개인과 사회의 정의로운 관계가 왜곡되지 않고 지속될 수 있다.

바로 이것이 니체가 구상하는 관계 정의의 모습이다. 하지만 상대에 대한 승인과 인정이 늘 현실화되는 것은 아니다. 오히려 현실화는 의지적 노력의 결과다. 니체가 굳이 '좋은 의지'를 언급하는 것도 이 때문이다. 그런 의지적 노력이 주어져야, 개인과 개인, 개인과 공동체 사이에 타자에 대한 인정 및 상호 간의 인정 관계도 지속될 수 있는 것이다. 그렇다면 정의의 실현은 결국 '정의를 원하는 좋은 의지'의 손에 달려 있는 셈이다.

---

15   『유고』 KGW Ⅷ 1 5[82], 275쪽.

3) 정의? 정의를 원하는 좋은 의지!

　서로를 대등한 계약 주체로 인정하려는 좋은 의지. 이 의지의 힘에 의해 상대의 존재 자체를 감사의 대상으로 삼는 것도 비로소 가능해진다. 그래서 니체는 우리에게 그런 의지의 힘을 강화시킬 것을 요구한다. 주지하다시피 정의는 현실의 게임이며 정의가 무엇인지는 사회에 따라 일정 정도 합의가 되어 있다. 그런데 정의는 제도와 규칙 등의 공공 영역에만 관계하는 것이 아니다. 개인도 정의의 이념을 따라야 한다. 하지만 그 구속력이 늘 문제가 된다. 정의에 대한 인식이 부족해서라기보다는 정의를 추구하려는 의지가 여타의 다른 조건들보다 약하기 때문이다. 예컨대 돈이나 개인의 이익 혹은 사적 집단의 이익 등이 정의를 추구하려는 의지보다 앞서는 경우는 비일비재하다. 그렇게 되면 인간의 공동 삶과 공동 존재를 정당화하는 최후의 근거인 정의 개념은 상처를 입게 된다.

　니체가 '좋은 의지'를 등장시킨 것은 바로 이런 상황을 방지하려는 의도에서라고 할 수 있다. 여러 유혹과 악조건 속에서도 타인에 대한 인정과 긍정을 놓지 않으려는 의지, 서로를 이 세상을 함께 구성해가는 존재로 인정하려는 의지, 그런 존재에 대해 감사하려는 의지…. 이런 의지가 있어야 정의는 비로소 가능해지며, 그런 의지의 활동이 바로 사랑의 실천이다. 니체가 차라투스트라의 입을 빌려 정의를 '사랑'과 동일시하는 것은 결코 우연이 아닌 것이다.[16]

16　『차라투스트라는 이렇게 말했다』, 「독사의 묾에 대하여」, 139쪽.

이런 의지의 힘을 강화시키는 것이 무사무욕이나 이웃 사랑의 계명을 추가로 보완하거나 신의 힘을 빌리거나 실천이성의 의무를 환기시키거나 하는 것보다 정의로운 세계를 구현하는 데 좀 더 효율적이면서도 쉬운 길이 아닌가? 이렇게 니체는 생각하는 것이다. 개인과 사회를 정의롭게 만드는 것은 결국 우리의 의지다. 정의는 개개인의 의지가 추구해야 하는 것, 의지적 노력의 대상인 것이다.

백승영

홍익대학교 미학대학원 초빙교수. 서강대학교 철학과 및 동 대학원을 졸업하고, 독일 레겐스부르크대학에서 박사학위를 취득했다. 제24회 열암학술상 및 제2회 한국출판문화대상 저술상을 수상했다. 한국어 니체 전집(고증판 KGW) 편집위원이자 번역자로, 『바그너의 경우·우상의 황혼·안티크리스트·이 사람을 보라·디오니소스 송가·니체 대 바그너』, 『유고(1887년 가을~1888년 3월)』, 『유고(1888년 초~1889년 1월 초)』 및 『차라투스트라는 이렇게 말했다』를 번역했다. 저서로는 *Interpretation bei F. Nietzsche. Eine Analyse*, 『니체, 디오니소스적 긍정의 철학』(이론철학), 『니체, 철학적 정치를 말하다』(실천철학), 『니체는 이렇게 말했다: '차라투스트라는 이렇게 말했다'에 대한 철학적·문학적 해석』 등을 위시해 다수가 있고, 이외에도 *Nietzsche. Rüttler an hundertjähriger Philosophietradition*, 『마음과 철학』, 『오늘 우리는 왜 니체를 읽는가』, 『처음 읽는 독일 현대철학』, 『처음 읽는 윤리학』, 『데카르트에서 들뢰즈까지』, 『인생교과서: 니체』, 『스피노자의 귀환』 등의 공저가 있다.

1부 감성과 이성의 조화

현실에 대처하는 우리의 자세: 데카르트의 실천학

이재환

세네카(김남우 · 이선주 · 임성진 옮김), 「행복한 삶에 관하여」, 『세네카의 대화: 인생에 관하여』, 까치, 2016.

이재환, 「데카르트 철학에서 '관대함(générosité)'에 대하여」, 《범한철학》 79집, 2015.

이재환, 「데카르트 윤리학과 덕(vertu)」, 《철학연구》 118집, 2017.

이현복, 「주해: 방법서설」, 『방법서설』, 문예출판사, 1997.

Descartes, R., *Oeuvres de Descartes*, 12 vols., ed. Charles Adam and Paul Tannery, Paris: CNRS and Vrin, 1964-76.

Rodis-Lewis, G., *La morale de Descartes*, Paris: PUF, 1998.

Rutherford, D., "On the Happy Life: Descartes vis-à-vis Seneca" in *Stoicism: Tradition and Transformation*, ed. Steven Strange and Jack Zupko, Cambridge: Cambridge University Press, 2004.

홉스의 사회계약론적 윤리학의 명암

박정순

김용환, 『홉스의 사회·정치철학-리바이어던 읽기』, 철학과현실사, 1990.

박정순, 「계약론적 윤리학의 딜레마」, 《철학과 현실》, 1991년 여름호, 통권, 제9호.

_____, 「현대 윤리학의 사회계약론적 전환」, 한국사회윤리학회 편, 『사회계약론 연구』, 철학과현실사, 1993.

_____, 「홉스적 공포와 희망의 철학적 가상 체험: 『홉스의 사회·정치철학 — 리바이어던 읽기』, 김용환 저. 서평」, 《서평문화》, 33집, 1999.

_____, 『마이클 샌델의 정의론, 무엇이 문제인가』, 철학과현실사, 2016.

_____, 「제4장 인권 이념의 철학적 고찰」, 박정순, 『존 롤즈의 정의론: 전개와 변천』, 철학과현실사, 2019.

_____, 『사회계약론적 윤리학과 합리적 선택: 홉스, 롤즈, 고티에』, 철학과현실사, 2019.

볼프강 캐스팅(전지선 옮김), 『홉스』, 인간사랑, 2006.

전병운, 『홉스 「리바이어던」』, 서울대학교 철학사상연구소, 2006.

존 롤즈(황경식 옮김), 『정의론』, 이학사, 2003.

엘로이시어스 마티니치(진석용 옮김), 『홉스, 리바이어던의 탄생』, 교양인, 2020.

토머스 홉스(진석용 옮김), 『교회국가 및 시민국가의 재료와 형태 및 권력, 리바이어던 1, 2』, 나남, 2008.

토머스 홉스(최공웅, 최진원 옮김), 『리바이어던』, 동서문화사, 1988.

Arblaster, Anthony, *The Rise and Decline of Western Liberalism*, Oxford: Basil Blackwell, 1984.

Braybrooke, David, "The Insoluble Problem of the Social Contract", *Dialogue*, Vol. 15. 1976.

Brown, Gillian, *The Consent of the Governed*, Cambridge: Harvard University Press, 2001.

Buchanan, James, *The Limits of Liberty: Between Anarchy and Leviathan*, Chicago: The University of Chicago Press, 1975.

Farrell, Daniel M., "Taming Leviathan: Reflections on Some Recent Work on Hobbes", *Ethics*, Vol. 98. 1988.

Gauthier, David, *The Logic of Leviathan: The Moral and Political Theory of Thomas Hobbes*, Oxford: Clarendon Press, 1969.

_____. *Morals By Agreement*, Oxford: Clarendon Press, 1986.

Gough, J. W., *The Social Contract: A Critical Study of Its Development*, Oxford: Clarendon Press, 1936.

Hampton, Jean, *Hobbes and the Social Contract Tradition*, Cambridge: Cambridge University Press, 1986.

Hinman, Lawrence, *Ethics: A Pluralistic Approach to Moral Theory*, Third Ed. Belmont: Wadsworth-Thomson, 2003.

Hobbes, Thomas. *Leviathan. Or the Matter, Forme, & Power of a Common-Wealth, Ecclesiasticall and Civil.* original 1651. ed. with Introduction by C. B. Macpherson, Harmondsworth: Penguin Books, 1968. 본문에서 LE로 약함.

_____. *De Cive: The English Version: Philosophical Rudiments Concerning Government And Society*, ed. Howard Warrender, Oxford: Clarendon Press, 1983. *De Cive*, original Latin, 1642, English Translation, 1651.

_____. *Elements of Law Natural and Politic*, original 1640; Tönnies edition, Cambridge, 1928, 1989.

Hooker, C. A. *et al.* eds, *Foundations and Applications of Decision Theory*, Vol.ii. *Epistemic and Social Applications*, Dordrecht: D. Reidel Publishing Co., 1978.

Kavka, Gregory S., *Hobbesian Moral and Political Theory*, Princeton: Princeton University Press, 1986.

Laird, John, *Hobbes*, New York: Russell & Rissell, 1968.

Locke, John, The *Second Treatise of Government* in *Two Treatises of Government*, ed. Peter Laslett, rev. ed., New York: A Mentor Book, 1963.

Macpherson, C. B., *The Political Theory of Possessive Individualism: Hobbes to Locke*, Oxford University Press, 1962.

Park, Jung Soon, *Contractarian Liberal Ethics and the Theory of Rational Choice*, New York: Peter Lang, 1992.

Paul, Ellen Frankel, "Of the Social Contract within the Natural Rights Traditions", *The Personalist*, Vol. 59. 1978.

Pennock, J. R. and J. W. Chapman, eds., *Coercion, Nomos* XIV, Chicago: Aldine-Atherton Inc., 1972.

Rawls, John, *A Theory of Justice*, Cambridge, Mass.: Harvard University Press, 1971.

_____. "The Idea of Overlapping Consensus", *Oxford Journal of Legal Studies*, Vol. 7. 1987.

Rempel, Henry David, "On Forcing People to be Free", *Ethics*, Vol. 87. 1976.

Rousseau, Jean-Jacques, *Of the Social Contract*, trans. Charles M. Sherover, New York: Harper & Row, 1984.

Sen, A. K., "Isolation, Assurance and the Social Rate of Discount", *Quarterly Journal of Economics*, Vol. 81. 1967.

_____. "Choice, Orderings and Morality", in *Practical Reason*, ed. Stephan Körner, New Haven: Yale University Press, 1974.

Sir Henry James Sumner Maine, *Ancient Law*, Introduction by J. H. Morgan, London: J. M. Dent, 1954., original edn. 1861.

Schofield, Philip, "Jeremy Bentham's 'Nonsense upon Stilts'", *Utilitas*, Vol. 15, No. 1. March 2003.

Sobel, J. W., "The Need for *Coercion*", J. R. Pennock and J. W. Chapman, eds., Coercion, *Nomos* XIV, Chicago: Aldine-Atherton Inc., 1972.

Sumner, L. W., "Justice Contracted", *Dialogue*, Vol. 16. 1987.

"Thomas Hobbes" Wikipedia.

"Thought experiment" Wikipedia

Ulmann-Margalit, Edna, *The Emergence of Norms*, Oxford: Clarendon Press, 1977.

공화주의적 자유론의 루소적 전망

정원규

정원규, 「민주주의의 기본원리: 절차주의적 공화민주주의 모델을 제안하며」, 《철학》 제71집, 한국철학회, 2002.

정원규, 「정치적 자유의 공화주의적 출구」, 《민족문화연구》 제70호, 2019.

Arendt, Hannah, *Between Past and Future*, Penguin Books, 2006.

_____, *On Revolution*, Penguin Books, 2006.

_____, *The Human Condition* (2nd ed.), Chicago: The University of Chicago Press, 1998.

_____, *The Origins of Totalitarianism*, A Harvest Book, Harcourt, Inc., 1976.

Berlin, Isaiah, *Liberty*, 박동천 옮김, 『자유론』, 아카넷, 2006.

Philip Pettit, *Republicanism*, Oxford University press, 1999.

Rousseau, Jean-Jacques, *Discours sur les sciences et les arts Lettres écrites de la montagne*, 김중현 옮김, 『학문과 예술에 대하여 외』, 한길사, 2007.

_____, *Émile ou de l'éducation*, 이용철 · 문경자 옮김, 『에밀』 1, 2, 한길사, 2007.

_____, *Julie, ou La nouvelle Héloïs*, 김중현 옮김, 『신엘로이즈』 1, 2, 책세상, 2012.

_____, *Les Confessions*, 이용철 옮김, 『고백록』 1, 2, 나남, 2012.

_____, *Les rêveries du promeneur solitaire, Lettres à Malesherbes*, 진인혜 옮김, 『고독한 산책자의 몽상, 말제르브에게 보내는 편지 외』, 책세상, 2013.

_____, *Rousseau juge de Jean Jacques. Dialogues*, 진인혜 옮김, 『루소, 장 자크를 심판하다_대화』, 책세상, 2012.

_____, "The Social Contract", *The Major Political Writings of Jean-Jacques Rousseau*, translated and edited by John T. Scott, The University of Chicago Press, 2012.

Wendt, Fabian, "Slaves, Prisoners, and Republican Freedom", *Res Publica*, 2011.

흄의 철학적 현실 인식과 경험주의적 인간학

이은진

김효명, 『영국경험론』, 아카넷, 2001.

데이비드 흄(이준호 옮김), 『오성에 관하여 – 인간 본성에 관한 논고 1』, 서광사, 1994.

최희봉, 「흄 자연주의의 다양성: 김효명의 논의에 기초하여」, 《근대철학》 제20집, 2022.

Hume, David [1739], *A Treatise of Human Nature*, David Fate Norton and Mary J. Norton (eds.), Oxford: Oxford University Press, 2000. (Includes An Abstract of a Book lately Published, entitled, *A Treatise of Human Nature*, &c.)

Norton, David Fate, Editor's Introduction to A Treatise of Human Nature, David Fate Norton and Mary J. Norton (eds.), Oxford: Oxford University Press, 2000.

흄이 바라본 철학과 현실 그리고 현실과 철학: 자연주의, 정념 그리고 도덕

양선이

김용환, 「흄의 규약론에서 본 정의론과 정부론」, 『사회계약론연구』, 철학과현실사, 1992.

양선이, 『관용주의자들』, 교우미디어, 2016.

_____, 「공감의 윤리와 도덕규범: 흄의 감성주의와 관습적 규약 」,《철학연구》제95집, 2011.

_____, 「흄의 도덕감정론에 나타난 반성개념의 역할과 도덕감정의 합리성 문제」,《철학》, 한국철학회, 2014.

_____, 「흄의 철학에서 행복의 의미와 치유로서의 철학」,《철학논집》: 43, 서강대 철학연구소, 2015.

_____, 「자연주의와 도덕적 가치 그리고 규범성에 관하여: 흄의 자연주의와 현대 흄주의를 중심으로」,《철학》139, 2019.

조승래,『국가와 자유』, 청주: 청주대학교출판부, 1998.

_____, 「18세기 영국의 시민사회론」,《역사와 경계》51, 2004.

Aristotle, *Nicomachean Ethics*, (trans.), T. Irwin. Indianapolis, IN: Hackett, 1985.

Baier. A., "Hume on Resentment", *Hume Studies* 6, 1980.

Baier. A., *A Progress of Sentiments: Reflections on Hume's Treatise*. Cambridge, MA: Harvard University Press. 1991.

Gaskin, J.C.A. *Hume's Philosophy of Religion*, 2nd (ed.), London, 1988.

Greig, J. Y. T.(ed.),*The Letters of David Hume*, Oxford, 1932.

De Caro, M. and D. McArthur(eds.). *Naturalism and Normativity*, New York, NY: Columbia University Press, 2010.

Hume, D., *Enquiries Concerning Human Understanding and Concerning the Principles of Morals*. ed. by L.A. Selby-Bigge. 3rd edition. Oxford: Oxford University Press, (1751), 1975.

Hume, D.,(1740). *A Treatise of Human Nature*, ed. by L.A. Selby-Bigge. 2nd edition. Oxford: Oxford University Press, 1978.

Hume, D., *Essays, Morals, Political, and Literary*, ed. Eugene F. Miller, Indianapolis, 1987.

Hume, D., *The Natural History of Religion*, ed. H.E. Root, Standford, 1956.

Immerwahr, John, 'Hume's Essay on Happiness', *Hume Studies* Vol. XV No. 2, 1989.

Livingston, Donald W. , "On Hume's Conservatism." *Hume Studies* 21 (2), 1995.

Kemp Smith, N., *The philosophy of David Hume*. London: Macmillan, 1941.

McDowell, John, *Mind and World*, Cambridge: Harvard University Press, 1994.

Quine, W. V., "Epistemology Naturalized" in *Ontological Relativity and Other Essays*, New York: Columbia University Press, 1969.

Smith, Ben, "Naturalism, Experience, and Hume's 'Science of Human Nature'", *International Journal of Philosophical Studies*, 24, 3: 310-323, 2016.

Strawson, P. F., *Scepticism and Naturalism: Some Varieties*, London: Methuen. 1985.

Strawson, P. F., "Freedom and Resentment", reprinted in G. Watson, ed., *Free Will*, Oxford: Oxford University Press, 1982.

바움가르텐 미학과 경건주의

안윤기

Baumgarten, A. G., *Reflexions on Poetry / Meditationes philosophicae de nonnullis ad poema pertinentibus*, tr. by K. Aschenbrenner & W. B. Holther, University of California Press, Berkeley, 1954.

_____, *Meditationes philosophicae de nonnullis ad poema pertinentibus / Philosophische Betrachtungen über einige Bedingungen des Gedichtes*, tr. by H. Paetzold, Meiner, Hamburg, 1983.

_____, *Esthétique, précédée des Méditations philosophiques sur quelques sujets se rapportant à l'essence du poème, et de la Métaphysique*, tr. by J.-Y. Pranchère, L'Herne, Paris, 1988.

Francke, A. H., *Manuductio ad lectionem scripturae sacrae, in: Schriften zur biblischen Hermeneutik*, vol. I, ed. by E. Peschke, de Gruyter, Berlin, 2003.

숭고함의 실천적 의미: 미적 관조와 현실 참여의 통합

권정인

문명대, 『세계 최대, 최고의 걸작 한국의 반가사유상』, 다할미디어, 2022.

백종현, 「인간 개념의 혼란과 포스트휴머니즘 문제」, 《철학사상》 58호, 2015.

Edmund Burke. *A Philosophical Inquiry into the Origin of Our Ideas of the Sublime and Beautiful*. Edited with an introduction and notes by James T. Boulton, University of Notre Dame Press, 1968.

Robert Clewis. (ed.) *The Sublime Reader*, New York: Bloomsbury, 2021.

Peter de Bolla. *The Discourse of the Sublime: Readings in History, Aesthetics, and the Subject*, Oxford: Basil Blackwell, 1989.

John Dewey. *Art as Experience*, New York: A Perigee Book, 1934.

Robert Doran. *The Theory of the Sublime: from Longinus to Kant*, Cambridge: Cambridge University Press, 2015.

Tom Furniss. *Edmund Burke's Aesthetic Ideology: Language, Gender, and Political Economy in Revolution*, Cambridge: Cambridge University Press, 1993.

Luke Gibbons, *Edmund Burke and Ireland*, Cambridge: Cambridge University Press, 2003.

Walter Hipple, Jr. *The Beautiful, the Sublime, and the Picturesque in Eighteenth-Century British Aesthetic Theory*, Carbondale: Southern Illinois University, 1957.

Immanuel Kant, *Critique of judgment*, translated by Werner Pluhar, Indianapolis: Hackett Publishing, 1987.

Dacher Keltner & Jonathan Haidt. "Approaching Awe, a Moral, Spiritual, and Aesthetic Emotion." *Cognition and Emotion*. 17 (no. 2): 297 – 314, 2003.

Isaac Kramnick, *The Rage of Edmund Burke: Portrait of an Ambivalent Conservative*, New York: Basic Books, 1977.

Samuel Monk. *The Sublime: A Study of Critical Theories in the Eighteenth- Century England*, Ann Arbor: The University of Michigan Press, 1960.

Marjorie Nicolson. *Mountain Gloom and Mountain Glory: The Development of the Aesthetics of the Infinite*, New York: W. W. Norton & Co., 1959.

Jesse Norman, *Edmund Burke: The First Conservative*, New York: Basic Books, 2013.

Roy Porter & Marie Mulvey Roberts. *Pleasure in the Eighteenth Century*, New York: New York University Press, 1996.

Robert Sapolsky, *Why Zebras Don't Get Ulcers: The Acclaimed Guide to Stress, Stress-related Diseases, and Coping*. New York: St. Martin's Griffin, 1994.

Seung Sahn, *The Compass of Zen*, Complied and edited by Hyon Gak, Boston: Shambhala, 1997.

Richard Shusterman. "Somaesthetics and Burke's Sublime." *The British Journal of Aesthetics*. 45 (4): 323 – 341, 2005.

Richard Shusterman. *Body Consciousness: A Philosophy of Mindfulness and Somaesthetics*. Cambridge: Cambridge University Press. 2008.

Thomas Weiskel. *The Romantic Sublime: Studies in the Structure and Psychology of Transcendence*, Baltimore: Johns Hopkins University Press, 1976.

2부 계몽과 합리성

비판기 칸트의 사유와 철학의 현실성

백승환

Kant, Immanuel, *Kants Gesammelte Schriften* (Akademie Ausgabe), hrsg. von der Königlich Preussischen [Deutschen] Academie der Wissenschaften, Bde. 3 & 4. Berlin: Georg Reimer [Walter de Gruyter], 1911.

칸트, 임마누엘(백종현 옮김), 『순수이성비판』 1권 & 2권, 아카넷, 2006.

Schönfeld, Martin, "Kant's Philosophical Development", *Standford Encyclopedia of Philosophy*, [2003]2019. https://plato.stanford.edu/entries/kant-development

Vanzo, Alberto, "Kant on Empiricism and Rationalism", *History of Philosophy Quarterly*, Vol. 30, No. 1, 2013.

칸트의 계몽과 철학

이혜진

모제스 멘델스존(임홍배 옮김), 「계몽이란 무엇인가 하는 문제에 대하여」, 이마누엘 칸트 외, 『계몽이란 무엇인가』, 도서출판 길, 2020.

이마누엘 칸트(임홍배 옮김), 「계몽이란 무엇인가 하는 문제에 대한 답변」, 이마누엘 칸트 외, 『계몽이란 무엇인가』, 도서출판 길, 2020.

이마누엘 칸트 외(임홍배 옮김), 『계몽이란 무엇인가』, 도서출판 길, 2020.

임마누엘 칸트(백종현 옮김), 『학부들의 다툼』, 아카넷, 2021.

임마누엘 칸트(백종현 옮김), 『영원한 평화』, 아카넷, 2013.

임마누엘 칸트(백종현 옮김), 『실천이성비판』, 아카넷, 2002.

도덕은 어째서 부득불 종교에 이르는가: 칸트의 대중 설교와 프로이센의 검열

이현우

칸트의 문헌들

Grundlegung zur Metaphysik der Sitten. AA 4. 백종현 옮김, 『윤리 형이상학 정초』, 아카넷, 2005.

Kritik der praktischen Vernunft. AA 5. 백종현 옮김, 『실천이성비판』, 아카넷, 2002.

Kritik der reinen Vernunft. AA 3. A/B쪽으로 인용. 백종현 옮김, 『순수이성비판』, 아카넷, 2006.

Kritik der Urteilskraft. AA 5. 백종현 옮김, 『판단력비판』, 아카넷, 2009.

Kant's *Briefwechsel*. AA 11.

Die Religion innerhalb der Grenzen der bloßen Vernunft. AA 6. 백종현 옮김, 『이성의 한계 안에서의 종교』, 아카넷, 2011.

Der Streit der Fakultäten. AA 7. 백종현 역, 『학부들의 다툼』, 아카넷, 2021.

Moralphilosophie Collins. AA 27.

2차 문헌들

Hunter, I., "Kant's religion and Prussian religious policy", *Modern Intellectual History*, vol. 2, no. 1, 2005.

Wood, A., "General Introduction", in A. Wood and G. di Giovani, (eds.), *Immanuel Kant: Religion and Rational Theology* Cambridge: Cambridge University Press, 1996.

코플스톤(임세진 옮김), 『칸트』, 중원문화, 2017.

크리스토퍼 클라크(박병화 옮김), 『강철왕국 프로이센』, 마티, 2020.

헤겔의 철학에서 자유로운 주체의 개념

이행남

Hegel, G.W.F., *Grundlinien der Philosophie des Rechts*, ed. by Eva Modelhauer & Karl Markus Michel, Frankfurt am Main: Suhrkamp, 1986.

Hegel, G.W.F., *Phänomenologie des Geistes*, ed. by Eva Modelhauer & Karl Markus

·Michel, Frankfurt am Main: Suhrkamp, 1986.Hegel, G.W.F., *Vorlesungen über die Philosophie der Geschichte*, ed. by Eva Modelhauer & Karl Markus Michel, Frankfurt am Main: Suhrkamp, 1986.

Honneth, A., *Das Recht der Freiheit*, Berlin: Suhrkamp, 2011.

Pippin, R., *Hegel's practical Philosophy: Rational Agency as Ethical Life*, Cambridge: Cambridge University Press, 2008.

곤자 다케시(이신철 옮김), 『헤겔과 그의 시대』, 도서출판 b, 2014.

나종석, 「루소와 서구 근대성의 딜레마」, 《칸트연구》 제42집, 2018.

로크(강정인 · 문정인 옮김), 『통치론』, 까치, 2019.

루소, 『사회계약론』, 김영욱 옮김, 후마니타스, 2018.

루소(이충훈 옮김), 『인간불평등기원론』, 도서출판b, 2020.

이재성, 「루소의 정치철학에 대한 헤겔의 비판」, 《대동철학》 제18집, 2002.

이행남, 「칸트의 도덕적 자율성으로부터 헤겔의 인륜적 자율성으로: "제2의 자연"에 의해 매개된 두 차원의 "해방"을 위하여」, 《철학연구》 제116집, 2017.

칸트(백종현 옮김), 『윤리형이상학정초』, 아카넷, 2021.

칸트(백종현 옮김), 『실천이성비판』, 아카넷, 2022.

헤겔(임석진 옮김), 『법철학』, 한길사, 2008.

헤겔(김준수 옮김), 『자연법』, 한길사, 2004.

헤겔(정대성 옮김), 『청년 헤겔의 신학론집 – 베른/프랑크푸르트 시기』, 그린비, 2018.

홉스(진석용 옮김), 『리바이어던』, 나남, 2008.

3부 인간의 자기 인식과 생의 의지

유물론과 쾌락주의

강성률

단행본

강성률, 『한 권으로 읽는 동양철학사』, 평단, 2009.

김길환, 『동양윤리사상』, 일지사, 1990.

김철호, 『동양철학 이야기 주머니』, 녹두, 1995.

김형준,『이야기 인도사』, 청아, 1998.

로버트 L. 애링턴(김성호 옮김),『서양윤리학사』, 서광사, 2003.

로이드, G.E.R.(이광래 옮김),『그리스 과학 사상사』, 지성의 샘. 2014.

W.S. 사하키안(송휘칠.황경식 옮김),『윤리학의 이론과 역사』, 박영사, 1993.

슈퇴리히(하재창 옮김),『세계철학사』상권, 배재서관, 1990.

아리스토텔레스(최명관 옮김),『니코마코스 윤리학』, 서광사, 1988.

J. O. 엄슨(장영란 옮김),『아리스토텔레스의 윤리학』, 서광사, 1996.

에피쿠로스(조정옥 엮음),『에피쿠로스의 쾌락의 철학』, 동천사, 1997.

오유석 옮김,『쾌락』, 문학과지성사, 2008.

임석진 외,『철학사전』, 철학사전편찬위원회, 중원문화, 2009.

정병조,『인도철학사상사』, 한국학술정보, 2004.

철학교재편찬회 편,『철학』, 형설, 1990.

코플스톤 저(김보현 옮김),『그리스 로마 철학사』, 철학과현실사, 1998.

플라톤(최민홍 옮김),『소피스트, 고르기아스, 서간집』, 상서각, 1983.

최명관 옮김,『플라톤의 대화: 에우튀프론/소크라테스의변명/크리톤/파이돈/향연』, 종
　　　로서적, 1994.

논문
강성률,「유물론과 쾌락주의의 상관관계에 대한 연구」, 한국초등도덕교육학회,《초등도
　　　덕교육》제56집, 2017.

류지한,「고대의 쾌락주의」,《철학논총》제50집 제4권, 새한철학회 59, 2007.

안신호,「행복에 관한 심리학 연구의 일고찰」, 이덕환 엮음,『웰빙과 행복』, 서강대학교
　　　출판부, 2010.

엄정식,「행복의 개념」, 이덕환 엮음,『웰빙과 행복』, 서강대학교 출판부, 2010.

마르크스, 자본주의를 분석하고 비판하다

손철성

마르크스 레닌주의 연구소(김라합 옮김,『칼 마르크스 전기』, 소나무, 1987.

박래식,『이야기 독일사』, 청아출판사, 2017.

손철성,『마르크스와 엥겔스, '독일 이데올로기'』, 서울대 철학사상연구소, 2003.

손철성,『자본론: 자본의 감추어진 진실 혹은 거짓』, 풀빛, 2008.
손철성,『헤겔 & 마르크스: 역사를 움직이는 힘』, 김영사, 2008.
윤선자,『이야기 프랑스사』, 청아출판사, 2018.
한국철학사상연구회,『철학대사전』, 동녘, 1989.
Marx, K.(허교진 옮김,『프랑스 혁명사 3부작』, 소나무, 1987.
Marx, K., "Zur Kritik der Hegelschen Rechtsphilosophie. Einleitung", MEW 1.
Marx, K., "Thesen über Feuerbach", MEW 3.
Marx, K. / Engels, F., *Die Deutsche Ideologie*, MEW 3.
Marx, K. / Engels, F., *Manifest des Kommunistischen Partei*, MEW 4.
Marx, K., *Zur Kritik der Politischen Ökonomie*, MEW 13.
Marx, K., "Kritik des Gothaer Programms", MEW 19.
Marx, K., *Das Kapital* Ⅰ, MEW 23.
Marx, K., *Ökonomisch-Philosophische Manuskripte*(1844), MEW 40.

니체의 실존적 고뇌가 낳은 산물, 의지 철학

백승영

니체(이진우 옮김,『반시대적 고찰』, 책세상, 2005.
_____, (백승영 옮김),『차라투스트라는 이렇게 말했다』, 사색의 숲, 2002.
_____, (백승영 옮김),『우상의 황혼·이 사람을 보라』, 책세상, 2002/2018.
_____, (김정현 옮김),『유고』Ⅶ 3, 책세상 2004.
_____, (이진우 옮김),『유고』Ⅷ 1, 책세상 2005.
_____, (백승영 옮김),『유고』Ⅷ 3, 책세상 2004/2018.
백승영·이진우,『인생교과서 니체』, 21세기북스, 2016.
쇼펜하우어, *Die Welt als Wille und Vorstellung* Ⅰ, Frankfurt am Main 1819/1986.
철학아카데미,『처음 읽는 독일 현대철학』, 동녘, 2013.